故宫学视野丛书

作为学问的故宫学

章宏伟 ◎著

故宫出版社

图书在版编目（CIP）数据

作为学问的故宫学／章宏伟著．— 北京：故宫出版社，
2019.12
ISBN 978-7-5134-1270-4

Ⅰ．①作… Ⅱ．①章… Ⅲ．①故宫－研究 Ⅳ．
①K928.74

中国版本图书馆 CIP 数据核字（2019）第 269877 号

故宫学视野丛书
作为学问的故宫学
章宏伟◎著

出 版 人：王亚民
责任编辑：朱　琳
封面设计：王　梓
出版发行：故宫出版社
地址：北京市东城区景山前街4号　邮编：100009
电话：010-85007800　010-85007817
邮箱：ggcb@culturefc.cn
制　　版：保定市万方数据处理有限公司
印　　刷：保定市中画美凯印刷有限公司
开　　本：787毫米×1092毫米　1/16
印　　张：24.5
版　　次：2019年12月第1版
2019年12月第1次印刷
书　　号：ISBN 978-7-5134-1270-4
定　　价：76.00元

总　序

故宫遗产包括故宫古建筑群和故宫博物院藏品两大部分，两者在中国古代历史文化遗产中都有无与伦比的地位和价值。故宫建筑群是中国现存古代官式建筑的最大案例和最高典范。故宫建筑群原名紫禁城，建成于明永乐十八年（1420 年），及至清宣统三年（1911 年）溥仪退位，明清两代共 24 位皇帝在此居住执政。故宫建筑群既有深厚的历史价值，又有鲜明的艺术价值，其空间格局体现了中国传统礼制文化的规划理念，其园囿布置展示了中国古代宫廷园林的艺术成就，其建筑档案保存了中国古代营建制度和传统技艺的重要信息。故宫博物院藏品是中国古代艺术的完美表达和系统展示。故宫博物院堪称中国最大的古代文化艺术宝库，是中国古代物质文明和文化艺术的物质载体和精神象征。截至 2010 年 12 月，馆藏文物总计 1807558 件套，其中珍贵文物 1684490 件套、一般文物 115491 件套、标本 7577 件套。

自 20 世纪以来，在中国社会政治变革和文化转型进程中，紫禁城经历了极其复杂的转变。皇宫转变为博物馆，皇家收藏从秘藏走向公开，故宫博物院承载着政治、文化和艺术的丰富内涵，是中国社会变革进程的时代见证和经典缩影。保护好故宫建筑群，保管好故宫博物院藏品，是一代代故宫人肩负的神圣职责。跻身世界一流博物馆，展现中华艺术文化精神，是一代代故宫人不懈奋斗的目标。为此，故宫博物院着力于紫禁城建筑的保护修缮，埋首于清宫文物藏品的清理点查，潜心于明清宫廷历史文化的整理研究，专注于中国古代艺术珍品的陈列展览。在长达 90 年的发展进程中，故宫博物院逐渐形成了一套自成体系、别具一格的研究体系和工作模式。

2003 年，在分析阐释故宫遗产的价值和梳理总结故宫博物院的学术路径的基础上，郑欣淼先生提出了“故宫学”的学术概念。从概念界定和范畴体系来看，故宫学的主要研究对象包括三方面：其一，故宫建筑群，既是明清两代的皇家建筑，也是中国保留最为完整的宫殿建筑群。其二，故宫博物院藏品，主要包括古物、典籍、档案，既是中国历代艺术文化的重要载体，也是明清两代宫廷历史文化的信息记录。其三，故宫博物院，既是近代中国社会政治变革的典型产物，也是推动当代中国文化转型的重要力量。故宫学将故宫建筑群、文物藏品和故宫博物院视为有机的文化整体，在类型庞杂、内容交叉的研究对象中，找寻相通的理论基础和方法体系，建构合理的学术范畴和学科体系，并有力地指导和推动着故宫的保护与博物院的发展。自 2005 年以来，故宫博物院陆续成立古建筑、古书画、古陶瓷、明清宫廷历史、藏传佛教文物五大研究中心，获批设立“明清官式建筑保护研究国家文物局重点科研基地”“古陶瓷保护研究国家文物局重点科研基地”。尤其是 2009 年故宫学研究所的设立，将故宫学的理论探索与实践应用提升到一个新水平：以探索理论方法为核心的学术研究已初现成果，以建构学科体系为目标的联合办学已渐成规模，以积蓄学术力量为要务的交流平台已凸显成效。

最近五年，故宫博物院立足文化自觉和文化创新，有序推进“平安故宫”和“学术故宫”建设，全面提升故宫博物院的硬实力和软实力。一方面，故宫博物院启动“平安故宫”工程，预期在 2020 年完成文化遗产完整保护、环境质量稳步提升、安防设施全面覆盖、开放区域适度扩大、文物库房功能改善、文物藏品保护修复的六大目标，并最终实现将壮美的紫禁城完整地交给下一个 600 年的历史使命。另一方面，故宫博物院着手建设“学术故宫”，以故宫研究院和故宫学院为平台，不断完善学术布局，逐步扩大学术影响力。目前，故宫研究院形成了“一个研究室、十五个研究所和一个博士后流动站”的学术布局，故宫学院已经形成了苏州分院、西安分院、景德镇分院、深圳分院的组织架构。至此，故宫博物院已经完成了双引擎、四轮驱动的战略布局："平安故宫"和"学术故宫"统率故宫博物院硬实力和软实力的建设目标，两院（故宫研究院和故宫学院）两基地（明清官式建筑保护研究国家文物局重点科研基地和古陶瓷保护研究国家文物局重点科研基地）引领故宫博物院古建筑保护、文物修复、学术研究和文化传播的发展方向。在"平安故宫"实践中总结提炼，在"学术故宫"框架内提纲挈领，故宫学将会迎来一个新发展，迈上一个新台阶。

2020年，紫禁城将迎来建成600周年纪念。2025年，故宫博物院将迎来百年华诞。故宫和故宫博物院正走向百年历史进程的重要时期。值此关键时期，"故宫学视野丛书"即将出版，首次推出故宫学研究专著五种。郑欣淼《故宫学概论》明确界定故宫学的概念、范畴以及学科体系，全面探讨故宫学的学科特点、研究方法以及意义价值，并详细论述故宫学的研究进展及前沿领域。王素《故宫学学科建设研究初探》从学科建设的视角出发，全面建构故宫学学科体系的基本架构，论证分支学科的对象、范围的价值。章宏伟《故宫学的视野》立足具体个案的实证研究，深入剖析故宫学文化整体性的思维结构和多重论证的方法体系。武斌《故宫学与沈阳故宫》坚持理论与实践的结合，详细论述故宫学对沈阳故宫博物院的建筑保护、藏品研究以及学术交流等方面的指导意义和应用价值。魏奕雄《故宫国宝南迁纪事》对地方文献、档案材料的挖掘，丰富了故宫这段院史的血肉。这五部论著坚持纯粹的学理阐述，又兼顾学术的实践维度，为故宫学的发展奠定了基础。

故宫学的探索与实践，故宫学的视野与梦想，看似学术理论层面的思考，实则影响到故宫博物院实践层面的效果，甚至是关乎国家文化外交和文化战略层面的重要因素。尤其是近年来，习近平总书记多次强调要提高文化软实力，要努力展示中华文化的独特魅力，要系统梳理传统文化资源，让收藏在禁宫里的文物、陈列在大地上的遗产、书写在古籍里的文字活起来。如何在中华民族的伟大复兴进程中发挥故宫学的学术意义和现实价值，如何在故宫博物院建设世界一流博物馆进程中拓展故宫学的学术视野和学术影响，这是新的时代环境赋予的机遇与挑战。我们希望，经过几代故宫人的努力，故宫学能够成为海内外瞩目的一门显学，故宫遗产价值得到更为深刻的阐释，中华文化艺术得到更为广泛的传播。

单霁翔

目 录

故宫博物院与故宫学

故宫泛指古代王朝遗留的宫殿。不仅中国有故宫，外国也有故宫。中国的故宫也不只是北京紫禁城一处。

郑欣淼先生倡导开展的“故宫学”，是一门以明清紫禁城和故宫博物院为研究核心的综合学问，有着明确的范畴，研究领域主要包括故宫建筑学、故宫文物学、故宫文献学、故宫历史学和故宫博物馆学五个主要方面。

我们要说故宫学，就从 1925 年故宫成为博物院说起。

一、从皇宫到博物院

今天的故宫，也叫紫禁城，是明清两代的皇宫。

辛亥革命推翻了清王朝，年仅 6 岁的宣统皇帝溥仪，于 1912 年 2 月 12 日宣告退位。根据《清室优待条件》，退位后的溥仪依然住在紫禁城保和殿后的“后廷”里，享有“大清皇帝”尊号，沿用宣统年号，享受中华民国对待外国君主之礼遇。民国初年在北京走马上任的那些总统，都曾派人向这个逊位的末代皇帝递“国书”。在紫禁城的后半个皇城里，仍然有一批清朝的遗老、旧臣顶戴补服，向逊帝跪拜称臣；仍然有大批太监、宫女、侍卫供小“皇帝”“皇后”及“皇室”人员役使；仍然有所谓内务府、宗人府等衙署为逊帝和“皇室”人员操办事务。

1924 年，第二次直奉战争爆发。10 月 22 日夜，直系将领冯玉祥的部队突然倒戈，从滦平前线秘密班师回北京。当时，担任冯军先头部队的鹿钟麟第 22 旅和第 8 旅，日夜趱程，急行军 600 里，在 23 日晚 9 时便开到北京，接着以迅雷不及掩耳之势，发动震惊中外的“北京政变”，占据北京各个城门、火车站、电话局、电报局。24日，直系军阀政府被推翻，曹锟被冯玉祥下令囚禁于南海延庆楼，直系军阀吴佩孚的势力被逐出北京，吴佩孚从直奉前线狼狈败退。第二次直奉战争以奉系军阀张作霖获胜而告终。政变成功后，冯玉祥被推为国民军总司令。国民党在北京的领导人黄郛在国民军支持下组织摄政内阁。冯玉祥虽没有在黄郛内阁中任职，但军权在握，无论冯玉祥本人还是国民军，实际上都已成为左右当时北京政局的强大力量。

冯玉祥认为，1917年张勋复辟，破坏共和，捣乱虽在张逆，祸根实在清廷，不取消《清室优待条件》，不把逊帝请出宫，今后难免有人再搞复辟，共和政体势难安宁。现宜驱逐溥仪出宫，修改优待条件。于是，11月4日晚8点，冯玉祥召京师警察总监张璧、京畿卫戍司令鹿钟麟到国民军总司令部驻地旃檀寺面谈。那天鹿钟麟患感冒，张璧一人前往。冯玉祥说：“平常常谈的那一件事，现在可以办理。”张璧初不解其意，愕然。冯玉祥接着说：“就是那个小孩子的事。”“如何办?”“汝与瑞伯可便宜行事。”当时习惯称字不称名，瑞伯是鹿钟麟的字。张璧以为：“这件事过于重大，应当由内阁下命令方好。否则由卫戍司令部和警察厅自行办理，恐怕引起外人误会。”“好好，汝立刻就去访黄膺伯。”黄膺伯就是黄郛。当晚，摄政内阁立即召开内阁会议，通过促溥仪自废尊号，出离故宫，并修改优待条件。张璧列席了摄政内阁会议。散会，已夜半。张璧马上去天安门内的鹿钟麟驻地，传达了冯玉祥和摄政内阁会议的决定，并将命令给了鹿钟麟，约好第二天8点到鹿钟麟处会齐出发。

第二天早8点，张璧到鹿钟麟驻地。临行，鹿钟麟说：“就是我们两人进去吗?”“是。”“只有我们两个人似乎不甚妥当。”“你是否怕处于嫌疑地位，恐怕外人造谣，欲外人来作证?”“正是此意。”“请外人许多人一时在事实上也做不到，只好请北京人所信仰的一二个人作证人，如李石曾者。”李煜瀛字石曾，是前清清流李鸿藻之子，早年留学法国，在当时的学术文化界有相当影响，商定黄郛摄政内阁组成的北苑会议曾提议由他出任教育总长，而作为一个学者的李煜瀛也主张驱逐溥仪出宫，因而为鹿钟麟所熟悉。于是电话约来天安门，告诉作证之意。李煜瀛欣然同意，作为国民代表见证此事。

于是，张、鹿二人率领国民军20多名士兵和40多名警察来到故宫北门神武门和北上门一带，封锁交通，继头一天收缴原来守卫故宫、景山士兵军械之后，又缴了两门卫兵及驻在神武门外东西两侧营房里的四队480名警察的械。在与清室人员会谈时，清室人员说到同意搬迁，但物品太多，搬迁不易时，李石曾突然说了一句："物品不必收拾，并且有关历史之物以不搬走为是。因为国宝，不应该归一人一姓。你们今天出去后，只需将没有职守的太监开去，各宫殿仍由原管理人管理，并且加以封条，以专职成。"初次谈及文物，这对于后来的故宫博物院成立有很大影响。当初张、鹿二人始终注意令溥仪即日出宫，而未曾想到关于文物的处置。经李石曾这句话提醒，方明白有关历史文化价值的东西当收归国家所有。这句话成为以后财物分公私，以及日后成立故宫博物院的前提。

下午4时10分，溥仪永别了清室占据280年的宫廷，乘坐国民军司令部为之预备的汽车，前往什刹海生父载沣的醇王府。溥仪出宫后，留守故宫的国民军士兵和警察，会同清室内务府人员，逐一为溥仪及其妻妾住所、各个存储文物、物品的主要宫殿和场所都贴上封条，加了锁。

黄郛内阁行动迅速，自始至终都在抓紧处理溥仪出宫后的善后问题。溥仪出宫当天下午，摄政内阁开会，专门研究溥仪出宫的善后问题。议决事项主要有：办理清室善后委员会组织条例草案，善后会委员名额、人选，各种善后问题的处理等。11月7日，临时执政府发布命令："著国务院组织善后委员会会同清室近支人员协同清理公产私产，昭示大公。所有接收各公产，暂责成该委员会妥慎保管。俟全部结束，即将宫禁一律开放，备充国立图书馆、博物馆等项之用，藉彰文化，而垂永远。"11月14日，《政府公报》上公布了《清室善后委员会组织条例》，同时聘请李煜瀛为清室善后委员会委员长。

11月20日，清室善后委员会筹备就绪，宣告成立，李煜瀛就任委员长职。委员会由政府和清室双方人士组成。

有说易培基就任教育总长后，与李煜瀛一起策动冯玉祥派鹿钟麟等人逼溥仪出宫，组织清室善后委员会，清点清宫物品。易培基是当年驱逐溥仪出宫的主要倡导者，为清室善后委员会首席委员。这不是事实，是想当然的说法，必须予以澄清。

清室善后委员会最重要的任务是点查清宫物品，分清公产、私产。12 月 20 日召开了委员会第一次会议。在清室方面的委员拒绝到会的情况下，按法定程序，通过了《点查清宫物件规则》。清室方面委员拒不参加点查，抵制善后会的行动。12 月 22 日下午，善后会在神武门城楼上召开点查预备会，会议开始前，收到国务院内务部公函，称"政府正在筹议办法，该委员会未便遽行点查"。会议对此进行了激烈讨论，最后一致决定坚持对清宫物品的点查工作，23 日正式开始点查清宫物品。按善后会组织条例成立图书博物馆筹备会，聘易培基为筹备会主任。正式点查工作直到 24 日上午才从乾清宫、坤宁宫开始。其他宫殿的点查工作也随之开始了。因为这些不是我们要讲的主要内容，就略过不谈。这时，段祺瑞已被张作霖、冯玉祥举为临时执政。这里我只想强调一点，人们所说的"段祺瑞与清室的遗老遗少们沆瀣一气，采取种种卑劣手段阻挠点查工作的进行"的说法是不对的，12 月 24 日经段祺瑞同意，国务会议议决办法五条：一、原有之委员仍旧；二、各部长官每日须有一二人前往察看；三、各部遴派重要员司四人会同点查，但每日非有二人到会不可；四、清查应需之经费由财政部指拨；五、清查章程有酌改者，会商委员会酌改。段祺瑞在呈折上亲笔批了"可，如拟办"四字，这是"故宫"日后能够名正言顺在历史上存在的最关键的一个文件。我们谈历史要根据事实说话。

点查清宫物品，以宫殿为单位，而顺序则由入口左侧起，逐件编号，依序录登。因清宫殿堂众多，善后委员会遂将各宫殿按"千字文"编号，如乾清宫为"天"、坤宁宫为"地"、南书房为"元"、上书房为"黄"等。物品的编号有总号、分号之别：橱柜箱架各为一总号，以中文书写；置放其内之物则属总号之下的分号，以阿拉伯数字记之。点查作业以组为单位，派赴各宫殿点查，谓之"出组"。每次清点，除工作人员外，还有军警参加，最多的参与者近 20 人。每组各有一张担任职务签名单，称为“组单”，上列六大工作项目：查报物品名目、登录物品、写票（据点查登录簿所记编号写成票签）、贴票（将票签粘贴或悬挂于物品上）、事务登记、照像（重要物品需照像）。

1925 年 9 月 29 日善后会讨论并通过，决定成立博物馆，定名故宫博物院，于 1925 年 10 月 10 日开幕。根据《故宫博物院临时组织大纲》，故宫博物院的领导机构为临时董事会与理事会，下设古物、图书两馆。李煜瀛任理事会理事长，主持院务，易培基任理事兼古物馆馆长，陈垣任理事兼图书馆馆长。

1925 年 10 月 10 日，故宫博物院在乾清门前举行了隆重的开院典礼。故宫博物院的成立是中国博物馆事业走上正轨的开端。

1927 年，南京国民政府成立。谭延闿登上了南京国民政府常委、主席、行政院长宝座。易培基得谭延闿、李煜瀛、吴稚晖、张静江等人支持，任国民党中央政治会议委员兼农矿部长，同时还任劳动大学校长。

1928 年 6 月，国民革命军北伐成功，南京国民政府接管北京，改北京为北平特别市。6 月 19 日，国民党中央政治会议议决：派易培基前往北平接管故宫博物院。易培基因病一时不能北上，乃分电委托马衡、沈兼士、俞同奎、萧瑜、吴瀛等五人代行接收之事，并陆续电嘱他们接收清史馆、颐和园（因故未能接收）；要他们向中美文化基金会借款，以补发同仁们的欠薪。

6 月 27 日国民政府第 74 次会议讨论了国府委员经亨颐提出的“废除故宫博物院，分别拍卖或移置故宫一切物品”的议案，并函请中央政治会议再行复议有关故宫博物院的决定及有关法令。当时易培基正生病，遂由李宗侗写了一篇2 000字的驳议，以大学院古物保管委员会主席委员张继（时任国民政府立法院副院长）的名义，呈请维持故宫博物院组织法原案。呈文与经亨颐提出的废除故宫博物院提案一起，交国民党中央政治会议第 155 次会议讨论。易培基在中央政治会议上极力申述维持原案的理由，坚持建立故宫博物院的必要性，经过共同努力，否决了经亨颐的议案，决定维持有关故宫博物院的原决议案。1928 年 10 月，公布了《故宫博物院组织法》与《故宫博物院理事会条例》，明确故宫博物院“直隶于国民政府，掌理故宫及所属各处之建筑古物图书档案之保管开放及传布事宜”，并由政府任命了故宫博物院第一届理事会27人，理事会在南京开会再推举理事10人。理事共37人，包括当时全国政界、军界、财界、宗教界、文化界的众多知名人士，如蒋介石、汪精卫、张学良、阎锡山、于右任、宋子文、班禅九世、蔡元培、李煜瀛、易培基、陈垣、沈兼士、马衡。理事会推定李煜瀛为理事长，李煜瀛、易培基、张继为常务理事。

1929年2月，国民政府正式任命易培基为国立北平故宫博物院院长。博物院的下属机构做了调整，古物馆未变，馆长由易培基兼任；图书馆的图书部与文献部分别改为馆；在业务方面形成古物、图书、文献三馆“鼎立”的格局。事务方面设总务与秘书两处。1929年3月，易培基呈请行政院转呈国民政府任命李宗侗为秘书长。现在大家都因为李宗侗是李煜瀛的侄子、易培基的女婿，认为是凭裙带关系安排的职位。事实上，李宗侗早年留法，大家都知道五四运动是反对北洋政府签订丧权辱国的“二十一条”，是国内的爱国运动迫使我外交使团没有在巴黎和会上签字。同样，在法国，留学生和华侨们也自发地组织起来，包围了使团正使陆宗祥的住所，使他不能赴会。李宗侗在这场爱国运动中身先士卒，担任纠察队队长。回国后，担任北京大学法文系教授。因与沈兼士领导的北大国学门研究所联系频繁，当李煜瀛受命组织清室善后委员会时，沈兼士即通知他到李煜瀛家商量对策。当清室善后委员会遇阻时，他慷慨激昂，历陈必须坚持。经亨颐提出“废除故宫博物院”议案时，李宗侗为张继代笔所写的驳议，对维持故宫博物院原决议案起了关键性作用。所以，李宗侗出任故宫博物院秘书长也是不二人选。这时易培基身兼三要职，可谓盛极一时。

1930年9月，教育部长蒋梦麟免去易培基劳动大学校长职务；11月，农矿、工商两部合并为实业部，由孔祥熙担任部长。至此，易培基只存故宫博物院院长一职。1930年12月，发表易培基为北平师范大学校长，1931年2月7日免职。

易培基从1929年2月任故宫博物院院长，至1933年辞职，历时五年。前三年是兼职。易培基于1931年3月到北平，专理博物院事宜，视故宫博物院为自己的“终身之事业”。每天来院，同秘书、总务一室办公，悉心筹措，事必躬亲。易培基从社会上延请了大批专家、学者，成立了各种专门审查委员会，开始从文物的品质、名称、时代、真伪等方面对故宫的收藏进行系统的审核与鉴定。修建了“延、北、保、寿”四个库房，集中整理宫内零乱收藏的文物，并逐步建立起严格、周密的文物保管制度。开始进行有计划的陈列，增辟了大量的专门陈列室，按时对外开放、陈列古画、瓷器、玉器、钟表、仪仗，并开辟景山公园和太庙。设立了照相室与印刷所，自己拍摄，自己印刷出版了各种定期或不定期的刊物，出版了大量的墨迹、画集和珍、善本书目及各种史料丛编、档案集、文件集。这时期故宫博物院的出版物是民国文化出版的一道亮丽风景。全院同仁齐心协力，奋发工作，使故宫博物院的各项业务均获很大发展。这是故宫博物院历史上的第一个“鼎盛期”。故宫博物院今日的恢弘局面显然与这一时期所奠定的良好基础紧密相关。

故宫博物院是中国人民反封建斗争的一项重要成果，同时又因其“百万收藏”而被全世界视为中华伟大悠久文化的象征，盛名著于寰宇。“故宫盗宝案”出来后，易培基决心回击诬陷，他聘请了北平著名律师刘崇佑作辩护人。但遗憾的是该案 1934 年 2 月 3 日开庭，易培基却没有到案，这就意味着自动放弃申辩，失去了自清的机会，失去了民众对他的信心，在客观上给外界以心亏理屈的印象，直至法院对他通缉。域内、海外舆论大哗，洋人讥笑，国民侧目，学者却步，故宫同仁更如惊弓之鸟，惶恐终日。故宫博物院的地位与形象受到极大的贬低与歪曲。易培基 1937 年 9 月病殁于上海。临终遗言，再次申诉，“唯是故宫一案，培基个人被诬事小，而所关于国内外之观听者匪细，仰恳特赐查明昭雪”。显然已是无济于事，只能留待历史研究了。

二、文物南迁

1931 年，日本发动“九一八”事变，东三省被占，平津震动，华北告急。北平危在旦夕，高等学校部署南迁。鉴于日军气焰方炽，一旦入侵华北，故宫文物就有在战火中被毁或被劫的危险，为确保文物安全，国民政府行政院决定选择故宫博物院藏文物中的精品，迁往异地储藏。

文物南迁的准备工作，一是选择文物精品，二是做好装箱工作。这次装箱，可以说装了故宫文物大部分精华。

1933 年 1 月，山海关落入日军手中，平津危在旦夕。故宫博物院决定从 1 月 31 日开始，将已经装箱的文物分批南迁，同时派院秘书长李宗侗前往上海，租赁库房，储存迁沪文物。消息传出，一时间舆论哗然。一些人认为：古物在兵临城下之际运出北平，势必会动摇人心，引起社会不安，呼吁政府应以保卫国土为重，以安定民心为重，停止古物南迁，不应对敌处处采取妥协退让态度。且古物“一散不可复合”，绝不宜轻易他迁，以免散失。1 月 23 日，北平市自治区各公所及商会在中南海成立了北平市民众保护古物协会，通电反对故宫古物南迁。在民众集会上公开表示要以武力阻止古物南迁，誓与国宝共存亡。一些故宫职员也收到了恐吓信，并有人宣称要在铁路沿线埋炸弹，以阻止文物南迁。故宫博物院院长易培基当时曾给行政院院长宋子文拍过这么一封电报：“（平津卫戍总司令）于学忠转来各团体反对古物南迁函电，举座大哗。似此情形，倘地方政府不积极负保护之责，物品一出宫门，即恐发生意外。至个人危险，早置之度外。手枪、炸弹、恐吓信件，日必数起。”

这时，政府发表了对南迁一事的态度，劝慰民众：故宫文物是国家数千年的文化结晶，毁一件就少一件。民众留在北京可以协助政府抵御日寇，文物留在北平只有被掠夺和毁灭的可能。国亡还有复国之日，文化一亡，将永无补救！

故宫文物南迁，大家都比较熟悉了，从 2 月 5 日夜起运第一批古物，分五批共运出19 557 箱（其中有古物陈列所、太庙、颐和园和国子监的文物6 066 箱）。这些南下文物，先存上海，再运到南京，还成立了故宫博物院南京分院。

1937 年 7 月 7 日，日军发动了卢沟桥事变，开始全面侵略中国。7 月 29 日，北平陷落。8 月 13 日开始大举进攻上海，南京岌岌可危。

为了保护这批国宝，南京政府命令故宫博物院南京分院立即将古物分批西迁到大后方。三路西迁，具体的过程我们就不说了，我们只能说是古物有灵，炸不到，摔不碎，经常是文物前脚刚走，日寇的飞机轰炸就跟着来了；载运文物的车辆也曾翻下桥去，如果车里装的是瓷器之类怕碎的东西也就完了，装的是档案图书之类的纸制品，并不怕摔，车子虽是翻到河里，这里却没有水，而且桥不高，箱子受的震动不大，也没有什么损坏。总之，文物有惊无险，安然无恙。这批文物从 1937 年 11 月开始西迁，到 1947 年 6 月全部东归南京，在后方整整过了 10 年。在这 10 年间的分散保存时期，文物没有大的损失，创造了第二次世界大战中保护人类文化遗产的奇迹。

1948 年，蒋介石国民党败局已定，故宫博物院在京理事开会决定将南迁存京的文物挑选运往台湾。从 1948 年 12 月 22 日到 1949 年 1 月 29 日，共有三批文物运台，总计2 972 箱,约占 1933 年故宫南迁文物的 22%，大都是南迁文物中的精华。1965 年 11 月在台北市士林外双溪建成故宫博物院台北新馆。

未及运走的文物留在故宫博物院南京分院。中华人民共和国成立以后，这批文物的绝大部分从 1951 年起陆续运回北京故宫博物院，辗转了十几年的国宝又终于回到了它们原来的家。

三、故宫藏品

故宫文物南迁及南迁文物运台已为人们所熟知。不少人以为，当年故宫博物院的文物都南迁了，而其中的精品又都运到了台湾。这自然是个误解。南迁古物，当时决定尽量挑选精品，事实上未能完全做到。新中国成立 50 年来故宫博物院入藏了国家拨交、个人捐献和收购征集的 24 万余件文物，其中多有国宝级精品。

故宫博物院是个藏宝之府，经过 7 年文物清理，我们已经对社会公布可移动文物数量达1 807 558件（套）。有陶瓷器、货币、玉石器、甲骨、青铜器、封泥玺印、玻璃器、刻石文物、雕塑、碑帖、书法文物、绘画文物、敦煌与吐鲁番文物、宗教文物、漆器、珐琅器、织绣与服饰、金银器、铜锡铅器、竹木牙角器、匏器、工艺盆景、笔墨纸砚、成扇、卤簿仪仗、乐器、武备文物、科学仪器、钟表、医药器具、戏曲文物、照明用具、日用杂品、娱乐用具、近代交通与通信用具、图书、书版、图样、舆图、档案文书等，这里我即使只是蜻蜓点水，恐怕也不仅仅是挂一漏万。故宫博物院已经出版《故宫博物院文物精品全集》60卷，现在又在出版《故宫博物院藏品大系》，估计将达600卷，全是精美图录。有条件的朋友可以去翻阅。

今天我郑重地向大家推荐一本小书，但很有分量，就是郑欣淼先生著的《天府永藏——两岸故宫博物院文物藏品概述》。该书不仅对两岸故宫博物院藏品的数量、类型、品质提供了翔实的数据资料，而且对故宫文物的来源、构成、流播也进行了细致的梳理分析，最后还从故宫学的角度进行了一些理论探讨，是一部不可多得的佳作。

故宫只有一个，故宫博物院却有两个（沈阳故宫是另一个意义上的）。北京故宫博物院过去对藏品的整体整理、研究不够，尤其是宣传不够，致使一般人不明白内里的真相。该书对故宫文物的聚合、流散和回归作了清晰的叙述，理清了两座故宫博物院皇家旧藏的来龙去脉与现状，全面论述了两岸故宫博物院文物来源、构成、流播、现状、分类、数量及相关史实。文字虽然不多，却有巨大的容量。分述两岸两院藏品的动态，把两院藏品分为12个类别，清点比较各自的来龙去脉，各自的特点特色，多少有无，将同源分流、庞大繁杂的故宫文物梳理得清清楚楚。北京故宫博物院藏品的85%和台北故宫博物院藏品的92%均来自于原清宫旧藏，这正是两岸故宫博物院同名的根源；北京故宫博物院在藏品总量上大大多于台北故宫博物院，而且文物精品总体上也大大多于台北故宫博物院，并非像有些人以为的“文物南迁已经把北京故宫搬空了”；在类型上，虽然北京故宫博物院更为丰富，但两岸故宫博物院的藏品都涵盖了我国古代各种艺术瑰宝，同为世界上最重要的中华文化艺术宝库。作者并未计较两座故宫博物院的收藏孰胜，而是把故宫作为一种整体文化来看待，客观地把本属于故宫文物却由于上述原因而分别庋藏于两处博物院的藏品一并加以整理介绍，以求这份文化遗产首先在故宫学的理论框架内进行介绍和探讨。

《天府永藏》不是一般的资料梳理，不是公布文物的清点账目，而是研究型的文化整理，是清理文物的研究，其意义远超出文物藏品清点的范围。明显的特点有三：一是客观、准确。以大量第一手材料为依据，实事求是地建立起一个故宫、两个故宫博物院根根脉脉、根脉相连的文物文化谱系。资料的索取与考证翔实，结构完整、严谨，文字精练，数字准确，必将深化人们对故宫的价值、意义及地位的认知。二是大历史大文化的文物视野。全书用一半的篇幅对两岸故宫博物院的藏品进行了前所未有的分类论述和比较。除传统的书画、陶瓷、玉器、青铜器等外，更重视发掘更具宫廷特色的宫廷类、宗教类、建筑类文物的历史文化价值。如宫廷类文物，就梳理出帝后玺印、卤簿仪仗、宫廷服饰、科学仪器、戏曲、医药、地毯等 16 类。三是体现着作者本人首倡的“故宫学”研究的整体性。虽然主体是可移动文物，但始终置于与不可移动之紫禁城的关系、与宫廷历史文化艺术的关系的框架之中，即置于以“故宫学”为标志的故宫文化整理与研究的整体中。因此，不仅为读者清晰地解析了故宫藏宝，更能从历史文化艺术的视角，而不是从所谓藏宝的视角引导人们看待最引人注目的故宫珍藏，从而真正理解“国宝”对于国家、民族、人民及对于世界的意义。

最后，作者对故宫及其藏品的价值从历史、科学、艺术等角度进行分析，指出当代人对故宫及其藏品作为人类宝贵的文化遗产的典守职责，提出通过各方携手开展对紫禁城建筑、文物典藏、宫廷历史文化遗存、明清档案、清宫典籍、故宫博物院历史等的系统研究，对以故宫为代表，以皇帝、皇权、皇宫为核心的皇家文化的系统研究，建立故宫学，并希望以故宫学统筹和推动故宫及其藏品的管理、科研、交流、展示、弘扬等工作上升到一个新的更加自觉的高度。

四、“故宫学”

1924 年，溥仪刚被逐出紫禁城，故宫博物院创始人之一的李煜瀛在商组“办理清室善后委员会”时，就明确提出要“多延揽学者专家，为学术公开张本”，后又提出，故宫博物院“学术之发展，当与北平各文化机关协力进行”。由于“五四”新文化运动的原因，北京大学已成为当时全社会在思想与新学科研究方面的先导，在点查清宫物品及后来故宫博物院的业务建设上，北京大学研究所国学门出力最大。当时参加故宫工作并从事研究的学者，有马衡、刘半农、钱玄同、陈垣、孟森、容庚、沈兼士、沈尹默等。故宫博物院成立后，主要精力用于清点、整理清宫藏品，包括文物、档案、图书，同时注重向社会公布，出版公布文物、文献档案资料。1925 年开始出版《故宫物品点查报告》。为学术研究的需要，1935 年又成立了书画、陶瓷、铜器、美术品、图书、史料、戏曲乐器、宗教经像法器、建筑物保存设计等 10 个专门委员会。专门委员分特约及通信两种，除本院人员，还聘请社会上颇有名望的专家学者。从研究人员的阵容上，可见故宫博物院的学术研究一开始起点就较高，并且具有开放性、社会性。

中华人民共和国的成立，使故宫博物院有了稳定的发展环境，各项工作全面展开，引进了唐兰、徐邦达、罗福颐、孙瀛洲等一批名家。“文化大革命”前，故宫博物院按照博物馆的基本要求，从自身实际出发，主要是进行基础性的建设工作。

“文化大革命”结束，特别是中共十一届三中全会以后，故宫博物院的学术研究迎来了新的时期，充满活力，成绩骄人。故宫博物院以其特殊的地位，气势恢宏的建筑和典藏的百万珍宝，最先引起海外的关注，因而在图书出版方面开风气之先，最早与港台地区的出版机构如商务印书馆香港分馆等合作，在 20 世纪 80 年代初期就出版了《紫禁城宫殿》《国宝》《清代宫廷生活》等在海内外有广泛影响的画册。

故宫是学术的故宫，故宫学人薪火相传，特别是 1977 年以后，老专家、新学人的学术论著不断推出。故宫博物院的学者，在清史研究、中国古代书画研究、古陶瓷研究、金石考古研究、工艺研究、宫廷图书文献研究、古建筑研究、故宫博物院历史研究等方面均取得了重要成果。

“故宫学”提出的一个重要基础，是累积已久的相关研究成果。原任文化部副部长、故宫博物院院长的郑欣淼立足于对故宫及故宫博物院的认识和定位、对故宫学术研究的现状以及 80 余年来故宫研究历史的调查与考察，形成了故宫学的思路。他认为，故宫与故宫博物院密切相关，对故宫价值认识的程度，影响着对故宫博物院内涵的理解与功能定位。通过对文物认识的深化、对古建筑的重视、对宫廷历史文化的挖掘、对无形文化遗产的传承等四个方面的探讨，认识到故宫不只是“中国最大的文化艺术博物馆”，而且是世界上极少数同时具备艺术博物馆、建筑博物馆、历史博物馆、宫廷博物馆等特色，且符合国际公认的“原址保护”“原状陈列”基本原则的博物馆和文化遗产，是一座博大精深的中国历史文化宝库。这是一个全新的学术理念，将故宫的研究提高到一个前所未有的高度，引起了国内外学界的极大关注。“没有长达80年的故宫研究的实践和成果，就不可能准确提出故宫学概念，而故宫学的提出并确立将使故宫学研究进入自觉阶段，将从整体上提高故宫研究的水平。”在郑欣淼看来，故宫不单单是一座皇家宫殿，也不单单是中国最大的博物馆，它是将建筑、文物、典籍等多种元素融合在一起的文化整体，是中国五千年传统文化的结晶。对于“故宫学”，郑欣淼的解读是：它不是经院式的繁琐论证，也不是从书本到书本的刻板研究，它直接面对故宫的文物、古建筑、档案、文献等，是一门把故宫当作一个文化整体的综合研究。郑欣淼坦言：“故宫学”内容的物质载体，当然首先是故宫的博大收藏。

对故宫价值的认识需要从故宫学的视野来看故宫，不仅认识到故宫古建筑、宫廷文物珍藏的重要价值，而且看到历史遗存有着同样重要的意义；更为重要的是，古建筑、文物藏品、历史遗存以及在此发生过的人和事，是一个不可分割的文化整体。这一认识是故宫学得以产生的重要依据，也有利于进一步挖掘故宫的历史文化内涵。故宫文化的这一整体性，也使流散在院外、海外的清宫旧藏文物、档案文献有了一个学术上的归宿。“故宫学”的目的就是不断推进对故宫的综合研究，挖掘故宫文化的深邃内涵。

有了用“故宫学”的视野，来重新认识故宫，会有全新的认识。我以一个在故宫藏品中很不起眼的清宫剧本为例。郑振铎在1935年7月的《文学百题》上发表《清代宫廷戏的发展情形怎样》，从宫廷戏表演特点上讨论昆曲在清朝衰亡的原因。认为清宫戏需要“极复杂的舞台和布景，极夥众的演员和切末”而流传不广；剧作家们创作力低下，“往往剽窃元、明的戏文，作为自己的东西。便形成了恹恹无生气的作品。……自绝于民众，而不能不同时走上了灭亡之路了”。当我们用“故宫学”的眼光来重新审视清宫剧本的价值时，就得出了完全不同的结论。

第一，剧本是戏剧的物质载体之一，是戏剧的排演依据。中国古代辉煌的戏剧，留下的剧本并不特别多，戏班唱戏留下的剧本更少。现在流通的剧本大都是为了满足社会欣赏阅读、文学研究的需求，并不能代表演出团体的排演剧本，实际上已经是剧本的变种。而且社会上的戏剧演出一般由民间戏班子的演员担任，为了节约经费和增加观众，戏班子大部分没有固定的演出场所，流动性强。这一特点决定了剧本不易进行资料性的保存，有些戏甚至是师徒之间的口传身授，有的演员还不识字，对剧本不重视，留下的排戏用的剧本就更少了。清朝宫廷的戏剧承应活动遵照皇帝的意志进行，对戏本管理规范，有着严格的制度体系和管理方法，活动范围固定，仅限于宫廷园囿，因而留下了大量的种类繁多的南府和升平署剧本，大都是实实在在的排演剧本，每种戏具有不同内容和用途的本子。有专供皇帝和皇太后看的安殿本，更多的是供演剧人员演出使用的戏本，分为总本、角本、曲谱、题纲、串头和排场等。清宫剧本是演出戏本的宝库。这些剧目应该都曾在宫内演出过，为当时戏怎么演出提供了版本。现已知藏有清朝宫廷剧本较多的台北故宫博物院、中国艺术研究院、中国国家图书馆、首都图书馆等单位的藏品数量总共不到2 000种，册数一时没有找到。而北京故宫博物院藏有11 491册，数量大，每种戏都有不同内容和用途的本子，其中有不少剧本是其他戏曲著作中不曾著录的珍稀善本和孤本。这是一批极为宝贵的戏曲资料，是清朝宫廷戏剧活动的实物证明，对于恢复清宫演戏旧貌，发扬中国戏曲传统，有着极其重要的意义。对于这些剧本在戏剧发展史上的价值，现在的认识是远远不够的。我以为，对其价值，只有我们还没有认识到的，是怎么估计都不会高的。

第二，故宫博物院藏清朝宫廷剧本的题材内容广泛，艺术形式丰富多彩。其中既有元明著名剧作家创作的杂剧和明清传奇，也有清代乐部词臣依据古典小说和佛典故事改编的连台本戏和各种承应戏。演出的艺术形式包括昆腔、弋腔、乱弹、梆子腔和西皮二黄等，有的剧本还配有表演动作或曲谱，词藻华美。这一点似乎少有学者论及。对于穿戴题纲里所反映出的表演程式也是值得关注的。故宫戏本有些只在宫廷里演，外面知道的人很少。也有社会演出的剧本，皇帝欣赏需要，引进宫里。保留了当时外面的戏。外面已失传未失传的，多年后，宫里的也与外面的不一样了。外面的都没有这里丰富。流传在外的，源头能在清宫找到。宫廷演剧体制对戏曲艺术起了重要的规范和提升作用。宫廷与民间演出的交流和相互影响研究还有待深入。就戏曲发展本身而言，清代戏曲史乃是一部昆曲走向衰亡，京剧萌芽、成长并日趋成熟精致的过程。在这个花雅之争的过程中，宫廷演剧扮演着十分重要的角色，起过不可估量的作用。帝后们由于本身的喜好，乐于参与创造，他们既是观众，又是导演、监制，直接参与创作，这与以往各朝大不一样。他们的参与，从支持雅化了的昆曲，后来是昆弋，排斥民间剧种到后来接受民间剧种，在他们的指导下，规范化、精致化了。也有一部分“政治化”了。作为宫廷演出的昆弋戏，是被改编过的，为何如此改编，改编后如何表演，可以看出皇帝的审美取向和欣赏趣味。由于宫廷演剧的特殊地位和影响力，皇帝对花部乱弹的态度对当时的花雅之争有着重要的导向作用，正是皇帝对乱弹的喜爱，对正在发展中的花部戏曲起了很大的鼓励和推动作用，影响了戏曲的创作演出和发展进程。到光绪朝京剧形成，而到了20世纪二三十年代，达到高峰，形成了诸多流派，至今不衰。总之，清朝宫廷演戏的历史，反映了戏剧发展的客观规律，即它起自民间，逐渐完善，贵族加以雅化、利用，排斥昆曲以外的剧种。而其他剧种蓬勃健康地发展，终于突破统治阶级的偏见，在宫廷发展起来，引得帝后也染指其间，促成新剧种形成的互动关系。民间戏曲的生命力是源泉、是不竭的动力。

第三，升平署曲本及档案资料不仅仅是清代内廷演剧的历史，同时还是清代兴衰的缩影。国家民族的生存状况，也影响着戏曲创作和演出。一部清代宫廷戏曲史，就是一部缩微的清史，由极度的辉煌走向没落。从中我们不仅可见清代戏曲的发展轨迹，还可为清代政治、经济、文化、社会生活等各层面的研究提供珍贵史料。对于清廷演戏的研究大多是集中在对于演戏机构的设置上，机构设置后面的礼乐制度变化的本质，还有待深入地挖掘。清代戏曲艺术在清宫帝后文化生活中的作用和发展，具有重要价值，宫廷戏剧文献保留了丰富的清代宫廷生活的文化信息，是研究清朝宫廷史的第一手资料。

由一斑而窥全豹，在“故宫学”的视野下，故宫的价值需要重新认识。

故宫学与紫禁城学

讨论故宫学与紫禁城学的关系，本文不是第一篇，之前郑欣淼先生在《紫禁城与故宫学》一文中已经有所讨论，指出“紫禁城研究是故宫学研究的核心，但是故宫学在研究范畴和地位上不能等同于紫禁城学”。

故宫学与紫禁城学都是研究明清紫禁城的学问。“紫禁城学”的概念提得早，但迄今没有明晰自己的定义与研究范围，“故宫学”概念提得晚，但故宫学的学科体系和研究对象正在逐渐明朗。故宫学与紫禁城学的关系如何，是故宫学与紫禁城学研究者必须讨论的问题。本文试从梳理时说紫禁城学概念的产生、发展，全面清理紫禁城学学术史，而后给出学界认可的关于紫禁城学的定义、研究对象，再来与故宫学作一比较，希冀弄清故宫学与紫禁城学的关系。不当之处，敬请批评。

一、“紫禁城学”的提出及其发展

（一）“紫禁城学”提出时就确定研究的范围是紫禁城宫殿建筑

“紫禁城学”的概念是随着1990年倡议成立紫禁城学会而提出来的，至晚在1993年就已有了这么一个学术的概念。1995年9月18日中国紫禁城学会成立时，明确提出要建立“紫禁城学”。研究“紫禁城学”一直是学会的中心任务，到2005年还是说：“中国紫禁城学会是国家一级学会，它的宗旨是以‘紫禁城学’的研究为中心的非营利性的学术团体。”①

1995年9月18日，中国紫禁城学会筹备组组长、故宫博物院高级工程

① 郑连章：《关于推荐中国紫禁城学会第三届理事会理事候选人说明》，《中国紫禁城学会论文集》（第五辑），紫禁城出版社，2007年，第940页。

师于倬云在《中国紫禁城学会筹备工作报告》中介绍学会成立的缘起时说：

紫禁城是明清两代的皇宫，保留有明清时代各种类型的古建筑近千座，是我国现存规模最大、体系最完整的古建筑群。它集我国历代宫殿建筑艺术之大成，集中地反映了我国古代建筑技术和艺术成就，1961年由国务院列为首批全国重点文物保护单位，1987年又被联合国教科文组织确定为世界人类文化遗产的保护项目。

宫殿建筑是各个历史时期建筑技术和艺术成就的集中体现。中国紫禁城的营建又是在继承历代宫殿精华的基础上形成的，因而它的文化内涵极其丰富。它不仅具有文物学意义的历史、艺术与科学价值，而且还蕴含着古代宫殿建筑设计的哲理。多年来对紫禁城的研究已有了深厚基础，并且取得了重要的成果。

在解放思想、实事求是的思想路线指引下，故宫古建筑的保护与研究工作有长足的发展。探讨古代建筑艺术中传统的美学理论、古建筑结构木构架的力学分析、古建筑在不改变原状原则下的防灾，以及花草树木与植被的研究等等。这些工作多是跨部门的交叉学科，靠一个部门是难以做到的。过去虽然有的课题已然做了一些，对这一人类文化遗产的科学认识还是很不够的。因此有必要祈请社会同道共同研究，成立一个学术团体就势在必行了。①

开宗明义、非常明确地告诉我们，为了研究紫禁城古建筑，需要成立中国紫禁城学会。

（二）“中国紫禁城学会”的发起人和筹备组成员几乎都是紫禁城宫殿建筑研究专家

“1990年9月，在紫禁城宫殿落成570周年纪念会的学术讨论会上，国内古建界专家倡议成立群众性的学术组织。会后在我院党委、各位行

① 于倬云：《中国紫禁城学会筹备工作报告》，《中国紫禁城学会论文集》（第一辑），紫禁城出版社，1997年，第434、436页。

政领导的支持和魏文藻副院长的具体关怀下，经过充分酝酿，于1993年11月组成紫禁城学会筹备组。由在京的29位专家作为发起人，由魏文藻、于倬云、万依、郑连章、张克贵、石志敏组成筹备组，并推选于倬云为组长，随即拟制学会的方针、任务、性质，起草了学会章程草案。”①

学会的发起人，29位专家名单请看《中国紫禁城学会发起者名录》②。从这份名单可以知道，除了北京大学教授侯仁之、杨辛二人外，其他27位是清一色的古建专家。

学会筹备组6位成员魏文藻、于倬云、万依、郑连章、张克贵、石志敏，魏文藻是分管古建工作的故宫博物院副院长，万依是故宫博物院研究室主任，其他4位都是故宫博物院古建部专家。

（三）动议成立“中国紫禁城学会”以及成立大会和首届学术讨论会的关节点都是并且仅是紫禁城宫殿建筑

“1990年9月，在紫禁城宫殿落成570周年纪念会的学术讨论会上，国内古建界专家倡议成立群众性的学术组织。”③

中国紫禁城学会发起人第一次会议上，于倬云介绍将于1995年10月故宫博物院建院70周年紫禁城建成575周年之际，召开中国紫禁城学会成立大会和首届学术讨论会的初步构想与安排，并提出宫殿建筑、历史及法式鉴定、建筑艺术及古代美学理论、建筑技术与结构分析，以及保护与利用等方面的研究内容。

中国紫禁城学会发起人第一次会议上，专家们热烈赞成成立紫禁城学会，谈论的话题几乎都是关于紫禁城古建筑的：

侯仁之先生讲了北京城的发展与紫禁城的关系，北京的历史有三个里程碑，1995年是北京建城的3040年，是紫禁城的575年，把紫禁城的研究和北京城的研究结合起来，有利于加强古建筑的弘扬与保护。

---

① 于倬云：《中国紫禁城学会筹备工作报告》，《中国紫禁城学会论文集》（第一辑），紫禁城出版社，1997年，第436页。

② 《中国紫禁城学会发起者名录》，《中国紫禁城学会论文集》（第一辑），紫禁城出版社，1997年，第451－452页。

③ 于倬云：《中国紫禁城学会筹备工作报告》，《中国紫禁城学会论文集》（第一辑），紫禁城出版社，1997年，第436页。

郑孝燮先生讲，紫禁城的研究应不限于紫禁城内，要到外地寻根，如到凤阳、南京等地考察。

阎崇年先生讲，中国紫禁城学会要不断扩大影响，赞成研究范围包括建筑学、史学、美学、力学等，并且朝着纵向、横向开展。

杨辛先生讲，故宫是中华民族传统的精华，欣悉于先生正在从真、善、美的统一上研究故宫建筑，是培养青年爱国主义的重要内容。

民政部登记手续完毕后，学会即着手各项准备工作。在筹办会议的同时，为会议编印出版了《紫禁城宫殿研究与保护》论文集一书。

为了这个学会向纵、横双向发展，扩大保护、研究与弘扬故宫这座世界人类文化遗产的研究队伍，为了后继力量日益壮大，每年将要不断吸收符合会章第三条会员条件的专业人员参加。全体会员在学会的四个专题学术委员会——建筑历史委员会、宫殿建筑艺术委员会、建筑技术委员会、宫殿保护与利用委员会的学术活动中老中青结合，发扬实事求是的科学态度，倡导团结协作多作奉献的精神，庶乎可以达到各位专家学者的期望。①

1995 年 9 月 25 日，故宫博物院副院长魏文藻在《中国紫禁城学会成立大会暨首届学术讨论会闭幕辞》中说："以紫禁城为院址而建立的故宫博物院，70 年来，尤其是新中国成立 46 年来，不仅做了大量的维修保护工作，而且也做了多方面的、大量的科学研究工作，并取得了丰硕的成果。但对其博大精深的历史文化内涵的研究，还远远不够，有的学科和领域尚未涉及。这就需要在已有成果的基础上，更广泛、更深入地开展对它的研究，以进一步发掘其历史的科学的和艺术的价值，并在此基础上，逐步建立和完善紫禁城学这一学科体系，为更好地保护和科学地利用提供理论依据。为此，我们必须联络国内外古建筑及相关学科的专家学者和科技人员，集中优势，有计划、有领导地开展这一工作。"② 提出了"逐步建立和完善紫禁城学这一学科体系"，重点是"古

① 于倬云：《中国紫禁城学会筹备工作报告》，《中国紫禁城学会论文集》（第一辑），紫禁城出版社，1997 年，第 436 - 437 页。

② 魏文藻：《中国紫禁城学会成立大会暨首届学术讨论会闭幕辞》，《中国紫禁城学会论文集》（第一辑），紫禁城出版社，1997 年，第 446 页。

建筑及相关学科”。

（四）“中国紫禁城学会”的宗旨是紫禁城的研究与保护事业的发展

1995年3月1日民政部正式颁发给中国紫禁城学会《中华人民共和国社会团体登记证》，明确学会的宗旨是促进中国紫禁城的研究与保护事业的发展。

1995年9月18日第一届会员代表大会通过的《中国紫禁城学会章程》第一章第三条规定，“本会的宗旨是：联络国内外中国古建筑及有关历史、艺术、自然科学等相关学科研究力量，加强对故宫这一国家重点文物保护单位、世界文化遗产保护项目进行广泛深入研究，建立紫禁城学，促进国内外学术交流，以利于加强对中国紫禁城（即明清故宫）的保护，使这一体现中华民族的传统文化进一步发挥在社会发展中的作用。”① 第三章会员的第十条规定：“凡承认本会章程，热心于中国紫禁城学的研究，并有较高研究水平的中级以上专业人员，或对中国紫禁城学研究有成绩者，按规定办理入会手续，均可成为本会会员。”② 这里的“紫禁城学”虽然没有加定义，但给人约定俗成的感觉，我们从该章程第二章任务中，可以看出该学会要建立的紫禁城学的研究内容是关于紫禁城这座中国宫殿建筑的历史、艺术、科学价值及其保护③。

2006年5月19日第三次会员大会通过的《中国紫禁城学会章程》第一章第二条、第三条规定，“本会是由从事古建筑及历史、文化等相关学科研究的专家学者们自愿组成的全国性、群众性、非营利性的学术团体”，“本会的宗旨是：联络国内外中国古建筑及历史、文物、艺术、

---

① 《中国紫禁城学会章程》，《中国紫禁城学会论文集》（第一辑），紫禁城出版社，1997年，第448页。

② 《中国紫禁城学会章程》，《中国紫禁城学会论文集》（第一辑），紫禁城出版社，1997年，第449页。

③ 《中国紫禁城学会章程》第二章任务：“第五条，开展对中国紫禁城历史、艺术、科学价值及紫禁城学的研究。第六条，对中国宫殿建筑的研究。第七条，进行对中国紫禁城建筑的保护及进一步发挥其作用的研究。第八条，举办古建筑学术讲座，培养跨世纪人材；举行紫禁城学学术讨论会；出版书刊；组织学术考察；促进国内外学术交流。第九条，承担古建筑保护的有偿咨询业务工作。”《中国紫禁城学会论文集》（第一辑），紫禁城出版社，1997年，第448页。

自然科学等学科研究力量，对故宫及相关的坛庙、园林、陵寝、行宫、衙署、府第等文物保护单位、世界文化遗产和紫禁城文化进行广泛深入研究，逐步建立紫禁城学，促进国内外学术交流，以利于加强对紫禁城（即明清故宫）建筑及其他宫廷建筑的保护利用，使紫禁城学这一体现中华民族优秀传统文化的学科，进一步在社会发展中发挥作用”①。第二章第六条规定：“本会的业务范围：（一）对中国紫禁城建筑及相关的宫廷建筑的历史、艺术、科学价值的研究；（二）开展对中国紫禁城建筑及相关的宫廷建筑的保护利用的研究；（三）对中国紫禁城文化包括宫廷典制、人物、经济、文化、习俗、民族、宗教及文献、档案等的研究；对紫禁城学的研究；（四）对国外相关内容的比较研究；（五）举办有关紫禁城学的学术讨论会；（六）举办有关紫禁城学的学术讲座，培养有关紫禁城学的专门人才；（七）出版书刊；（八）组织学术考察，促进国内外学术交流；（九）承担古建筑保护的有偿咨询等业务工作。”② 第三章第八条申请加入本会须具备的条件，“（三）热心于中国紫禁城学的研究，并有较高研究水平的中级以上职称的专业技术人员；（四）在中国紫禁城学领域内有一定影响及有一定成绩者”③，这里对“紫禁城学”也没有加定义，但明显的范围比 1995 年的规定扩大了，紫禁城学的研究内容已不仅是紫禁城这座中国宫殿建筑的历史、艺术、科学价值及其保护，而且加入了与故宫相关的坛庙、园林、陵寝、行宫、衙署、府第等文物保护单位、世界文化遗产，且紫禁城文化包括宫廷典制、人物、经济、文化、习俗、民族、宗教及文献、档案等。

（五）“中国紫禁城学会”历年召开的学术讨论会的主题都是古建筑研究

紫禁城学会历年召开的学术讨论会的主题都定在古建这一块：

第一届（1995 年）：“从中国紫禁城学会第一次学术讨论会所收到

① 《中国紫禁城学会章程》，《中国紫禁城学会论文集》（第五辑），紫禁城出版社，2007 年，第 941 页。

② 《中国紫禁城学会章程》，《中国紫禁城学会论文集》（第五辑），紫禁城出版社，2007 年，第 941－942 页。

③ 《中国紫禁城学会章程》，《中国紫禁城学会论文集》（第五辑），紫禁城出版社，2007 年，第 942 页。

的 49 篇论文看，除有 1 篇是讨论紫禁城学会和紫禁城学的以外，其余 48 篇，皆以建筑为主体，各从不同角度立论，颇为繁盛，但与紫禁城相关学科尚需充分发挥。”①

第二届（1997 年）：宫殿、坛庙、陵寝、园囿等建筑研究更为深入。“有效保护，合理利用”是紫禁城学会最主要最现实的目的。这次论文中对有效保护方面提出不少新的理论。特别是《关于建立有中国特色的文物建筑保护维修理论体系问题》一文，是古建筑保护经验的全面总结，也是保护古建筑文物理论的引玉之作。这次学术讨论会的论文中不是直接讲紫禁城建筑的论文有 15 篇。从涉及的区域上看，不是讲紫禁城的有 17 篇。紫禁城学会研究的内容，有古建筑学，但不全是古建筑学。这次学术讨论会的论文，因为第二次通知提出了相关范围，比上次学术讨论会就丰富了许多，如御花园的树木、宫殿中的陈设、宫中的医药设施、修建中的采木问题、祭天的礼制、宫廷生活、宫中防火设施、金中都与紫禁城的关系、旅游与古建文物保护、有关人物的研究、紫禁城文化的宏观研究、清宫园囿水面的利用及管理、从环境保护角度谈古建筑保护等内容，都是这次论文新提出的课题，论文的内容从不同的角度扩展了研究的领域。②

第三届（2000 年）：“中国紫禁城学会是以加强对故宫及相关单位的内涵和外延进行广泛深入研究为其宗旨。讨论会期间，在座的专家学者仍将会对紫禁城及其相关的坛庙、宫苑、陵寝、行宫等皇家建筑从设计思想、历史沿革、技术与艺术成就、保护和利用等诸多方面的问题进行深入的研究探讨，同时对紫禁城所包含的文化内涵也将从典章制度、文化习俗、民族宗教等各个方面进行广泛的研究。对紫禁城学的内涵和外延也将有进一步的构想，对国外相关问题的比较研究也将有所加强。我们有理由相信，这次讨论会将会有许多新的材料、新的观点和新的研究方法出现，在以往研究的基础上会有新的突破和进展。紫禁城及相关各处是我国古代宫

① 万依：《对紫禁城学研究范围的思考》，《中国紫禁城学会论文集》（第二辑），紫禁城出版社，2002 年，第 384 页。

② 罗哲文：《序言——中国紫禁城学会第二次学术讨论会总结》，《中国紫禁城学会论文集》（第二辑），紫禁城出版社，2002 年，第 1－3 页。

殿、坛庙、陵寝、园林等建筑艺术和技术的集大成者，是我国古代文明的伟大载体，同时作为世界文化遗产又是人类文明的伟大瑰宝。中国紫禁城学会作为以研究为主的学术团体，对其相关问题的研究负有责无旁贷的使命，同时也有责任，为将紫禁城完好无损地交给21世纪作出应有的贡献。”① 学术讨论会的内容涉及紫禁城宫殿建筑的规划设计思想，古建筑的形制及沿革考证，古建筑的艺术和技术，建造史料，宫廷设施和宫廷文化，园林坛庙和陵寝等文物建筑的保护与利用诸多方面。

第四届（2002年）：2002年10月召开的第四次学术讨论会，正值当时任国务院副总理的李岚清同志视察故宫并对故宫文物建筑的维修保护作了重要的指示、故宫博物院为落实国务院指示制定了有史以来最大规模的维修保护规划并开始实施之际，这次学术讨论会的主题确定为“文物建筑的保护与利用”，以期对如何体现科学保护合理利用方面的相关问题加以深入研讨，以便为大修工程提供某些理论上指导和参考。论文紧紧围绕主题，内容广泛深入，对文物建筑的保护维修原则、工作目标乃至技术手段等诸多方面都提出了许多明确具体的意见或建议，颇具指导意义。

第五届（2005年）：2005年10月召开的第五次学术讨论会，正值紫禁城建成585周年、故宫博物院建院80周年之际，为使讨论兼具庆祝和纪念意义，召开了以中国明清宫廷建筑为主题的国际学术研讨会。共收到论文70余篇。研讨会紧紧围绕中国明清宫廷建筑这一主题，对明清宫廷建筑的演变和时代特征、设计思想与文化内涵、艺术成就和技术成果、装修陈设及所反映的宫廷历史、民族史、宗教史、历史档案图样资料和整理研究与刊印、中外同时期同类建筑的比较等诸多方面，都有深入的研究和论述。有一些论题，是以前四次讨论会中所没有涉及的。如对西方文物建筑保护理念如何科学对待，背景与环境保护的关系，宫殿建筑与相关典制及宗教的研究，施工过程、施工管理、施工策略的研究，古建筑装饰、琉璃以至门钉、屋顶形制的文化内涵等等。

---

① 朱诚如：《中国紫禁城学会第三次学术讨论会开幕辞（代序）》，《中国紫禁城学会论文集》（第三辑），紫禁城出版社，2004年，第1－2页。

第六届（2008 年）：郑欣淼《故宫维修五年》是故宫博物院组织和承担故宫建筑大修的阶段性总结，论文分“史论与保护”“沿革与布局”“形制与功能”“工艺与材料”“人物与器用”五组，从各个不同的角度，分别论述元明清时期大都、南京、中都、北京的城市、宫殿、坛庙、园林、衙署、陵墓营造中的各种历史现象。

（六）“中国紫禁城学会”所做的工作主要都围绕古建筑研究

紫禁城学会是 1990 年倡议、1995 年正式成立的国家一级学会组织。学会宗旨是“联络国内外中国古建筑及有关历史、艺术、自然科学等相关学科研究力量，加强对故宫这一国家重点文物保护单位、世界文化遗产保护项目进行广泛深入研究，建立紫禁城学，促进国内外学术交流，以利加强对中国紫禁城（即明清故宫）的保护，使这一体现中华民族的传统文化进一步发挥在社会发展中的作用”。

如与文物出版社合作出版了《明清北京皇宫》中英文版 VCD 光盘，这是一个介绍紫禁城宫殿建筑的普及性音像读物，既具知识性、趣味性，也深入浅出地介绍了紫禁城宫殿建筑的科学性、艺术性，雅俗共赏。

举办“紫禁城文化”系列讲座。

又如《明清宫廷建筑大事编年》的编纂工作。2003 年列入工作计划，之后由万依草拟了编纂的初步设想，曾刊登于 13 期会刊上，经过多次讨论修改，专家会议论证，于 2004 年 5 月最终确定下来。这部书的名称就确定为《明清宫廷建筑大事编年》，分为两个主卷，第一卷为《明代宫廷建筑大事编年》，第二卷为《清代宫廷建筑大事编年》。清代卷还将分纂成紫禁城、苑囿行宫、陵寝、坛庙及敕建寺观和盛京皇宫五个分卷，计划用五年时间完成。编纂工作于 2004 年 8 月正式启动，现试点工作已经结束，雍正朝十三年的“编年”已初步完成，其他各朝材料的著录工作已于 2004 年陆续展开。

（七）“中国紫禁城学会”的组织架构也说明“紫禁城学”主要是研究古建筑

从中国紫禁城学会会员的成分我们也可以作一分析。中国紫禁城学会会员分团体会员和个人会员两种。现在团体会员共有 16 个，基本是以紫禁城为核心的，全国与明清皇家建筑有关系的那些单位；而个人会员有200多位，绝大多数是研究古建筑及其保护的，包括了全国与明清皇家建筑有关的主要单位，汇聚了全国古建筑方面的硕彦泰斗及知名人士。中国紫禁城学会挂靠故宫博物院，而同样挂靠故宫博物院的还有清代宫廷史研究会，由此也可知中国紫禁城学会研究的范围包括宫史，但又不会全部涵盖宫史，换言之，紫禁城学会还是以古建筑为主要研究对象。

成立有保护利用、技术、艺术、建筑历史等四个委员会。

实际上，紫禁城学会的研究范围，学会下设的四个专业委员会就是一个大略的方向。在《会刊》创刊号所刊登的各专业委员会工作设想中，各有进一步阐述，在《会刊》发刊词中也略有引申。对多学科的综合运用及领域的拓宽，需在研究过程中去体现。四个专业委员会中，保护利用委员会、技术委员会、艺术委员会的研究内容和界限比较清楚，独建筑历史委员会因涉及面广，需在研究过程中加以分析、充实、扩展。如明清以来，曾经在紫禁城内居住和进行各种活动的24位皇帝，都是与紫禁城紧密相关的，是否也应列入紫禁城学会研究的范围？又如紫禁城建筑和各类可移动文物都有它们特定的历史背景、设计思想。设计思想中又分别体现着大量儒家思想和不同的哲学、宗教思想，不同的民族特色、审美情趣，每一建筑和文物又与各时期的典章制度、风俗礼仪密切相关，是否也应列入紫禁城学会研究范围？我个人认为有一些内容看来与建筑历史似离题稍远，但从紫禁城学、紫禁城学会研究范围的角度考虑，是可以列入的，并且是应该拓宽的部分。①

由以上的讨论我们可以发现，中国紫禁城学会开展的“紫禁城学”研究，基本上停留在对故宫古建筑从多方面进行深入研究，并扩大到对明清园林、陵寝、寺观等的研究，属于“对紫禁城及相关古建筑这些中国历史文化载体丰富内涵的探讨与研究”②。

（八）学者对“紫禁城学”的论述

虽然“紫禁城学”的概念早在20世纪90年代就已提出，并且不断

---

① 《中国紫禁城学会论文集》（第二辑），紫禁城出版社，2002年，第380－385页。

② 魏文藻：《前言》，《中国紫禁城学会论文集》（第三辑），紫禁城出版社，2004年，第1页。

得到强化，但实际上对学科的内涵外延，学界并没有展开深入的讨论，迄今为止，只有单士元、于倬云、杨乃济、阎崇年、杜仙洲、万依六位先生对此做过探讨。

于倬云在《紫禁城学会筹备工作报告》中指出："宫殿建筑是各个历史时期建筑技术和艺术成就的集中体现。中国紫禁城的营建又是在继承历代宫殿精华的基础上形成的，因而它的文化内涵极其丰富。它不仅具有文物学意义的历史、艺术与科学价值，而且蕴含着古代宫殿建筑设计的哲理。"于倬云也说：紫禁城学"这一研究工作涉及面之广，堪称'上下五千年，纵横十万里'"①。

杨乃济认为，对北京紫禁城的研究"已有的成果存在着一种倾向：一是偏重于紫禁城硬件（建筑）的研究，缺少硬件与软件（宫廷礼制、宫廷生活习俗）相结合的研究；二是偏重于硬件的纵向研究，即研究从阿房宫到建章宫到大明宫、元故宫、明清故宫的一脉相承的发展脉络，从设计思想到工程实践的发展演化，缺乏把我国的明清故宫与英国的白金汉宫、法国的凡尔赛宫、俄罗斯的克里姆林宫放到一起的比较研究。"为此，杨乃济提出紫禁城学需要建立一个包括三个层面的学科结构模型，即："外层：史地层——主要研究明清故宫的兴建与修葺改建，以及中国皇宫建筑的纵向发展脉络和有关的时空度量数据。中间层：文化层——主要对明清故宫进行软件、硬件相结合的研究，结合故宫的建筑研究明清宫廷礼制、宫廷生活习俗，以至帝王、后妃、宫女、太监、王公贵戚、文武近臣们的吃、喝到举止、言谈、应对以至内心活动、向往追求及种种观念形态的东西。核心层：比较文化层——其研究的对象是把北京的明清故宫与伦敦的白金汉宫、巴黎的凡尔赛宫、莫斯科的克里姆林宫，以及日本、泰国、柬埔寨、荷兰、比利时、丹麦、挪威、瑞典、西班牙的王宫，进行从规划与建筑到宫廷礼制、宫廷生活习俗的全方位的比较研究。"② 由此可知，杨乃济设计的紫禁城学学科模型，就

① 于倬云：《中国紫禁城学会筹备工作报告》，《中国紫禁城学会论文集》（第一辑），紫禁城出版社，1997 年，第 434、435－436 页。

② 杨乃济：《建立面向世界的紫禁城学与紫禁城学会——为紫禁城学代拟学科模型》，《中国紫禁城学会论文集》（第一辑），紫禁城出版社，1997 年，第 389－390 页。

是要把我国的紫禁城——明清故宫纳入世界皇宫之林的众多参照系中，研究的是宫廷建筑、宫廷生活的资料。

但故宫博物院有些专家对于紫禁城学会研究范围的认识，目光就不局限于古建筑，对紫禁城学会研究领域的设想很广阔，这可以单士元为代表。单士元在谈紫禁城学会到底是干什么的这个问题之前，先回顾了近世以来关于中国建筑的研究①。单士元说："我们紫禁城学会是研究紫禁城的学术团体，应继承营造学社以来的优良传统，在紫禁城建筑历史、艺术、工程技术、保护等方面展开研究，尤其要注意从文化史角度的研究。"由此可知，紫禁城学应该是研究建筑的，但接着单士元说："同时，要重视建筑的功能。紫禁城作为博物馆，之所以叫'故宫'博物院，就是因为它是封建社会的皇宫，既是封建社会的政权建筑，又是统治者的居住要地。建筑本身就是文物。藏品也以宫中旧藏为主，那些附丽于紫禁城宫殿建筑的传世文物，是紫禁城完整体系不可分割的一部分。它们经过多少代历史的流传，在宫中的保护和利用，都是我们的研究课题。"②又超出了建筑的范围，涵盖了可移动文物的内容。单士元还说："紫禁城不仅是明清两代的皇权建筑，还凝聚了政治史、民族史、文化史，尤其文化史的内涵，可以上溯到几千年前。不仅宫中珍藏的许多书画经过多少朝代的珍赏保护，流传至今，就连其中的匾联题额也是几千年文化思想的继承与发展，宫中的漆器、铜器、陶瓷、织绣、缂丝等以及一切珍玩宝物，不仅是几千年工艺技术的结晶，更是中华民族文化史的实物宝库。这就是说，几千年的文化都可以再现在紫禁城里，可以说它们之间有着千丝万缕的联系。因此，紫禁城的研究不仅非常广大，研究内容也要逐步深化和扩大。"③"在广阔的研究领域中，要有主次，其主要范围应是与紫禁城宫殿建筑有关的坛庙、陵寝、园囿、行宫等。其他方面的研究也要有界限，即应与明清宫廷的政治、军事、经济、文化等活动有联

---

① 单士元：《中国紫禁城学会成立大会暨首届学术讨论会开幕辞》，《中国紫禁城学会论文集》（第一辑），紫禁城出版社，1997年，第431页。

② 单士元：《中国紫禁城学会成立大会暨首届学术讨论会开幕辞》，《中国紫禁城学会论文集》（第一辑），紫禁城出版社，1997年，第432页。

③ 单士元：《中国紫禁城学会成立大会暨首届学术讨论会开幕辞》，《中国紫禁城学会论文集》（第一辑），紫禁城出版社，1997年，第432－433页。

系的。如与营造、修缮、创作、制作、收藏、编纂、玩赏、保护措施、典制、起居等活动有联系的人、事、物等，方属紫禁城学会研究的范围。”“紫禁城学会的研究工作，我想应该把握住与紫禁城也就是明清故宫相关这一特点，否则就会失去存在的必要，或者说没有了个性。建筑方面的研究，若离开与紫禁城相关这个特点，那就与建筑史学会所研究的内容相重复了。我们必须有自己的独特内容。明清宫廷，由于统治中国时间较长，又处于封建社会的末期，可以说是集宫廷文化之大成者，并含有向旧民主主义文化过渡的成分，这也是紫禁城学会研究内容的一个特色。这些特色均蕴含在大大小小的文物之中。作为封建宫廷文化，自然是精华与糟粕并存，当然要有扬有弃，以为社会主义精神文明建设服务。这也应是紫禁城学会研究范围中的一个重要问题。”

单士元的思想是一以贯之的，他在《故宫是一部中国通史——中国紫禁城学会第二次学术讨论会开幕式致词》中说：“故宫是一部中国通史，不只是皇宫。从它建筑布局、空间组合，从匾额楹联里，都能体现中国五千年的社会发展史、文明史、文化史。其收藏文物是传统。不少文物，除近年田野考古发达以后出土的以外，大都是传世珍品。而传世珍品又多是来自商周及以后的宫殿、堂庙中，最后到明清两代，体现了中国文化传统。因此，它蕴藏的都是历史。”指出紫禁城学学科研究是广阔的，不仅要研究古代的传统，也要研究近代的，还包括自然科学，“紫禁城学绝不只是研究修房子、盖房子。它的研究课题广阔得很”①。

① 单士元：《故宫是一部中国通史——中国紫禁城学会第二次学术讨论会开幕式致词》，《中国紫禁城学会论文集》（第二辑），紫禁城出版社，2002 年，第 386 - 387 页。杜仙洲在《对紫禁城学的构想》中说：“故宫，又名紫禁城，是国内现存规模最大、最完整的明清宫殿建筑群。它不仅是民族艺术宝藏，而且是一片众彩纷呈的露天建筑博物馆，在国际上享有盛誉，是一部读不完的百科全书，内容非常丰富。做好保护、研究工作，我们负有重大责任。为适应发展的需要，有必要建立专业化学科——紫禁城学。”“紫禁城学会虽是非政府组织，是一个学术研究团体，但有故宫博物院领导支持，与故宫的工作密不可分，这又是一个非常有利的条件。建筑作为一门综合艺术，不仅是修房子，与它有关的方方面面都在研究范围之内。作为紫禁城学来说，值得研究的东西太多了。外国博物馆不少，东西不一定都是自己的。故宫不同，除钟表馆有一些外国进贡的钟表，紫禁城的一切都是中华民族自己的文化创造，研究紫禁城学可作为祖国文化的一部通史看，这就是紫禁城学的命题所在。”在杜仙洲看来，紫禁城学的内容除了建筑，还包括与紫禁城相关的所有，只是说得很笼统，没有给以明确的学术规定。可以说是单士元观点的简说。见杜仙洲：《对紫禁城学的构想》，《中国紫禁城学会论文集》（第二辑），紫禁城出版社，2002 年，第 376 页。

显然，单士元的“紫禁城学”概念是个大概念，虽然单士元没有为我们构建出紫禁城学的学科体系和研究范围，但我们能够想象他所说的“紫禁城学”的范围。罗哲文在中国紫禁城学会第一次学术讨论会上也指出：“紫禁城学会研究的内容十分广泛，举凡建筑园林、内部陈设、周围环境等等的历史、艺术、科学价值，建筑园林、内部陈设、周围环境的保养、维修、复原的理论与技术、陈列展览、宣传教育、文物保护，各类文物如金石、陶瓷、书画等等的专题研究以及防火、防盗等等都在研究之列。可以说紫禁城所有有关的都可研究，无所不包。”① 这些说法都是希望紫禁城学会的学术研究向着更深更广的方向发展。只是单士元的思想在中国紫禁城学会中没有形成共识，从学会成立直到今天，“紫禁城学”研究基本上都在宫殿建筑的建筑技术、艺术成就、保护利用诸方面，那些附丽于紫禁城宫殿建筑的传世文物——书画、陶瓷、青铜、雕塑……如单士元在学会成立会上讲的：“宫中的漆器、铜器、陶瓷、织绣、缂丝等以及一切珍玩宝物不仅是几千年工艺技术结晶，更是中华民族文化史的实物宝库，这就是说几千年的文化都可以再现在紫禁城里。”关键是在紫禁城里的再现。明清漆器很多，如果是明代果园厂造的或清代造办处做的，或明清宫廷使用、收藏的，那就与紫禁城的历史文化活动有了有机联系。这些年这些方面的研究工作也是如火如荼，取得了很大的成绩，但无论是研究者本身，读者群体，还是紫禁城学研究者，都没有把那些研究视为紫禁城学的分支和成果。

万依《对紫禁城学研究范围的思考》从“紫禁城”的词义、词源谈起，介绍了明清时期对紫禁城的记述，指出“尽管明清官书中总把紫禁城当作帝宫城池的代词，但实际上人们早已不把紫禁城只当作建筑物来理解了。随着故宫被定为全国重点文物保护单位、国际社会定为世界文化遗产，紫禁城的含义已经发生了本质性的转变”。文中对紫禁城学会研究范围作了初步思考：“紫禁城学会研究的范围，既不限于紫禁城

① 罗哲文：《祝紫禁城宫阙和故宫博物院再现辉煌，更加辉煌，永远辉煌——在中国紫禁城学会成立大会暨首届学术讨论会上的致辞》，《中国紫禁城学会论文集》（第一辑），紫禁城出版社，1997 年，第 8 页。

这个城池，也不限于紫禁城内的建筑。北京故宫作为名胜古迹，早已为世界所瞩目，但它不只是一座古物陈列所或古代艺术博物馆，而是受世界敬仰的人类文化遗产。这里的一宫一殿，一砖一石，和宫廷遗留的每一件历史文物、艺术文物，都有它们的历史背景，都凝聚着中华民族的创造精神和优秀传统，我们正是要从这些历史遗留中去认识中华民族的灿烂文化，以发扬光大于世界民族之林。”

紫禁城学会当然要研究紫禁城，因为紫禁城早已成为明清故宫的代称。明清故宫的研究内容，一般包括四方面：（一）故宫建筑这座不可移动的大文物，是紫禁城学要研究的主要部分。（二）明清宫廷遗留下来的近百万件的可移动文物，包括历史文物、艺术文物，它们各有来历，有的是宫廷的制作，有的是宫廷的收藏，有的是满汉大臣和兄弟民族的贡品，有的是来自各国的礼物，都是与明清宫廷有关的。（三）明清宫廷（主要是清宫）遗留而幸存的珍贵图书和30年代与甲骨、敦煌并称为三大发现的近千万件的明清档案，主要是清代宫廷的档案，价值极高。可惜这部分珍贵遗产不少毁于两次帝国主义侵略军的战火和掠夺，掠夺的部分至今还藏在一些曾是侵略国的博物馆里。一部分故宫收藏的文物、图书、档案，尚分离在台湾海峡的对岸。另有大量珍本图书和全部档案，被划分于故宫之外。从紫禁城学会研究范围角度看，这一部分已经是有一层之隔了。实际上，前述建筑和文物也存在同样的问题，想整体研究是相当困难的。（四）与前述三方面有密切关系的历史。这些建筑、文物、图书、档案都是与原来紫禁城中的人（包括帝、后和有关的大臣、宫廷文人、科技家、艺术家、工匠等等）的活动是分不开的。对这些人和事如不加以研究，我们就不能认识清楚这一文化遗产的完整价值。① 万依还举敦煌学、长城学的发展作为例证。指出一个新学科的建立，不会是一蹴而就的，这要随着紫禁城学研究的不断深入，才能使它的研究范围不断扩展，以至从初现之学走向显学。“紫禁

① 万依：《对紫禁城学研究范围的思考》，《中国紫禁城学会论文集》（第二辑），紫禁城出版社，2002年，第382－383页。

城学也有不少问题须进一步探讨。有的同志以为紫禁城学只是研究故宫建筑的，这似乎把紫禁城学设想得窄了些。故宫建筑当然要研究，而且是有形的研究对象的主体部分，但还不够，因为它不是紫禁城学的全部。作为紫禁城学，它还蕴含着很多靠直观不能感知的内容。从上面所说的紫禁城宫殿的诗文到后来出版的有关论著，可以看出他们都不是单纯地讲建筑，而是把紫禁城建筑和它们的历史背景、实用功能、艺术欣赏等当作一个整体来表述的。早在 30 年代单士元先生在《明代建筑大事年表》序言中就写道：‘建筑年表之作，匪独考匠作而已，其史料关系社会科学者正多。如明代役作，有军匠、班匠之制，研究当日政治组织者，当有所取资’，‘于地理学、经济学咸有相当之系属’。其意为：记载建筑之书，将不限于建筑，而是‘关系社会科学者正多’。单老写这段序言时，未必料到对 60 年后的紫禁城学会的研究工作尚有指导意义，而是事物本身的逻辑使然。”①

万依认为：紫禁城是中华民族智慧的结晶，是悠久历史文化的载体，是一部很不容易读懂、读完的、厚重的文化史册，具有深层次的文化内涵。为加强对它的理论认识，从不同角度对其加以梳理，取其精华，揭示其糟粕，多年前就组织专家学者合力编著《紫禁城文化丛书》，并草拟了“丛书”编写的初步设想，被列入中国紫禁城学会 2001 年工作计划。“丛书”拟从紫禁城建筑、园林、坛庙、陵寝、行宫、敕建寺观、衙署、府第、明清宫廷生活等方面分别编著，每个方面根据需要可从古建筑学、历史学、美学、礼制学、风俗学等不同角度去论述。每本一个主题，研究初拟为十六本，即：紫禁城宫殿的诞生、美学特色、明清皇家园林情趣、清代离宫风情、天坛的今日诠释、明代十七陵新知、清代帝王陵揭秘、明清宫廷书画异彩、明清宫廷制瓷文化、明清宫廷家具文化、明清宫廷音乐戏剧生活、明清宫廷服饰、宗教活动在明清宫廷、“左祖右社”的文化内涵等。从其列出的图书选题可以看出其

---

① 万依：《对紫禁城学研究范围的思考》，《中国紫禁城学会论文集》（第二辑），紫禁城出版社，2002 年，第 385 页。

对紫禁城文化的理解已经超出了古建的范围，但该套丛书迄今没有出版，据说只有三本编有初稿，这就是罗哲文、刘畅合著的《紫禁城宫殿的诞生》，耿刘同编写的《明清园林风情》，刘玉文编著的《清代离宫的风情》。

以上，我们通过梳理紫禁城学概念的发生、发展，清理紫禁城学学术史，对于紫禁城学的发生、发展有了一个全面的认识，紫禁城学就是以明清紫禁城为研究核心，主要对紫禁城及其相关的坛庙、宫苑、陵寝、行宫等皇家建筑从设计思想、历史沿革、技术与艺术成就、保护和利用等诸多方面进行研究。在紫禁城建筑历史、艺术、工程技术、保护等方面展开的研究，应继承营造学社以来的优良传统。虽然有专家强调紫禁城学研究的范围不局限于古建筑，对紫禁城学会研究领域的设想很广阔，与明清宫廷的政治、军事、经济、文化等活动有联系的，如与营造、修缮、创作、制作、收藏、编纂、玩赏、保护措施、典制、起居等活动有联系的人、事、物等，也属紫禁城学会研究的范围，但在紫禁城学研究开展的近20年里，实际开展的研究工作从来没有超越紫禁城宫殿建筑这个大的范畴。因此，在故宫学研究已经迅猛崛起的今天，我们可以据实将紫禁城学定位在紫禁城宫殿建筑研究的范围内，这样将更有利于故宫学与紫禁城学两门学问的健康发展。

二、故宫学的体系与结构

郑欣淼任职故宫博物院以后，首先做的工作是对故宫与故宫博物院进行定位，2003年3月在上海博物馆举办的国际博物馆馆长高层论坛上的讲演《故宫的价值和故宫博物院的内涵》①，决定了故宫博物院的发展方向及学术研究的重点，并逐渐形成了故宫学的思路及对故宫学内涵的认识。郑欣淼通过对文物认识的深化、对古建筑的重视、对宫廷历史文化的挖掘、对无形文化遗产传承等四个方面的探讨，认识到故宫不

① 郑欣淼：《故宫的价值和故宫博物院的内涵》，《故宫博物院院刊》2003年第4期。

只是“中国最大的文化艺术博物馆”，而且是世界上极少数同时具备艺术博物馆、建筑博物馆、历史博物馆、宫廷博物馆等特色，且符合国际公认的“原址保护”“原状陈列”基本原则的博物馆和文化遗产，是一座博大精深的中国历史文化宝库。2003 年 10 月，在庆祝南京博物院成立 70 周年举办的“博物馆馆长论坛”上，郑欣淼提出要建立故宫学。故宫学思路的提出和形成，是立足于对故宫及故宫博物院的认识和定位、对故宫学术研究的现状以及 80 余年来故宫研究历史的调查与考察。后来，郑欣淼在《故宫学刊》第一辑发表了长达38 000字的《故宫学述略》①，第一次对故宫学作了全面系统而深入的论述。以后，郑欣淼又连续发表论文，从不同的方面来论证故宫学的成立，结集出版了《故宫与故宫学》，从故宫学视野看待故宫，不仅认识到故宫古建筑、宫廷文物珍藏的重要价值，而且看到历史遗存有着同样重要的意义；认识到古建筑、文物藏品、历史遗存以及在此发生过的人和事，是一个不可分割的文化整体。这一认识是故宫学得以产生的重要依据，也有利于进一步挖掘故宫的历史文化内涵。故宫文化的这一整体性，也使流散在院外、海外、国外的清宫旧藏文物、档案文献有了一个学术上的归宿。

“故宫学”的概念自 2003 年提出以来，在 8 年时间里逐渐丰富发展，有了明确的范畴。“故宫学”的倡导者郑欣淼指出：故宫学的研究领域主要包括紫禁城宫殿建筑群、文物典藏、宫廷历史文化遗存、明清档案、清宫典籍、故宫博物院的历史等六个主要方面。② 可见，“故宫学”是个特指的概念，“故宫”专指北京紫禁城和故宫博物院。但单一字面上的“故宫”并不专指北京紫禁城，而是泛指古代王朝遗留的宫殿。不仅中国有故宫，外国也有故宫。中国的故宫也不只是北京紫禁城一处。从这个意义来说，“故宫学”有广义、狭义之分。郑欣淼倡导的“故宫学”的研究对象“故宫”，包括紫禁城（故宫）和故宫博物院两个方面。故宫博物院是以明清两代皇宫（紫禁城）和宫廷旧藏文物为基础建立起来的，以宫廷建筑群、古代艺术品及宫廷文化史迹为主要展

① 郑欣淼：《故宫学述略》，《故宫学刊》第 1 辑，紫禁城出版社，2005 年。
② 郑欣淼：《故宫与故宫学》，紫禁城出版社，2009 年。

示内容的大型综合性国家级博物馆。也就是说，“故宫学”是以明清紫禁城和故宫博物院为研究核心的学问和学科。这是狭义的“故宫学”的定义，是“故宫学”研究的起点和立足点。

在研究的进程中，“故宫学”势必要从狭义走向广义。王素就指出：“谈到‘故宫学’学科建设的前瞻性和可持续发展性，也有一个基本原则，这就是绝对不能将其研究对象的时代局限为明清。理由很简单，就是历史本身是不能割裂的。明清时期的任何典章制度，在之前的历代王朝大致都有渊源。……‘故宫学’的学科建设，则不仅应该立足明清，更应该追溯历代。”① 其《关于“故宫学”学科建设的初步构想——以北京故宫博物院为中心》的论述就从狭义走了出来。广义“故宫学”已不再停留在明清紫禁城，像王素的视野已经扩大到中国历代王朝的故宫（既包括遗址，也包括遗存）。其实在国外也有故宫，像那些皇宫博物馆，如卢浮宫、冬宫，也都是“故宫”。我们也准备搭建国际故宫学研究和交流的平台。郑欣淼说：“狭义的故宫学是人文科学的一门独立学科，广义的故宫学则是一门知识和学问的集合。”② 笔者的理解与之有异。笔者认为，学问是指正确反映客观事物的系统知识，学科是指按照学问的性质而划分的门类。“一门知识和学问的集合”与“一门独立学科”应该是同义的不同说法。

一门独立学科须具备一些基本要素，主要是要有确定的研究对象，要有严格意义上的内涵和外延，要形成相对独立、自成体系的理论、知识基础和研究方法。严格意义上的内涵和外延，总是最突出地反映该学科的主体特征和其他学科的不可替代性。故宫学目前还处于构建体系阶段，因而其内涵和外延的概念都还谈不上周密，存在着模糊性。正是这种内涵和外延的模糊性，为我们的研究提供了切入点。

一门新学科的创立，学界最关心的是其独特的研究对象以及据之建立的学科体系。从“故宫学”定义可知，这是一门与“故宫”相关的学问，是自然科学和社会科学之间的跨学科的以明清紫禁城和故宫博物

① 王素：《关于“故宫学”学科建设的初步构想——以北京故宫博物院为中心（上）》，《故宫学刊》第6辑，紫禁城出版社，2010年，第323－324页。

② 郑欣淼：《天府永藏——两岸故宫博物院藏品概述》，紫禁城出版社，2008年，第317页。

院为研究核心的综合科学。笔者以为，对故宫学来说，不应该拿自然科学和人文社会科学两大框框去套，硬性地使用分身法。故宫学的研究领域覆盖人文社会科学和自然科学的很多学科，而且有很大部分是物质的形态，对于从总体上认识中国文化的发展，对于方法论上的“二重证据法”的运用，都具有重大的理论意义。当前，对科学划分的观念，已经发生了变化。比如数学，不仅自然科学使用数学手段，几乎所有的学科都需要数学手段，它是研究从社会现象和自然现象中抽象出来的数量关系的学科。有人就认为它既不属于自然科学也不属于社会科学，应独立于两大体系之外，提出了新的学科体系。① 同样的，综合科学兼有自然科学和人文社会科学两种性质、综合研究某一论题的科学，也应独立于两大体系之外。

故宫学作为一门独立的学科，一定有自己特定的研究对象或研究角度。这个研究对象或角度的主要部分是不与其他学科的研究对象或角度发生重叠的，否则故宫学就可以由其他学科所替代，从而失去存在的理由。我们讨论故宫学的内涵和外延，就是试图明确故宫学特定的研究对象和角度，以及故宫学的组成、结构、属性、价值；明确什么是故宫学，它包括哪些基本方面或基本内容。

“故宫学”的内涵是清晰的，就是明清紫禁城和故宫博物院。故宫学研究的每个对象虽然都有不同的性质，也正因为性质各各不同，它们结合在一起才形成复杂系统。但故宫学中各种因素的关联在于它们都有一个共性，就是都与“故宫”关联，无论是建筑还是藏品，都因为与故宫结合，才产生了具有稳固结构的相互关系。这是故宫学的本体特征，是构成故宫学诸要素中最根本的要素。

郑欣淼指出的故宫学研究领域的六个主要方面，重心落于内容范围，是指故宫学的外延。在“故宫学”提出之前，这六个方面都已客观存在，并有不少学者从事研究，取得了可观成果。《故宫博物院学术成果总目(1925.10 -2010.6)》是故宫博物院成立80多年里故宫人在这六个方面取得的科研成果目录，其中还有不少漏列。这当然就是故宫

① 钱学森等著:《论系统工程（增订本)》，湖南科学技术出版社，1988年第2版。

学，因为故宫学的发展，有一个从自发到自觉的过程。在自发阶段的成果，虽然没有自标为“故宫学”，但也都有着或深或浅的“故宫学”印记。

故宫学研究的对象千差万别，不同的研究对象都有与之对应的特有学科基础，如鉴定书画，其学科基础是书画鉴定学；辨认甲骨文字，其学科基础是甲骨学；研究紫禁城宫殿，其学科基础是建筑学。由此可以看出故宫学不是一个单一的学科，它是由多门学科所组成，建筑学、历史学、博物馆学、古书画鉴定学、文献学、金石学、陶瓷鉴定学、玉学、甲骨学、敦煌学、档案学等等。故宫学所要研究的具体内容各分支横跨了自然科学、社会科学、艺术学、技术科学和工程技术，是需要各方面的科学技术工作者的通盘合作和大力协同的。随着理论的发展，故宫学的应用领域也在日益扩大。但这些组成的学科并不等于故宫学，也不包含在故宫学之内。换句话说，故宫学的研究对象不是其组成部分各元素的“集合”，而是元素间特定的结合方式。集合强调的是“同类事物的全体”，即同类就必须有一个范围和明确的界限，以便区分哪些属于这个集合，哪些不属于这个集合。对于“故宫学”这样一个确定的系统来说，显然不能从包含所有的同类结构的角度来强调如何构成一个有机的整体。在许多情况下，系统恰恰是各类事物的相互配合，而不需要“清一色”的同类事物的“凑合”。故宫学研究的这些具体内容，都因为与“故宫”关联而得以成为“故宫学”的研究对象，但故宫学的研究方法与其原来对应的学科是不同的，故宫学是从另一个不同的侧面来研究。

笔者在《四库学与故宫学》中曾说过：

故宫博物院与《四库全书》有一种天然的联系，文渊阁《四库全书》是修成的第一部全书，从乾隆四十六年告成，即庋藏于宫中的文渊阁。溥仪出宫后，归故宫博物院保管。后随文物南迁转运到台湾，保存在台北故宫博物院。《四库全书》自然是故宫学的一个重要研究对象。“四库学”与“故宫学”是两门不同的学问，它们的关系不是包容、涵盖，而是相互交叉，就像两个相交的圆，相交重叠的部分是这两门学问共同研究的内容。“四库学”与“故宫学”你中有我，我中有你，互为补充，互相促进。两者结合，有利于把这两门学问进一步推向深入。①

故宫学与相关六个门类对应学科的关系也应该如此，两者相交重叠部分才是故宫学研究的内容，可见故宫学并不是简单的几个方面的组合。

无论其学科归属如何，我们无法脱离学科去讨论故宫学。一个学科只要形成了一套比较规范的方法论体系，就有了自己区别于其他学科的话语系统、概念工具和问题意识，就有了自己的学科本位。概念体系是一门学科的“学科基质”，“科学之核心的概念框架越高度发达，科学具有的独立性范围就越大”②。在一门学科的草创阶段，概念体系不仅有助于促进学术进步，同时也为自己规定一个具有合法性的言说领域，并取得在此领域的话语权。学科理论的科学化，需要严密的概念逻辑体系建设，需要科学的术语。只有深入到故宫学具体问题的研究中，抽象出具有普遍意义的科学概念和学科逻辑，才能以此为基础，建构故宫学学科的理论体系和理论学派。

在学科不断分化、细化的今天，故宫学理当是一个学科概念，应明确规定其学科属性及其地位。从学科划分看，根据研究对象不同，可分为研究事物性质的学科和研究事物之间关系的学科。研究某一事物的学科称为本体学科，研究事物之间关系的学科称为关系学科，关系学科旨在揭示事物之间的关系。将关系学科从本体学科分化出来，是科学向着精细、系统方向发展的必然结果。基于关系学科的认识，故宫学的结构应是本体学科而非关系学科。故宫学相对完整的学科体系，应该包括故宫学基础理论、故宫学分支学科和相关学科三个互相联系、不可分割的有机组成部分。

（一）“故宫学”的分支学科及其关系

在故宫学学科体系建设中，“分支学科”问题占有重要的地位。分

① 章宏伟：《四库学与故宫学》，《云梦学刊》2011年第6期。

② ［美］伯纳德·巴伯著，顾昕译：《科学与社会秩序》，生活·读书·新知三联书店，1991年，第38页。

支学科应该是指故宫学学科内部的专门之学，是故宫学学科体系中重要的组成部分之一。这些专门之学在学科领域上统属于故宫学，由于研究对象的特殊性，有些特定的研究领域会特别兴盛，学术成果也相对系统全面，逐渐成长为故宫学学科内部较为独立的学术分支，如故宫瓷器鉴定、明清宫廷史、明清档案学等，丰富和加深了故宫学的研究。随着故宫学研究的深入，分支学科也会逐渐增多。分支学科问题与故宫学学科性质及其定位的关系十分密切，故宫学基础理论研究有必要对本学科的学科性质及其定位问题展开探讨，在此基础上审视和界定分支学科问题。

（二）故宫学原理

对于故宫学的学科体系，笔者以为郑欣淼归纳的故宫学六大研究领域（紫禁城宫殿建筑群、文物典藏、宫廷历史文化遗存、明清档案、清宫典籍和故宫博物院的历史），明晰好记，已为学界反复转述。虽然郑欣淼所谈不是故宫学学科体系，实际上已具雏形。笔者在其基础上，初步提出故宫学的学科体系如下：

故宫建筑学。紫禁城从 1420 年建成至今，虽经多次维修、重建、改建，但仍保持了始建时的基本格局并遗存了许多不同时代的建筑物。它作为我国古代宫殿建筑发展的集大成者，在建筑技术和建筑艺术上代表了中国古代官式建筑的最高水平。以紫禁城为主体的明清皇家建筑是一个整体，宫室、园囿、祭坛、寺观、行宫、陵寝、藏书楼及王府等，是一个有统一规划、统一规制、统一管理的庞大的体系。这里边涉及的建筑理念、风水、建筑技术、紫禁城宫殿建筑艺术等，内容十分丰富。

故宫文献学。包括明清档案学和宫廷典籍。明清档案与殷墟甲骨、敦煌手卷，被誉为中国近代文化史上的三大发现。故宫博物院一成立，就把档案视为文物，一方面因为档案本身的重要价值，另一方面它的规范整肃的外形、精美的装潢、优质的纸墨等，反映了当时的文书制度和文化用品的工艺水平，特别是各种字体有很高的艺术水平和鉴赏价值。这些档案不仅长期由故宫博物院管理、整理，而且大多数档案本来就存在紫禁城内，与宫中建筑及各个机构连在一起；这些档案不仅与宫中发生的重大事件有关，而且是了解宫廷历史文化的重要依据。明清两朝皇帝都很重视典籍的收藏、编刊。两朝皇室藏书除前代皇室遗存外，还大力搜索购求天下遗书，使皇宫荟萃了许多极其罕见的宋元明各代的珍本。此外还有翰林学士、词臣自撰的未刊行书籍，各地藏书家进呈之书等。还藏有20多万块武英殿殿本的书版及铜版等。

故宫文物学。故宫博物院现有文物藏品大部分是清宫的各类艺术品收藏。它们承载着中华文明的历史进程，蕴藏着中华民族历史文化艺术及其丰富的史料。每一品种又自成历史系列。特别是许多艺术精品，都是流传有序的传世文物。作为清宫遗存，与台北故宫藏品一脉同源，有着天然的血缘联系。故宫文物典藏分书画、碑帖、陶瓷、玉器、服饰、雕塑……仅北京故宫博物院藏品数量，就占全国博物馆传世文物总量的60%以上。别的博物馆藏品级别是金字塔形分布，即精品在塔尖，数量不多，而故宫藏品级别是倒金字塔形分布，精品占93.4%，一般的占6%，资料占0.6%。我们通过“清宫遗物”可以把现在分藏于世界各地的文物都统到故宫文物学的旗帜之下。台北故宫与北京故宫，一脉同源。

故宫历史学。故宫在492年中一直是明清两代国家的政治中心和24位皇帝的居所，许多重大历史事件在此决策和发生。明清宫廷历史、宫廷生活、宫廷典制以及后继的故宫博物院历史。

故宫博物馆学。今天我们讲的文化遗产保护，文物保护科技、博物馆学、文化产业、旅游、展览，还有数字故宫都可以归入这类。

同其他学科一样，故宫学要确定一个精确的完全统一的分类体系是不现实的，随着人们认识的发展，有些分支必然不断强化并出现新的分化，有的分支可与其他分支合并。科学分支体系是在实践中不断地形成不断地变化的。故宫学在发展过程中不断地从中分化、派生出新的科学，它们运用故宫学的思想方法，吸收其他科学的营养独立成为新的科学体系。

（三）“故宫学”的相关学科及其关系

故宫学不是一个孤立的体系，它与其他科学之间有许多过渡学科和重叠学科。故宫学通过自己的各个部门与这些基础学科紧密地联系起来，例如明清宫廷史。几乎整个故宫学都是由许多类似的重叠学科所组成，大多数故宫学分支同时属于两个科学系统，它们既是故宫学成员，同时又是某一种其他学科系统的成员。学科之间的重叠现象是不可避免的甚至是必要的，每门科学的界限在很大程度上是有条件的，都利用其他知识部门的成果，依靠它们所确立的规律，利用邻近科学完善的研究方法。对于不同的科学系统之间的边缘和重叠部位出现的一系列其他学科，亦产生故宫学的属性问题。在许多相邻的科学中，都有向故宫学靠拢和综合的明显趋势。

故宫学涉及的领域非常广阔，建筑学、历史学、器物学、考古学、博物馆学、艺术学、文献学、目录学、版本学、金石学、档案学、甲骨学、书画鉴定学等众多与故宫学研究的具体内容相对应的学科，都已独立成学，且是治学常用的方法和门径，也是研治故宫学通用的方法和手段，因而又不能完全将它们包容于故宫学的范围之内。我们不能认为它们就是故宫学的分支学科，而可视之为故宫学的相关学科。故宫学与这些相关学科是并存且互为依托的，需要相互借鉴，共同发展。故宫学在发展过程中从关系密切的其他科学中吸收新思想新方法来改造其自身。这些科学不属于故宫学，但其理论方法的基本方面仍是故宫学必须了解和掌握的。我们考察现代学科体系的建立与发展，有必要将故宫学置于整个学术的大视阈中，关注其他学科体系问题，才能致力于建构具有自身特色的故宫学学科体系。

系统理论试图建立前所未有的科学解释和理论，它要比各门专门科学具有更高的一般性。特别是系统观念产生的“新的自然哲学”是机体论的观点：“世界是一个庞大的组织。”这个一般系统论关于“整体”的一般科学，适用于故宫学的原理性学说。

系统是“由相互作用和相互依赖的若干组成部分结合成的具有特定功能的有机整体，而且这个‘系统’本身又是它所从属的一个更大系统的组成部分”①。系统无处不在。故宫学就是个大系统，它研究的核心——故宫，不单单是一座皇家宫殿，也不单单是中国最大的博物馆，它是将建筑、文物、典籍、历史等多种元素融合在一起的文化整体，是

① 钱学森、许国志、王寿云：《组织管理的技术——系统工程》，钱学森等著《论系统工程（增订本）》，湖南科学技术出版社，1988 年第 2 版，第 10 页。

中国五千年传统文化的结晶。在这个系统中，各分系统之间有着相互作用和相互依赖的关系，构成了一个整体。“系统的概念就是要强调整体”①，故宫学最核心的问题是整体性，这是一门从整体角度观察故宫、研究故宫、认识故宫的学问。整体性是指内在的连贯性，即每个结构都由它的各个组成部分按一定的关系构成整体。根据郑欣淼对故宫学研究领域的概括，故宫学的整体是由六个部分组成的，各部分是包含于故宫学这个整体中的若干分支。但整体不是这些分支的简单“凑合”或混合。这些分支的内容虽然在故宫学中的地位、作用可以有很大的不同，但每个部分都是故宫学不可或缺的，否则故宫学就不能看成是一个完整的整体。而且每一部分之间又都互相联系，都具有一种单独的内容所不具有的故宫学的整体属性。这里，“整体不等于部分和”，对于构成故宫学的各部分来说，每个部分都有自己的属性，而整体性是属于“高一层次”的东西，它和部分层次的属性在性质上是不相同，在数量上“不可比”，而无论大于、等于、小于都是一种数量关系，不能反映整体属性与部分属性间的本质不同。求“部分和”的前提是可以“加和”，这是“非”系统的一大特征，故宫学内部的关系恰恰是不能加和。

故宫学是从“整体”的角度来观察和研究有关故宫的各种事物的，故宫学是研究故宫事物整体性及其与环境关系的科学。故宫学相对于这些分支来说，是个整体，强调属于它的事物间必须存在特定的“组成方式”，并产生出不同于组成部分的“特殊属性”。故宫学并不等于这些相关六个门类的总体，也不是这些相关六个门类的全体。总体是某种性质事物的全体，而全体只是表明部分在数量上齐全了，不涉及部分之间的特殊关系。零部件齐全了，并不一定就能构成一个整体。相反，构成一个整体则一定要求部分齐全。在故宫学这个大整体中，各个部分通过一种关系（与故宫的关系）来构成一个整体；整体不由个别部分代表，也不是全部部分的总和，故宫学的“整体大于部分之和”。这就是系统问题，“实质上是科学中分析程序的局限性问题。……‘分析程序’的

① 钱学森：《科学学、科学技术体系学、马克思主义哲学》，钱学森等著《论系统工程（增订本）》，湖南科学技术出版社，1988 年第 2 版，第 204 页。

意思是，一个被研究的整体被分解为可装配的各个部分，因而它也就能由这些部分来构成或再构成。这些程序既可从物质意义上来理解也可从概念意义上来理解”①。因此要注意研究故宫学的结构与功能的关系，重视故宫学的整体功能。任何要素一旦离开故宫学整体，就不再具有它在故宫学中所能发挥的功能。故宫学是由相互依赖的若干部分组成，各部分之间存在着有机的联系，构成一个综合的整体，以实现一定的功能。这表现为故宫学具有集合性，即构成故宫学的各个部分可以具有不同的功能，但要实现故宫学的整体功能。故宫学不是各部分的简单组合，而要有统一性和整体性，要充分注意各组成部分或各层次的协调和连接，注意故宫学的有序性和整体性。事物的性质由要素、要素间关系、整体与环境的关系所体现。相对本质主义和还原论而言，这是“立体式”观察法。“整体大于部分之和”的含义不过是组合性特征不能用孤立部分的特征来解释，复合体的特征与其要素相比似乎是“新加的”或“突现的”。② 故宫学的整体性总是相对于其他学科的整体性而言的，其他学科的全体构成了故宫学的环境。故宫学生存于、生活于其他学科的全体构成的环境之中，又反过来构成了其他学科赖以生存、发展的环境。

故宫学是由多个部分组成的有机整体。这个回答简单明了，很容易为人们理解和接受，但并不完整，因为它只讲到故宫学的组成而没有涉及故宫学其他方面的特征。那些“其他方面的特征”对于故宫学的整体性来说同样是十分重要的。在许多场合，人们总是带着特定的目的去认识和利用一个事物的，关心的是该事物具有什么样的属性和功能，而对该事物由什么东西组成并不十分在意。人们着眼的是一事物与他事物和环境的关系，要全面地认识故宫学，不能单从一个方面来看事物的整体，而必须从它的内部结构和外部属性来进行研究和考察。

故宫的复杂性、综合性，迫切需要建构跨越学科边界的故宫学。故

① ［美］冯·贝塔朗菲著，林康义、魏宏森等译：《一般系统论：基础、发展和应用》，清华大学出版社，1987 年，第 16 页。

② ［美］冯·贝塔朗菲著，林康义、魏宏森等译：《一般系统论：基础、发展和应用》，清华大学出版社，1987 年，第 51 页。

宫学不是一个单向度的学科，而是一个深层涉及政治、经济、民族、历史、文化、社会、科技、物质等多重因素的超复杂性、超系统性的学问，是物质性、历史性与空间性等多因素的辩证互动。只从单一学科甚至没有深层关联的几个学科出发，都将无法真正把握故宫学的复杂本性。需从政治学、文化学、历史学、文物学、建筑学、艺术学、博物馆学等诸多学科角度出发，对故宫学及其问题进行交叉性研究，建构故宫学的理论体系，探索诸多向度与学科的故宫研究。故宫学是在新时代为适应故宫事业发展的需要而产生的，故宫学为人们从整体上研究故宫提供了新的方法，对推动多学科研究的深层整合、综合互动，对自然科学、哲学和社会科学的综合发展有重要意义。

故宫学具有独特的、深厚的学术积淀，但它还刚开始创建，无论在学科范围还是研究对象方面的研究，都有待深入探讨。明确把握自己的学科性质和学科定位，努力建构具有自身特色的学科体系和基础理论，应该是故宫学努力的方向。学科理论建设对于故宫学发展具有不可替代的基础性作用，只有加强学科理论建设，建立科学的理论体系，故宫学才能得到长足发展，研究才能不断走向深入。

三、郑欣淼关于紫禁城与故宫学关系的论述

郑欣淼在提出“故宫学”概念之后，首先考虑的一个大课题就是紫禁城与故宫学的关系。在提出“故宫学”半年之后的 2004 年 4 月 10 日，中国紫禁城学会在国家图书馆举办“紫禁城文化”系列讲座第 10 期，由郑欣淼主讲（后由故宫博物院晋宏逵副院长代讲）。讲演稿《紫禁城与故宫学》就对这个问题作了系统的阐述，开宗明义提出了“故宫学”的概念，回顾了其发展和研究的历史。指出故宫学的性质，应该属于综合性学科，其研究范围主要包括故宫古建筑、院藏百万件文物、宫廷历史文化遗存、明清档案、清宫典籍、近 80 年故宫博物院的历程等六个方面。《紫禁城与故宫学》第一次谈及紫禁城研究在故宫学中的地位，也讲了不赞同用“紫禁城学”代替“故宫学”。紫禁城研究是故宫学研究的核心，但是故宫学在研究范畴和地位上不能等同于紫禁城

学。最后明确故宫博物院在故宫学研究中所肩负的责任。这是迄今为止唯一一篇关于紫禁城与故宫学关系的论述。

郑欣淼认为，故宫学研究范围的“六个方面又可分三个层次：最外面的层次为所有六个方面及与其相关的丰富内涵；中间的层次是紫禁城古建筑、院藏百万件文物及宫廷历史文化遗存；最核心的层次是紫禁城”。为什么紫禁城研究是故宫学的核心呢？郑欣淼是这样回答的：“紫禁城从1420年建成至今，虽经多次维修、重建、改建，但仍保持了始建时的基本格局并遗存了许多不同时代的建筑物。它作为我国古代宫殿建筑发展的集大成者，在建筑技术和建筑艺术上代表了中国古代官式建筑的最高水平。雄伟壮丽、千门万户的古老皇宫，每天吸引着数万中外游客驻足观赏，并以其深邃的文化底蕴和巨大的多方面价值成为人们深入研究的对象。”他还从紫禁城与中国传统文化的关系、紫禁城与中国历代宫殿的关系、紫禁城与满洲建筑的关系、紫禁城与北京城市规划和其他明清皇家建筑的关系、紫禁城与明清陵寝的关系等五个方面，指出紫禁城综合体现了中国传统的风水学、建筑学、美学、哲学、景观学、丧葬祭祀文化等，是皇家建筑的极其重要部分，具有极高的历史价值和艺术价值。①

北京市现有全国重点文物保护单位60处，其中皇家宫殿、园林、陵墓、祭祀、城市公共建筑、寺观等有关的建筑物29处，占到近1/2。中国的世界文化遗产及世界文化和自然双遗产共28处，其中故宫（紫禁城）、颐和园、承德避暑山庄、天坛、明清皇家陵寝（明显陵、清东陵、清西陵）以及武当山古建筑群等皇家建筑就占1/5。郑欣淼进一步指出，紫禁城古建筑与故宫学研究范围的其他五个方面都有密切关系，故宫学研究范围宽广，但故宫文化的核心是以皇宫、皇权、皇帝为重点的皇家文化，因此，故宫学研究应与皇家文化有关，而不同于一般的明清史研究。故宫学研究“需要把院藏文物、古建筑和宫廷史迹这三方面作为互相联系的整体来研究，防止孤立对待。这是最能体现故宫特色的

① 郑欣淼：《紫禁城与故宫学》，《故宫博物院院刊》2004年第5期。这个观点后来郑欣淼一直保持，如郑欣淼：《序言》，《中国紫禁城学会论文集》（第五辑），紫禁城出版社，2007年，第1–2页。

研究。需要多学科协作、全方位开展。不同学科从不同角度都能对故宫的研究提供帮助。例如雨花阁，可从建筑式样、佛教造像、装饰彩画等不同方面入手，而各方面结合起来才能得出全面、科学的成果”。郑欣淼强调：“紫禁城研究在故宫学中虽占有如此重要的地位，但紫禁城学不等同于故宫学。其一，紫禁城学会成立的宗旨及参加的会员，着重于紫禁城古建筑，近年虽有研究领域逐渐扩大之势，但它毕竟难以涵盖故宫学中所包括的丰富内涵。其二，故宫与紫禁城虽然所指同为明清两代皇宫建筑，但故宫更有政治层面的含义，而且作为全国重点文物保护单位及世界文化遗产的故宫的称谓已深入人心。其三，故宫学本身包含了故宫博物院成立以来的历史阶段，年代上不止于1911年，内容上不限于明清皇宫，它还包括了博物馆学及文物保护学科的相关方面。”“由于紫禁城研究在故宫学中的重要地位，因此紫禁城研究的进展情况就在一定程度上影响着故宫学研究的整体水平。故宫名列世界文化遗产，特别是紫禁城学会的成立，标志着故宫学研究进入了一个新的阶段。”①“紫禁城学不只是故宫学的组成部分，而且是故宫学研究的重点。紫禁城学不只研究历史，更着重于中国传统建筑学的总结和传承。这种密切的关系，也为今后在推动紫禁城学研究的同时，促进故宫学与紫禁城学两者的互动研究打下基础。”② 由这篇《序言》，可知郑欣淼是将紫禁城学看成着重于中国传统建筑学的总结和传承的学问，是故宫学的组成部分和研究的重点。郑欣淼明确指出，要“在加强紫禁城研究中推动故宫学研究的深入”③。

四、故宫学与紫禁城学的关系

无论是紫禁城学的提出，还是故宫学的提出，都是必然的，至于谁

① 郑欣淼：《紫禁城与故宫学》，《故宫博物院院刊》2004年第5期。

② 郑欣淼：《序言》，《中国紫禁城学会论文集》（第五辑），紫禁城出版社，2007年，第1-2页。后一段文字又见《郑欣淼先生在中国紫禁城学会第三次会员大会上的讲话》，《中国紫禁城学会论文集》（第五辑），紫禁城出版社，2007年，第947-948页。

③ 郑欣淼：《紫禁城与故宫学》，《故宫博物院院刊》2004年第5期。

提出，则具有偶然性。紫禁城学和故宫学，作为同是研究以故宫为中心的学问，以故宫及其历史文化内涵为研究对象，最终只能以一个名称来指称。“紫禁城学”的概念尽管提得早，但由于一直没有明晰自己的定义与研究范围，尽管单士元也为“紫禁城学”表述过类似后来“故宫学”那样宏阔的研究范围，但由于中国紫禁城学会的任务是联络国内中国古建筑及有关历史、艺术、自然科学等相关学科的研究力量，对故宫进行深入研究和加强保护，学者们的研究基本停留在古建筑方面。故宫学的概念虽然提得晚，但故宫学研究从一开始就明确故宫学是一门学科，学科体系和研究对象正在逐渐明朗。故宫研究的材料十分丰富，故宫学则要求把以前在不同领域中进行的研究整合起来，统一起来。这是故宫研究不断深入的必然要求。郑欣淼提出并确立故宫学，将使故宫学研究进入自觉阶段，从整体上提高研究水平。

或许有人会以为“故宫学”不如“紫禁城学”更明了，“紫禁城学”可以取代“故宫学”，通过上面的分析可知，至少在目前的认知中，“故宫学”比“紫禁城学”内涵与外延更明确，故宫学与紫禁城学应该是同心圆的关系，故宫学这个圆的半径比紫禁城学这个圆的半径大一些。或者说，故宫学包含紫禁城学。故宫学与紫禁城学是完全重叠的关系。

清康熙朝的经纬度测量与地图测绘

清康熙四十七年（1708 年）四月六日开始进行的大规模实测绘制全国地图，自 20 世纪初清宫地图被发现后，引起了学界的广泛关注和高度重视，从 1930 年翁文灏发表《清初测绘地图考》，迄今已发表了数十篇论文，汪前进还以论文《〈皇舆全览图〉测绘研究》获得博士学位。大家搜寻史料，从不同角度探讨了康熙年间实测绘制全国地图的背景、过程和范围，总结这次在世界测绘史上前所未有的创举和奇迹的种种表现，诸如在世界上最早采用以子午线上每度的弧长来决定长度标准；首次发现经纬一度的长度不等，为地球椭圆体提供了重要实证；第一次采取科学的经纬度测量法绘制地图，为中国地图的科学化奠定了基础；清初绘制全国地图的情况和资料被传教士带回西方，并对世界地学和制图学的发展有所贡献等等。大家都认可李约瑟对《皇舆全览图》的评价："不但是亚洲当时所有的地图中最好的一幅，而且比当时的所有欧洲地图都更好、更精确"，表明"中国在制图学方面又再一次走在世界各国的前面"①。研究已经达到了空前的深入，取得了卓有成效的成绩。

笔者在学习这些论著时，能够强烈地感受到学者们对于我们先辈在地图测绘方面领先于世界的自豪感，大家不约而同地反复申述国人在里边起的决定性作用，并认为中国首次以实测经纬度为基础、以经纬度分幅的方法绘制的地图，深刻影响着后来的中国地图发展。笔者以为这些认识或与事实有出入，这次全国范围的经纬度测量和地图测绘，其理论基础是中国古代从来未曾有过的，工具、技术都是中国之前不具备、之

---

① ［英］李约瑟：《中国科学技术史》第五卷第一分册，科学出版社，1976 年，第 235 页。

后从未再使用过的（直到新一轮科学东传），当时具体实施测绘工作的主要是传教士，而不是国人。这次对于西方的学习本来可以使中国的地理测绘技术跻身世界前列，但令人扼腕的是地图深锁宫闱，未布民间，白晋等人的辛劳似乎白费了，中国的地理测绘技术不仅没有在这次先进的舶来技术基础上继续发展，反而退回到了原来的计里画方、矩形网格绘图的古法中去，如道光时，六承如的《皇朝舆地图略》、李兆洛的《皇朝一统地舆全图》和同治时胡林翼、严树森的《大清一统舆图》，采用的都是画方和经纬度并举的方法。因而本文将笔者想到的几个问题提出来，以就正于方家。

一、测绘建议来自洋人

康熙朝开展全国性的经纬度测量和地图测绘，并最终导致了《皇舆全览图》的问世。这个计划可能是耶稣会传教士张诚（Jean Francois Gerbilion）首先提出的。

对于康熙时期进行的大规模实测绘制全国地图的时间，现在学界几乎没有不同的意见，那就是始于康熙四十七年（1708 年）四月六日，历时十年制成《皇舆全览图》。康熙五十八年（1719 年），内阁学士蒋廷锡进呈《皇舆全览图》时，康熙帝对蒋廷锡说："朕费三十余年心力，始得告成。山脉水道，俱与《禹贡》合。尔以此与九卿详阅，如有不合处，九卿有知者，举出奏明。"有学者就专门为文讨论"费三十余年心力"兼及讨论开始测绘的时间①，这自然是很有意义的。李约瑟《中国科学技术史》②、方豪《中西交通史》③、王庸《中国地图史纲》④、金应春、丘富科《中国地图史话》⑤ 等著作在谈到此事时，都认为康熙产生实测全国地图的设想是在康熙二十八年（1689 年），张诚和徐日升

① 李俊生：《有关〈皇舆全览图〉的三个问题》，《地图》1995 年第 1 期。
② ［英］李约瑟：《中国科学技术史》第五卷第一分册，科学出版社，1976 年。
③ 方豪：《中西交通史》，岳麓书社，1987 年。
④ 王庸：《中国地图史纲》，商务印书馆，1959 年。
⑤ 金应春、丘富科：《中国地图史话》，科学出版社，1984 年。

在中俄谈判《尼布楚条约》中担任翻译，发挥了重要作用，深受皇帝信赖。张诚乘机进呈亚洲地图，强调指出现有地图上东北地区画得简略不详，标绘粗陋，引起康熙帝的高度重视。李俊生分析即使从中俄谈判开始的康熙二十八年七月算起，到皇帝讲“朕费三十余年心力”的康熙五十八年二月，这段时间无论如何都不是30年，因此提出康熙帝产生实测全国地图的设想应是更早些时候的事，并推论康熙帝“关于地理，自幼留心”，有汤若望、南怀仁为算学蒙师，后又请徐日升入宫讲授天文、地理。亲政后平定三藩之乱、攻灭台湾郑氏政权。战争中应用地图是少不了的，康熙帝在应用地图的过程中发现旧地图存在不少问题，考虑到国势和维护统一的需要，认识到重新测绘新地图的重要性，于是1684年康熙帝对法国传教士发出了邀请。此时，法王路易十四正想扩大法国在东方的影响，便在1685年从法国科学院挑选张诚、白晋等人，并亲自资助他们到中国工作。这些传教士1688年到达北京，次年张诚即作为翻译，参加了中俄谈判，并劝说康熙及早测绘全国地图。

这样的分析虽然符合了“朕费三十余年心力”之说，毕竟属于推论。从实证史学的立场来说，是有欠缺的。现有的文献能够支持观点的，也就是张诚在《尼布楚条约》签订后，曾乘机进呈亚洲地图。康熙三十七年（1698年），法国传教士巴多明（Dominique Parrenin）来华传教，沿途细察各省地图，发现许多府县位置与实际情形不符，也将此事上奏给康熙帝，再次建议重新测绘全国各省地图。① 而“康熙皇帝曾误以奉天省会沈阳与北京同一纬度，亦位置于39度56分”②，通过亲自实地测量，康熙帝对西方制图学的方法和准确度有了一定的认识，同时感到中国传统舆图绘制中的一些不妥之处，即“自古以来，绘舆图者俱不依照天上之度数以推算地里之远近，故误差者多”③。应该是传教士的奏议及中国旧地图存在的问题，使康熙帝决定进行全国地图测绘。于是，康熙帝令购置仪器，培训人员，并命白晋返回法国，号召更多的

① 秦国经：《十八世纪西洋人在测绘清朝舆图中的活动与贡献》，《清史研究》1997年第1期。
② 《在华耶稣会士列传及书目》上册，第516页。
③ 《清圣祖圣训》卷五十二。

传教士来华。不久，白晋挑选了十几个精通天文学、数学、地理学及测量工作的传教士回到北京。经过几年的准备，康熙四十六年（1707 年）底在都城附近进行试测。半年后图成，“帝亲自校勘，认为远胜旧图”。康熙四十七年（1708 年）开始了全国大规模的实测。

二、测绘技术引进自西方

绘制和使用地图在中国历史悠久。李约瑟曾指出：“在中世纪这整整一千年中，当欧洲人对科学的制图学还一无所知的时候，中国人却正稳步地发展着他们自己的制图传统，这是一种虽然并非严格按照天文图的原则，但力求尽可能做到定量和精确的制图传统。”① 在长期的制图过程中，既有裴秀、贾耽等人的制图理论，更有《海内华夷图》《大明混一图》的辉煌。中国的制图术也逐渐自成系统。中国在明末以前的地图绘制，虽有古老的历史和杰出的成就，但为科学水平所限，不了解大地是球形的，因此，所绘出的地图都是平面图，计算里程不能够精确地反映地球表面的曲率，加之缺乏世界地理知识，对中国的地理位置也不能正确表示。明朝末年，意大利传教士利玛窦把西方经纬度测量技术和带有经纬网格的地图绘制方法介绍到中国来。但除了李之藻、方以智、孙兰那样极个别的学者能在地理学的层面上对西方地理学作出若干对话外，绝大部分的学者仅仅是初步的吸纳而已，还谈不上对西方地理学的学术应战，甚至还有更多的是属于维护道统的辱骂。《利说荒唐惑世》一文称：“近利玛窦以其邪说惑众，士大夫翕然信之。……所著《舆地全图》直欺以其目之所不能见，足之所不能至，无可按听耳。真所谓画工之画鬼魅也。毋论其他，且如中国于全图之中，居稍偏西，而近于北，试于夜分仰观北极枢星，乃在子分，则中国当居正中，而图置稍西，全属无谓。”② 甚至一些杰出的学者和思想家还根本不信地圆说，如《天工开物》的作者宋应星就反对西方的地圆说。张维华指出：“明

① ［英］李约瑟：《中国科学技术史》第 5 卷，地学，科学出版社，1976 年，第 65－66 页。
② 张维华：《明史欧洲四国传注释》，上海古籍出版社，1982 年，第 130 页。

人于欧西地理始终不明，而于西士所言及其著述，亦始终疑为伪妄。”① 当时中国士大夫对之的认识可能连“新奇”都谈不上，更不可能当作新技术加以推广。

在康熙二十年（1681年）平定“三藩之乱”和二十二年（1683年）收复台湾后，中原地区的局势基本稳定。康熙二十四年（1685年）编成《简明赋役全书》，同时开始修《大清一统志》。康熙《一统志》中所包含的地图是用传统方法绘制的。这里可能有两个问题，一是测量技术，二是绘图技术。

以《皇舆全览图》为最终成果的康熙朝地理大测绘，其核心是以实测经纬度为基础。实测经纬度在中国地图发展史上并不是第一次，元代郭守敬也曾做过经纬度实测，只不过范围没有那么大而已。这里，我们要考虑的是，以实测经纬度为基础绘制的《皇舆全览图》，所运用的技术基础是不是我国所固有的，毕竟中国的地图绘制，有着悠久的历史，取得过杰出的成就。在历代测绘技术的基础上，中国有没有可能自己发展出完成这次地理大测绘的技术，完成《皇舆全览图》的绘制？

《皇舆全览图》的研究者也是注意到了这个问题的，但长期以来认为是梯形投影②或三角投影③。因为从图面上看，《皇舆全览图》的纬线均为平行直线，经线均为对称于中央直经线的倾斜直线，并且投影前后面积没有变形，由于这种地图的经纬线形状都表象为梯形，所以，望图生义，在大多数历史文献中都称之为“梯形投影”。冯宝琳在考察故宫博物院藏两幅《皇舆全览图》时还这么认为：“图上注有经纬线，用梯形投影法，经纬线皆成直线。”④ 梯形投影或三角投影是中国自有的测绘技术，已有上千年的历史。因为有这样一个基本的认识，在中国国土上，运用有千年历史的技术来进行全国范围的测绘，不过是扩大了测绘范围而已，自然不用再来考虑我国人是否能够完全凭借自己的力量来完

① 张维华：《明史欧洲四国传注释》，上海古籍出版社，1982年，第130页。

② 翁文灏：《读故宫博物院重印乾隆内府舆图记》，《国风半月刊》1932年第8期。

③ 方俊：《地图投影》，《地质专报乙种》，第六号，1934年；方俊：《地图投影学》，第1册，科学出版社，1957年。

④ 冯宝琳：《康熙〈皇舆全览图〉的测绘考略》，《故宫博物院院刊》1985年第1期。

成这项史无前例的举措。

但如果我们进一步深究，它与现在的地图投影有什么联系？应归属于哪一类？数学公式是怎样的？变形情况又如何？问题可能就会变得异常复杂。

汪前进在其1990年申请博士学位论文《〈皇舆全览图〉测绘研究》中，通过对从《皇舆全览图》上量取的大量数据的计算、分析，发现该图采用的并不是梯形投影，而是“正弦曲线等面积伪圆柱投影”（即著名的“桑逊投影”）。[①] 刘丽群、乔俊军运用微分几何方法和ArcGIS技术，对该图的数学基础进行考证与研究，也证明其数学基础为以倾斜直线为经线的等面积伪圆柱投影[②]。笔者的数学基础不足以自己来解决这个问题，但相信汪前进等先生的成果，这项成果不仅使对解决投影本身使用情况，如选用此种投影是否符合中国地域的要求、实测点在图上展点的精度等问题有了坚实的基础，而且对图上实际采用的实测经纬值的确定，对非实测部分编绘精度的分析都起到重要作用，由此可以明确这种测绘技术是中国历史上从来没有采用过的，不是只要参考、继承既有成果就能绘制的。《皇舆全览图》是清代采用西方制图方法绘制的地图，在测绘技术上，是中国第一次大规模引进西方测绘技术，同时也是中国地图绘制走向科学化的开端[③]。换句话说，就是仅凭中国自己的力量是不可能完成这次全国经纬度测量和地图测绘的。

三、测绘仪器的欧化

清朝前期，中国既缺测绘人才，尤少测绘仪器。在自然科学中，最受中国统治阶级重视的就是天文历法。历法的不断完善有赖于自然科学整体水平的提高。明代所实行的“大统历”是在元代“授时历”的基

① 汪前进：《康熙铜版〈皇舆全览图〉投影种类新探》，《自然科学史研究》第10卷第2期（1991年）。

② 刘丽群、乔俊军：《〈皇舆全览图〉数学基础的考证与研究》，《测绘通报》2007年第5期。

③ 唐锡仁、杨文衡主编：《中国科学技术史·地学卷》，科学出版社，2000年，第437－441页。

础上制定的，到明成化年后，“交食往往不验，议改历者纷纷”。明万历年间来华的传教士利玛窦（Matteo Ricci）一踏上中国的领土，就被改历的呼声所吸引，为了促进传教，立即致函罗马教皇，火速派遣精通天文历法的传教士来中国。因而以西方观测仪器进行实地观测、采用西方推算法、引用经纬度及球面三角学等概念、对节气的制定以太阳在黄道上的实际运行位置为依据，而制定出中西合璧历书的德国传教士汤若望（Jea Adam Schall Von Bell），在清朝入主中原之初就成为钦天监的第一任监正。进行天文观测需要精密的望远镜、天文仪器及天文钟，而这些却是当时的中国不可能制造的。在一个以农业为主的国家不可能为科技的发展提供更多的需求与刺激，望远镜、钟表的制造及改进都同远洋航海、海外贸易有着直接的关系。在无边无际的滔滔洋面上，人们需要延伸视力，对方位的判断要依赖对天体运行位置的观测，而对天体运行距离的测算又离不开计时。但对于日出而作、日落而息的农耕民族来说，漏声断与不断、日晷精确与否，并无太大的影响。张柏春《明清测天仪器之欧化》专门讨论了天文仪器欧化的问题①。

四、测绘人员主要是传教士

朱希祖《乾隆内府图序》说：“盖以乾隆时测绘之例观之，则康熙时必有何国宗、明安图等明天算者统帅前往，无可疑也。”②《中国地图史话》完全接受这种观点。这种观点影响到了辞书编纂，《辞海》说《皇舆全览图》由“清测算家何国宗、何国栋、明安图与法国传教士”作成，《测绘词典》也持此说。《中国地图史纲》认为“这样伟大的事业总是由中国人主持而规划的，教士们在整个工作中的地位，不过是雇佣的技师罢了”。

冯宝琳《康熙〈皇舆全览图〉的测绘考略》“从《清史稿》、清实录等史书文献，辑录一些有关的片段记载，加以爬梳整理，以具体的资

① 张柏春：《明清测天仪器之欧化》，辽宁教育出版社，2000年。
② 朱希祖：《乾隆内府图序》。

料来论证康熙《皇舆全览图》并不单纯是几个外国传教士所独力测绘成图的”，试图证明，“可以有力地说明中国官员甚至康熙帝的皇子们也都曾经参与或间接参与这一巨大的工程，举凡推算、复核、进行测量经纬度数，组织人手去绳法量地以测定距离长度等项工作。虽然仅是片断的只言片语，缺乏全面的详细记述，但是，我们已经可以从中得到一些有力的论据”①。冯宝琳做这样的工作实在是不容易的，付出了大量的劳动。但由于文献记载实在太少，冯宝琳为了说明“康熙时曾培育出许多算法人员”，将已经完成将各省的地图合成为一幅全国总图——《皇舆全览图》（1718 年，康熙五十七年）之后的事例作为证据，显然是不合适的，如他举例：“康熙五十八年二月，以推算人员不敷用，敕礼部录送蒙养斋考试，取傅明安等二十八人，命在修书处行走。”②

冯宝琳《康熙〈皇舆全览图〉的测绘考略》还从文献中找出如下史料，为测定北京的纬度，康熙五十三年十月初一日谕和硕诚亲王允祉等：“北极高度、黄赤距度，于历法最为紧要，著于澹宁居后每日测量。寻奏：‘测得畅春园北极高三十九度五十九分三秒，比京城观象台高四分五十秒；黄赤距度比京城高二十三度二十九分三十秒。报闻。’”③ 同年十一月辛亥（十三日），“和硕诚亲王允祉等奏：昔郭守敬修授时历，遣人各省实测日景，故得密合。今修历书，除畅春园及观象台逐日测验外，亦不必各省尽测。惟于里差之较著者，如广东、云南、四川、陕西、河南、江南、浙江七省遣人测量北极高度及日景，则东西南北里差及日天半径皆有实据。得旨：广东省何国栋去；云南省索柱去；四川省白映棠去；陕西省贡额去；河南省那海去；江南省李英去；浙江省照海去”④。在《清史稿·圣祖本纪》中，也载有：“康熙五十三年十一月十八日，遣何国栋测量广东、云南等省北极出地高及日景。”⑤ 允祉的奏疏与当时修纂《历象考成》等书有关，冯宝琳说派人去各省测量经纬

① 冯宝琳：《康熙〈皇舆全览图〉的测绘考略》，《故宫博物院院刊》1985 年第 1 期。
② 《清史稿》卷四五，第 1668－1669 页。
③ 《康熙实录》卷二六〇，第 10 页；卷二六一，第 4 页。
④ 《康熙实录》卷二六〇，第 10 页；卷二六一，第 4 页。
⑤ 《清史稿》卷八，第 286 页。

度，与实地测绘《皇舆全览图》是相辅相成的事情。是不是一码事还真需要认真加以考察。

当然，《皇舆全览图》是康熙帝亲自策划并主持的，何国宗、明安图也负责了后期的补测。但何、明负责补测是乾隆间的事情，不能以此推断是他们负责了康熙时期全国地图的测绘。何国宗是康熙五十一年（1712 年）进士，此时的明安图尚在钦天监做学生，而《皇舆全览图》开始实测是康熙四十七年，何、明二人是不可能“统帅前往”的。其实这次大规模的全国实测完全是由西洋教士完成的，主要是法国人。我们在《康熙朝汉文朱批奏折汇编》《康熙朝满文朱批奏折全译》《天下舆图总折》[①] 等文献上能够找到一些，如四川巡抚年羹尧的奏折云：“康熙五十三年七月初二日，四川巡抚年羹尧奏：‘为恭进川省舆图事，臣于康熙五十二年五月二十七日接准兵部移咨，奉旨：特遣武英殿监视布尔赛，西洋人费稳、单爻占，响导护军参领英柱，吏部郎中郎古礼，钦天监监副双德前往四川、云南、贵州、湖广四省绘画舆图。又奉旨画完一省即将舆图交该巡抚，着家人好生送来，钦此钦遵。臣即通行所属各府、州、县、营、驿等官遵照部文，预备马匹并需用志书旗锣等项伺候。于康熙五十二年六月十二日布尔赛等由四川北界保宁府属之广元县画起，于康熙五十三年六月初十日至东川府画完川省全图，即将全图交与臣家人魏之辉收明。布尔赛等随由东川入滇画图去讫。今臣家人魏之辉赍捧全图于七月初一日至成都府，臣谨遵旨缮写奏折，封固舆图，严谕家人魏之辉小心赍捧，恭呈御览。布尔赛等奏折一封，内五件一并附进，理合声明。臣实不胜屏营之至。’”[②] 这封奏折反映出外国传教士到各省测绘地图时的程序规定，以及可能参与的人员名单。

现在可知负责这次经纬度测量和地图测绘的主要是雷孝思、白晋、杜德美、潘如、奥右斯丁、加尔特、汤尚贤、费稳、麦大成等传教士，中国方面参加的人员只有何国宗、何国栋、明安图、两位曾在钦天监学

---

① 该档案笔者未见，李孝聪先生《跨越时空的传递：记康熙时期传教士与全国总图的测绘》中已予揭示，待补。

② 中国第一历史档案馆编：《康熙朝汉文朱批奏折汇编》第 5 册，1610 号，四川巡抚年羹尧进川省舆图折，档案出版社，1985 年，第 674 –676 页。

习的喇嘛等，还有200多民工。但中方人员都是辅助洋人工作，不负主要责任。由外国传教士负责完成这次全国范围的经纬度测量和地图测绘应该是没有疑问的。

法国向中国派科学传教团，到中国进行天文观测与地理考察，是路易十四亲自决定的，挑选“精通数学并擅长舆地工作，还要能掌握中国最基本的艺术和科学知识的优秀传教士”来华①，并允许他们在科考之余在华传教。法国科学传教团的第一批成员由洪若翰（Jean de Fontaney）、白晋（Joachim Bouvet）、张诚、刘应（Claude de Visdelou）、李明（Louis le Comte）组成。此后来华的宋君荣（Antoine Gaubil）也是位有志于科学研究的神父，曾多次到巴黎气象台向有关专家请教，为了进行天文观测，经常“终夜观星”，而当其在海上航行时，“对于磁针偏差、风向、海流、磷光等现象作种种测验；对于海鸟、飞鱼等物作种种记述；曾将所为天文测验改正当时地图上的种种错误”②。根据路易十四的指示，洪若翰等人被接纳为法国科学院的成员，并授予他们“国王的数学家”委任书。他们的身份是“国王的观察员与数学家”，来华的主要目的是“搜集中文书籍和进行天文观测”“完成从中国获取天文数据”“完善法国人的航海图和地图”③。此后，法国政府派遣一批又一批耶稣会士来华，如巴多明、雷孝思（Jean-BaptisteRégis）、杜德美（Pierre Jartoux）等。法国科学院《汇刊》第7册上就刊登了洪若翰在西安测定经度的报告，他对中国一些城市方位的测试，收入康熙三十八年（1699年）出版的《科学院史》一书。在传教士的记载中，由他们负责这次测绘的文字记载颇多，如开始时的长城测绘，在杜赫德的序言中，转述了雷孝思的话：“为使地图尽可能完善，我们已使尽一切手段……因为经过深思熟虑，我们认为采用三角测量法最佳。”④传教士是这次经纬度测量和地图绘制的主力。

---

① ［美］魏若望：《耶稣会士傅圣泽神甫传：索隐派思想在中国及欧洲》，大象出版社，2006年，第33页。

② ［法］费赖之：《在华耶稣会士列传及书目》下册，中华书局，1995年，第688页。

③ 《耶稣会士傅圣泽神甫传：索隐派思想在中国及欧洲》，第35页。

④ ［法］J.B 杜赫德著，葛剑雄译：《测绘中国地图纪事》，《历史地理》第二辑，上海人民出版社。

五、余论

《皇舆全览图》是中国第一次在实测经纬度基础上绘制的地图，开我国实测经纬度地图之先河，使中国地图摆脱了传统的“计里画方”制图方法，完成了从“计里画方”到实测经纬度制图方法的转变。康熙帝发起和主持的《皇舆全览图》的测绘活动，是当时世界水平的一次测绘活动，但并不属于中国地理学者与西方传教士的科学合作，而只是西方传教士为使康熙帝改信天主教而满足其个人科学兴趣，同时也符合派出国科学需要所进行的一次测绘工作。由于康熙帝的倡导，先进的西方地理学知识及地图测绘技术开始进入我国地理学与地图学领域，带来了中国地图学的新气象。传教士白晋等在测绘事业上的积极努力，曾经为中国测绘的科学发展提供了契机。但遗憾的是，当时世界一流的测绘成果《皇舆全览图》只是深藏皇宫内府作为密件保存，当时所用的测绘方法，无文字记载说明，经纬度制图方法并没有在我国普及开来，实际上也没有产生影响，以致清朝中期一段时间，地图绘制又走上了传统的老路，甚至倒退到连“计里画方”也很少使用。自清代中叶直至民国初年，我国编制的全国大地图基本上都是不以康熙时测绘的地图为依据。西洋传来的科学的测绘方法无人后继，后来官方绘制的《西域图志》中仍不绘经纬线，民间个人绘制的《西藏图考》《西招图略》《卫藏图识》不仅不绘经纬线，甚至连比例尺也不受重视了①。在《古今图书集成》中收录有此图的分幅图（但未加上经纬线）②。到晚清编制《大清会典舆图》时，虽然会典馆对地图的绘制提出了规范的要求：“北上南下，计里画方，添绘经纬，酌用圆锥外切之法于肖地体”，但各省送会典馆的地图各不相同，如广东省和甘肃省所绘舆图把圆锥投影的经纬线图与图集分开，在图集前面加了一幅圆锥投影的经纬度图，而图集内则无经纬度，仍是计里画方系统作品；有的省把计里画方的方格

① 中科院自然科学史研究所地学史组主编：《中国古代地理学史》，科学出版社，1984年，第330页。

② 但只有中原地区和满洲，缺西藏和蒙古。

横线当作纬线，竖线当作经线；有的省不懂经纬线的作用，在图上胡乱表示。①

由此可知，康熙朝的经纬度测量和地图测绘，是完全依靠传教士完成的一次科学活动，它是18世纪中西文化交流结出的硕果，是破天荒的一次大举措。方豪在《中西交通史》中说："十七、十八世纪时，欧洲各国之全国性测量，或尚未开始，或未完成。而中国有此大业，亦中西学术合作之一大纪念也。"② 这是完全符合事实的。今天我们对于此事件的评价，或有过高的倾向，刻意强调中国在经纬度测量和地图测绘方面取得的成绩，可能是与事实有较大出入的。

① 卢良志：《清代实测经纬度地图集》，《国土资源》2008年10月号。
② 方豪：《中西交通史》（下），岳麓书社，1987年，第868页。

龙的艺术发展演变是一部无声诗史

中国人豪迈地自称是“龙的传人”。在辽阔的国土上，从帝王的宫殿，到寻常百姓家，无论在建筑、雕刻、绘画中，还是在各种工艺美术品及生活日用器物上，龙的形象随处可见。中国人走到哪里，龙的形象也跟到哪里。在世界各地，凡有华人聚居的地方，龙的形象也随处可见。龙与中国人，如影随形，几不可分。

龙的形象虽然是虚构出来的，但是在中国人的心目中，却是活生生的。它既有着自己的家族体系，又有着自己的发展演变历史。最初出现龙的形象，就像个胚胎模样。以后从生长、成熟，到壮大、发展，有着如同生命体一样的全部过程，只是这个过程经历了漫长的岁月。

龙的孕育诞生时期，远在6 000～8 000 年以前，在中国的南北各地，都先后出现了龙的原初形象，有的似马、猪、牛，有的似虎、熊、鹿，有的似鲵、鱼、蛇，多姿多态，形象各异。关于龙的起源，有各种不同的说法，其中最流行的是“图腾崇拜”说。但奇怪的是，原初龙的形象，虽然形态各异，而却有一致的基调。它们都不是对某个动物的直接的描绘，而是在一条弯曲的身躯和长长尾巴上，加上别种动物的形象。也就是当远古的人们，在不同的地域创造龙的形象时，都有一个共同的思维方式。人们创造出超自然物象，定当会赋予它超自然的力量，以寄托在艰难生存中的期盼，这也许是龙的艺术形象创造时的初衷。

龙的艺术形象由简到繁渐渐演变，走向一致而终于定型。在这个过程中，它不是以一种去取代其他各种，而是在基调上不断增添，好似是把各种原初龙的形象都集中在一起，有所选择，有所淘汰，整合在一起，再加修饰而成。这是一个大手笔，居然能把各种动物的形象集中于一身，而使人感到天衣无缝，活灵活现地逼“真”。中国的汉字，起源于象形。商代甲骨文中的“龙”字，即象形于各种艺术品中龙的形象，其结构与写法，有多种多样，说明是群龙集中并存的时代。战国、秦汉的“龙”字笔法渐多，逐渐统一定型，也正是群龙整合而定型的时代，这是必然趋势。以致使许慎作《说文解字》，还真以为龙是“鳞虫之长”，他没有见过原初龙的形象，似乎也不知道有甲骨文，以汉代定型的龙形象和定型龙字去想当然，只能是臆测。

考古学发现，在中国大地上，存在着不同的文化区系，它们都各自有根，后来才逐渐融合，形成中华民族共同的文化。传说中的远古时代，以及有确切文字记载的商、周、秦、汉的历史，也说明中华民族是由多个族群融汇而形成统一帝国的。原初龙的形象出现在不同的文化区系，经过漫长的岁月，直到汉代才基本定型，恰好与中华民族多源文化的融合，多民族国家的形成与统一，是同步而行的。多源文化的融合，多民族国家的形成与统一，龙的形象好似一个徽志，象征着兼容并包、求同存异，互助互利，共存共荣，这是它的最伟大之处。

在许多自然之谜被解开之前，人们总是相信龙是真实存在的，有关龙的传说故事，甚至正史记载龙的显现，不绝如缕。在古史传说中，龙是人们的好帮手，它驯良温顺，能豢养，听使唤。同时也威猛雄壮，能腾飞，富变化。它神奇的力量，能满足于人们的各种要求。自从中华帝国形成以后，以“唯我独尊”的皇帝，企图将它垄断起来，据为己有。但是龙早已活在人民心目中，始终居住山林泽薮、江湖河海里，是任何人所垄断不了的。直到今天，人们已不再相信它是实有存在，然而作为一种传统文化，一种民族团结凝聚力的象征，它仍然有着充沛的活力，飞舞在辽阔的中华大地。

考古学家苏秉琦先生曾说过：中国历史有“超百万年的文化根系，上万年的文明起步，五千年的古国，两千年的中华统一实体”。这个历史，延绵不断，在世界上独一无二。龙的形象出现在中国文明的起步时代。自它出现之后，也同样延绵不绝，从未中断过。龙在定型后，在细微之处，仍然有着变化。将它排列起来，可以用之于历史文物的断代依据。一种艺术图像，有如此源远流长的历史，有如此巨大的魅力，吸引着无数的艺术家来创作，并且经久不衰，这在世界艺术史上，也是绝无仅有的。

龙的艺术发展演变，可以说是一部无声诗史，它是以另外的一种语言文字方式，不但诉说着中华民族悠悠远古的历史，也同样诉说着有文字以来的历史。

一、新石器时代的龙

考古学上发现最早的龙的图像是距今1万年左右，山西吕梁山南端吉县柿子滩石崖岩画上的“鱼尾鹿龙图”。

辽宁阜新查海遗址于1994年6～10月间发掘时发现一条兴隆洼文化石块堆塑龙，用大小均等的红褐色砾石摆塑，全长19.7米、宽1.8～2米，蜿蜒于遗址中央的基岩脉上。龙首、龙身石块堆摆厚密，龙尾石块堆摆较松散。龙的整体造型昂首张口，弓背曲身，尾后伸，观之有腾飞万里之势。这条石巨龙距今已达8 000年，是我国迄今发现造型最大、形象特征与历史晚期已定型龙的特征很相近而又年代最早的龙。

辽宁葫芦岛市杨家洼新石器时代遗址，出土两条在红褐色地面上用米黄色黏性土堆塑出的龙形图像。两龙头均南向，尾朝北。一号龙身长1.40米，高0.77米，昂首，挺身，扁嘴，“Y”字形尾扬起，作飞腾状。二号龙比一号龙略小，身长0.8米，高0.32米，昂首，展翅，翘尾，作轻盈飞翔状。这两条黄色土龙体呈蛇形，距今约8 000年，是迄今发现的最早的土龙。

内蒙古敖汉旗境内兴隆洼文化遗址出土一件矮腹陶罐，腹壁黑色压光，其上刻画一条猪头蛇体状的龙的图像。龙身饰网格纹、条纹和错点纹，似遍体满布星光点点之鳞；又有勾连纹满饰器壁的四周，宛如蛟龙游弋于浮云流水之中。兴隆洼文化的刻画龙距今为8 000～7 000年。

20世纪80年代初期，陕西渭水流域宝鸡市金陵河西岸的北首岭文化遗址出土的一件蒜头壶上，发现了以鱼形为主的原龙形象。这条鱼型原龙具有细长的身躯，呈弧形盘曲于陶壶的肩部，头部方形，圆眼，头两侧有暴起的巨鳃，头与背部均有斑状花纹，而其腹部则为U字形造弧状花纹，背部两鳍，腹部一鳍，尾部分为三叉。“龙”的尾部绘一只短尾、尖嘴、体形肥硕的大鸟，鸟喙与“龙”尾的中间部位相连，状似啄衔。考古工作者曾把这一图案定名为“水鸟啄鱼图”。经测定，年代距今6 800～6 000年。

1988年3～9月，在河南濮阳西水坡仰韶文化（后岗类型）遗址距今6 000多年的第45号墓内，发掘出用蚌壳精心塑造的龙虎，虎左龙右，均背向墓主人，头朝北。位于墓主人右侧的龙，昂首、竖耳、张口、吐舌、曲颈、弓身、长尾、短足、利爪，前足着地，后足抬起，呈行走状。身长1.78米、高0.67米。位于左侧的虎，头微低、竖耳、张口、伸舌、牙齿锐利，尾下垂，四肢交替作行走状。身长1.39米、高0.63米。墓主人为一壮年男性，身高1.76米，仰身直肢，头南足北。（墓主人的身高报道为1.84米，此据中国历史博物馆陈列说明改过。）原始社会的艺术家精心选用形状各异、大小有别、正反不同的蚌壳（仅个别略作加工），用俯、仰、相互叠压等多种手法，巧妙地摆放蚌壳，塑造出龙、虎形象。摆塑技艺娴熟，造型惟妙惟肖，视之如生龙活虎。在第45号墓中，与龙虎蚌塑（第一组）共存的还有另外两组蚌塑图案。第二组蚌塑图案摆塑于第一组南面20米处，图案的主要动物为龙、虎、鹿，龙虎同躯，鹿卧于虎背上，龙头上方还塑造一只蜘蛛。由此可见，后代所见的龙戏珠图起源很早，而且应是起源于中原。第三组蚌塑图案位于第二组的南面25米，是人骑龙图，一人骑于一条龙的背上，人身与龙头同向，人之一手上举并回首，似向人们摆手辞别升天而去，龙的北面还有一只奔跑的虎。

1993年6月，在湖北黄梅县白湖乡张陈村焦墩遗址发现一幅卵石摆塑龙图，系选用大小不一（大者5～8厘米、小者1厘米）和色彩各异的卵石摆塑而成。龙塑成侧面形象，昂首朝正东，尾向正西。龙头形似牛首并作冠状饰，头上塑单角，龙口大张，长舌吐出并向上卷至头部，龙身呈波浪状，尾上卷，背上有一不规则形鳍，腹下两足作爪状，鳞光闪闪。整体造型如腾云驾雾，神态生动威武。此龙体长达4.46米，颈至头顶（昂首最高处）高达2.26米，摆塑于红烧土面上。此龙属大溪文化龙，年代距今为6 000多年至5 000多年间，可能与河南濮阳西水坡遗址发现的距今6 000多年的仰韶文化龙年代相当或略晚。

内蒙古清水河岔河口遗址，在一条深4米、宽8米、直径245米的围壕沟遗址中发掘出两条用黄土夯筑的巨型鱼龙形图像，头尾相对，伏卧在深沟之中。眉眼、鳞甲、躯干、背翅清晰可见，形象生动，具有神秘性的原始宗教特点。距今约6 000年。

20世纪70年代，在甘肃省甘谷县西坪文化遗址和武山县傅家门遗址先后发现了以两栖动物大鲵为龙的主要原型的原龙形象。西坪鲵型原龙，断代在距今5 500年。原龙纹像绘在一个高约80厘米的大型陶瓶上，这条墨彩绘制的“龙”高38.4厘米，形似鲵而神似龙：圆形的头部很像人头，圆圆的眼睛睁得很大，眼球居中而显得格外有神，下颌为露出板状牙齿的大嘴，颈部有U形纹，体长尾大，呈斜V字形外翻，腹部具有网纹，“龙”体的上部两侧具有伸向上方的双臂，手臂很短，具有四趾。傅家门鲵型原龙，断代在5 000年前。它的形体与500年前的西坪鲵形原龙大体相近，不同之处在于墨彩更加浓重，其大嘴下撇不露齿，腹部更加肥大，头部长出六个分叉，如角状羽状之物，并由两肢增加为六肢，爪也更加突出，因而整体看来更增加了龙的特色。

在内蒙古敖汉旗的小山遗址中，在一件陶尊上发现一条猪首蛇身龙的图像，时间距今为6 000年前。

1971年在内蒙古翁牛特旗三星他拉出土的玉龙，墨绿色玉雕制而成，马头蛇身。龙体卷曲呈“C”字形，接近于闭合的圆环，圆环的直径为26厘米，龙身长总体接近60厘米。吻部前伸，微上翘，闭嘴，双睛外凸上挑，额及颚底用阴线刻饰方格纹。颈脊起长鬃，从后颈与脊梁上飞掠而起的鬃毛几乎占全身的1/3，尾内卷。龙背有一对穿圆孔，系绳悬挂之用。当玉龙悬挂起来时，龙首与龙尾恰好处于同一水平上。这是我国发现年代最早的玉龙，距今已有5 000多年。1988年又在同一旗的广德公乡黄谷屯发掘出这种近似马头的马型原龙，时代比前一条“龙”略早。这件“龙”形玉的造型与前者基本一致，所不同的是其鼻端不是一个平面，鼻孔也非圆形，而是两条短线。这条“龙”的背部也有一孔，圆孔边缘靠近背脊处磨痕十分明显，这进一步证实了此类玉器确实是用来系挂的。

1983～1985 年，在辽宁喀左县东山嘴红山文化遗址的一座中心大墓中发现两条玉雕“猪龙”被置于墓主人尸身的胸前，背靠背，吻部向外。这种猪型玉龙在内蒙古赤峰市巴林右旗的红山文化遗址中也有出土。在赤峰红山文化彩陶中还出现了猪型原龙的龙纹，长长的嘴巴，长长的獠牙，惟妙惟肖地再现了猪龙原型。

在太湖流域和杭州湾地区的良渚文化中也发现有玉龙，时间距今约5 000年。如在余杭反山两座墓墓主人的胸前发现圆牌形玉饰共 13 件。圆牌的边缘饰一对浅浮雕龙首。龙首有高角、圆眼，阔嘴，鼻作复线菱形。瑶山祭坛墓葬中也发现有饰龙形玉器。如在一件玉璜上浮雕装饰有 4 个龙首，犹如传世的“蚩尤环”。龙为方嘴，嘴内刻画上列门牙 9～10 枚，下唇及下列门牙隐去不见，眼球及眉脊用凸起的圆雕表现，两眼上方有一对凸起的犄角。此外，还发现有龙首圆牌，龙首的形态与玉璜相似，全器犹如互相吞噬着下半身的 3 条蟠龙。又发现有 38 件玉镯，每件镯的外壁有 4 个相同的龙首形浮雕装饰。龙首除眼、鼻、口、耳之外，最突出的特点是也有一对犄角。仔细审视图案的各个部分，眼和牙近似水牛和鹿，鼻如猪，角和耳非牛、非鹿，似为多种动物组合成的图像。

山西襄汾陶寺遗址，在龙山文化（属陶寺类型）的一座墓葬中，出土一件带蟠龙纹的彩陶盘。彩陶盘红边黑底，彩绘原龙纹蟠曲其中。“龙”的头与身体无明显界线，无颈，头与身直接衔接，颈两侧各有一后掠的短棒状物，眼睛小而圆，吻很长，利齿成排，口吐长信，身体近似于蛇而修长，卷曲成环状，无足，遍体鳞甲，对称成行，头后的左右两边如鱼鳍，尾部亦似鱼分作两叉。蟠龙盘中间若有水纹或云纹，此处之龙似为潜龙，仿佛随时可以入水或升天。此龙时间距今为4 000多年。

二、夏代的龙

大多数历史学家确认夏代的存在，并力求通过考古发现取得物证。一些考古学家认为二里头文化的一、二期可能是夏文化。他们认为的夏代传世品，其龙纹沿袭新石器时代一头双身蛇状原龙纹而有变异，是将前代同向的双身蛇变成反向的双身蛇，并增其形体多姿多彩的变化。

在河南偃师二里头遗址出土一件距今4 000年的带有龙纹的陶器残片，正面有一头双身的蛇龙形象：一条龙线条纤细流畅，已残缺，周身起鳞纹，巨眼，有利爪；另一条龙线条粗壮，已残缺，一头二身，头朝下，眼珠外凸，在龙的头部附近饰有云雷纹，龙的身体上面仰卧一只小白兔，四足朝上。在浅刻的线条内部都涂有朱砂，龙的眼眶内并有翠绿色。

1981 年、1984 年、1987 年，在二里头文化遗址中先后出土了 3 块近似盾牌形状的青铜牌饰，这些铜饰上的饕餮纹近似于蛇，很像二里头出土的一件陶器上刻成的双身龙纹的头部。

三、商代的龙

龙是商人通天神兽中的主要角色，被奉为神物，以兆吉凶。传说中的一些天神人主索性以龙为坐骑，乘龙往来于天地之间。龙还有影响云雨河泽的神通，商人已有龙可致雨的观念，在小屯殷墟遗址中出土的卜辞中已发现有“龙”字，有向龙卜问未来天气晴雨状况的内容。商代的龙较多地见于甲骨文中的象形文字、玉雕及青铜器上，龙的身体较短，按比例头部显得很大，龙身上的纹饰有云纹、三角形纹、肩章形纹和菱形纹等，鳞的特点少，蛇身的花纹特征多。侧视大多生有腿爪，耳似瓜叶形，眼以目形为多见，角有一对饰于脑后，有的竖立，有的后伏于颈，均作瓶或棒槌形钝角，背部大多有扉牙形脊，呈张口露齿状，身、尾无明显的分界，但有粗细之分。商代铜器中，龙的头部有如兽头，双角形状如蜗牛的触角，背有竖脊，巨口、露牙、睁眼，龙身饰有各种几何形的纹饰，龙的身躯很像蛇身。商代青铜器上的龙纹有蟠龙纹、交龙纹、蟠螭纹、虺纹、夔龙纹等。出土的商代玉珮、玉玦、玉璧、玉琮、玉珑等，龙纹多作蟠曲状。早商时期的玉玦继承原始社会素玦的造型，龙身作环形蟠曲，首尾相接，除头部有巨眼和简单的嘴纹以外，全身素洁，单纯、朴拙。到后来，商代龙的造型逐渐起了变化，其形象成为巨头、张口、大眼、粗角，腹部有的还多了一对短足，身上刻满鳞纹或几何形纹。安阳小屯妇好墓出土的圆雕玉龙便是这一时期龙艺术的精品。由于龙凤都是吉祥的象征，商代礼器中往往也同时出现龙凤纹的装饰。商代的铜器、玉珮都有把龙凤纹作为同一器物的装饰者，玉器中还有龙凤同体的造型。

在河南安阳小屯殷墟遗址中，发现一件石磬，其表面雕刻龙形图像一幅，雕刻精工，造型优美。1975 年，在安徽阜南月儿湾发现一件商代的青铜龙虎尊，在铜尊的肩腹上部装饰有立体浮雕式的龙形图像。

四、西周时代的龙

公元前 1000 年前后的商周之际，龙进入夔龙形态，头上有角、身体能飞的龙的基本特征雏形已经形成。

西周的铜器纹饰通常施以一层平雕，并饰以围绕器身的二方连续纹样，代替了商代以棱脊分区和三层重叠的装饰方法。龙的纹样多是互相交错、连结，或用对称、调换的组织方法，风格简朴紧凑而富于起伏流动之感。另一种装饰方法是从器物的整体效果出发，主纹互相穿插，龙纹自由生动地满布全器，艺术效果活泼多变。西周铜器装饰，夔龙纹占主要地位，兽形的龙也开始出现。首都博物馆藏的圉方鼎是西周早期的燕国铜器，高 33 厘米，口径 18.2 厘米 ×13 厘米，器身呈圆角矩形，附耳，四柱足，器盖四角各有一矩形扁足，似盨盖之状。在器身和器盖的四壁，分别饰有一条双体龙纹浮雕。龙头位于花纹的中心，龙身则分别向两边曲折延伸，尾部向上卷起，龙身上则以细小的阴线条勾画出鳞纹，其足与作为衬底的云雷纹合铸在一起，好似龙踏着朵朵白云翱翔于天空。而器盖四角的矩形扁足用平雕龙纹装饰，以烘托器身上的飞龙。

蟠龙纹剑鞘是西周早期燕国镂空青铜器，长 22.8 厘米，宽 10.3 厘米。鞘身上半部由五条绞绕在一起的龙构成镂空图案。其中一条龙的上半部位于剑鞘的中心线上，另四条龙则对称地盘绕在两边；鞘口的两边分别饰有两个面向外的小人悠闲地靠坐在一个大花朵上；鞘身下半部由三条绞绕在一起的龙构成细长的镂空图案，整个鞘身由数条龙组成，花纹非常繁缛，是我国先秦铜器中的一件珍品。

五、春秋战国时代的龙

春秋战国时代，中国的政治、经济、社会、文化发生了大变革、大发展，推动着中华古典文明走向一个有决定意义的定型期，由此也推动中国龙的形态发生了一个相应的大变化、大飞跃：商周之际流行一时、蔚然成风的夔龙突然销声匿迹了，春秋战国时代的飞龙开始登上了历史舞台，成为中华古典文明定型期的重要文化表征。

春秋时期的龙从商周严谨雄浑的规范形式变为活跃清新的风格，各类玉雕、漆器、刺绣、铜器纹饰和立体雕刻，无不充满着优美生动的韵律。纹饰上的神秘色彩大大地减少了，活泼玲珑的蟠螭纹、夔风纹，针刻漆画的流线型龙纹以及各种动物互相追逐的场面，使作品的构图生动而富有情趣，呈现了轻盈洒脱的格调。龙的结构逐渐变得松散，偏重强调图案化及装饰效果而不注重表现龙的神性与物性，目形眼渐渐消失，有些重要的器官如角、耳、足、爪、尾等，或省去，或以变形手法表示，给人一种神秘莫测、似有似无之感。而且绝大部分作复合式龙，其中有的以不同形态的二或三组龙相互缠绕，有的以相同形式的两龙钩连，也有一些是人与龙、凤与龙复合在一器上。龙已演变为以阴阳交合为深层含义的吉祥图案。

春秋龙纹有一部分继承了西周龙纹图案形式，如陕西宝鸡出土的秦公钟上的龙纹、青铜器曾伯簠上的交龙纹。另有部分龙纹向较为写实的造型发展，传为山东临淄出土的龙耳簋，双耳作曲劲龙形，龙眼圆张，翘角，张口，吐舌，双龙颈部各伏一瞠目卷尾的小虎为珥，造型美妙。安徽省博物馆藏双龙耳蔡侯方壶，龙形奇妙生动。还有蔡侯剑上的龙凤鸟虫篆之龙纹，亦具有龙的生动形象。

战国时代的中山国位于今河北平山一带，出土的中山王礨青铜方壶，四角龙耳造型设计简朴生动，奇趣横生，作张口、翘角、卷尾、生翼的飞龙形态，背上的翼比殷周时代龙的翅膀要明显得多，龙作“下居而上达”的飞腾之状。青铜器陈侯午簋双耳之龙头与前器的龙头造型类同。湖北随县曾侯乙大墓出土高达 54 厘米的建鼓座，鼓座以 16 条云龙和附属的数十条小龙纠集而成，群龙盘曲，互相穿插，姿态矫健。青铜雕刻全部以流动的曲线组成，充分体现了动感的节奏。这件鼓座上交缠的群龙分大中小三种，表现三代，体现阴阳交合和生殖的思想。河北平山县中山三1号墓出土的“错金银龙凤鹿方案”，案高37.4厘米，长、宽各48厘米。器足以四只挺胸昂首的卧鹿承托一圆圈，圈足上是四条有翼的飞龙，龙体盘曲向上钩住每一侧的龙角，连接在一起呈镂空的球状。每一龙体的交连空隙处又有一展翅的凤鸟。每一龙头上顶一斗拱形饰件，上架方案的边框。方案可能是漆木制品，已腐朽无存。其鹿的形象驯良，龙的姿态雄健，凤作长鸣欲飞之状，龙凤交缠曼舞，呈现和谐欢快的气氛，情态生动，富有艺术生命力。在技法上，铆口光滑，焊缝无痕，表现出高度的冶金工艺技巧。这是一件精美的青铜工艺珍品，也是一件罕见的古代家具，其构图富于变化而有强烈的节奏感。战国时期虺螭纹应月很广，它适用于器物精致的装饰。最突出的如曾侯乙墓出土的镂空“铜尊和盘”，结构是多层套合的镂空附饰。铜尊和铜盘上无数的螭龙纹宛如游动的云彩，造型奇伟，制作精工细致，构思巧妙，是我国古代罕见的青铜器杰作。

战国起龙首与龙尾的关系也发生了变化，即变蛇躯似的完整的身尾为身粗尾细的兽形尾巴。从此，龙如兽一样地常作奔跑状，而且一直带着兽尾。战国兽形龙纹常用于铜器的附饰，龙的形状往往因器型需要而变化。如“银镶龙耳方鉴”四侧均饰有兽形龙纹，其躯体短粗，头、尾细长。又如“龙形铜饰件”，龙的形状如立驹，头部至尾部都饰有长鬣，四肢很短，有五爪，肩部有羽状装饰，通身刻有回旋纹，尾小而尖，是很少见的龙形装饰。

春秋战国之交，铜镜铸造迅速发达起来，镜的形制和花纹已经规格化，镜钮多为细小的桥形，镜背图饰精致，多与当时的青铜器纹样统一，蟠螭纹、蟠虺纹占了相当大的比例。战国中期以后，镜背的蟠螭纹仍占一定的比例，其中以楚国的铜镜铸造最为发达。战国错银蟠螭纹铜镜，圆镜镜钮的周围是互相缠绕的蟠螭纹样，蜿蜒生动，刚健有力，而且疏密得体，耐人寻味。洛阳金村出土的“金银错龙纹镜”和现存美国哈佛大学的“透雕虺龙纹铜镜”图案，华丽多变，以数对龙纹穿插盘曲组成，龙形交合如行云流水，富有生命力，体现阴阳合而万物生的寓意，是战国时期铜镜的精华。

战国玉龙的艺术形式仍然继承着商代以来的传统，即在一薄片状玉料上以圆雕或透雕方法琢出龙的外形，再在表面上作浅浮雕处理。在造型上突破了过于平稳的对称结构，在很小的面积上做到竭尽蜿蜒之势，琢出来的玉龙既有立体的雕刻效果，又有较浓的平面图案的韵味，整体形态成横放的S形，一反一复，往返回旋，永无尽止，玉龙的线条旋曲张弛也恰到好处。同时，在局部处理上特别注意双关纹的运用，一阴一阳，一反一正，皆成图案，可以同时取得整体、正纹、反纹三种效果，使得一件件玉龙活泼泼地透着灵气，惹人喜爱。河北平山县出土的三龙蟠环透雕玉佩，将西周龙纹图案发展到高峰。故宫博物院所藏的“白玉龙凤云纹璧”，其上雕刻有身呈S形、尾部细长、尾尖上卷的龙纹，形象腾跃矫健。

战国时期的漆器工艺也发展起来了，漆画、针刻漆器、银盒等纹样，经常以生动活泼的图案形式使龙纹在画面上呈现活泼自由的形象，各部分特征分别与各段花纹（云纹）相结合，和谐地融化于线的变化之中。画面上龙纹半隐半现，仅在线的边缘略现龙的特征，图案表现手法飘逸自由。1978年，湖北随县擂鼓墩战国早期曾侯乙墓（公元前433年）出土的一件油漆的衣箱盖上的漆画“东西二宫二十八宿图”，绘有一条苍龙，并在其右侧绘一只老虎，周围还画有星座。这种左龙右虎的格局从6 000年前的濮阳西水坡开始，源远流长。“东西二宫二十八宿图”中的龙纹表示东宫，其龙有能站立的四脚和爪，尾部与云气相连。当时，中国的天文学家已经建立了二十八宿体系。二十八宿中的角、心、尾宿就是龙角、龙心、龙尾的意思。可以确信，东宫星宿的名称是根据龙的形象命名的，它们是：角（龙角）、亢（龙颈）、氐（龙胸）、房（龙腹）、心（龙心）、尾（龙尾）、箕（龙尾）。

刺绣是我国传统的工艺美术品，它用彩色丝、绒、棉线，在绸缎、布帛等材料上凭借针的穿刺运动构成花纹图案。遗存至今的古代刺绣实物中，出现龙纹最早的是1958年在长沙烈士公园工地战国木廓墓中出土的绣花绢，绢上用连环状针法（又叫辫子股）绣有一条翱翔于缥缈变幻的云气之间的蛟龙。虽色彩已因时间久远而毁变，但仍可见用针的细密平匀，从而得窥当时工匠技艺之熟练。江陵马山一号楚墓出土的丝织品包括绢、纱、罗、锦以及刺绣等，颜色有白、朱红、紫红、黄、褐、黑等色，刺绣的主题纹饰为龙和凤，技艺高超。这些装饰在丝织物上的龙凤与《山海经》中的神话传说有共通之处，即龙的形象十分怪异，身上出现二个头，并和其他的花卉图案、几何图纹糅合穿插在一起，反映了楚文化神奇的浪漫主义艺术特征。这些绣服上的龙纹图案常采用左右对称式的组织法：有的左右两条龙呈“S”形卷曲，前脚伸起，右脚着地，作对称排列，显得稳重、严谨、端庄；有的龙则左右相互倒置，动态和形状一模一样，和其他的凤、花卉等作相互穿插，形成强烈的节奏感，使龙显得生动、活泼、多变。而且龙的形态抽象，具象的龙和几何形体结合起来，显得更为多变，更为神奇。有的龙纹还和花草、云纹参差糅合在一起，很难单独分离出来，爪、躯体、头部和尾部也不符合常规的形象，而是藤蔓和花卉卷草纹样的连续，这些神秘性的装饰增添了龙的情趣。楚绣中龙凤的构图一般较大，配色协调，如其中龙凤纹的绣绢衾衣上，以黄色绢作绣地，展翅的凤鸟与张牙舞爪的蟠龙前后相衔，其中的一条龙竟长达 97 厘米。在龙凤纹的空隙里填以花卉一类的小型图案，从而收到大小相衬、虚实结合的效果，给人以华丽神奇的美感。从 1975 年长沙左家塘楚墓出土的丝织物来看，战国中期楚国已有黄、棕、褐等色的平纹绢和组织结构、纹饰复杂的锦。锦有棕地红黄色、褐地红黄色、褐色等种，纹饰有菱纹、矩纹、方格纹和燕纹、朱条暗花对龙对凤纹等。

战国时期龙的形象在绘画上也日臻成熟，画中龙的形象充满了神话想象的色彩。1949 年，湖南长沙东南郊的陈家大山楚墓中出土了战国时代的帛画《人物龙凤图》：该龙昂首、曲身、卷尾，龙的头部近似于蛇，但细看时，吻部却多少有点近似于猪，还有几道近似于“猪头纹”式的纹理；龙的身体近似于蛇，修长卷曲，生有蛇一样的鳞片，但这不是普通的蛇，而是一条能“下居而上达”的龙蛇，前肢宛如鸟翼，使这条龙蛇腾空而起，与凤同舞，似乎在引导女墓主的灵魂升天。1973 年，重新清理湖南长沙子弹库楚墓时再次发现一件战国时代的帛画《人物御龙图》，画一男子侧身直立，峨冠大袖，腰佩长剑，手执细绳，驾龙遨游。男子所驾的龙，昂首翘尾，整体像一条船。尾上站立一鹭，引颈向天作鸣叫状。龙身下面有一条鲤鱼，表示龙行进在水中。人物头顶上方则是舆盖，其飘带与人物身上所系的衣带均偏向一侧，仿佛随风拂动，使整个画面造成一种动势，好似飘浮在水天空阔之际。

与战国帛画中的飞龙形象与观念相印证的是屈原《离骚》及其他诗篇中的飞龙的形象与观念。帛画出土的地方正是春秋战国时代楚文化的故乡，而且正是楚国的都城——郢，因而也是中国伟大的古典爱国主义诗人屈原的故乡。《离骚》是屈原的代表作，龙的形象在其中至少出现了四次，大都体现了飞龙的形象与观念：第一次是讲自己要乘玉虬以游太空："驷玉虬以乘鹥兮，溘埃风余上征。"这里的"玉虬"是指玉白色的无角之龙，它和凤凰一起（"鹥"是凤凰别名），载着主人，御长风，上太空。第二次是讲自己的最后行程："为余驾飞龙兮，杂瑶象以为车"，"扬云霓之晻蔼兮，鸣玉鸾之啾啾"，"凤皇翼其承旂兮，高翱翔之翼翼"。这里更明确地提出了飞龙概念。也更形象地描写了飞龙形象，云霓之旗掩映其间，凤凰展翅在周围飞翔。第三次是讲蛟龙架桥："忽吾行此流沙兮，遵赤水而容与。麾蛟龙使梁津兮，诏西皇使涉予。"第四次是近于尾声之处："屯余车其千乘兮，齐玉轪而并驰。架八龙之婉婉兮，载云旗之委蛇。"讲的是驾八匹龙马，有云旗飘扬。屈原的作品中，一篇之中两次提到龙的形象的，还有《湘君》《河伯》《远游》三篇，《云中君》《大司命》《东君》三篇也提到了龙，大多数是以飞龙观念描述龙的形象。战国帛画，画中有诗；屈原楚辞，诗中有画。诗画相映成趣，共同映现出战国时代飞龙的形象与观念。

战国时期龙的形象逐渐从较为刻板的图案中解放出来，出现了较多形式比较自由、单独纹样式的龙。龙的上唇长粗且上卷，下唇小且较短，目纹有的呈椭圆形，有的呈橄榄形，脑后有似角又似耳的凸脊，口微张，身饰谷纹、蒲纹、卧蚕纹、云纹、S形纹及扭丝形、鱼鳞形和蛇形等纹，尤为突出的是，龙有了健壮的兽腿，使前代贴地爬行的鳄形龙、蛇形龙站立起来，成为屈身长脚、昂首曲劲、矫健迅跑的龙，整体形态如平放的S，充满了力感与动感，对后世龙的形象塑造产生了深远的影响。

战国时期还把晋文公与臣子演绎为龙与蛇的关系，龙象征君王。这起源于春秋时期晋文公重耳流亡回国执政赏从者的故事。《吕氏春秋·介立》："晋文公反国，介之推不肯受赏，自为赋诗曰：'有龙于飞，周遍天下。五蛇从之，为之丞辅。龙反其乡，得其处所。四蛇从之，得其露雨。一蛇羞之，桥（槁）死于中野，悬书于公门，而伏于山下。'文公闻之曰：'嘻！此必介之推也。'"高诱注："龙，君也，比喻文公。五蛇，以喻赵衰、狐偃、贾他、魏犨、介子推也。"

六、秦代的龙

秦虽然是崇凤之族，但龙已被喻为帝王之象，《史记·秦始皇本纪》："三十六年，荧惑守心。有坠星下东郡，至地为石，黔首或刻其石曰：'始皇帝死而地分。'始皇闻之，遣御史逐问，莫服，尽取石旁居人诛之，因燔销其石。始皇不乐，使博士为《仙真人诗》，及行所游天下，传令乐人歌弦之。秋，使者从关东夜过华阴平舒道，有人持璧遮使者曰：'为我遗滈池君。'因言曰：'今年祖龙死。'"裴骃："苏林曰：'祖，始也。龙，人君象。（祖龙）谓始皇也。'"东汉王充的《论衡·纪妖篇》也转录了这段文字，并解释说："祖龙死，谓始皇也。祖，人之本；龙，人君之象也。"从此以后，以龙喻帝王逐渐成为一种普遍的现象。

陕西咸阳秦都出土的秦代龙纹空心砖，其龙首宽吻有须，竖耳似虎首，身躯修长，蜷曲如蟒蛇，四足如兽足对称，爪似鹰，与战国龙纹的长身屈体兽足蛇形龙十分相似。图中还有云纹或太阳纹，表明这是一条能够腾空的飞龙，而不是爬行的普通蟒蛇。这种秦砖长约 50 厘米，宽 36 厘米，厚 16 厘米，主要用来铺地上的踏步，可见这种飞龙图案在秦代已是相当普遍。飞龙还可在秦代夔龙纹瓦当、双龙纹瓦当上见到。瓦当是古代建筑檐头筒瓦前端的遮挡，既能蔽护屋檐，防风雨浸蚀，又极富装饰效果。秦瓦当融进了秦始皇"横扫六合"、气势磅礴的时代精神，瓦当上的飞龙造像身折三迭，富有弹性的头、尾相呼应，颇具雄浑抖擞之态。秦始皇陵出土的大瓦当（俗称瓦当王），高 47.3 厘米，宽 61 厘米，其画面以神异的夔龙组成，图案左右对应，回转得体，显得雄奇博大，有力度，有动态，大有风卷残云之势。

陕西古都西安史迹陈列馆收藏的秦代空心砖上有秦代走兽型飞龙的典型形象：龙头似鳄，但有马的耳朵，鹿的长角，脖颈细长，但躯体却比蟒蛇要宽，四肢如虎，利爪如鹰，并且展开了鹰鸟般的双翼，表示这条龙飞奔在太空之中。中国古典文献也称之为“应龙”，即鹰龙，有鹰鸟之翼的龙。这类走兽型飞龙在陕西西安出土的秦砖上还多有所见，有的翼更宽一些，并且和凤鸟一起飞舞，更明确地表示它本质上是飞龙而不是走兽。秦龙纹半瓦当、咸阳窑店秦墟屠龙纹瓦当上的龙纹皆屈身长腿，矫健迅跑。

由于秦朝为时短暂，只有 15 年，所以传世龙纹甚少。

七、汉代的龙

刘邦在反秦初期编造了种种神话，如“其先刘媪尝息大泽之陂，梦与神遇。是时雷电、晦冥，太公往视，则见蛟龙于其上，已而有身，遂产高祖”。使龙和刘邦有了直接联系，开创了天子龙生的说法。《史记·高祖本纪》还说：高祖“隆准而龙颜”，隆准即高鼻子，“龙颜”“龙体”就成为谄媚皇帝的称呼。帝王与龙从此一步步结为一体，龙的地位日益尊贵。

汉代史书记载中龙出现的次数很多，公元前 49 年汉宣帝刘询还特意为之改变了年号。天子穿彩绣龙袍在汉代大概也成了定规。西汉元封元年（前 110 年），武帝派伏波将军平定南越后，在今海南设立了“九龙县”，因县境内有一座九龙山，山形像一群龙在奔跑而得名。这是中国最早的一个以龙为名的县。汉代龙纹盛行，瓦当、墓室壁画、画像石、画像砖、错金银器、铜器、漆器、玉器、丝织品和印章上都有龙的纹饰。

随着阴阳五行学说的流行，汉代建筑上广泛应用象征四方的青龙、白虎、朱雀、玄武四神纹瓦当。瓦当艺术至汉代达到高峰。汉代瓦当图像满而不蹇，厚而不浊，曲直相宜，拙中寓巧，气象雄浑，给人以力量、运动、速度以及由之形成的气势之美。汉代瓦当动物画像当推四灵纹瓦当最佳。1958 年发掘的西汉长安城南郊礼制建筑遗址中，四门所出的四灵瓦当数量很多。东门出青龙瓦当，西门出白虎瓦当，南门出朱雀瓦当，北门未发掘。四灵瓦当结构上有一个共同点，就是都有一个明显的中心，即乳钉，它与雄厚的边栏形成呼应，在结构上给人以庄重之美。围绕这个中心（乳钉）把纹样安排得充实、丰满，给人以富丽充盈的感觉，而充满画面的圆，又给人以稳定感。四灵瓦当不仅构图新颖，而且对四灵的细部如龙的鳞甲、朱雀的羽毛、虎的斑纹、玄武的龟纹的刻划都颇富魅力。西汉长安城遗址出土的青龙瓦当，青龙呈正侧面走兽形状，头部向前，目光正视，胡子和鬓毛处理得十分洗练，概括成一束，向下自然圆曲，躯体较短，和颈、尾部的区别十分明显，身披鳞甲，四肢作半圆形张开，行走之状从容自如，龙尾虽然显得瘦小单纯，但向上作“S”形弯曲，恰好填补了圆瓦当的空隙处，显得洒脱而又得体。姿态雄健生动，形神兼备。由于瓦当离开人们的视线较远，细部看不清楚，又局限在圆形或半圆形之内，这就使得瓦当的图纹往往简洁明快，洗练、疏朗而又雅致，给人一种特殊的古拙美感。

汉代龙纹空心砖图案有单龙纹、首尾相衔龙纹、二龙争珠等，双龙纹样有的相对，有的相背，中间系一玉璧。有些龙纹有鬣尾、双鳍和鱼鳞，表明了龙是水中之物。洛阳金村出土的“龙纹”和“人骑龙”空心砖，图像以凸出的双勾弧形线条组成，龙纹均匀隽美、装饰性强。

汉代由于冶铁和陶瓷的发展，青铜器在日用器皿中的地位逐渐被取代，但铜镜、金银错、铜灯等工艺均有新发展。

西汉中期是铜镜发展的一个重要阶段，制镜技术和艺术水平都达到相当高的程度，铜镜的用途除日常梳妆生活所用外，还是爱情的表记、吉祥的象征。当时铜镜纹饰最流行的是蟠龙纹和蟠螭纹。西汉后期出现了“四螭镜”和饰青龙、白虎等“四神”图像的铜镜。至东汉中后期，“蟠龙镜”“双头龙凤纹镜”及以龙、虎为主纹的神兽镜源源出现，其纹样是浮雕式的，有一定的立体感。汉代还有一种兽铜镜，主纹饰是黄龙、朱雀、白麟等瑞兽，外沿多饰流云，形成活泼而又宏丽的画面，给人以深沉厚重之感。

1981 年，在陕西兴平茂陵附近一号无名冢曾出土西汉时期的鎏金银竹节高柄铜熏炉一件，高 58 厘米。炉柄竹节形，共五节，节上有竹枝。座为圆形，塑一蟠龙，竹节柄的下端衔在龙口中。竹节顶端也塑三蟠龙，承托炉体。炉体下部有十组三角形，内饰龙纹，中为银带，饰四条金龙。盖作山峦形，云雾缭绕。河北定县出土的狩猎纹车饰中的翼龙，身长如蛇，昂首曳尾，肩有双翼，有四足和鳞纹。

汉代印章在艺术处理上有独到的风格，汉印中有很多朴实、凝练、精美的龙纹印，如“双龙印”“四灵印”“御龙印”“夔纹印”等。从这些私印中可以看到龙在汉代社会的流行和通用。广州南越王墓出土的“文帝行玺金印龙钮”，龙作兽头蜥尾，耳特大，嘴鼻如牛，短腿，身扭曲，和中原地区的龙纹略异。“圆形透雕龙凤纹玉饰”，近似战国玉雕龙纹，制作精细，线条流畅优美。

1973 年长沙马王堆西汉墓出土的“T”型帛画，画中龙的形象是：巨首，眼睁如环，双角细长，两耳生毛，唇有胡，颔有须，颈细，腹粗有鳍，尾长，全身披鳞甲，四肢粗壮，掌似虎，三爪，肘生毛。整体形象极其威猛，且又飞动灵活。整幅“T”型帛画自上而下分为上天、人间、地下三个世界。上天正中为一人面蛇身的大神，大神左右各有月、日，月日之下为一对长身兽足、展翅而翔的飞龙。飞龙之下为两位上天使者把守的天门。地下为一对相交的青躯红鳞鱼龙，鱼龙之上立有胯下乘蛇的赤身力士，顶托着平板状的土地。天门之下，大地之上，是为人间。人间中部为一谷纹巨璧，有青、红两龙以身穿璧，龙头高昂直趋天门，龙尾曲长延至地底。这幅“T”型彩绘帛画，全长 2 米，形象生动，内涵丰富，既是汉代蟒蛇型飞龙的一个典型代表，又是中国龙文化神话内容的一个典型代表。

1977 年，河南洛阳烧沟村出土的西汉卜千秋墓壁画，采取了中国式的阴阳相交、二龙戏珠式的艺术造型，表现出雌雄双龙，围绕着太阳，作翘首飞翔之状：左侧雄龙，头部形状主要取像于鳄鱼，长长的吻部，口中长有成排的利齿，而生有马的耳朵、羊的犄角，身体修长如巨蟒，身上长满鱼或蟒蛇的鳞片，四肢却如虎而长有利爪；右边雌龙形象大同小异，细看其与雄龙的微妙差异主要表现在龙头上，吻部要短得多，近似于猪，有双耳而无双角。卜千秋墓墓室顶部还绘有一幅长达451厘米、宽32厘米的长卷式壁画，仔细辨认，其中至少也有两条蟒蛇或飞龙：一条长着鳄鱼头，蟒蛇身，鸟形翼，与月亮在一起；另一条则长蛇之头、兽之耳、鱼之鳍，飞腾在火红的太阳之前。这幅壁画或许可以称之为“墓主升天图”，与湖南长沙出土的战国帛画“仙人乘龙图”“人物龙凤图”如出一辙，形式上从帛画发展为壁画，飞龙也从雏形到定型。西汉卜千秋墓中的四条飞龙较之战国帛画中的两条飞龙，飞天之翼更为明显，飞天之意象更加强化。

杭州古荡朱乐墓出土的大批汉代釉陶器中，有一件接近圆球形的绿釉罐，上半腹部装饰有龙凤图饰，隐约于褐绿色釉层之下，含蓄而沉着。河南洛阳出土的彩绘“龙虎双凤纹陶壶”是汉代陶器的重要代表作之一。龙虎和双凤装饰在陶壶的上半腹部，它们追逐于云气之间，生动而奔放。龙纹和当时流行的漆器图案的龙纹相似，呈走兽状，很有气势，其他部位则配置几何图案为衬。湖南长沙马王堆一号西汉墓出土棺盖板上朱地彩绘的“双龙双虎相斗图”漆画，龙呈粉褐色，蛇躯兽足，自行盘绕；虎呈赤褐色，虎首与龙首相对，爪抓口啮龙身。全图的表象虽为一派动人心魄的激烈断杀情景，但其深层却为阴阳交合的吉祥含义。

汉代的《鲁灵光殿赋》记载鲁恭王所建的灵光殿的豪华，殿上有很多地方装饰着龙纹，这些龙纹和建筑的实用功能巧妙地结合在一起，文中“龙桷雕镂”“虬龙腾骧的蜿蟺”“蟠螭宛有转而承楣”之句便足可佐证龙纹在汉代建筑中的功能。随着龙的地位的高升，它在封建礼制中的装饰级别也不断提高，在帝王的宫殿建筑中的应用便越来越普遍了。

河南省永城县芒砀山柿园发现一座西汉早期梁国王室的壁画墓。在棺顶西半部分用黑、白、蓝等多种颜色绘一巨幅彩色壁画，南北长5.5米，东西宽3.5米。壁画中间绘一条头东南、尾东北的巨龙。龙首高昂，张巨口，呈嘶鸣欲吞状，獠牙显露，双目狰狰，顶有长长的双角，通身弓曲，瘦长劲利，以点彩的方法绘鳞片，龙爪作腾云驾雾状。在龙的下方绘一只身饰条纹的白虎。

汉代的龙纹石刻运用普遍，它是官僚豪富阶层厚葬风气的产物。在河南南阳画像石墓、洛阳西汉壁画墓和河南密县打虎亭东汉墓都有以龙为题材的石刻纹饰，龙大都身上有翼，反映了当时的宗教意识。洛阳金村出土的浅浮雕空心砖“斩蛟图”，斩蛟者右手荷盾，左手持剑，踩波迎浪，奋勇向前。和斩蛟者相比，蛟龙显得异常巨大，龙的躯体呈“S”形蛇状卷曲，上面装饰着弧形云纹双线和圆点，无脊也无鳞。它舞动利爪，张口吐舌，上唇夸张地前伸并向上卷曲，唇的前部是尖角状的巨牙，龙目突出而有神，角细长未分叉，顶端呈圆状卷曲，尾部、肘毛、爪和躯体上伸出的分肢，都自然地呈圆弧状卷曲，和“S”形的躯体协调而统一。四川彭县出土的“龙车行空图”画像砖，图中二仙人驭使三龙驾云车而行，三龙蛇颈兽躯，伸着长长的脖子拉着车辆在太空中并驾飞驰，画面充满着跃动的活力和浪漫的幻想。

20 世纪 20 年代开始在河南南阳发现的西汉晚期至东汉的画像石墓，石梁上多用透雕的应龙图形。龙的布局疏朗简洁，重点突出，在造型上不拘细微，但求神似，头部为圆雕，两侧用浅浮雕雕成身和翼。河南南阳县十里铺东汉画像石中的应龙呈徐步行走状，它似在洞察着周围的动静，随时准备腾冲。从局部来看，龙颈是细的，四肢是残缺的，但从整体看，它却是完美健全的，它能疾步奔驰，飞腾太空，蕴蓄着一种即将迸发的力量。南阳出土的东汉画像石“仙人豢龙图”，图中左侧为一条大龙，蛇颈兽躯，口吐长舌伸向仙人；仙人遍体生毛，长有羽翼，右膝跪地，手托一株三秀草（灵芝的别名）以饲巨龙，画面充满生活情趣。

南阳蒲山店阮堂出土的东汉画像石“苍龙星座”，上刻一月轮，内有玉兔和蟾蜍。下刻苍龙星座，含角、亢、氐、房、心、尾、箕七个主要星宿。画像以物象苍龙为主，星象七宿为辅，以表示东宫整体。龙呈由上向下奔腾状，前半部是蛇身，后半部是兽形，在这大骨骼的统一与起伏中，表现出变幻无穷的韵律美。

东汉四川渠县沈君石阙上的“飞龙衔璧”石刻，阔 70 余厘米，高 280 厘米，龙身卷曲律动，龙口和璧间空出一段距离，并系以绶带，使图像呈现活跃的气势，气派宏伟。南阳画像石上龙的形象身长、腿短，生动活跃。陕北绥德和江苏睢宁九女墩画像石，除龙首稍具龙形外，龙身粗壮威猛，犹如虎豹。

东汉画像石中龙的形象差不多都是正侧面，而且是昂扬奔放的，它不停留于追求细节的真实的修饰，而是突出经过高度夸张的形体姿态，构成一种异常单纯简洁的整体形象，表现出力量、运动和速度。凝练、雄浑的造型，典雅遒劲的刀功和动静相乘的装饰，展示了大汉帝国的宏浑气势和振奋的时代精神，反映出汉代石刻艺术家们开阔的胸襟和高超的技艺。

1978 年 11 月，在河南南乐县宋耿洛村发掘出一座汉墓，出土有两种文物，一为龙首形铜带钩，一为 5 件圆形石砚，由砚座和砚盖组成。砚盖高浮雕出水戏珠的飞龙 6 条，由镌刻文字知其为东汉延熹三年（160 年）所造。

汉代龙的神秘色彩已大大减少，龙的威慑勇猛形态已逐渐形成。龙已由象征自然界的神权向着象征帝王的君权转变。汉代龙的形象变化很多，东汉王符说龙有九似，“头似蛇、角似鹿、眼似兔、耳似牛、颈似蛇、腹似蜃、鳞似鲤、爪似鹰、掌似虎”，又“口旁有须髯，颔下有明珠，喉下有逆鳞，头上有博山”，尽管不十分符合汉代出土文物中所有龙的形象，但也表明汉代龙的形象已趋于定型。

八、三国时代的龙

三国传世龙纹很少，目前只在铜镜上能够见到。夔龙对凤纹铜镜的含义仍为龙凤合璧演化而来的龙凤呈祥，龙虎纹铜镜的含义仍为阴阳交合的吉祥含义，四神纹铜镜也是沿袭着汉代的。

这一时期还出现了画龙的专家，三国东吴曹不兴（弗兴），吴兴人，是目前知道的最早创作龙画的画家。曹不兴原为民间画家，后被孙权聘为宫廷画家。唐张彦远《历代名画记》云：“吴赤乌中，不兴之青溪见龙出水上，写献孙皓，皓送秘府。”画家送孙皓龙画，喻其长大当为人主。谢赫《古画品录》云：“不兴之迹，殆莫复传。唯秘阁之内，一龙而已。观其风骨，名岂虚成。”唐裴孝源《贞观公私画史》著录有曹不兴画“龙头样四卷回头，清溪侧坐赤龙盘青龙二卷”，可惜岁月久远，真迹无存。

九、西晋时代的龙

1930 年河南洛阳出土、现藏西安碑林博物馆的西晋永平元年（291 年）管氏夫人墓碑，碑首雕有三道弧形晕线，边晕下端为四条龙首。

现存中国历史博物馆的白瓷“天鸡壶”是我国早期烧制的白釉瓷器，也是南方晋瓷的重要产品。西晋时的天鸡壶承继前朝造型，在壶的肩部饰以鸡头，另一侧是和壶口相连的龙形把手。

十、东晋时代的龙

东晋时期，在南京一带，砖墓开始出现由多块砖所构成的龙虎图像，称为模印拼嵌画像砖墓，这种砖的做法是将画像按粉本分别模印在多块砖坯上，入窑烧成砖后，再拼嵌在墓壁上。南京万寿村东晋永和四年（348 年）墓中的龙、虎图像由 2—3 块砖拼成。以后用砖数日益增多，到东晋末年南朝初，出现了由多达数十块到数百块砖构成的大幅画面，并在龙虎的画面中出现了飞升的形象，使龙纹和佛教艺术结合在一起了。1972 年发现于江苏镇江市郊的东晋隆安二年（398 年）画像砖墓，墓平面呈吕字形，四壁镶砌画像砖，一砖一画，均为高浮雕，画像内容主要为具吉祥含义的四神和具辟邪含义的怪兽。四神画像中的青龙作昂首曲颈状，双角长而往上弯卷，张口吐舌，吻部扁长，四肢伸曲有力，身躯因动势而伸展弯曲成“C”形，有翱翔回转之势，动作夸张而新奇，潇洒恣肆，饱含活力。再看同墓中的白虎，体躯与龙躯几乎完全相同，二兽的区别仅在头部。

东晋画家顾恺之善画龙。恺之字长康，晋陵无锡人，所画《洛神赋图卷》有宋人摹本传世，画的是洛神在水上升车展旗遨游的一段。曹植《洛神赋》：“腾文鱼以警乘，鸣玉鸾以偕逝。六龙俨其齐首，载云车之容裔。”洛神含情脉脉地端坐于六龙驾驭的车上，女神“仪静体闲”，车上招展着旌旗，六龙势若奔马，并驾齐驱，拉曳云车奋力向前。这些龙都有一双似羚羊的长角，蛇颈兽躯，四肢都曼长，并拖着一条长的尾巴，身上及四肢都有鳞甲，看去颇似大蜥蜴的形态，矫健如虎而又驯良温顺。在“六龙俨其齐首”的上空还有一条长角高耸、回首顾望洛神的“出水龙”。这七条龙的特点在于一个“婉”字，委婉温顺，和悦婉雅，连画面的主体洛神也“翩若惊鸿，婉若游龙”。

十一、北朝时代的龙

北魏龙纹吸取前代的创作成果，向繁缛华丽、流畅连绵的石刻线画发展演进，并在龙纹周围加入富于装饰性的、丰富多彩的背衬。当时龙纹比较多地用于石棺、墓志、墓碑的装饰。死者的亲属希望亡人的灵魂早升天界，因而求助于龙的腾飞和凤的翱翔。于是在墓志盖上就出现了许多驭龙骑凤升天的石刻形象。陕西省博物馆藏河南洛阳出土的北魏墓志盖边饰“神人乘龙图”，神人跨龙，在祥云簇拥下飞往天界。石刻艺人用宛如游丝的行云流水般的线条，使画面表现出风动飘逸的意境。精湛的刀法、笔法将神、龙、云纹气浪等表现得出神入化。

1965 年出土于山西大同石家寨司马金龙合葬墓的石础，顶部雕刻覆莲，四周环座高雕蟠龙，龙纹四肢及躯体细长，通体饰鳞纹或斜线纹，跨步由身，腾跃于群山之巅，造型生动，气势雄浑。下方方座浮雕忍冬纹及伎乐童子。司马金龙墓的入葬时间是延兴四年至太和八年（474～484 年），属于北魏孝文帝改制前的墓葬，因而墓中器物带有一定的鲜卑文化的色彩。

1977 年 4 月于洛阳郊区瀍河上窑村发现了北魏画像石棺。北魏孝文帝迁都洛阳以后，“乃自表瀍（河）西以为山圆之所”，并下诏规定：“迁洛各姓，死后均葬洛中，不得归葬恒代。”此画像石棺墓距邙山景陵区东约 5 公里，估计当属北魏贵族之墓。石棺的石质为青色石灰岩，其六面石板均施刻工，雕刻技法采用阳刻减地和阳刻加阴线之法，画面精妙绝伦。石棺左右两帮为石棺雕刻画的重点。石棺左帮绘男墓主乘龙升天图。画面中部为一条飞翔的龙，宽额巨口，长躯若舟，四足撑开，曲颈回顾；龙背上坐一位丰颏短须的男子，褒衣宽带，头戴冠巾，左手轻挥团扇，右手拢住龙缰，亦回首顾望，似向人间告别。巨龙前方有两位着冠巾、羽衣、长袍的仙人，两手分执莲花、团扇为引导；龙尾部又有一羽衣仙人手持莲花乘云随行。巨龙后部为六位乘龙乐伎，一人执桴击建鼓，二人吹管，三人吹排箫，随巨龙边行边奏。画面两端刻有山石林木，空间则满饰流云，有静有动，韵味无穷。石棺右帮为女墓主乘龙升天图。画中巨龙亦身长若舟，曲颈回首；女主人头戴金冠，项围宝珠，身穿襦衫，下着长裙，右手执团扇，左手勒龙缰，稳坐于龙背之上，凝视前方。飞龙前方有二仙人分持熏斗、团扇为引导，龙尾部有一长须仙人持团扇恭谨相随。龙后部为五仙女，掌华盖乘凤随行。女主人雍容华贵、稳重端庄之态与男主人风流儒雅、俊逸潇洒的风姿形成鲜明的对比。这类墓主人乘龙升天的图画最早见于长沙子弹库楚墓，画中仅男墓主孑然一身乘龙而行，形影相吊，孤独寂寞；至西汉卜千秋墓壁画，虽男女分别乘龙而行，但多神兽相伴，了无生气；而北魏这两幅石棺线画，墓主人被仙人前呼后拥，又有乐队、仪仗逶迤相随，可谓声色雄壮，情景交融。连飞行的巨龙也不似前代绘画那样引颈疾驰而翩然回顾，体态温柔妩媚，充满人间情趣。该石棺棺底前部左刻青龙，右刻白虎，中间为一兽头，可能系辟鬼驱邪的方相氏；棺底后部亦左龙右虎，皆口吐莲花，中部为一大莲。龙虎图案在前代多具阴阳相辅的吉祥含义，这里则主要以祥瑞仙兽之身份出现。

河南洛阳元昭墓出土的北魏对龙石刻，对龙形体轻盈飘逸，宛如壁画中伎乐飞天的风格，流畅连绵，极具浪漫的情愫。1949 年前出土于洛阳的北魏元谧石棺，两帮各刻孝子故事六图，其右帮上部有一回首巨龙，龙的四肢若兽行走，龙爪被刻划成莲花状，巨龙四周的行云流霞之间还有飞行的仙人与立于莲台口吐莲花的神鸟。整条龙纹刻画细腻，气势非凡。河南巩县石窟寺第三窟中心方柱右面龛拱梁两端的北魏龙纹石雕，龙首硕大，口吐莲花，龙躯弯作“C”形，曲尾探爪，形态恣肆而充满活力。

由于佛教的传入，魏晋南北朝以来，中国传统的龙又增添了新的异彩，不但四海有了龙王的统治，而且凡有水的地方，无论江河、湖沼、池潭，都有龙王。外来的佛教艺术和中国传统文化互相融汇糅合，龙的图案和故事也开始和佛教题材结合起来。敦煌莫高窟北魏壁画257窟须摩提女缘品（之四）的“乘龙升天图”，画面五龙并驾齐驱，从容流利，富有气势，其流畅连绵的线条和装饰造型，极具浪漫的情愫和娇姿连绵的风韵。敦煌壁画中龙的形象几乎都是兽形。外来美术和我国传统艺术相结合，蕃莲、蔓草等植物纹和龙纹互相糅合穿插，龙纹一变汉代纯朴庄重的形态而表现出活泼轻盈、飘逸生动、流畅自如的格调。敦煌莫高窟西魏249窟窟顶的“狩猎图”，除了描绘骑士、动物、山岗、树林以外，还有青龙、白虎和多头虺龙。四头驭车的龙和奔兽极为相似，画中还间以朱红色的龙，形象很像蜥蜴。

传说北齐画家杨子华“图龙于素，舒卷辄云气萦集”。战国时期“叶公好龙”的故事也出现在北齐画家毛惠远的画卷中。

北周龙纹承袭北魏石刻线画龙纹，线条变得简练流动，少作背衬。陕西咸阳出土北周匹娄欢石棺的左帮石刻线画“青龙飞舞图”，就是这种风格的一个代表。

十二、南朝时代的龙

南北朝画像砖继承汉代砖刻风格，并以绘画和雕刻紧密结合的手法而独放异彩。1957年在河南邓县学庄发现的画像砖，用浅浮雕手法，凸出的线条略高出于砖面，龙纹线条飘逸流畅，形象活跃生动。画像砖上的龙纹如奔兽，头如鳄，细长的双角微挺，颈和尾均细长而弯曲，肘和跟部有长毛，龙的各部位和流动的云纹相应。1968年发现于江苏丹阳胡桥宝山南朝墓室东壁画像砖上的“羽人戏龙图”，画的是行跑之态的兽形龙，龙的头部扁长，弯卷多歧的双角突起于眉骨之上，巨口利齿，长舌伸出，一双圆睛盯住面前的羽人；龙躯硕长劲健，遍布鳞甲，四肢似鹤腿枯瘦有节，龙形俊健，龙足长伸，行跑追逐羽人手中提着的火焰，龙的背鬣、肘毛与羽人衣带皆向后飞扬，从而增添了龙的动势。其龙纹造型和用线富有装饰性，龙纹的线条将“琴弦描”“铁线描”的遒劲圆健、气势贯通的特点充分地体现出来，极尽刚劲流畅、从容潇洒的美质，为龙纹石刻线画的上乘之作。

张僧繇，吴中人，梁武帝时任宫廷画师，擅长画龙。张僧繇的画龙颇具传奇色彩，他画“金陵安乐寺四白龙，不点眼睛，每云‘点睛即飞去’。人以为妄诞，固请点之，须臾雷电破壁，两龙乘云腾去上天，二龙未点睛者现在。”张僧繇不但能“画龙点睛”，还能“画锁制龙”。据说他为昆山惠聚寺“画神于两壁，画龙于四柱”，方圆百姓若患疾病疟疠，到壁下拜一拜，祷一祷，停一停，就可痊愈。每逢天色阴晦，风雨欲来，柱上的画龙便“渫渫其润，鳞甲欲动”，于是，张僧繇就又画了一把锁将龙“制”住。唐张彦远《历代名画记》中著录有张僧繇画18幅，其中有“清溪宫水怪图”“横泉斗龙图”“昆明二龙图”等龙画，但宋《宣和画谱》所著录的御府藏张僧繇画16幅中已没有龙画。

十三、隋代的龙

隋代的石刻线画龙纹继承了北周用线简练、风格流畅圆劲的特点，河南洛阳出土的隋代石棺四边石刻线画四神之青龙就是例证。隋代的龙当以河北赵县安济桥栏板上的石雕龙纹为代表。隋大业年间（605～616年）由名匠李春设计建造的安济桥，栏板上的石雕龙纹有奔龙、对龙、交颈龙、穿石龙等多种形式，这些石龙，有的奔走如飞，有的交颈吐舌，有的举爪相对，有的曲身腾跃，其中奔龙为单龙飞驰图案，龙巨首吐舌，体躯舒展，姿态奔放雄健；对龙为曲身飞腾的双龙，分持火珠与宝相花抬爪相对，图案具有佛教艺术色彩与吉祥含义；交颈龙为一对行龙两颈相交，皆口吐莲花；而最具特色的还应数穿石龙，龙的轮廓极似兽形，有巨口、鹿角、兽尾和鳞甲，石板上仅露出龙头和四肢，巨大的龙首回转后顾，气势矫健，龙身中段隐于石中，巨龙犹如穿石而过，既表现了对龙能穿岩通水和善于变化的想象，又弥补了栏板短小无法表现龙之长躯的缺憾，造型别致，手法高妙。

瓷器经两汉的发展到隋代已进入成熟阶段，特别是白瓷的烧制成功，给后来的瓷器上施加五彩装饰提供了基本条件。隋代陶瓷工艺的造型和装饰受到外来艺术的影响，体现出明显的“胡气”，1957 年在西安玉祥门外李静训墓出土的隋代双龙把双联白瓷瓶就是一件实例。这件龙形瓷瓶打破了中国传统器形中一器一身、一颈一口的规律，大胆地把两只壶颈结合起来，而器身仍然是两只修长而不瘦弱、富于转折变化的瓶身，在配置上也极为生动，对称高耸的双螭把和双螭张口紧含外侈的瓶口，显示出波斯银瓶造型上的影响，具有引人入胜的装饰魅力。与上壶同出一墓的龙柄凤首白瓷壶，一侧为形态若鸡的凤首，另一侧为首入瓶口的龙形柄。最为精美的隋代龙凤纹壶当数故宫博物院收藏的河南汲县出土的“青瓷凤头龙柄壶”，壶盖作凤头形，从壶口到壶的底部蟠结成一条龙形壶柄，这是一条完整的四足之龙，龙下足立于瓶底，一对上足支撑于瓶身，龙首探入瓶口。壶身布满联珠、忍冬、莲花瓣和卷叶、宝相花等堆贴纹饰，保留了六朝时期外来的装饰风格。

隋代铜镜和南北朝相似，镜背也常以龙凤狮等动物为装饰，外轮多作骈体铭文。1977 年陕西西安东郊神鹿坊出土“‘仁寿’四神纹铜镜”，镜背铸青龙、白虎、朱雀、玄武图案。连环文与四神纹之间铸铭文一周。陕西历史博物馆收藏的“四神十二生肖铜镜”，镜背内区作青龙、白虎、朱雀、玄武四神，外区是排列一周的十二生肖。

十四、唐代的龙

龙发展到唐代，作为皇权和帝德的象征得到进一步的升华，出现了祀典中使用龙纹的权力应由皇帝垄断的言论。《通典》卷五十七《礼典》记载：“龙朔二年九月，司礼少常伯孙茂道奏称：‘准令诸臣九章服，君臣服冕章数虽殊，饰龙名衮，尊卑相乱，今请诸臣九章衣以云，麟代龙，昊山为上，仍改冕名。’”这一提议因诸臣的反对而未实施。但龙亦帝，帝亦龙，“真龙天子”成了皇帝的代称，皇帝的衣、食、住、行和龙紧密地联系起来，皇帝头上戴的是朝天龙冠，身上穿的是金黄龙袍，脚上蹬的是龙靴，坐的是龙椅，乘的是龙辇，睡的是龙床，写的是龙章，住的是龙宫，登基是龙飞，帝业创立是龙兴，甚至连皇帝驾崩也要称其为“龙驭宾天”。总之，龙成了皇帝的专用图案。用龙纹作为主题装饰在唐代开始有了严格的等级规定，开元二年（714 年）七月敕令：禁天下造作锦绣、珠绳、织成、帖绢、二色绮、绫、罗作龙凤禽兽奇异文学及竖栏锦纹。这个敕令的颁发，使龙在宫廷装饰艺术中的数量越来越多，地位越来越重要。

唐代经济发展迅速，文化艺术清新博大，中外文化交往频繁，佛教兴起。在这些因素影响下，云纹气浪、花草纹、绶带等装饰开始出现，组成了以龙为主体的综合性图案，从而使龙的形态显得富丽雍容，婉雅俊逸，丰富多彩。龙的刻划趋向饱满精细，结构清楚，气韵生动，体现出当时中华民族雍容大度的气派。一扫两汉以前龙纹寓巧于拙、寓美于朴的古拙美而转向华润丰满的健壮美。龙极为普遍地出现在实用器皿上，壁画、金银铜玉及陶瓷等器皿上的龙纹装饰比比皆是，而且唐代龙纹出现了图案化、程式化的特点。

初唐时期，龙的形象很多用于巨大碑石的装饰。西安附近的乾陵、昭陵碑石林立，这些附有精美雕刻的巨型石碑很多高达五六米以上。乾陵高逾 6 米的“无字碑”，气势稳重宏伟。碑额有九条螭龙盘绕，左右侧各四条，碑额阳面正中一条。碑身两侧各有线刻的“升龙图”。图上的龙踩云拨雾，龇牙咧嘴，昂首上升。昭陵博物馆的唐代功臣李勣碑也高近 6 米，螭首龟趺的雕刻技法写实而精湛，充分表现了盛唐时期浮雕的风格和高度技巧。1952 年陕西西安东关中兴路出土、现藏西安碑林博物馆的“六龙螭首”，雕刻蜿蜒交织的六条龙，左右各三，龙首均向下，双角竖立，张口露齿，中雕圭形碑额，气势雄伟。而现藏西安市文物研究中心的“浮雕龙供灯石柱”，高 132 厘米、径 23 厘米，顶部雕饰莲花瓣纹，龙盘绕于柱上，呈现出拔地欲飞的气势。这件石龙柱是唐代佛教文化与龙文化相结合的典型之作。

唐石刻龙纹显示了石碑雄伟、稳健的气魄。唐代墓志上的石刻龙纹，龙呈走兽形，张口吐舌，喷云吐雾，四肢稳健有力，似发出隆隆吼声，以慑人的威势昂然走来。1973 年陕西三原县唐李寿墓出土石椁上所刻龙纹，长颈巨首，口吐云气，四肢健壮，身躯粗短如狮虎，其尾亦如兽尾上翘。乾县永泰公主墓墓盖上龙的形象更和猛兽无异，躯体上遍铺鳞甲，四腿站立回首咆哮，四只兽脚强健有力，肘跟和尾巴有兽毛。

陕西西安碑林博物馆藏唐石刻穿戏草丛龙，龙的形体塑造与草纹的装饰处理相映成趣，流丽堂皇。陕西耀县药王山南庵墓葬出土的石刻行龙，行龙浮雕于石棺帮上，腾飞于如意云纹之中，气势矫捷。唐代石刻龙纹开始出现卷草纹的曲线造型，这是佛教艺术传入中国后在龙纹上的一种反映。这些龙纹的线条卷曲自如，流畅活泼，把带有吉祥含意的不同内容，综合到一个画面，富有浓郁的装饰味。

唐代铜镜在表现方法上融合了外来文化，铜镜形状丰富多彩，突破了常见的圆形格式而创造了八棱荷花、八弧葵花、方亚字式边缘等造型，形式生动活泼，并开始出现有柄铜镜。铜镜的纹饰除了常用的“十二生肖”等题材，云龙、仙人乘龙等纹样都很盛行。由于铜镜在唐代成了贡品和宫廷赐品，因此作为四神之一的龙纹装饰得到较多的应用。龙纹在圆形的铜镜中往往作“S”形波状结构，在自然形成的空间填以云纹，使画面产生韵律感和节奏美。1985 年从河南偃师杏园村李景由墓出土的葵花形盘龙纹铜镜，龙呈奔腾飞跃状，头部曲颈回顾，张口吐舌，四爪往各方伸展，龙身宛转自如，纵横往复，尾部向上往后卷曲，身部遍饰鳞片，工整而细密，龙体上下衬托有五朵流云，疏密得体，显得生机勃勃，雍容华贵。

唐代金银制品的龙纹则充分显示了工艺制作的精美。1970 年出土于陕西西安南郊何家村窖藏的赤金走龙立体造型，制作精巧，形状酷似小兽，短身长腿，有短角和鳞纹，或奔跑，或行走，或抬头凝视，昂首掩尾，行走姿势各异，龙体虽小而神情逼真。

唐代陶瓷龙纹继承前代并有发展，北京故宫博物院藏有“三彩双龙耳陶瓶”，肩部伸出二龙头，弯颈，龙嘴附于盘口上，似饮瓶中之水。陕西历史博物馆收藏的“青白釉双龙瓷瓶”，瓶的肩部堆贴圆形兽面一对，口沿至肩部有对称的双龙，两龙探首瓶口作吮吸状，龙颈和瓶身相连而成为瓶的把手。天津文管会珍藏的“双龙把手双腹瓶”和陕西富平出土的“白瓷双螭瓶”等都与隋代的双龙把双联白瓷瓶有着继承出新的关系。故宫博物院藏“白瓷双龙尊”则变隋代作品的双瓶身为圆润丰满的单瓶身，同样以龙形作为壶柄，壶身纯白全素，除刻划较为简单的对称双龙柄外，不加其他装饰，朴素、大方、稳重，不借助纹釉而以造型见长。山东泰安邱店县村出土的青釉盘口壶，器肩贴附条状双系，从肩部至口沿堆塑单龙形柄，龙颈细长，须卷曲，眼凸起。在龙柄的另一侧堆塑了一只顽猴。猴高 5 厘米，曲腿蹲坐在壶的肩部，侧着脑袋一手扶膝一手挠头，十分逗人喜爱。故宫博物院收藏的唐代青釉龙柄凤头壶，把壶盖和口沿部分捏塑成生动的凤头，横跨口沿至器底的弯曲的壶柄则塑成一条矫健的长龙。壶的全身布满了堆贴或雕刻的联珠、忍冬、莲瓣、宝相等花纹，腹部堆贴六组袒胸露腹、披巾舞蹈的力士，其周围环绕联珠、葡萄、流云等纹饰。在每组力士之间的空隙处又缀饰月亮、星星、忍冬等。下层为六组宝相花构成的装饰。壶颈及胫部则以莲瓣、卷草、联珠为饰，繁褥瑰丽。这一件件龙形壶、瓶的造型和唐代雍容大度、富丽华贵的艺术风格是完全一致的。

唐代织绣中盘龙的纹样大多用于四方连续排列的圆形团花中，花的空隙间则布以卷草纹。如“联珠龙纹”为四方连续式，纹样用联珠排列成重叠的两圆，中间又置以宝相花和联珠纹，龙纹左右对称，造型和六朝风格相似。唐代蜀锦中龙纹的应用很广。唐张彦远《历代名画记》有关于蜀锦“陵阳公样”的详细记载：“窦师伦官至益州大行台，兼检校修造，凡创瑞锦宫陵，章彩奇丽，蜀人至今谓之陵阳公样。高祖太宗时，内库瑞锦、对雉、斗羊，翔凤游鳞之状，创自师伦。”可见名闻四海的蜀锦，其中很多是以龙、凤、雉、羊为题材。武则天时贵族诸王的袍服都饰以盘龙和其他动物纹样，各种丝织工艺品争奇斗艳，色彩纹样华丽非常。

唐代传世龙画有传为卢楞枷画的《六尊者像册》，在该像册第十七嘎沙鸦巴尊者（即降龙罗汉）前画有一龙，其龙身躯、四肢造型屈曲矫健，生气勃勃，是唐代“九似龙”的代表作，龙眼似鸟眼，眼后生髯，角似鹿，下唇有须，龙发飘洒自如，龙身布满鲤鱼鳞纹，四肢如兽腿，腿上有火焰、肘毛，爪似鹰，尾似蛇，背鳍从颈部延至尾梢，飘洒舒展，左后腿与尾交叉穿插，其龙面向罗汉，显得温良驯顺，表现出被罗汉降服的神态。敦煌壁画“乘龙飞天图”，龙纹形态的夸张处理与背景行云流霞屈曲飘扬的装饰处理相映成趣，奇丽堂皇，这是一匹雄健奔放的兽形龙，充分表现了龙的非凡气派。李思训、冯绍正、吴道子、孙位是唐代的画龙名家。李思训是唐高宗至玄宗时人，宋中兴馆曾藏有他的一幅《葛陂化龙图》，但没有流传下来。冯绍正是盛唐时人，“曾于禁中画五龙堂，亦称其善，有降云蓄雨之感。”后来遇到大旱之年，玄宗命冯绍正画龙祈雨，可见冯氏画龙的造诣。吴道子是中唐著名画家，阳翟（今河南禹县）人，在当时有“国朝第一”的美誉。吴氏画龙生动逼真，“（长安）西中三门里门南，吴生画龙及刷天王须，笔迹如铁。有执炉天女，窃眸欲语”。“惨淡十堵内，吴生纵狂迹。风云将逼人，鬼神如脱壁。其中龙最怪，张甲方汗栗。黑夜窸窣时，安知不霹雳。”传为吴道子的《送子天王图卷》局部的《乘龙图》，龙身如虎身壮实猛健而又怪异，神威慑人。晚唐的孙位注重龙与人及周围环境的关系，将龙画在山川人物之中。其代表作《春龙起蛰图》：“山临大江，有二龙自山下出。龙蜿蜒骧首云间，水随云气布上，雨自爪鬣中出，鱼虾随之，或半空而陨。一龙尾尚在穴前，踞大石而蹲，举首望云中，意欲俱往，怒爪如猩。草木尽靡，波涛震骇，涧谷弥漫，山下桥路皆没。山下居民老小聚观，阖户阙牖，人人惊畏，若屋颠坠。笔势超轶，气象雄放，非胸中磊落不凡，能窥神物变化，穷究百物情状，未易能也。”

唐龙体态丰腴，龙的动作、姿势丰富多变，龙身、腿、尾蜿蜒、张舞、缠绕，特别是龙尾常与一条后腿缠绕在一起。龙身的鳞纹细密均匀，显得富丽精致。龙口开张的幅度大，长舌弹卷出口外，充满了力量。獠牙鲜明而尖利，龙角生在眼上方的额部，尖长而上挑，一般分作两叉，基部有多层棱状凸起。龙耳厚肥，嘴细长，发、须较稀疏，少有分绺的形式。肘毛匀密，在肘部较大的范围里有规则地排列着。龙以三爪为多。龙艺术在唐代臻于高峰，它的风格典雅而豪华，厚实而雄浑，在艺术造诣上显示了唐代文化的杰出成就。

十五、宋代的龙

赵匡胤在陈桥兵变、黄袍加身的著名事件中，就利用黄龙来强化他取得皇权的合法性，并借以渲染皇权的至高无上性。通过“黄袍加身”“龙墀受拜”等等礼仪，黄龙成了皇权象征，并赋予皇权以至高无上的天赋之权。

董羽是由五代入宋的画龙大师，其笔下的龙传神写意，气势非凡，栩栩如生，曾吓哭了年幼的皇子，他的画也因此遭受了坎坷不平的历史命运。董羽不仅在绘画实践上是画龙高手，而且在《画龙辑议》中第一次提出了以三停九似论为核心的画龙理论，首倡以三停九似之道把握龙的总体结构，以画龙点睛之道把握龙的内在神气。在董羽著《画龙辑议》之后100多年，宋代美术理论家郭若虚在1074年发表的《图画见闻志》一书中再次阐发了三停九似论，“画龙者，析出三停，分成九似”，并记“三停”是“自首至膊，膊至腰，腰至尾”，“九似”是指“角似鹿，头似驼，眼似鬼（另说眼似虾），项似蛇，腹似蜃，鳞似鱼，爪似鹰，掌似虎，耳似牛。”宋代还有一位学者罗愿，在《尔雅翼·释龙》中也提出了龙的形态的三停九似论。

“三停九似论”的提出，首次对龙的总体特征作了简明扼要的概括，便于画家对龙的形态特点作出整体把握，同时也把龙的多源综合性提高到一个新的水平，并推动了龙的形态走向规范化、统一化、标准化，在此之前龙的形象没有统一的公认标准，宋代以后则有了这样一个基本的统一尺度。走兽形的龙已基本绝迹，龙已完成了绘画形象的标准定型。

三停九似的龙体理论首先发源于宋代绘画界，因而宋代的绘画最为集中地映现出三停九似的宋代黄龙形象。宋代初期，与董羽齐名的僧传古笔下之龙也体现了三停九似之道。可惜宋初两位画龙大师——董羽、僧传古的真迹已难寻觅，今天我们能亲眼见到的宋代画龙大师的真迹，首推广东省博物馆收藏的南宋陈容所作的《墨龙图》：画面描绘一条飞龙腾跃云天的景象，仰起的龙首头角峥嵘，两须奋张，目光炯炯如闪电，龙爪奋攫似利刃。硕大的身躯盘旋而上，矫健而又勇猛。周围团团云雾缭绕，使龙的首尾时隐时现，神秘而阴森。画家用劲健的粗笔勾勒出龙的轮廓，以浓淡墨色晕染主要部位，明暗、黑白相衬，主体明晰突出。云雾以淋漓的水墨渲染，迷蒙冥茫，一派逼真的太空景象。几笔渴墨扫出的漩涡带起一股强劲的风势，形象地表现了飞龙腾云的神力。作品将飞龙遨空时的磅礴气势描绘得淋漓尽致。画家画龙，并非单纯表现龙的英姿，而是借以讴歌一种高尚的品德和气质。陈容在画面有一首自题三字诗：“扶河汉，触华嵩。普厥施，收成功。骑元气，遨太空。”指出龙具有扶摇直上天河、飞越华嵩高山的本领，行云布雨、普施恩泽于下界的德行，驾乘宇宙元气、遨游太空苍穹的浩气。以龙为主题的纯艺术绘画发展到了一个崭新的阶段，形成了以云水鱼龙为主要题材的独立画科“鱼龙科”。

南宋马远《乘龙图》，画一仙人，有背光，骑一龙，龙乘云，现首尾及三爪。仙人为一老者，着头巾，衣带飘扬，位置在画轴中央。右下角云中立一鬼，似为侍者，持杖，杖为龙首，系一葫芦。此似为一乘龙真人之像。其龙长面、长角、长须，于云中现三爪，爪皆三趾，拳曲有力，此种三爪趾之龙和故宫博物院所藏宋代帝后像上的龙爪趾数相合。龙身姿态的安排颇见功力，取对角线转折之意，龙掉尾左上方，取右下的方向，而将龙首回向左下方，极具力势。图用减笔画法，墨晕极苍茫之致，是南宋画家最擅长的手法。鬼侍由下方持杖往迎，全幅气势通畅呼应，表现出作者非凡的绘画技艺。

宋代传世龙画还有山西繁峙县岩上寺壁画《神人乘龙降魔图》。

山西太原晋祠圣母殿前檐柱上的宋代木雕龙，龙身盘缠在木柱上，长颈弯曲，头前伸，扬嘴露舌，一副跃跃欲噬的样子，形态慑人。

从四川大足石刻中可以看到龙在宋代充满了佛教内容的色彩。宝顶山有“九龙沐太子”的石刻，整组石刻表现了从九条龙口中把自山上引来的清泉喷洒在刚诞生入浴的悉达多太子的头顶上。这是表现佛经记载的释迦牟尼降生的时候就有龙王口吐净水为其沐浴。我们看这些龙头：眉毛粗放，眼睛凸圆，福态的狮鼻下，大嘴长伸且有敦厚的胡髭，看不到所谓的鹿角、牛耳、獠牙，有的吐舌，有的闭口，中央大龙的口张得尤其大，露出水津津的舌头。太子趺坐在那儿，翘眉，睁目，敛口，沉静的表情中透出些许坚忍，让人联想到他日后的大气象和大作为。石刻表现了龙和释迦牟尼的亲密关系，也体现了宋代匠师的巧妙设计。毗卢道场四根石柱镌刻了四条蟠龙，蟠龙沿柱蜿蜒而下，姿态迅猛生动，龙成了佛的护法使者。宝顶山崖壁高处还有驮着雨师的巨龙，它是当时人们求雨解灾的使者。位于大足北山 136 窟中间的以巨龙和人物故事画雕成的“心神车”石刻，“心神车”高4米许，上下分三层，中层有8根高约2米的蟠龙大柱，底层基座刻一巨龙，龙身蜿蜒盘绕，四肢强健，掌爪有力。整座盘龙“心神车”位于石窟中心，是石窟承负的砥柱，在力学运用和造型设计上都是别具匠心的杰作。

龙纹在宋代应用广泛，当时的金银、青铜、玉器、陶瓷、丝绸诸器物均喜以龙纹为饰。

故宫博物院藏宋代龙纹镂雕白玉佩，龙形蜷身成“C”字形于蔓草纹饰中，口吐莲花，形体动态流畅自如，十分华丽。

宋代定窑是生产白釉瓷器的官窑，白瓷风行印花装饰，胎薄釉润，花纹繁复。除刻划花纹外，还多用印花。印花是把印模上的纹饰印在坯体器面上。印花龙纹标本在窑址散布较多，都是盘，盘里满印云纹，盘心为一姿态矫健生动的蟠龙，龙身盘曲，首尾相接，构图严谨，线条工整，透过柔和的乳白色釉层显露出来的画面，给人一种恬静而充实、幽雅而瑰丽的美感。1984年涧磁村法兴寺遗址曾出土印云龙纹盘10件，6件流散国外，其余4件现收藏于故宫博物院及上海博物馆。上海博物馆收藏的北宋定窑印花云龙纹盘，其上的龙纹堪称三停九似的宋代黄龙的一个典型：头形近似鳄鱼而偏长，长吻顶端近似于猪鼻子和猪拱嘴；双角如鹿，且有长长的龙须，迎空飘洒；整个体形近似于巨型蟒蛇，卷曲盘旋，尾部分成两叉；浑身鳞片，近似于鲤鱼；四肢近似于虎而有利爪；四周布满云纹，以示龙在腾云飞行。北宋定窑白瓷刻花龙纹大盘中的团龙装饰，龙眼圆睁，龙角、龙耳配置得体，龙发往后飘散，龙身蟠曲自如，龙尾和后脚的S形弯绕虽仍有唐代的遗风，但整条龙的造型给人以清新的秀美感。这只龙纹大盘外壁上的装饰不仅和盘中心的主龙装饰十分协调，而且起了衬托中心主龙的作用。龙盘刻制的刀法流畅隽秀，刚柔得体，装饰味极浓。

宋磁州窑是北方著名的民窑，用绘花、划花和剔花等技法在瓷器上绘制黑、褐两彩的花卉禽鸟等图案，其产品造型淳朴浑厚，线条洗练泼辣，以明快流畅、充满生活气息的构图而著称。在表现龙纹时，往往用简单的以粗细线条相结合的方法完成，每一笔都代表龙的一个部位，洗练含蓄，简洁明快，别有一番情趣。磁州窑剔绘龙是宋代龙纹中具有典型代表性的造型，宛如一幅龙的工笔画，张口吐舌的龙头，密布躯体的龙鳞，盘曲圆润的须发，锐利的龙牙和龙爪，充分体现了宋代艺人忠实于细节的绘画技巧和深厚的写实功力。日本白鹤美术馆收藏的宋代磁州窑龙纹梅瓶，其龙纹与宋代黄龙的形象可谓大同小异，头形更近似于鳄鱼，前肢的利爪更长而明显，背部的鱼鳍更加突出。磁州“黑花龙纹瓶”中间绘以兽头巨躯的龙纹，龙脊有特大鳍棘，掌爪巨大锐利，形象威猛生动，瓶的肩部和足衬以回旋状黑色条纹，全器黑白对比强烈，纹饰简练优美，器上的龙纹灵活多变，充满活力。粗犷豪放、挥洒自如是宋代磁州窑釉下彩瓷画鲜明的艺术特色。流散日本的磁州窑釉下彩龙纹瓶上面的龙纹，巨口裂吡，目光四射，龙背出脊，脊背怒张，须鬣飞动，鳞甲玲珑，指爪利劲，其鬃鬣肘毛似真由肉中生出，身姿矫健非凡，神态叱咤风云，似乎顷刻即能从瓶上直冲云霄。在龙首与龙尾之间，画面留出一段空白，作为远景与近景的分野，意在向观者暗示：乘龙起飞后，留下的只是雾样的迷蒙。

鼎盛时期的宋代耀州窑以刻划花青瓷装饰艺术闻名于世，其刻划花综合装饰尤为优美。耀州窑址中出土的龙首注就是以刻划、堆贴综合装饰来美化器物的。其流为龙首，龙角直立，双耳竖起，睁眼瞪目，发须四散，口含注流。注子的腹部刻一周波涛海水，整个注体如同浪涛中涌现出的一条蛟龙，震怒欲吐海水。

宋代陶瓷器中的龙纹以整体粗犷简朴而见称，龙纹几乎完全被纳入艺术的轨道，龙身长如巨蟒，兽头，足有三爪或四爪，有翼和兽形的龙都不多见，而且龙角分出了枝叉，很像鹿角，发向上翘起，有威武之状，身上鳞甲排列的整齐细密，这些特征显示出龙的身份、地位之尊荣。

故宫藏南宋缂丝百花攒龙纹包首是宋徽宗赵佶名画《雪江归棹图》的包首。纵 31 厘米，横 45 厘米。包首作香黄地，以扁金及十七八种色丝，根据花纹的需要缂织出栩栩如生的金龙花卉纹，金龙在盛开的桃花、牡丹、芍药、茶花、石榴花、芙蓉、秋葵、海棠、菊花等百花中显得分外生动活泼。

在距湖北省秭归县（归州镇）约 3 公里的东门头遗址，在宋代城墙外墙的脚下，发现一条用150块河卵石摆塑成的巨龙。龙全长10.88米，昂首，屈身，尾上翘，作腾飞状。从它的造型来看，首尾高低错落有致，西低东高，相对高差0.62米。龙头刻意用双层卵石摆成圆形，躯干细长内屈，尾部仅竖立一块扁平的卵石。龙的整体造型优美，细部传神，动感强烈，具有迷人的艺术感染力。

宋徽宗赵佶在公元1108年第一个把民间龙神封为龙王。据《宋会要辑稿·礼四之一九》记载："京城东春明坊五龙祠，太祖建隆三年自元武门徙于此。国朝缘唐祭五龙之制，春秋常行其祀。先是熙宁十年八月信州有五龙庙，祷雨有应，赐额曰'会应'。自是五龙庙皆以此名额云。徽宗大观二年十月，诏天下五龙神皆封王爵。青龙神封广仁王，赤龙神封嘉泽王，黄龙神封孚应王，白龙神封义济王，黑龙神封灵泽王。"

农历正月十五元宵节，一个重要的喜庆节目，就是舞龙灯，观龙灯。南宋人吴自牧在《梦粱录》中生动地记述了当时南宋临安（今杭州）元宵节的观龙灯盛况："元宵之夜……草缚成龙，用青幕遮草上，密置灯烛万盏，望之蜿蜿如双龙之状。"而南宋著名词人辛弃疾，则为观龙舞留下了如此佳句："凤箫声动，玉壶光转，一夜鱼龙舞。"

和宋代市民生活相适应，龙舟竞渡也成了画家愿意表现的题材。龙舟，是我国古代流传下来的带有民族特色的龙形船只，船的首尾作巨龙形状，龙身作龙鳞彩绘，船舱作宫殿式样。北宋都城东京（今河南开封）城西新郑门外的金明池，是一个方圆九里的湖泊，当时的神卫虎翼水军在此操演舟楫，竞渡龙舟。每逢春季三月一日至四月二十日开放，允许市民入内游赏。三月二十日，宋朝皇帝按例到此观看龙舟等水上表演，则为此一游赏活动的高潮。北宋画院待诏张择端创作的风俗画《金明池争标图》真实地画出了龙舟竞渡的盛况：画的正中是开阔的湖面，湖面上以一艘大龙舟为中心，10个小龙舟分列两侧，龙头上有人挥舞指挥，舟人奋力划桨。左端的临水宫殿前立有标杆，以先到标杆者为胜，紧张炽烈的竞渡正在进行之中。殿前的石台上搭着黄绸棚罩，棚下及殿门的两侧，整齐地排列着衣饰鲜华的仪卫，气氛森严隆重，寓示皇帝已经驾到。东岸围墙内外人烟稠密，纷纷在游逛观赏龙舟竞渡，其间有车马伞盖，春衫盛装，人影笑语，动态毕现，喧闹之声仿佛溢于画面。湖的北岸，画出了存放龙舟的“奥屋”（即船坞），表示竞渡的龙舟一般是存放在竞渡的近处。全图布局及建筑形制与宋代《东京梦华录》等记载吻合，可见作者高度的写实技巧和对生活观察的细致。据考证，此画当作于北宋政和年间（1111～1118年），它如实地反映了北宋都城东京在龙舟竞渡时的繁华场景，画出了市民的春日游赏活动，有助于我们了解当时赛龙舟时的社会面貌。而南宋李嵩的《天中水戏》则是画宫廷中赛龙舟的情况。巨大龙舟上面宫殿叠起，檐角翚飞，斗拱堆叠，正中央高耸的殿宇中，设龙椅，供皇帝坐，却不画人，只虚座位示意。舷上官役杂沓，摇大橹左右各三，橹入水中，尚显约可辨。龙首龙尾也都表现得精巧动人。通幅不但线条劲猷，色彩尤其雅致，以红黄二色为主调，宫廷富贵气象，表现充沛。橹船殿宇比例，纵横高下合度，是界画中的第一等作品。《熙朝乐事》说，端午为天中节，又云五月五日午时为天中节。五月五日赛龙舟或与屈原自沉汨罗有关。

十六、元代的龙

元统治者出于政治的需要企图垄断龙纹的使用。元世祖忽必烈明文规定市街商店不得织造或贩卖日月龙凤纹的缎匹。但龙纹已流行千年，成为尊贵、吉祥的象征，深受人们的喜爱，又如何禁得住？统治者只好采取妥协办法，在龙爪上作文章，限定五爪龙为皇家所专用。

元代龙纹向注重形体各部位的塑造和整体造型的协调与灵逸方面发展，龙首较前代扁长而有神采，双眉如火焰形飘动，双目小而有神，龙角多似鹿角伸向脑后，背鳍多作齐整密集状，一足之爪皆作向前伸屈，须、发、肘毛挥洒飘扬，颈细长而弯曲，加上龙身躯的屈曲自如的形体塑造，使龙的生命力更进一步呈现出来。而且元龙大多是在壮阔的海空上作凌空飞腾之状，体态奔放，动作自如，舒展而又充满生气，可谓形神兼备，神采飞扬。

故宫博物院收藏的“青玉镂雕花草龙纹带饰”，嵌件中部呈长方委角形，中间镂雕一条五爪蟠龙穿戏于盛开的牡丹花丛之中，正在追寻它那飘落花后的龙珠。带佩两端外凸，各镂雕一条蟠龙。全器图案繁而不乱，层次分明，精美异常。

1974 年江西景德镇出土的元影青花釉里红塔式盖罐，盖钮为塔形，腹部堆塑四灵造型。其中的龙张开五爪伏于罐腹之上，腹部拱离罐体，颈部高高抬起，龙首指向盖钮，其跃跃欲试之态极其生动。该龙造型栩栩如生，再经青花、釉里红点染，更显得五色斑斓，神采奕奕。

台北故宫博物院藏青花龙纹壶，壶肩贴塑兽首双耳，两耳之间分绘两条走龙，一龙曲颈前视，一龙回首返顾，龙头扁长，龙躯呈蛇形蜿蜒，四腿瘦劲、筋腱凹凸，爪生三指分张如轮，肘毛、尾鬃皆呈火焰状，龙体间隙填以云纹。该龙纹上部环饰缠枝石榴花纹，下部环饰缠枝牡丹花纹，波浪起伏的龙躯与回环宛转的花卉枝蔓形成一种和谐优美的韵律，又似苍龙悠然行走于花丛之中。两龙一扫凶霸之气，愈显矫健神峻异常。

北京故宫博物院收藏的元蓝釉白龙纹瓷盘，里外皆施蓝釉，盘心凸起一条三爪白龙，昂首撑足作翻腾状。白龙仅具外形，全无细致刻划，与平坦光润的蓝釉相谐调，生动地表现出光焰夺目的白龙凸现于深邃湛蓝的大海之中的情景。整幅图案以小见大，气势恢弘。

保定出土的青花“海水龙纹瓶”，海水以繁密的细线组成，龙纹则以粗宽线条画出，纹样繁而不紊，较好地表现了海水蛟龙的主题。

元代烧造成功釉里红是我国陶瓷技艺发展史中的一个新的里程碑。故宫博物院藏的“龙凤执壶”上画的龙纹和桔枝花红中带浅紫色，生动悦目。

北京出土的“浮雕行走龙石栏板”，图案上三爪行龙跃身奔驰，曲颈扬尾，尾如拂尘，后腿粗壮强健，龙首尖鼻长鬣，造型别具一格。

山西省永济县永乐宫是元朝道教建筑的典型，其主要的大殿——三清殿立面各部分的比例和谐，稳重而清秀。耸立在大殿正脊两端的龙形螭吻宏浑而辉煌。龙呈写实形态，具有宋龙的特征，它“卓立天骨森开张”，巨型大口吞住正脊的两端，龙体朝上延伸，前腿伸出，尾部自然地向两边中心卷曲，气势生动矫健，和尾顶的黄绿两色琉璃瓦和谐地镶配在一起，为这座大殿增色不少。（这组建筑因位于新建水库范围内，已全部按原状迁建至山西芮城县。）

山西潞城县李庄文庙大成殿屋顶正脊两侧堆塑八条行龙穿游于牡丹之中，龙或前瞻，或回顾，皆张口作吟啸状，龙躯粗壮有力，体态谐调，气势不凡。龙形象的塑造与衬景的处理，都体现出元龙的风格和特征，为雄强壮实一派元龙的代表作。

内蒙古上都开平（锡盟正旗）出土的“汉白玉龙头”，是忽必烈建都开平时宫殿建筑构件。石雕龙头保留了石块原形，雕刻技巧朴拙憨厚。

元代有人画了一幅《群龙图》，图上有“状貌诡谲各不同”的24条龙。明初刘伯温看到后，感叹不已，写下长诗《题群龙图》。从诗中看这群龙确实神态非凡。王振鹏是有名的界画高手，画殿宇建筑细入毫发，而纵横比例，折算无差。他的《龙池竞渡图卷》，画宋徽宗在崇宁年间（1102～1106年），每逢三月三日便开放金明池，出锦标，赛龙船的故事。王振鹏还有《宝津竞渡图》《龙舟图》，都是画的龙舟竞渡故事。

十七、明代的龙

继汉高祖之后，中国第二个平民皇帝朱元璋在公元1368年建立了明朝。出身微寒的朱元璋需要利用龙来神化自己。明代帝王的衣、食、住、行都强调以龙纹为饰，龙成为最高统治者威仪的象征。画家盛著奉旨画天界寺壁画，“以水母乘龙背”，朱元璋认为盛著是用“龙被女人所乘”来奚落“真龙天子”，大怒之下，将之弃市。统治者的需求与偏爱使得龙纹广泛应用于各个艺术领域，不论是建筑物中的巨大构件，如龙壁、龙墙、石雕和琉璃构件等，还是精工细巧的各种陈设器物及绘画工艺或金银首饰，很多都是以龙形为饰的艺术珍品。

建于明洪武二十五年（1392年）的山西大同市内东街路南的“九龙壁”，原是明太祖朱元璋第十三子代王朱桂的王府照壁，壁通高8米，厚2.02米，长达45.5米，坐北朝南。壁身主体以426块五彩琉璃砖拼砌而成，有巨龙九条翻腾飞舞于惊涛骇浪水雾云气之间，正中为正黄色主龙，两边四组游龙依次相对排列，分别为淡黄色、中黄色、宝蓝色和黄绿色，于对称中显示不同的形态。清晨阳光初照时最为壮观，九条巨龙形态各异，奔腾在汹涌的云气波澜之中，龙尾摆动，鳞光闪烁，龙眸凝视前方，目光炯炯，姿态如生。壁身两侧是日月图案，龙与龙之间以水草、山石相间。龙的形象强健有力，威猛奔放，龙壁气势宏伟。壁前建有一个长34.9米、宽4.38米的倒影池，全由玄武岩砌筑，池中一泓碧水，壁龙映于池中，池水碧绿，龙影倒映，风来水动，九龙如生，碧波间龙影腾翻若现，水波微兴，九龙昂首奋爪，宛然如生。（1954年10月，九龙壁已南移28米，按原样重新砌筑。1978年，又在新砌筑的九龙壁前设置了倒影池，使这600年前的龙壁巨宗重新焕发出它的艺术青春。倒影池为大同九龙壁所独有。）

山西灵石县苏溪村资寿寺天王殿上的鸱吻造型为巨大的鱼龙变纹，龙首张口吞脊，吻部之上盘踞一龙，龙首探出怒视前方，一肢上举张爪撑天。整条龙动感极强，气势非凡。

贵州安顺府文庙位于城内的东北隅，始建于明洪武元年（1368年），其大成殿明间檐下的两根檐柱，比大成门的石龙柱要大，皆为整块巨石透雕而成的云龙狮柱，两条巨龙腾云驾雾，仿佛由天而降，又似出海凌空。龙身时隐时现，云霓缭绕，龙首频频呼应，声色变幻其间。石龙造型生动，极具动感。龙柱的柱础分别为一只雄狮和一只雌狮。雄狮足蹬元宝，雌狮怀温幼儿。两头猛狮似难负龙柱千钧之重，不得不昂首呼吼。这一刹那，一上一下的龙狮之间构成呼应之势，龙愈飘逸，狮愈壮健，浑然一体。

在四川省泸县西北大田场九曲河上有一座建于洪武年间（1368～1398年）的龙脑桥，全长54米，高4.5米，有12个桥墩，13孔。桥中间的8个桥墩上，雕一狮、一象、三麒麟、四龙，形态各异，精美绝伦，是一座布局奇特、造型雄伟的石雕桥。

坐落在紫禁城西部太和门和武英殿之间，横跨于金水河之上的断虹桥，有18块石栏板，每块栏板上都雕刻有精美细致的图案，其中心部位是两条行龙，一条在追逐火焰宝珠，另一条则在前面回首相戏。二龙细颈，扁头，大嘴开张，须发飘动，鳞爪飞舞，神情活现。龙的衬底是各色花卉。栏板的周边是统一的二方连续图案，其下是锦地夔龙纹，上边为卷草纹。石栏杆两端尽头处雕有四尊蹲兽，形似狮子而顶生一角，名为霸下，是龙的一种。它颈项上的鬣毛飞起，向后与望柱相连结，身体瘦劲，肌肉强健，两只前爪用力地支撑，好像用尽全身力气将栏杆顶住，使其实用功能与艺术形式取得了完美的统一。

曲阜孔庙大成殿是祭祀孔子的主要场所。该殿四周廊下有雕龙石柱28根，前檐下的10根尤其壮硕美观，每根柱上有云龙2条，对向回舞盘旋，中间镶嵌宝珠，上下绕以彩云，底部有覆莲柱础，造型华赡富丽，雕琢精致细腻，刀法刚健精巧，条条盘龙扬首奋髯于祥云间，大有冲天之势。郭沫若曾作诗赞叹："石柱盘龙二十株，大成一殿此尤殊。先知先觉人称圣，老圃老农自服输。"这些石柱龙似乎比皇宫里的龙还要"龙"，因此在乾隆皇帝来曲阜祭孔时，孔氏后裔就不得不用红绫将石柱包裹起来，唯恐真龙天子看见后有所怪罪。竖立于孔庙同文门东的"御制孔子庙碑"，碑首是精美的"双龙争珠"雕刻纹样，一对五爪巨龙腾飞于珠光云彩之间。云龙雕工精美，风格写实，是明代雕刻中技巧很高的作品。

首都博物馆藏的铜蟠龙纹敛口瓶，高20厘米，口径2.3厘米，瓶口内敛，细长颈，扁圆腹，圈足。在细长的瓶颈上蟠绕一条浮雕的龙纹。龙头尽力上伸，龙嘴接近瓶口，似欲饮水；四爪分别张开，紧紧攀住瓶颈，呈奋力爬行之状；尾部沿瓶腹的曲线顺势蟠伏在瓶腹之上。此瓶的龙纹雕刻的动感极强，充溢着一种奋发向上的进取精神。

明代的陶瓷工艺有长足的进展，在釉彩、装饰纹样和造型上，达到五彩缤纷的境地，红釉、黄釉、蓝釉、黑釉等色泽互为媲美。故宫博物院藏永乐时期烧制的蓝釉"霁青暗龙大盘"，釉汁厚润，清亮可爱，龙纹闪烁着蓝宝石般的光泽，沉静耐看。明代的瓷器以华丽的彩绘代替了宋代的刻花，龙纹的描绘显得格外多彩多姿，在青花、斗彩、五彩等工艺中更为出色。明代瓷器中的龙纹，用笔雄健，龙纹装饰布满全器，色泽变化浓淡得宜。有的瓷器在青花中加上矾红、茄紫、黄绿等多种色彩，效果格外浓艳厚实。

青花器是明代瓷器中产量最大、装饰效果较好的品种，白瓷地衬托出蓝色的花纹，具有明净淡雅、温淳安宁的色彩效果，尽管只是单一的蓝色，然而有深有浅、有浓有淡、有疏有密的艺术处理，如同中国传统的水墨画一般，反映了一种回归自然的淳朴的生活气息。龙纹的装饰在青花器上是常见的，明代青花中的龙纹有很多共通之处，如龙头微微上翘，上嘴唇突出前拱，下颌有山羊胡子，龙角明显，四肢以三爪、四爪为多，也有五爪的，其前、后肢呈交叉行走状，刻划得清晰明朗，肘毛一般呈三线状飘逸，四肢都有火焰披毛，工整而美观。故宫博物院收藏的宣德青花海水白龙纹瓷扁瓶，瓶身以连天翻涌的海水作衬景，两条行龙回首张口，三爪伸开，凶猛矫健，横亘于惊涛骇浪间，如腾云驾雾一般，神采飘逸。浪花凌空飞溅，仿佛能听到海水的咆哮。青绿色的海涛与白色的龙身呈现着鲜明的对比，充满了力和动之美感。

明中期以后，有的青花器点缀上红绿彩花纹，便成了青花加彩，故宫博物院藏宣德时创制的“青花矾红双龙碗”，大部分画面用釉下青花绘成汹涌澎湃的海水，中间突起红釉双龙，相互对比，分外醒目。宣德青花矾红海水龙纹碗的碗体上，海浪澎湃，九条龙腾跃而出，大有翻江闹海、行云播雨之势。在体积不大的碗身上用蓝、红二色描绘九龙闹海、播雨九土的画面，为了表现九龙叱咤风云的气势，绘瓷工匠构图时在两条无形的环状带上把描绘的物象上下间错地定位，使九条龙的布局得体，虚实相生，匀称中见变化，气韵生动。画面中浓厚鲜艳的红色海水映现出天空中的奇光异彩，在天水一色的幻境中，九条青龙翻江而出，盘旋飞舞，勇猛矫健。艺术效果不同凡响。

嘉靖、万历时期大量烧制的五彩瓷器，直接用多种色彩在瓷器上描绘纹饰，浓艳绚丽。上海博物馆收藏的明万历“五彩云龙纹盖罐”，器身绘一周云龙纹，四条行龙竞相追逐，上下衬以缠枝花卉、海山、回纹等连续纹饰，亮丽多彩。故宫博物院收藏的明成化时期的斗彩“海水云龙纹瓷盖罐”，嘉靖时期的五彩“团龙纹罐”“云龙纹方盖罐”，万历时期的五彩“龙穿花纹盘”“云龙纹花觚”“云龙笔山”和黄地绿彩“云龙纹盖罐”等，都是以龙为装饰的上乘瓷器。

故宫藏明嘉靖白釉釉里红蒜头瓶，瓶肩颈处有釉里红蟠螭盘绕，螭头仰起，口衔灵芝草一束。此瓶造型端庄挺秀，胎质细腻光润，釉面纯净无杂质；白釉色泽柔和，乳白如脂，微闪黄色；釉里红蟠螭、釉色鲜丽透亮，浓重处微显深红色。纯白的底釉衬托出红蟠螭的娇艳，形成鲜明而强烈的对比效果。由于釉水自然垂流集聚于器下，蟠螭的脊背及身体凸起部位露出胎骨，形成白道，俗称“灯草边”，这是“宝石红”釉独特的装饰艺术，它使蟠螭的造型曲线凸出，棱角分明，充满雄健豪放的力度与气势。制瓷工匠们还以精湛的刀法着意刻划了蟠龙的头部：螭口衔灵芝仙草，双目圆睁，扭动着的躯体向上方窜动，螭头曲卷毛发与灵芝草的叶脉线条回旋婉转，舒展流畅，好似在迎风飘逸。整个蟠螭形态生动，给人以呼之欲出之感。

漆器发展到明代达到了最高峰，髹饰工艺大备。山东邹县朱檀墓中出土的明初云龙纹朱漆戗金玉圭盒，以朱漆作地，划戗云龙纹。龙纹刻划细腻，遍体鳞甲，合口前视，行进于云空之中。盒体虽较狭窄，但龙纹舒展飘逸，毫无局促压抑之感。明代的雕漆作品，如明嘉靖王午制作的“龙凤盉”，是精美的红锦剔黄标本。盘心主纹是“龙凤呈祥”，正中呈珠火纹和“福海寿山”字样，空间饰以连理枝，布局匀称，刀法严谨。明代嘉靖时期的雕漆云龙纹仙人盒，器壁外周雕绿漆海水纹地，表面雕朱漆云龙花纹。上下四条龙在水面云雾间张牙舞爪，相互追逐。有趣的是，四条龙中，有两条龙是虎头（上下各一）。汉魏六朝时，有青龙、白虎、朱雀、玄武镇四方之说，在出土的五代雕刻中，有兽首龙身纹饰的“白虎”，而嘉靖时出现的这种虎头龙身的龙（龙身饰虎纹），是“青龙”“白虎”之意，还是“龙生九子，子子各别”之说，尚待研究。故宫博物院藏的“剔红双龙牡丹山石纹漆盒”是明代永乐年间一件具有代表性的雕漆作品，圆形，盖面以盛开的牡丹花纹衬底，朱漆为地，地面上满刻精细的菱花锦纹，矫健的双龙于牡丹花丛中追戏着一颗滚动的火珠，图案壮观雄伟，花纹富丽流畅。盖面双龙雕刻的刚劲有力，头大颈细，双目圆睁，龙睛用黑漆填成；两角似鹿角挺拔，火炬形的长鬣奋起前卷，穿插于双角之间；两鼻须细长弯曲前伸；肘毛、胡须各分两撮一飘一卷；鳞呈菱形，花叶式背鳍整齐至尾；四爪五趾强劲有力。整个龙纹显得神态威猛，极富生气。

织绣图案中采用龙凤纹样的很多。在明代的宫廷绣品中龙凤云海图案更是屡见不鲜，甚至到了无龙凤而不绣的地步。故宫博物院收藏的“洒线绣百花攒龙披肩袍料”就是明代龙纹绣品的代表作，在方孔纱上面绣了以坐龙为主体的复杂花纹，各色丝线和金线绣满全部衣料，不露分寸底色，这种“满地绣”富丽豪华，绣艺工整。而明代万历织金妆花纱“织成”龙袍料和缂丝衮服龙袍料更是丝织绣品中的精品。织金孔雀羽妆花纱是明代杰出的创造，一件龙袍料，工本巨万，向有“一寸妆花一寸金”之说。面料上面往往织成各种姿态的龙凤图案，明末诗人吴梅村《望江南》这样描述：“江南好，机杼夺天下，孔雀妆花云锦烂，冰蚕吐凤雾清空，新样小团龙。”可以看出明代对团龙在云锦上的运用。南京云锦研究所复制的朱翊钧皇帝所穿龙袍料，用绛色蚕丝织成底料，薄如蝉翼，迎光望去，仿如一片红光缭绕的彩云，走近细看却闪烁着精细的如意和灵芝模样花纹，底纱用真金线、孔雀羽线和彩色丝线盘织出云龙图案，金翠交辉，富丽壮观。由于底花透薄，云龙图纹有浅浮雕的感觉。龙，宛如在霞光万道、瑞气千条的红云中遨游。在十三陵定陵博物馆展示了用这种袍料制作的明神宗朱翊钧主持国朝大典所穿的龙袍复制品，龙袍胸前和后背均有大龙盘绕，衣领上的3条小龙和两袖的升龙相互呼应，膝栏上有10条行龙在戏珠追逐，整件龙袍共有17条龙，姿态色彩各不相同，它们吐须转尾，倒竖鬣毛，张牙舞爪，翻江倒海，游动在江岸海水之中，叱咤在云雾波涛之内。龙的耳、鼻、口、眼、鬣、鳞都用三道线润晕，点翠镶金，高贵华丽，充分显示了龙袍的气派。更为神奇的是随着视线角度的转换，龙身上的羽线会闪耀出宝石般的光焰，给人以“转侧看花花不定”的艺术幻觉。苏州刺绣研究所复制的缂丝衮服——明万历皇帝朱翊钧的龙袍，龙袍上的龙纹都是团龙，共有12个。龙袍的前襟和后背均有上、中、下三个团龙。上团龙是坐龙，中团龙是左侧升龙，下团龙是右侧升龙。两肩部的团龙为升龙，右肩的龙向左飞升，左肩的龙则往右飞升。左右两侧横摆上各有两个团龙，上为升龙，下为降龙。12个团龙内的龙纹蜿蜒自如，生动有力，鬣毛倒竖，具有明代龙形象的典型特色。团龙内部还分别装饰有螺、轮、伞、盖或花、罐、鱼、长八宝和云头、海浪、金锭、海珠等饰物。此外，龙袍上还装饰有279个“卍”字纹，256个“寿”字纹，301只蝙蝠纹和271个如意纹以及十二章的纹样，布局得体，左右对称，象征着皇帝万寿无疆，洪福无量。龙袍富丽庄重，金碧辉煌。团龙一律用金线织地，孔雀羽线织龙头，躯体用金线织出鳞片边缘，龙眼用深蓝、普蓝、品月三晕色，龙角、爪、鳍用牙白色，鬣毛用红、黄、蓝、绿二间晕色等。在织造上缜密精细，处处突出龙的矫健威武，如龙爪的四周用“勾”的技法织出轮廓，使花、地分明，爪更显得有力。又如用“平绰”的技法织造鳞，再在鳞的边缘用“掼”的技法织一勾线，使鳞片清晰、齐整，加强了装饰性的艺术效果。皇帝礼服上织绣的龙，有的一件就有龙 192 条。北京定陵出土的明万历皇帝的礼服上，装饰着大大小小的龙，大龙和小龙相互间杂，有的戏嬉，有的搂抱，这种龙纹称为子孙龙，寓意皇帝的后代是“龙子龙孙”，万代江山，代代相传。

北京定陵出土的金冠上有用极纤细的金丝编织成的二条金龙，作戏珠姿态。北京故宫博物院所藏“云龙妆花缎”构图严谨，着色优美；北京定陵出土的万历“四团龙妆花纹”袍料、“过肩龙纹披肩”袍料和山东邹县出土的“织金缎龙袍”，五爪的龙纹色彩华丽，熠熠闪光，显示了明代织绣工艺的成就。1961 年北京南苑苇子坑明庆阳伯夏儒墓葬（明正德十年葬）出土的“缎地钉绣云龙纹袷上衣”，衣服为立领，琵琶袖，云肩通襕，对衿式女袷衣。其纹饰是按预先设计的云龙纹样，在素绸料上先绣好，然后把绣成的各部分剪下，按云龙所在的部位一片一片地分别缝缀在缠枝莲暗花缎的衣料上，牵缝时不露毛边。前身两龙相对，尾过肩；后身一龙头向左，两袖襕行龙各一，间饰如意朵云、海水江崖纹。衣边为折枝花杂宝纹，如珊瑚、方胜、如意头、火珠、银锭、古钱等。龙纹五爪，圆眼，眼毛成束向上，龙发成束前倾，姿态凶猛雄健。

在珍贵织锦料子的袍服上绣制 9 条大型龙纹是封建王族特殊身份的政治标志。凡绣有五爪龙纹的服装，只有皇帝和他的亲属才能穿用。因五爪是表示金、木、水、火、土“五行”俱全。而四爪则比较低等，只表示四方（东、南、西、北）四季。龙袍中间还用颜色区分地位，皇帝皇后为明黄色，皇子为金黄色，其他亲王等用蓝、绿或石青色，称为五爪蟒袍。而明绿地织金妆花缎云上的五爪龙则为云蟒纹，这块蟒纹女衣料是明代万历年间出品的，上为绿地织金妆花缎云，主体花纹是

“蟒”，前后襟蟒纹下有寿山石和平列式水浪纹，寓意天下升平及寿山福海。两只袖口花边各饰侧身立蟒两条。领口饰云鹤，象征长寿。在襟边饰小的云蟒纹，周围满布五彩的四合如意云纹。这件女衣料织造工艺精巧，富丽光艳。经历了四五百年，仍鲜丽如新，是一份珍贵的研究资料。

明代佚名《罗汉乘龙图》为白描横披，画长314厘米，用笔遒劲流畅，表现了神兽龙运载神人乘长风破万里浪的生动场面。明画家汪肇的水墨《起蛟图》画一蛟龙蜷身奋爪腾跃于云中，一位携童子前行的老叟回首眺望，黑云漫卷，草树披靡。画面墨色苍润，笔势壮阔。吴彬《罗汉图》画中各位尊者都貌相清奇，山石花树亦变形高雅，和人物相映成趣。共画八人，姿态表现年岁各异，清奇古怪，都是“非常人也”，但相当统一而十分和谐。在画轴左上角的龙，以旋转的姿态，悬挂在一团云雾之中，云从龙的观念表达得很清楚。这和顾恺之《洛神赋图》上的“六龙俨其齐首”上方的挂龙有若干相关联的地方，都画全身，尚没有神龙见首不见尾的观念发生。都画细颈长肢，饶有蜥蜴之遗意，不似后来之四肢缩短身躯延长，越来越像蟒蛇的形象。还有就是三趾之龙，这是早期比较常见的形式，吴氏应当是有所本的。

明代版画达到极纯熟的程度。宋吕大临《考古图》明万历二十八年郑朴校刊本中有不少龙图，如好水的蜻龙，好鸣的鸣龙，好斗的蜥龙等，这些龙纹表现得圆润秀丽，神姿秀美，活灵活现。《列仙传》是万历二十八年汪云鹏玩虎轩书铺刊本，刻工是黄一木。汪氏是徽州一名书商，他的书铺名玩虎轩，刻了许多精美插图的书籍和戏曲小说。黄家刻工是当时版画镌刻的世家，名手辈出，像黄伯符、黄旸谷、黄奇、黄玙、黄惟敬等都是。《列仙传》中的图画风格精密细巧，镌刻秀丽高雅。安徽芜湖人萧云从，字尺木，又字默思，号无闷道人，晚年自号钟山老人，生于明万历十九年，卒于清康熙七年，享年78岁。他博学，精通诗文书法，著有《易存》《杜律细》诸书。绘画方面长于山水，徐沁评他的画说：“高森苍润，具有格力，遂成一派。”他所绘《离骚图》中能飞的龙不少，有长翅膀的，也有不长翅膀的。如应龙，有四翼；烛龙，口含火焰，气势万千，画的背影有深度；虬龙，有九条小龙纠缠在一起，构图一丝不苟。《离骚图》绘于明末，清顺治二年时，歙县名刻工汤复曾加镌刻。乾隆修《四库全书》，由画院画家门应兆依原书临摹。图画笔力细致，线条流动，可以看出作者深厚的功力。

明代艺术家还大胆地创造了正面龙纹，龙的双目与观者视点相对，龙的须发飘扬，张口作怒吼状，极度突出了龙的庄严与威慑力。总之，明龙的形态强调端庄、威严、雄伟，尤其是正面龙纹，正是封建统治者本身形象的写照。

十八、清代的龙

清朝除了武力别有根底之外，一切国计民生、官方吏治及章服小节多半沿袭明代旧制，因此清内府的御用器物也往往依照明室作风以龙纹为装饰。

沈阳故宫大政殿门前的两条蟠柱金龙别具风采：龙身虽依附于大柱，但头、尾却伸出柱外，且体态肥胖，鳞甲分明，头角峥嵘，活灵活现，有腾空欲飞之势。

北京故宫是明清两代的皇宫，成为龙艺术的荟萃之地，龙的雕刻和饰品数以万计。紫禁城宫殿无处不用龙来装饰，无处不用龙的造型，按封建礼制规定，也只有在皇家建筑上才能出现龙。“钩以写龙，凿以写龙，屋室雕纹以写龙”，紫禁城真可谓一个龙的世界，宫内殿外，凡政事、礼乐、衣、食、住、行，处处皆以龙纹标志着皇权，象征着龙的天下。分布于故宫各大建筑物周围的石栏杆望柱大都刻有龙凤浮雕，仅太和殿三层基台的石栏杆就雕刻了姿态生动的龙凤柱头1 400余根。皇帝的金銮宝殿——太和殿是紫禁城中的第一宫殿，自然也是龙出现最多的地方，在2 300多平方米的大殿内外，共有黄龙13 844条之多，楹联画龙点睛地点明了思想主旨：“龙德正中天，四海雍熙符广运；凤城回北斗，万邦和谐颂平章。”大殿四周，白玉石栏杆上都刻着云龙纹，每根望柱都有一龙头探出，以合“云从龙而托圣殿”之意。远远望去，屋顶两端陡然直立的巨型大吻在蓝天的映衬下分外醒目，大吻的造型就是一只张着大口的龙头，一对怒目圆睁的龙头将粗硕的屋脊衔在口里，威严神秘的气氛油然而生。有趣的是大吻本身也用龙来装饰——两条行龙夹立在两侧，使大吻的卷尾高耸挺拔。严格地说，大吻还不是一个完整的龙形，只是龙的变体。龙在太和殿瓦顶出现最多的部位是屋檐，所有的瓦当和滴水都用龙纹装饰，使得每一条瓦垄、每一条当沟无形中就像一条龙，那阳光照耀下熠熠耀眼的明黄色片瓦正是它们的“金鳞”。

太和殿的梁枋画着金龙和玺彩画，画面上有升龙、降龙、行龙等各种姿势的龙。施彩画的部位被挑出的飞檐遮挡，照不到光线，匠师们巧妙地在龙身上精心地贴了一层金箔，这就使龙在檐下的阴影中活了起来。太和殿木槅扇上的龙采用浮雕的手法，每块裙环板上雕一条龙。

三大殿的台基分上、中、下三层，每层之间以龙墀相迭连。太和殿的三层汉白玉须弥座上龙的造型就更多了，太和殿有1 460根望柱，望柱下面伸出1 442个螭首。螭是无角的龙。每逢雨天，螭首嘴里泄下一根根连珠状的白色水线；雨若大些，白线就变成一条条喷玉溅珠的白练，千龙吐水，白练飞悬，蔚为壮观。

太和殿室内也处处以龙装饰，殿内有72根大柱，中央置金龙宝座，六根盘龙金柱竖立在宝座两旁，表达了《周易》古经与孔子《易传》中“六位时成，时乘六龙以御天”的观念。这6根金龙大柱都盘绕着一条金龙，东面3根柱的龙头向西上望，西面3根柱的龙头向东上望，张牙舞爪、翻卷飞腾的金龙敷色贴金，光彩四射，宏丽壮观。由于滴粉成纹，使蟠龙及云气等呈高浮雕的半立体感。宝座的顶部是藻井，透雕着金色巨龙，它衔珠俯首下视，使全殿增添了庄严神秘的气氛。

藻井装饰在殿正中金漆雕龙宝座前上方天花中央，井上圆下方，是一种典型的做法。全井分为上、中、下三层，最下层称方井，井口直径将近6米；中层为八角井；上部为圆井。三层通高将近1.8米。方井及上部圆井各施斗拱一层，中部八角井满布云龙雕饰。穹隆圆顶内盘卧巨龙，俯首下视，口衔宝珠，庄严生动。宝珠与藻井中蟠龙连系在一起，构成“游龙戏珠”的图案，表达了皇帝为真龙天子受命于天的观念。龙口中闪闪发光的大明珠又称为“轩辕镜”。轩辕镜悬挂于金龙宝座的上方，以显示中国历代皇帝都是轩辕氏的后裔子孙，是黄帝的龙子龙孙。整个藻井的制造十分精细，全部贴两色金，观之于雍容华贵之中更有一种威严雄伟的感觉，与地面宝座上下呼应，互为衬托，再加上左右耸立的浑金蟠龙柱，极其成功地为这一特定环境创造了至高无上的气氛。

宝座后面的金龙屏上雕有升龙、降龙、行龙、坐龙，万龙竞舞，交相辉映。而宝座则位于殿内的中心，它与殿内的种种装饰紧紧呼应，象征着至高无上的皇权。宝座雕龙髹金，造型稳重美观，椅背两柱的雕龙十分生动，特别是组成背圈的三条龙，完全服从背圈的用途，而又不影响龙的蜿蜒飞腾之姿势，鳞爪俱全，须眉毕现。龙椅的底座是一个宽约5尺、深约2尺的“须弥座”，雕刻着双龙戏珠和莲瓣花边，层层叠叠，疏密有致，自然而生动。“须弥座”通背高约4尺，使龙形有飞舞回旋的余地，又体现了座位坚实稳重的风格。

故宫中各大宫殿、宫门、台基正中都有斜置的巨大的石刻“雕龙御道”。位于保和殿后面龙阶丹墀上的巨大云龙石雕是我国规模最大的雕龙石刻。石刻用一完整的巨石刻成，长达17米，宽3米许，重达20多万千克。这块石雕四周刻有缠枝莲花纹，下部为海水江牙纹（亦称“寿山福海”），中间是九条蟠龙戏珠于突起的朵朵瑞云之中。瑞云缓缓流动，蟠龙雄健逼真，堪称我国古代石雕艺术的瑰宝。据说这块整体石料采自距北京100多华里的房山。当年的工匠民夫为了运输巨石，从石窟到京城每隔一里就挖井一口。寒冬腊月将井水汲上来泼成冰道，用旱船将石头一步步拉进宫中，其艰难可想而知。石雕上九条巨大的云龙以三个“品”字形上下排列，戏珠于海涛云雾之间，气势磅礴，矫健动人。上方衬以匀称的云纹，下方施以整齐的波浪，四周饰华丽的二方连续图案。石雕犹如巨型地毯，庄严宏伟，是我国古代雕刻中的鸿篇巨制。

雨花阁处处饰龙：四角攒尖顶上四条鎏金的巨龙拱身将跃，三层檐柱上昂首的巨龙亦挺胸欲飞，加之其雕工精细，造型的动感极强，使人们不禁联想“雨花阁要被金龙带上天空”。

故宫建筑的彩画十分华丽，纹样以龙凤、蕃莲为最多。如“二龙争珠”“龙凤呈祥”等主要纹样大都沥粉贴金，各大宏伟的建筑群中可谓龙凤生辉。

河北承德避暑山庄外八庙普乐寺旭光阁的鎏金蟠龙藻井，龙纹的造型生动，雕刻精美。整个藻井系全木结构，自上至下分为9层，层层雕刻着龙凤，以斗拱作为间隔，风格独特。九重之上的中央雕着一条蟠曲的坐龙，张牙舞爪，浪滚云翻。古代艺术家以浅浮雕、深浮雕和透雕相结合的手法，使峥嵘威武的龙头探出于云海之外，龙口中悬一明珠。每当清风徐徐吹来之际，明珠便会微微晃动，蟠龙仿佛摇头摆尾，欲飞天外。在蟠龙四周，金凤展翅，百凤朝阳，一派龙飞凤舞的辉煌景象。

承德须弥福寿之庙妙高庄严殿的屋顶为重檐四角攒尖顶，上覆盖鎏金铜瓦，屋脊制成水波状，每条脊上饰有相背而驰的2条金龙，共有8条金龙，4条金龙拱向中央的钟形宝顶，造型生动，姿态优美，另4条朝向四脊外面，背弓起，目平视，龙爪紧紧扣在屋脊上，龙尾扬起。这座金碧辉煌的金瓦殿由于有8条金龙的装饰，被誉为世界上的胜景奇观，每当阳光灿烂，十数里外都可见到熠熠闪光的金龙。

河北易县清西陵慕陵的隆恩殿内，无论是天花板、雀替、槅扇、门窗，都雕刻着数以千计的云龙和蟠龙。这些用楠木雕刻的云龙和蟠龙龙头部分采用透雕手法，龙身和云纹则用高浮雕和浅浮雕手法，因而所有的龙头都昂首空中，张口鼓腮，形似喷雾。加上楠木的香气阵阵袭来，如同从龙口中喷出一样，极其巧妙地表现了“万龙聚会，龙口喷香”的艺术效果。慕陵隆恩殿内雕刻着如此众多的翻云吐雾的龙，还有一段历史的逸闻。清道光帝先是在河北遵化县的东陵宝华峪为自己营建陵墓，历经7年，陵墓完工。竣工的第二年，发现陵墓的地宫浸水，道光帝一气之下，将陵墓拆除，改在西陵重建。道光帝认为，东陵地宫浸水，可能是“群龙钻穴，龙口喷水”所致。如果把龙请到天上，让群龙在天上争水，就不会再往地宫里吐水了。于是便用金丝楠木雕刻成许许多多的龙，这样，在慕陵隆恩殿里就形成了“万龙聚会，龙口喷香”的气势。

北京北海天王殿西九龙壁、紫禁城内九龙壁，均建于乾隆年间。乾隆二十一年（1756年），在北京北海建九龙壁，壁长25.86米，高6.65米，厚1.42米。此壁的北面原有一组庙宇，名“大圆镜智宝殿”，殿前为真谛门，九龙壁即真谛门前的一座照壁。后来，建筑物被毁，致使九龙壁孤壁独立。此壁用424块七色琉璃砖砌筑而成，全壁可分成三部分：底座是青白玉石台基，承受着绿琉璃砖装饰的高大须弥座；中间为壁身；上部覆盖斗拱和仿木构琉璃筒瓦雕大脊庑殿顶，大脊上饰有黄琉璃流云飞龙纹，两端是绿色的正吻。壁身是九龙壁的主体部分，前后两面各有9条形态各异、腾跃于云雾波涛中的蟠龙浮雕，体态矫健，龙爪雄劲。从左往右，第一对橙黄色升龙和紫色降龙正在争耍宝珠，黄龙挥舞四爪作守卫之势，紫龙则从下往上腾跃，作攻击之态，龙头相对，龙尾均朝左翻卷；第二对玉色升龙和蓝色降龙戏争宝珠，正处于酣战之际，玉色龙张开雄劲的四爪，似在大声吟叫以助威，而蓝色龙正积聚力量从容应战；第三对正黄色坐龙和蓝色降龙在争夺宝珠，这条坐龙位于九龙壁的中心，颜色也是主色，此龙龙身卷曲，四肢张开，看似端坐的姿态，而它的头部则从正中往下俯冲，给人一种迸发的力度感，其左面蓝色的降龙正健步如飞地向坐龙对向舞动而来；第四对玉色升龙和紫色降龙各自戏弄着宝珠，玉色龙抿着嘴唇，用前爪抚弄着宝珠，而紫色龙似由天空奔腾而下，张嘴龇牙，呼啸向前；第五部分是一条橙黄色的单龙，它似乎战胜紫色龙后正在休整，又好似欲发起更大的攻势，张牙舞爪，腾跃翻卷。这条龙似无与之对称的龙，但从整体九龙壁来看，它却和最右端的那条橙黄色升龙遥相呼应，左右对称。在色彩的处理上，九条大龙绚丽多彩而又对称协调，加上不同姿态的造型和位置的参差变化，龙与龙之间又装饰着山石、海浪、云气，以及龙壁东面的东升旭日、江崖海水、流云纹饰，西面的当空明月、江崖海水、流云图像，使整个九龙壁的图饰生动灵活而气势撼人。而且，其壁上的龙是龙壁中最多的，除了壁前壁后各有9条蟠龙正在争抢宝珠外，壁的正脊、垂脊、筒瓦、陇垂等地方都有龙的踪迹。九龙壁1条正脊，4条垂脊，正脊前后各有9条龙，垂脊左右各有一条龙，正脊两侧有正吻2只，它的身上前后也各有一条龙，这样5条脊上就有龙30条。每条瓦脊前面的“筒瓦”“陇垂”多踩斗拱下面镶嵌着的“九砖”都各有一条龙。壁四周共有“筒瓦”252块，“陇垂”251片，“龙砖”82块。在正脊两侧“吞脊兽”下，东、西还各有一个烧饼形的盖筒瓦，上面也各有一条龙。合起来计算，壁上的龙多达635条。

与大同、北海九龙壁浑厚古朴、粗犷奔放的风格不同，故宫九龙壁的龙身显得更为纤细矫健。此龙壁位于故宫东路皇极殿门前，长 29.4 米，高 3.5 米，须弥座为汉白玉雕琢而成。和北海九龙壁相比，长度增加了近 4 米，高度却减少了 3 米余。增加长度、降低高度的目的，大概是为了衬托广场的宽阔。皇极殿是乾隆皇帝准备退位后颐养天年的地方，据说乾隆十分喜爱北海九龙壁，就命在皇极殿门前仿建了一座，时当乾隆三十七年（1772 年）。故宫九龙壁由 270 块彩色琉璃拼凑而成，由九龙、云气、海水与山石纹饰所构成，其主体龙纹起伏之势强烈，大有震壁腾飞之势。

清代以黄龙旗为国旗，皇帝的御用之物带有龙纹的非常之多。帝后使用的家具、食用器皿、文房四宝、钟表玉器、漆品陶瓷、药具、大乐卤簿以及婚丧喜庆所用之物，无不以龙纹装饰来体现皇帝的权威，以致后来晚清内廷制作大龙铜币、大龙邮票、大龙国旗等，龙的形象与清朝皇室结下了不解之缘。同治七年（1868 年）至同治九年（1870 年）由清廷派往欧美的第一个外交使团，使用了龙旗，这是大清国在海外升起的第一面国旗。龙这种传说中的神灵动物，在外交活动中，就成了当时中国的象征。甚至清政权被推翻后，遗老遗少们还曾一度打着龙旗为清王朝招魂，张勋复辟时也“各户悬挂龙旗”“成衣铺赶制龙旗发卖”。

清代各个时期，宫廷均招雇高手艺人，长期绣制皇室服饰用品及仪仗饰物，力求豪华精巧。故宫博物院藏乾隆时期“绣孔雀羽缉珠龙袍”，绣料以孔雀毛为主，上绣五彩云龙纹，并缝缀珠宝，光灿耀目。清朝皇帝的服装制作极为精细，有的甚至近于繁琐。皇帝平时穿的蟒袍以金线绣五爪金龙，上朝穿的朝服以明黄色为主，也有金黄或杏黄等色，上绣 9 条金龙，但视实物，龙纹只有 8 条，与史书所载有出入，有人认为皇帝本身就是一条龙，总共就达 9 条了。其实这条龙织绣在衣襟里面，掀开衣襟才能看到其所在。绣在胸前的是一条正襟危坐的坐龙，手抓明珠，另外还有行龙和飞龙。龙袍的下端排列着代表深海的曲线，名为水脚，水脚上有波涛翻滚的水浪，又有山石宝物，寓意皇帝“一统山河”和“万世升平”。

孔雀羽彩绣缉米珠云龙夹袍，是右衽、大襟、马蹄袖、左右开裾的清代苏绣直身袍。在蓝缎面料上用孔雀羽线、捻金线、捻银线等高级原料绣制成花纹，并缀以白色米珠及红珊瑚珠。前胸和后背各绣 1 条大行龙，前后襞积处绣 4 条，底襟绣 1 条，共绣龙纹 9 条。围绕龙纹间以各种吉祥含意的装饰纹为衬，如彩云、蝙蝠、佛教法器、仙草等等。由于这件夹袍是蓝缎子面料，因此它是亲王或郡王穿用的五爪蟒袍。夹袍运用了多种传统工艺，达到既华美富丽又含蓄典雅的色彩效果，是我国传统龙纹绣服中的典型杰作。

故宫博物院藏清嘉庆绛色纱绣金龙袷袍，身长 146 厘米，两袖通长 182 厘米，袖口 19.7 厘米，下摆 122 厘米，裾长 84 厘米。为圆领、右衽、二开裾，马蹄袖式袷袍。周身镶片金团龙杂室织金边，接袖为石青小团龙暗花纱，袖头为绣金团寿双夔龙云蝠杂宝海水纹，前后及两肩绣正龙各一，下摆前后行龙各二，底衿行龙一。整件袷袍绣工整齐，配色丰富。

故宫博物院藏清初皇帝穿的明黄缎绣云龙高腰棉袜，袜底长 23.7 厘米，袜高 60 厘米，口宽 30 厘米，做工极为讲究，用白色菊兰曲水暗花绫作袜脚，明黄缎绣云龙海水料作袜腰，袜口镶石青地龙凤穿花片金边，还以蓝色灵仙祝寿暗花缎作衬里。所用材料均为明末清初所制，特别是袜腰的绣工非常华丽，用圆金线及各种颜色的丝线绣出金龙戏珠及云纹海水汇崖图案。龙的头部较宽，颈部较细，龙发由后向前竖立，龙鳞突起，宛然如生。

清康熙年间织制而成的“黄地莲花座纹妆花绸桌围”，纵 82 厘米，横 259 厘米，用黄色丝织地纹，用多种色丝及圆金线织花纹。配色用“二润”“三润”的润色方法，突出花色层次。采取挖梭技术织出三组相同的莲花座，饰琵琶、海螺各一，以折枝牡丹纹妆花绸织成桌围面料，可供三面观赏和使用。桌围上方镶石青地云龙海水妆花缎沿子，共打褶 33 个，每褶各饰龙纹一条，除正中为正面龙外，其余均饰侧面龙，排列整齐。另缀飘带二条，亦各饰龙纹一条。桌围设计独特，织造精致，配色丰富谐调，花纹富丽典雅。

清代宫廷袍褂上的补子，按规定有方补和圆补（即团补）之分。清晚期红绸绣云龙团补是成套的八团的一块，直径 36 厘米，以红绸作地，施以 20 余种色线，在圆形范围内绣出云龙海水江崖及太湖石等组成的纹样。团龙的装饰方法是在衣服的前后及两肩各缝缀一团，下幅前后各二团，团补的云纹似灵芝，龙体粗犷，毛发向后。其纹饰与配色均代表咸丰晚期、同治时期的风格。

故宫博物院藏清代蓝地云龙吉祥纹栽绒毯是清代藏族艺人织作的，纵212厘米，横138厘米，为手工编织，棉线作底经、底纬，用多种彩色毛线，拴头方法用“8字扣”，组成云龙杂宝、人物、海水等图案。毯的上方织有藏文（读音为“切毛”），即“大”字。龙纹形象生动，龙眼、眉特殊，发短，昂首，扬尾，作向前行走状。设色丰富协调，织作技艺娴熟，绒线粗，起绒长，质地厚重，牢固耐用，保温性强。

故宫博物院藏乾隆剔红飞龙宴盒，高25.3厘米、宽21.5厘米、长54厘米。盒盖面正中雕一硕大而粗壮有力的回首龙，其双爪托一“圣”字，“圣”字的两侧有“辅弼”二字，两条腾云侧身龙在其两侧飞舞，龙爪奋击着翻卷的浪花，朵云穿插其间，几只祥瑞的蝙蝠自由自在地飞来飞去，给画面增添了动的旋律。红漆下露出绿色漆地，上半部云纹，下半部水纹，红绿色交相辉映。长方盒的立壁雕有海水云龙纹及缠枝花纹，横侧面有字曰“乾坤如意”，宽侧面有“福禄长春”，皆为吉祥之语。此盒刀法纤细，不善藏锋，布局严谨，格调庄严，具有典型的宫廷艺术风格。

清代是中国陶瓷业高度发展的阶段，其中康雍乾三朝瓷业的发展更为蓬勃。这时期瓷器的烧造一方面仿明代定、汝、官、哥、钧诸窑的瓷器，另一方面大力发展五彩、粉彩、珐琅彩、乌金釉等彩釉品种。由于釉彩的发展多样，装饰技巧丰富，纹饰也极为精巧。据《陶雅》载：“康熙彩瓷画手高妙，官窑人物以耕织图为最佳，其余龙凤番莲之属，规矩准绳，必恭敬止。”云龙、龙凤等纹样在描绘技巧上更加熟练精湛，笔力遒劲工整。

故宫博物院收藏的康熙五彩“周处斩蛟”盘，描绘的是周处与长桥下的蛟龙激烈搏斗的场面。画师笔下的蛟龙着墨不多，却抓住了特点，那高高翘起的龙头，一只攫物的利爪和一段卷曲的龙身，把这条恶兽的高傲、凶残以及拼死争斗的神态表现得活灵活现，而蛟龙身下汹涌澎湃的波涛又烘托出人兽相斗的激烈场面。

故宫博物院藏“雍正年制款青花草龙瓶”，高13.4厘米，口径5.5

厘米，底径 5.7 厘米。其造型为短直颈，丰肩，圆腹下渐收敛，底以青花书“大清雍正年制”六字楷书款。在洁白细腻的瓷胎上于显要部位用青花蓝料绘一草龙作腾舞状，构图极为疏朗。此瓶画法娴熟，龙纹集刚健与柔美于一体，有如凤鸟翩翩起舞，使腾飞的龙给人以龙飞凤舞之感。草龙俗称为“香草龙”，是以花草组成龙的躯干，寓意忠良君子的美德。清乾隆款粉彩描金蟠螭瓶，高 29.3 厘米，口径 5.1 厘米，足径 7 厘米。瓶颈细长，口外撇，丰肩，圈足。它与一般粉彩不同，瓶身以淡青釉作底色，满绘金彩宝相花纹，口缘一周云头纹，足部一周变相莲瓣纹，花纹画笔工整有力。瓶身贴伏四个浮雕的蟠螭，矫健有力，姿态各异，颜色分别为蓝、绿、棕褐、粉红色。其彩色是用吹的技法将粉彩颜料吹上的，浓淡变化自然。蟠螭通体用金彩描有龙鳞，画工细腻。

乾隆时期官窑器“青花釉里红龙戏珠瓶”中的坐龙和“黑釉龙戏珠瓶”中的蟠龙，不仅绘制精巧，而且气魄雄健，堪称精品。有些器物之龙纹由于过于精致，标新立异，竟达到“纤毫毕现”的地步，如羹匙内面的小小面积竟画上双龙戏珠的画面，并且鳞片清晰，鬣毛分明，匠师们的技艺固然可敬，但人工掩没了材质本身，艺术水平反而不高。

清代龙画传世的有周璕的《墨龙图》。周璕（1694～1729 年），字昆来，河南嵩山人，善画墨龙，且精于武术。相传有一次周璕将自作一龙画悬于黄鹤楼卖画，有武弁想夺画被周璕击败，后有湖南丁司孔见到此龙画，称赞不已，出重金买画，周璕视为知己而赠画。周璕传世《墨龙图》藏于南京博物院，此龙角髯狰狞，目光如炬，龙身大部分隐藏在斑驳陆离的云气之中。后来周璕参与策划反清农民起义，因泄密而遭清廷迫害。

清《古今图书集成》是一部大型类书，收罗资料丰富，共 1 万卷，字数在 1 亿以上。《古今图书集成》文字虽以铜活字排印，但所附插图则是雕版刷印的。在《古今图书集成·禽虫典》中也有许多龙的图形。如蛟龙，除无角外，与传说中龙的形象并没有多大差别。《古今图书集成》中绘有《尔雅翼》中所说的龙的标准形态。其版画构图丰富多彩，刀法老到劲健。其中螭纹造型与虎相似，但无鳞，依外表看，与传统的龙形相去甚远。又如斗牛，形体似螭，但有鳞，有两角似牛，然角向下弯曲，脸部造型也像牛，它独坐于岸石之上，大概是喜欢水性的动物。版画中动物的形态很特殊，刀法精熟，线条流动，可见作者得心应手的高妙技艺。

清朝末年，中国各省曾铸造过一批蟠龙图案的银元，总称“龙洋”。例如，“光绪元宝”龙币：上方有“光绪年造”四字，中间是一条张牙舞爪的蟠龙，矗角张须，瞠目奋爪，身绕祥云，口吞明珠，颇有一番叱咤风云的气势。清光绪四年（1878 年）发行的我国第一套邮票“大龙票”，就是举世闻名的清代海关云龙邮票。大龙邮票分一分银、三分银、五分银三种，分呈绿色、暗红色、桔黄色。邮票画面绘有云龙戏珠图，图幅 22.5 毫米 ×25.5 毫米。这套邮票为铜版雕刻，由上海海关造册处印制，采用半透明白纸，全张上邮票横直各 5 枚，共计 25 枚。“大龙邮票”五年时间内曾发行过三期，集邮界按其纸质特征分别称为“薄纸大龙”“阔边大龙”和“厚纸大龙”。其中罕见的是面值 5 分银的未使用过的单枚“阔边大龙”新票，25 枚全张新票如今只有一张留存于世，是我国早期最著名的邮票孤品之一。

清代末期，慈禧当了皇太后之后，出现了凤位在上而龙位在下的局面。清东陵慈禧陵石雕上，十分明显地反映了这一特殊现象。龙在清朝后期，至高无上的地位遭受了一些“委屈”：隽美优雅的凤凰居然盘飞到显赫的腾龙之上，在清东陵的隆恩殿和故宫博物院内的丹墀和栏板望柱头上，都能看到凤在上龙居下，凤在先龙居后的图纹。

太平天国在南京定都建立天朝后，也把龙奉若神明，言“金龙之龙是大宝，非妖也”，同时开始大量地使用龙图，如对诸王朝服规定：天王九龙，东王八龙，北王七龙，翼王六龙，燕、豫王皆五龙。还大修金龙殿，其梁栋栏阶门楹，皆刻龙绘龙；铸龙头金玺、铸纪念币性质的二龙抢珠纹大铜钱等。在南京太平天国历史博物馆里，陈列着天王的龙袍，上绣九龙纹样，帽额上绣双龙双凤，并绣有满天星斗，表示其一统山河的抱负。在浙江金华市太平天国侍王李世贤的侍王府有一大照壁，中间镶嵌一条用圆形花岗石雕刻的半浮雕式的蟠龙。

现收藏于广东顺德县博物馆的“康熙赛龙碑”发现于杏坛区龙潭北水村，碑面横刻“压尽群龙”四个大字，左右方分两行竖刻“康熙己卯文社为第一名飞龙立”十三个小字，碑石完整，文字清晰，笔锋刚柔并济。这是为了表彰康熙己卯年（1699 年）盛大的龙舟竞赛的第一名“飞龙”而刻制的纪念碑。

清代的龙基本继承了明龙的形式与特点，但其神态显得拙重苍老。龙头额部饱满宽阔，且多处隆起，显得很结实。龙角间距加宽，变两角基本平行为越向后分开越大，两角间的宽度明显宽出头部。龙发普遍较浓密，并喜分成多束向后纷飞。鼻部较多为如意头形，或如狮鼻，鼻梁、鼻翼明显。须大部分移于鼻、眼之间生出，根部粗大，如鞭样细长，自然伸屈，潇洒自如。口、鼻下部的髭如刺状物。龙的腿部也有较明显的特征，小腿下部突然收细，如着窄袖，显得精悍。尾鳍张开。龙发展到明清两代，可谓红盛至极。在数千年的中华龙文化中，清龙以其丰富多彩的独特造型，并融合各民族文化的特点，从而成为深远持久的文化标志物。

中华民族创造的龙，经历了 8000 年的沧桑巨变，其独有的广泛性、凝聚力和富有朝气的雄姿，象征着中华民族的腾飞精神，能从心底唤起华夏儿女的自豪感，因而备受人们的喜爱。中国被称作“东方巨龙”，炎黄子孙被称作“龙的传人”，龙形图案在中华民族文化中随处可见，龙得到了不朽和永生。

胡正言生平及其“饾版”“拱花”技术

明代雕版刻书发达，书籍数量猛增，木刻版画大量出现，其刻印之精，艺术性之高，超越宋元，特别是晚明胡正言十竹斋刊刻《十竹斋书画谱》《十竹斋笺谱》，闵齐伋刊刻《会真图》，版画艺术与套版印刷技术的结合达到了中国传统印刷技术的最高峰。几乎所有关于明代版画或印刷出版的研究，都必然会提及胡正言十竹斋的版画，甚至特辟专章专节来讨论。王伯敏说：“十竹斋的水印木刻，是明代版画的辉煌成就，它使中国的版画迈出了新的一步，对中国的雕版印刷，也提高到前所未有的程度，贡献极大。”① 研究中国版画史，胡正言十竹斋是绝对绕不过去的，因而也是学界研究的热点，仅汉文发表的专题论文，1987 年之前有：蠡蛤生（向达）《记十竹斋——介绍新刻十竹斋笺谱初集》（北平图书馆编《图书季刊》2 卷 1 期，1935 年）、智龛《十竹斋主胡正言》（《艺林丛录》第 9 编，香港商务印书馆，1973 年）、王贵忱《略谈胡正言所刻书两种》（《广东图书馆学刊》1982 年第 2 期）、沈津《胡正言与十竹斋》（《朵云》第 3 集，上海书画社，1982 年 9 月）、胡艺《胡曰从生平考》（《文史》第 18 辑，中华书局，1983 年）、穆孝天《胡正言和十竹斋〈画谱〉、〈笺谱〉》（《南京史志》1985 年第 1 期）、黄鸿仪《“十竹斋”主人及其贡献》（《光明日报》1987 年 12 月 26 日 2 版）。1987 年 10 月南京十竹斋艺术研究部汇集相关文章编印了《十竹斋研究文集》，如周芜《关于〈十竹斋书画谱〉原刊本问题》、王宗光

① 王伯敏：《中国版画通史》，河北美术出版社，2002 年，第 104 页。这段文字与氏著《中国版画史》（上海人民美术出版社，1961 年）是一以贯之的，唯文字更简洁而已。本文引用王著只采新作，不再与旧作比较。

《鲁迅、郑振铎与十竹斋笺谱的重刻》、萧平《十竹斋的画家世界——〈十竹斋书画谱〉画家之研究》、黄惇《篆刻家胡正言和他的印谱》、胡艺《胡正言年谱》、薛锦清、茅子良《画苑之白眉　绘林之赤帜——记明〈十竹斋书画谱〉》等。之后发表的论文有：王伯敏《胡正言及其十竹斋的水印木刻》（《东南文化》1993 年第 5 期）、王宗光《十竹斋笺画典故略述》（《东南文化》1994 年第 5 期）、潘天祯《胡正言家世考》（《北京图书馆馆刊》1994 年第 3、4 期）、潘天祯《胡正言生卒、定居及启用十竹斋名的时间考察》（《北京图书馆馆刊》1995 年第 1、2 期）、方晓阳《拱花印刷术渊源初探》（《中国印刷》1995 年第 3 期）、可居《十竹斋〈印存初集〉定价印记》（《东南文化》1995 年第 4 期）、沈津《谈明胡氏十竹斋刻本〈重订四六鸳鸯谱〉》（《东南文化》1996 年第 1 期）等。台湾有昌彼得《中国印刷史上的畸人奇书——胡正言与十竹斋画谱》（《故宫文物月刊》第 8 卷第 3 期，1990 年）、马孟晶《晚明金陵〈十竹斋书画谱〉〈十竹斋笺谱〉研究》（台湾大学艺术史研究所硕士论文，1993 年）、马孟晶《文人雅趣与商业书坊——十竹斋书画谱和笺谱的刊印与胡正言的出版事业》（《新史学》十卷三期，1999 年 9 月）等。日本和西方发表的研究论文笔者未曾寓目，只好留待以后再为揭出。

一、十竹斋主人胡正言

胡正言（1584～1674 年），字曰从。关于胡正言的生卒年，学界有过不同的说法，但没有指明史料依据，直到胡艺《胡曰从生平考》、潘天祯《胡正言生卒、定居及启用十竹斋名的时间考察》，才对胡正言的生卒年做了论证①，现在基本上可以定论了。胡正言的好友杜濬在《胡

① 蠖蝓生：《记十竹斋——介绍新刻十竹斋笺谱初集》，载 1935 年北平图书馆编《图书季刊》2 卷 1 期。沈津：《胡正言与十竹斋》，《朵云》第 3 集，上海书画社，1982 年。《辞海》，上海辞书出版社，1979 年。智龛：《十竹斋主胡正言》，载《艺林丛录》第 9 编，香港商务印书馆，1973 年。胡艺：《胡曰从生平考》，《文史》第 18 辑，中华书局，1983 年。潘天祯：《胡正言生卒、定居及启用十竹斋名的时间考察》，《北京图书馆馆刊》1995 年第 1、2 期。

曰从中翰九十寿序》中云："曰从以今癸丑秋九月，岿然寿登九十。"①此癸丑乃康熙十二年（1673 年）。正言寿九十，上推九十年，正言当出生于万历十二年（1584 年）甲申九月。这篇《寿序》是正言嘱儿子其朴、其毅②到好友杜濬住处请他写的，因而肯定是可靠的。正言自己的《十竹斋临古篆文法帖》题识和《篆书正跋》所记年岁，也是生于万历十二年（1584 年）九月。康熙十三年甲寅（1674 年），胡正言"年九十一，无疾而逝"③。

关于胡正言父亲，目前只见王三德的《胡曰从书画谱引》云："胡曰从，盖市而隐者也。其尊人仰宁公于梦中得秘密语而学。"④ 仰宁当是字或号，原名不详。（乾隆）《六安州志》卷十五、（同治）《六安州志》卷四十、（光绪）《霍山县志》卷三十一均载正言"世以医为业"，胡艺推测仰宁公"很可能是一位医生"⑤，"胡正言由休宁迁至六安，时期未详，当系随其父行医至此"⑥。至于《书画谱引》所谓的"秘密语"，联系方志所载"世以医为业"，或指医术秘诀。

胡正言在兄弟中排行第二，又称次公。祖籍徽州休宁文昌坊，曾随父客居六安望江湾，继徙霍山。⑦ 至迟于 20 岁（1603 年，万历三十一年）左右已在金陵上元县定居下来，住在鸡笼山侧。⑧ 直到康熙十三年（1674 年）卒，一直居住在南京，胡又自称上元人。

---

① （清）杜濬撰：《胡曰从中翰九十寿序》，《变雅堂遗集》文集卷五，《续修四库全书》第 1394 册，上海古籍出版社，第 49 页。

② 潘天祯：《胡正言家世考》，《北京图书馆馆刊》1994 年第 3、4 期。

③ （清）温睿临撰：《南疆逸史》卷四十一"隐遁·胡正言"，《续修四库全书》第 332 册，上海古籍出版社，第 386 页。

④ （明）王三德：《胡曰从书画谱引》，第 1 页，《十竹斋书画谱》卷首。

⑤ 胡艺：《胡曰从生平考》，《文史》第 18 辑，中华书局，1983 年。

⑥ 胡艺：《胡正言年谱》万历三十一年，收入南京十竹斋艺术研究部编印《十竹斋研究文集》，1987 年。

⑦ （道光）《休宁县志》卷十九"人物·方技"、（乾隆）《六安州志》卷十五"侨寓"、（光绪）《霍山县志》卷十一"人物志·流寓"、（嘉庆）《新修江宁府志》卷四十三"技艺"。

⑧ 潘天祯：《胡正言生卒、定居及启用十竹斋名的时间考察》，《北京图书馆馆刊》1995 年第 1、2 期。

关于胡正言的师承，已知的是曾游何天玉门下讲经①，后来又从上元李登学六书，研习书法，尤好古篆籀之文②。兼好绘事，尤擅花卉、墨梅，但不明其师事何人。

胡正言曾在国子监坐堂读书，“为国子监上舍生”③。正言所在的国子监当然是南监。明代完全取消了前代入国子监学习的身份限制，来源于国家良民的府、州、县学生员及会试下第举人，皆可依例入监。监生的来源有四种——举监、贡监、荫监和例监，除了不可能是荫监，正言究竟是以哪一种身份进入国子监读书，今天已无由考证④。就如刻于崇祯朝的《皇明诏制》所题“儒士胡正言督刻”，表明正言仕途不佳，身份只是“儒士”而已。因“南京礼部檄令纂辑《诏制全书》，校刊《钦颁小学》《表忠记》诸书。以劳咨铨部，当授翰林院职，未赴而京师陷。”⑤ 时间已到明末，正言早就已是有相当影响的书坊主了。

十竹斋是胡正言定居南京时的斋名，也是他的书坊名。李克恭《十竹斋笺谱叙》云：“斋内主人曰从氏胡次公也。次公家著清风，门无俗

① （明）王三德《胡曰从书画谱引》：“胡曰从……游天玉何先生门讲经，世称高足。”据昌彼得的研究，何栋如字子极，号天玉，南京人，万历二十六年进士，是位文学家，著有《俎东》《聂园》诸草，见昌彼得《中国印刷史上的畸人奇书——胡正言与十竹斋画谱》，《故宫文物月刊》第 8 卷第 3 期，1990 年。

② 顺治十年（1653 年），胡正言在《十竹斋临古篆文法帖·临周石鼓文》跋中说：“予少从如真先生游，得闻金石古文之学。”顺治十四年（1657 年）撰《篆书正跋》又说：“言衰迟失学，志窃考古，少侍如真李先生，获闻籀斯遗义。”据陈作霖编《金陵通传》（台北：成文出版社，据光绪三十年刊本影印，1970 年）卷十八的记载，李登字士龙，一字如真，上元人，耆古好学，精六书小篆，学峄山碑，钟鼎文尤妙。1561 年拔贡生，旋除新野知县，又改仁崇仁教谕，后去官，“遂归林三十年，自号利仁先生。……开讲堂，四方问学之士归焉。”且广结“白社”“长干社”等诗社，胡正言从他习书应在此时。潘天祯考订胡正言从李登学应在万历三十年（1602 年）之际，20 岁左右。（潘天祯：《胡正言生卒、定居及启用十竹斋名的时间考察》，《北京图书馆馆刊》1995 年第 1、2 期。）

③ （清）温睿临撰：《南疆逸史》卷四十一“隐遁·胡正言”，《续修四库全书》第 332 册，上海古籍出版社，第 386 页。

④ 缪咏禾：《明代出版史稿》说胡正言“以贡生除中书舍人”（江苏人民出版社，2000 年，第 476 页），赵前著《明本》说胡正言“南明弘光年间以贡生除中书舍人”（江苏古籍出版社，2003 年，第 133 页），一则不知其所据，再则除中书舍人的原因肯定有误，当为因督造国玺御宝。

⑤ （清）温睿临撰：《南疆逸史》卷四十一“隐遁·胡正言”，《续修四库全书》第 332 册，上海古籍出版社，第 386 页。

陋，出尘标格，雅与竹宜。尝种翠筠十余竿于楯间，昕夕博古，对此自娱，因以十竹名斋。”① 这是十竹斋取名的由来。《十竹斋笺谱叙》写于崇祯十七年（1644 年）夏，但十竹斋在万历年或至晚在天启初年就存在并开始了刻书活动②。

金陵为明代最重要的书籍刊刻与经销中心之一③。十竹斋位于城北鸡笼山（又名鸡鸣山）下，在国子监附近，这是文教机构及佛道寺观较多的地区，顾起元形容此区域为“武弁中涓之所群萃，太学生徒之所州处也，其人文，主客颇相埒，而物力啬，可以娱乐耳目，膻慕之者，必徙而图南，非是则株守其处”④。以往学界关注的“金陵书肆，多在三山街及太学前”⑤，实际上十竹斋所在的国子监区域也应是当时南京的出版及流通中心。国子监有为数众多的太学生，对书籍有一种潜在的需求，而且国子监本身就是重要的出版机构，南监刻书的数量在明代官方出版机构中乃荦荦大者，因而十竹斋在此安扎，就毫不奇怪了。这里应该也是一个重要的书坊集中地，有待学界给予关注。

崇祯甲申之变后，福王朱由崧在金陵建立南明弘光小朝廷。胡正言因吕大器之引荐，为新朝廷督造国玺御宝，并撰《大宝箴》同献以进诤言，被授武英殿中书舍人。胡正言感叹上之意在宝玺，而不明作箴之

① （明）李克恭：《十竹斋笺谱叙》，第 1 页，《十竹斋笺谱》卷首。

② 现编入《十竹斋书画谱》的《书画册》中有“己未秋日”的题款，是为万历四十七年（1619 年）；其他成书于天启年的诸画谱中有不少“十竹斋”之名，如成谱于天启五年（1625 年）的《石谱》谱末有练江闵景贤题《梅花道人画意石》诗云“十竹斋中一片石，突兀何年巨灵擘”；成谱于天启四年（1624 年）的《墨华册》，既有《十竹斋墨华题辞》，作者且曾“过其十竹斋”，谱中《芝艸》题辞是“陈调鼎题于十竹斋”，《题蓉桂》乃“鹅湖徐竑书于十竹斋中”；成谱于天启二年（1622 年）的《竹谱》有范文光题《印月》云“闲人谁得如坡老，十竹斋头共前行”。

③ 以前大家都据张秀民的统计，在已知开设地点的书坊中，以金陵的数量最多。张秀民在《中国印刷史》第 343－348 页列出 93 家设于金陵的书坊，并指出其数量较建阳还多 9 家，北京、杭州、苏州等地更远远不及金陵书坊之密集，允称全国第一。这个认识实际上是不对的，明代杭州府的私人刻书机构至少在 229 家以上（一人而开设不同名号机构的只按一家统计），请参阅章宏伟《明代杭州私人刻书机构的新考察》，《浙江学刊》2012 年第 1 期。

④ （明）顾起元撰，谭棣华、陈稼禾点校：《客座赘语》卷一“风俗”，中华书局，1987 年，第 26 页，1997 年湖北第 2 次印刷《庚巳编　客座赘语》合刊本。

⑤ （明）胡应麟：《少室山房笔丛》卷四，经籍会通四，中华书局，1958 年，第 56 页。

苦心，曰：“吾欲为国家开数百年之基，岂用以博一官乎？”辞不受。①

清顺治二年（1645 年）六月，南京易主，他矢志不与清廷合作，隐居“十竹斋”中，闭门谢交，并以“胜国遗民”自居，所撰《篆书正踌》末题“顺治丁酉十月朔旦前中书舍人新安后学胡正言敬书于蒂古堂”，虽冠顺治年号，却署“前中书舍人”衔，以示无贰志②。顾梦游在《胡曰从中翰七十》一诗中云：“朝市由来多隐情，老思逃世未逃名。不将金马重寻梦，为感铜驼只掩荆。”③ 明清易代，清兵南下时，在南京附近出现了激烈的抵抗，扬州十日、嘉定三屠，满汉矛盾加剧，社会处于动荡之中。之后的几年，江南社会应处于萧条之中，我们看胡正言十竹斋在《笺谱》之后有多年没有刊印新书，之后有新出版者只是印谱及篆文法帖等书，这与文献记载都强调他晚年的篆刻活动可互为印证④。“自是遂绝口不及世务，厥后尝独处一小楼，足不履地者三十年，虽金石古文，法书墨苑，其生平所好，然至是聊用排遣，直寄焉尔。”⑤

胡正言十竹斋所刻书种类多样，而以印谱及相关的小学、书法类为大宗，次为诗文与医书，除了《书画谱》及《笺谱》外，少见具有版画部分的作品传世⑥。医学为父兄家业，因此刊印了数本由其兄正心编

① （清）杜濬撰：《胡曰从中翰九十寿序》，《变雅堂遗集》文集卷五，《续修四库全书》第 1394 册，上海古籍出版社，第 49 页。（清）温睿临撰：《南疆逸史》卷四十一“隐遁·胡正言”，《续修四库全书》第 332 册，上海古籍出版社，第 386 页。王伯敏《中国版画通史》据（同治）《上江两县志》坐实“胡正言官至中书舍人”，河北美术出版社，2002 年，第 105 页。

② 《金陵诗征》《金陵通传》（同治）《上江两县志》《重刊江宁府志》《清朝文献通考》都记载胡正言为中书舍人，与事实是不完全相同的。

③ （清）顾梦游撰：《胡曰从中翰七十》，《顾与治诗集》卷六，《四库全书存目丛书补编》第 1 册，齐鲁书社，2001 年，第 59 页。

④ 如在《萧尺木山水轴》的题跋中，萧云从说他到九十高龄“犹镌小印，篆成蝇头”。见庞元济《虚斋名画录》卷十，《续修四库全书》第 1090 册，上海古籍出版社，第 586 页。

⑤ （清）杜濬撰：《胡曰从中翰九十寿序》，《变雅堂遗集》文集卷五，《续修四库全书》第 1394 册，上海古籍出版社，第 49 页。亦请参见（清）温睿临撰：《南疆逸史》卷四十一“隐遁·胡正言”，《续修四库全书》第 332 册，上海古籍出版社，第 386 页。

⑥ 今天能够看到的胡正言及其十竹斋所刻书，马孟晶汇列了 38 种，请参看马孟晶《文人雅趣与商业书坊——十竹斋书画谱和笺谱的刊印与胡正言的出版事业》，《新史学》十卷三期，1999 年。

辑的医书，正言自己也参与部分工作。他长于治印，对古篆籀文有所偏好，小学方面的书为其出版的特色，所以南京礼部方檄令十竹斋刊印《钦颁小学》等书。十竹斋出版品大都集中在崇祯年间刊行。由此我们可以说，万历、天启时大约是十竹斋的创业期；崇祯时，制笺、印画、刻章、出版图籍，业务繁荣，当是十竹斋的鼎盛期；明亡后，十竹斋的业务逐渐衰落。正言卒后，其毅继承十竹斋一直维持着经营。康熙十五年（1676 年）吕留良手谕其子公忠到金陵要访“十竹斋主人胡静夫”。天一阁藏康熙二十四年（1685 年）乙丑聚星楼刻本《杏花村志》扉页钤有“金陵十竹斋发兑”长方印，证明“十竹斋”至康熙二十四年（1685 年）犹在营业，此时其毅方过 60 岁①。其毅与《杏花村志》作者郎遂（字赵客）早有往来②，可见“金陵十竹斋发兑”《村志》并非偶然。谢国桢将此书定为“清康熙乙丑十竹斋刻，绘图本”，还说“是书由金陵胡曰从十竹斋开雕刊刻的”③，肯定不对。李一氓因胡正言撰《篆书正・后跋》末题“顺治丁酉十月朔日，前中书舍人新安后学胡正言敬书于蒂古堂”，未题十竹斋名，遂认为“可见此书是胡刻的，书很有十竹斋的派头。但胡年已七十四，想来十竹斋这个书铺早没有了。故写、刻、印是胡的，而卖，甚至出印费，是前面那个‘永魁斋’”④。潘天祯在《胡正言家世考》中已指明其说不确。

① 《胡正言年谱》载，其毅生于天启五年（1625 年）。如果准确，发兑《村志》时，其毅 61 岁。孔尚任《湖海集》卷七《己巳存稿》有《题胡致果草堂》等诗三首，卷十三还有《答胡静夫》札一通，谢赠“尊翁先生翰墨”，可见孔、胡关系并非一般。尚任的其余两诗，是两次同胡致果、王安节等多人集冶城道院分咏赋诗。己巳为康熙二十八年（1689 年），其毅 65 岁。诗兴尚浓，活动还多，其毅健在，十竹斋当不会停业。见潘天祯：《胡正言生卒、定居及启用十竹斋名的时间考察》，《北京图书馆馆刊》1995 年第 1、2 期。

② 清初王尔纲（字绍李）辑《名家诗永》卷十三录其毅诗 13 首，第九首题名《甲子秋中后三日，王绍李乃武昆仲、郎赵客鲁享乔梓枉顾敝庐》。甲子为康熙二十三年（1684 年）。

③ 谢国桢：《江浙访书小识》，《中华文史论丛》1979 年第 3 期。

④ 王贵忱：《胡正言所刻书二种》，《广东图书馆学刊》1982 年第 2 期。潘天祯《胡正言家世考》所引为王贵忱、王大文《略谈胡正言所刻书两种》，见《北京图书馆馆刊》1994 年第 3、4 期。

二、胡正言与“饾版”“拱花”技术

胡正言通晓书画，精擅六书，人称“篆隶真行，一时独步”；他擅金石篆刻，谙知奏刀规律，有《十竹斋印存》四卷行世；他制墨、治印、造笺①、刻竹②，也参与版画创作，《十竹斋书画谱》中就有不少他本人的画稿。但作为一位刻书家，胡正言十竹斋经常雇有刻工“十数人”，胡正言对他们“不以工匠相称”，并与他们“朝夕研讨，十年如一日”，使得“诸良工技艺，亦日益加精”。当刻画“落稿或付印”时，胡正言“还亲加检点”③，运用“饾版”和“拱花”技术获得巨大成功，把版画艺术和套版印刷技术推向一个新的高峰，有里程碑意义。

所谓“饾版”印刷，就是按照彩色绘画原稿的色调不同，把画面的阴阳向背、浓淡层次，分解成若干套版样；用笔和雁皮纸勾描分解画面，准确地勾画出各色块的轮廓线，以区分出色彩的区域和层次；按照与原作相应的各种线条图案和皴法的风韵，将每一种颜色都分别雕一块版；然后再依照“由浅到深，由淡到浓”的原则，逐色套印。印时不仅每一套版都必须精密地吻合，施加彩墨还要依据画稿笔墨韵味，掌握干湿、浓淡、轻重的变化，使画面阴阳向背、浓淡深浅的效果，栩栩如生表现出来。古代把五色小饼摆成花卉、禽兽和珍宝等形状，堆叠在盘里，供陈设，称为“饾饤”。由于这种分色印版堆砌拼合形似饾饤，故称“饾版”。饾版印刷是在套版印刷的基础上发展而来的，较之套版印刷更为成熟、精湛的工艺技术。它既有别于北宋出现的、用来印刷纸币的分版套印，也不同于元、明始用的整版套印，是一种类似于分版套印而又具阴阳向背、浓淡层次的新型艺术，清代中期以后称为木版水印。它的产品与手绘作品几乎没有什么区别，达到了几可乱真的程度。

---

① （明）王三德《胡曰从书画谱引》：“其天性颖异多巧思，所为事无不精绝，他人摹仿极力不能至。始为墨，继逃墨而为印、为笺、为绘刻。墨多双脊龙样，印得松雪、子行遗法，笺如云蓝、麦光，尽左伯乌丝栏之妙。”

② （清）程家珏《门外偶录》:“（胡正言）工书善画，刻竹亦不示弱。”

③ （清）程家珏：《门外偶录》，转引自王伯敏著《中国版画通史》，河北美术出版社，2002年，第106页。

拱花法，是把图画的轮廓线雕刻在木板上制成拱花版，在不施印墨的情况下，用凸凹雕版嵌合压印在纸上，使纸面拱起花纹的无色印刷，类似现代的钢印。此法可使画面中的流水、白云、鸟类羽毛、花叶的脉纹，一一凸现出来，呈现浮雕效果，显得更加剔透、素雅，极尽造化之神功。

对于饾版、拱花是否为胡正言十竹斋发明，学界意见分歧较大。有的学者甚至认为饾版技术始于宋代①。

学界起先认为饾版是胡正言十竹斋发明的，如李致忠就说："明末休宁胡正言，吸收其前分色套印的技法，再加以大胆革新，便创出了'饾版拱花'的印刷方法。"② 钱存训在《（李约瑟）中国科学技术史》第五卷化学及相关技术第一分册纸和印刷中只是说拱花"这种技艺却不是胡正言发明的"③，到郑如斯编订这部著作为《中国纸和印刷文化史》时就已改为"胡正言并不是'饾版''拱花'技术的发明者"④。冯鹏生则指出，"在胡氏印制《画谱》之前，已有套印本出现"，万历二十三年（1595 年）程君房刻印的《程氏墨苑》以及大抵出于同期的《花史》，"如《程氏墨苑》中'巨川舟楫'一图，有墨、蓝、绿、赭、黄五种颜色，如刻一版，在不同的部位分涂五种颜色，以现在高超的'饾版'技艺进行模拟实验，倒也可以达到如此效果，但是很不容易做到。况且此图画面小，色类多，如采用一版掸多色的方法，颜色涂于版面后，凡两色相接处必有晕色出现。今观原本，画面虽小，而两色相接

① 肖东发在《中国图书出版印刷史论》中说冯鹏生在《中国木版水印概说》一书中令人信服地考订修正了饾版是胡正言发明的说法，"并对饾版、拱花两种技术的发明，提出了文献和实物证据，得出拱花始于唐、饾版肇自宋的结论"（北京大学出版社，2001 年，第 108 页）。但我们看冯著，只是说"唐代的'夹缬'印染，五代的'印线填色'，可谓是'彩色套印'术的先声。宋时印制《三朝训鉴图》时曾'镂版印染'，应视为'彩色套印'的初期阶段。此后，蒋辉以三色印造伪币以及'朱墨间错'交子的产生，说明'套印'术在逐渐被应用。元代无闻和尚印制了朱墨二色的《著经图》刻本，则是说明在元代也有'套印'术的最好的证据"（冯鹏生：《中国木版水印概说》，北京大学出版社，1999 年，第 50 页）。如此文字，显然不能如肖东发所说是冯鹏生据文献和实物得出饾版肇自宋的结论。

② 李致忠：《古代版印通论》，紫禁城出版社，2000 年，第 346 页。

③ 钱存训著，刘祖慰译：《（李约瑟）中国科学技术史》第五卷化学及相关技术，第一分册《纸和印刷》，科学出版社、上海古籍出版社，1990 年，第 253 页。

④ 钱存训著，郑如斯编订：《中国纸和印刷文化史》，广西师范大学出版社，2004 年，第 261 页。

处，并无晕色迹象，因此，揣此类图画，均以‘饾版’刷印而成。仅此一据，即可说明，‘彩色套印’术，在吴发祥印制《萝轩变古笺谱》之前，早有应用。岂能将发明‘饾版’术之功归之于吴氏或胡氏?!”① 潘吉星认为“饾版，到目前为止可能认为起源于万历年间的徽州一带”②。而潘天祯认为：胡正言生于明万历十二年（1584 年），卒于清康熙十三年（1674 年）；吴发祥生于明万历七年（1579 年），卒于清顺治十五年（1658 年），吴发祥早生 5 年，二人可说是同时代人。他们二人同时生活在南京的时间达 50 年，虽没有互相直接交往的史料，但有一些人是他们共同的书画朋友，如吴士冠、顾梦游等。他们所印的“彩笺”，在社会上已经流行好些年，其技术无保密可言，胡、吴都用了饾版，难分先后，很难说谁影响谁。在发现确凿证据以前，目前还只能说：“万历末年至天启之间，南京的画家、木刻家和印刷巧匠合作，在传统的版画、套印和彩色技术的基础上，发明创造了饾版、拱花彩色套印法，吴发祥、胡正言在南京首批运用这项新技术，印成了精美无比的彩笺，在世界印刷史上增写了一页光彩夺目的新篇章。”③ 而方晓阳则力证饾版印刷是胡正言十竹斋发明的。他进行了饾版印刷的模拟实验，并在实验的基础上结合文献进行了研究。他指出饾版是一种特殊的雕版彩色印刷术，与普通的套色印刷术差别很大，不能等同视之，饾版创立前的套色印刷术有线版印刷、手工填色，一版一色、套版色块印刷，一版一色、套版线条印刷等几种类型，像《花史》就是用第二种方法印成，画面缺少浓淡变化，不能与饾版印刷相提并论。而饾版印刷术正是为了克服上述套色印刷缺陷而创立，其核心技术是胡正言的四项发明：生纸印刷、湿纸印刷、一版多色、色彩仿真，这是一种雕版彩色印刷新工艺，是现代木版水印的鼻祖，也是到目前为止中国画复制的最佳方法。而且文献中“饾板”一词仅出现于胡正言出版的《十竹斋书

① 冯鹏生：《中国木版水印概说》，北京大学出版社，1999 年，第 50 页。
② 潘吉星：《中国科学技术史：造纸与印刷卷》，科学出版社，1998 年，第 435 页。
③ 潘天祯：《明清之际南京的彩色套印版画集》，《江苏出版史志》1990 年第 1 期，收入《潘天祯文集》，上海科学技术文献出版社，2002 年，第 116 页。

画谱》中①，更主要的是迄今还没有发现比《十竹斋书画谱》更早的饾版印刷品。饾版真正发明人就是胡正言。②

关于拱花发明权，不少学者以为梁代用石头把纸研光，称研光纸。五代姚颛子侄，善造五色笺，号研光小本，用刻着很细的山水、花鸟、虫鱼、八仙的沉香木当研纸板，用这种研纸板研过的纸，疑与明末压印的“拱花”相类似。冯鹏生指出，“最晚在九世纪初，我国就有了水文纸的出现，标志着‘拱花’术已经诞生。而且，从此历经五代、北宋、元、明各个时期，‘拱花’术成为加工纸张的一种重要手段”③。对此，方晓阳通过文献调研与工艺调查得出结论，由于“研花”与“拱花”的工艺不同，因此两者没有技术渊源。④ 自从吴发祥编印的《萝轩变古笺谱》经沈之瑜著文介绍后⑤，因该谱序署“天启丙寅嘉平月霞友弟颜继祖撰并书”⑥，有不少学者认为“拱花这种技艺却不是胡正言发明的，他的笺谱也不是第一种。至少有两种笺谱出版得还要早或与它同时。一种是1626 年在南京由吴发祥（号萝轩，生于 1587 年）编印的《萝轩变古笺

① （明）李克恭《十竹斋笺谱叙》：“盖拱花饾板之兴，五色缤纷，非不灿然夺目，然一味浓装，求其为浓中之淡、淡中之浓，绝不可得，何也？饾版有三难。画须大雅又入时眸，为此中第一义；其次则镌忌剽轻，尤嫌痴钝，易失本稿之神；又次则印拘成法，不悟心裁，恐损天然之韵。去其三疵，备乎众美，而后大巧出焉。然虚衷静气，轻财任能。主人之精神独有笼罩于三者之上，而弥漫其间者。”第 3 页，《十竹斋笺谱》卷首。

② 方晓阳：《饾板印刷术之研究》，《中国印刷史学术研讨会文集》，印刷工业出版社，1996 年。方晓阳文中还引《十竹斋书画谱》之《墨华册》卷首《十竹斋墨华题辞》的文字：“因曰从心灵之跃露，双腕之神巧耳，名之曰墨华，不直挥毫缀色，间夺鬬巳矣。”认为“鬬”与“饾”通，就是指的饾版印刷。虽有文字通假，但细揣文意，似不能如此断语。

③ 冯鹏生：《中国木版水印概说》，北京大学出版社，1999 年，第 51 页。

④ 方晓阳：《拱花印刷术渊源初探》，《中国印刷》1995 年第 3 期。

⑤ 沈之瑜：《跋萝轩变古笺谱》，《文物》1964 年第 7 期。潘吉星著《中国科学技术史：造纸与印刷卷》说：“颜继祖（1590？～1639）字萝轩，福建龙溪人，万历进士（1619 年），历工科给事中，擢太常寺卿、山东巡抚，天启六年（1626 年）寓居金陵时编辑出版《萝轩变古笺谱》……刻印工为南京应天府江宁人吴发祥（1578～1652？）。”科学出版社，1998 年 8 月，第 434 页。而冯鹏生著《中国木版水印概说》说，《萝轩变古笺谱》“其作者则是号为‘萝轩’的吴发祥”，北京大学出版社，1999 年，第 58 页。查《明史》卷 248 的颜继祖，字绳其，漳州人（明龙溪为漳州府治），万历四十七年（1619 年）进士，历工科给事中，累擢太常寺少卿、山东巡抚，与潘吉星所说应是同一人，但未见其字萝轩，也不可能在天启六年（1626 年）寓居金陵，不知潘吉星从何处得此资料？无论是颜继祖字萝轩，还是吴发祥号萝轩，都未见相关文献记载，或许是笔者查找资料未遍，也许是现在这些说法想当然。徐小蛮、王福康著《中国古代插图史》说“《萝轩变古笺谱》是漳州人颜继祖与南京刻工吴发祥合作印刷的”，上海古籍出版社，2007 年，第 171 页。

⑥ （明）颜继祖：《笺谱小引》，《萝轩变古笺谱》卷首，朵云轩重印本，1984 年。

谱》，这比《十竹斋笺谱》要早19年。另一种是约与《十竹斋笺谱》同时问世的《殷氏笺谱》，其中也有拱花图案”①。但也有不少学者坚持认为，虽然《萝轩变古笺谱》比《十竹斋笺谱》早出版18年，但对于谁为拱花发明人，却不能仅以两本笺谱出版的时间早晚下结论。因为“拱花”一词仅出现于胡正言所印的《十竹斋笺谱》之中②，胡正言之所以到1644年才编印笺谱，并不是饾版拱花技术未加运用，只不过是未将早已印刷并流传很广的笺纸汇编成册而已。而且从拱花的技术渊源来看，拱花技术极可能来自于制墨时墨剂受到墨模挤压而表面出现浮雕状花纹的启示，从墨模直接演化而来。胡正言“天性颖异多巧思，所为事无不精绝，他人摹仿极力不能至。始为墨，继逃墨而为印为笺为绘刻，墨多双脊龙祥”③，也可为胡正言发明拱花提供另一个证据。从“饾版”印刷技术来看。由于《萝轩变古笺谱》中大部分笺纸是用饾版技术印刷而成，并且有些作品是拱花与饾版的结合物——“色拱”，而仅用拱花印成的所谓“白拱”作品却相对很少。因此，虽然《萝轩变古笺谱》与《十竹斋笺谱》中都采用了饾版与拱花技术，但《十竹斋笺谱》中的拱花应为胡正言自创自用，而《萝轩变古笺谱》中的拱花却有取之他人之嫌。④

无论如何，天启崇祯年间是彩色套印版画的高峰时期。十竹斋胡正言从万历末开始出版《十竹斋书画谱》，创立了彩色套印中“饾版”的技法，使印刷出具有水墨质感的彩色版画成为可能。天启六年（1626年）吴发祥刻的《萝轩变古笺谱》无论设计还是套印技巧，都较《十竹斋书画谱》有所超越，特别是“拱花”这种具有“浅浮雕”效果的处理手法，在版刻工艺中独具韵致。而《十竹斋笺谱》兼采“饾版”与“拱花”，作品水准较《书画谱》又有所提高。这三谱在明代彩色套印版画中是最具代表性的，标志着中国古代的彩色套版雕印技术达到了非常成熟、空前绝后的地步。

① 钱存训著，刘祖慰译：《（李约瑟）中国科学技术史》第五卷化学及相关技术，第一分册《纸和印刷》，科学出版社、上海古籍出版社，1990年，第253页。

② （明）李克恭：《十竹斋笺谱叙》，《十竹斋笺谱》卷首，第1页。

③ （明）王三德：《胡曰从书画谱引》，《十竹斋书画谱》卷首。

④ 方晓阳：《拱花印刷术渊源初探》，《中国印刷》1995年第3期。

“鸡林巨贾争摹印”新说
——朝天使（燕行使）与汉籍东传的另一种观照

对于燕行使臣与汉籍东传，学界已经有了较为深入的研究。本文拟换个角度来观照此问题，尽管可能犯了说无之忌，希望对相关认知起点纠正的作用。

“鸡林巨贾争摹印”诗句出自吴梅村《汲古阁诗》，是对毛晋汲古阁刻书流播海外、声名远扬的赞誉之词，历来毛晋汲古阁研究者都是深信不疑，还被作为明清之际中外书籍贸易的直接史料加以引用。

“鸡林”出自《三国史记》记载的传说，曾经一度成为朝鲜半岛古国之一新罗的别称。7 世纪，唐朝设立了鸡林州都督府，《旧唐书》卷 199 上《新罗传》载：“龙朔三年，诏以其国为鸡林州都督府。”元稹《白氏长庆集序》：“鸡林贾人，求市颇切，自云：本国宰相，每以百金换一篇。其甚伪者，宰相辄能辨别之。”① 鸡林就是朝鲜。

“吴伟业，字骏公，号梅村，又号鹿樵生、灌隐主人，江南太仓州人，生于明朝万历三十七年五月二十日。少富才华，曾受业于复社领袖张溥，在其指授下，为通经博古之学。崇祯四年考中会试第一、殿试榜眼，授翰林院编修，时年仅二十三岁。其会试卷曾蒙崇祯帝亲自审阅，批下‘正大博雅，足式诡靡’八字。不久，崇祯帝又赐假准其归乡娶亲，一时名声鹊起，为天下所荣。崇祯八年还朝，九年奉命典试湖广乡试，十年充东宫讲读，十三年再迁南京国子监司业。崇祯十四年，海内已烽火连天，危机四起，而朝廷之上党政犹不已，举措屡失当。伟业预感大乱将作，遂决意由南京返乡，就此闲居。其后以迄崇祯朝灭亡，虽

① 元稹：《白氏长庆集序》，顾学颉校点《白居易集》第一册，中华书局，1999 年，序第 2 页。

接连晋为左中允、左谕德、左庶子，均未赴任。弘光朝立，召拜为少詹事，然在朝仅两三月，即对腐败朝廷失望，又与权臣马士英、阮大铖不合，即辞归。清兵南下之际，亲历乱离，耳闻目睹江南人民遭受血腥杀戮与勒索敲剥之惨状，深感民族压迫之恐怖，于是独门不出，益肆力于著述。"①

吴梅村《汲古阁诗》写作的时间，《隐湖倡和诗》卷首所载此诗，序云："丁亥（清顺治四年，1647 年）季秋，因访枫林，扁舟过子晋斋头，留宿汲古阁。牙签万轴，较勘精良，又多赵宋旧本，使人读之如桃源衣冠，非复今制。顾麟士同在坐，相与叹息，以为子晋嗜古笃学，结习编纂，欧公之于金石刻、王舜卿之于书画，不是过也。时刻佛藏将竟，全史已及《新唐书》矣，诧为盛事，作歌贻之。"②《汲古阁诗》是当时人写当时事，理应是真实情况的写照，不应该有问题。如果"鸡林巨贾争摹印"的说法是真实可信的，那么，诗人应该知道汲古阁刻书曾传入朝鲜，并且在朝鲜得到覆刻，应该见到汲古阁刻本的朝鲜覆刻本或者闻悉朝鲜覆刻了汲古阁刻本，这是最低条件。只是汲古阁刻本在朝鲜被覆刻，根本谈不到"鸡林巨贾争摹印"。如果连这一条最低条件都达不到，我们就完全可以断言，"鸡林巨贾争摹印"仅仅是诗人的描述性语言，并不是对历史事实的叙说。

只是在 400 年前，国际间的交往远没有今天这样方便畅通，也没有那么多的信息传播渠道，只有人员的进出才是国际交往的唯一渠道。当时的真实情况真如诗人笔下诗句所记述的？诗人又是如何知悉这种盛况的？就要求我们对当时的场景做一番细致的考证。只要我们抓住了当时进出国境的人，就有可能解决这个问题。

先设定我们考察的时间段。毛晋刻书开始于明万历四十六年（1618

---

① 叶君远：《吴伟业传略》，冯其庸、叶君远：《吴梅村年谱》，文化艺术出版社，2007 年，第 505 - 506 页。

② 《隐湖倡和诗》，中国国家图书馆藏。上海古籍出版社 1990 年版李学颖集评标校《吴梅村全集》此诗未载诗序。钱大成《毛子晋年谱稿》顺治七年庚寅（1650 年）条云："是年，太仓吴伟业至虞山，来隐湖先生斋中，读吴宽手钞宋谢翱《西台恸哭记》，有诗，并为先生赋汲古阁歌。"未知何据。

年）刻《屈子》七卷①，这是我们考察时间的起点，实际上可以再推迟一些，毕竟书刻出来，卖出去，并且流传到朝鲜，是需要时间的；而且既然是“争摹印”，肯定是在汲古阁已有相当多刻书数量之后。《汲古阁诗》写作的时间清顺治四年（1647 年），是本文考察最晚的时间点。亦即本文考察的时段划定在 1618～1647 年。实际上，我们由清初的政治军事形势，南明政权的活动，以及吴伟业的生平仕履，可以判定，吴伟业写作《汲古阁诗》时，关于“鸡林巨贾争摹印”的说法肯定来自明季。这就可以把本文考察的时段划定在晚明。

因为诗人没有亲身到过朝鲜，当时可能知道“鸡林巨贾争摹印”信息的渠道有四：（1）中朝之间的边境贸易；（2）海难救助；（3）朝贡体系中的朝天使、燕行使；（4）明朝派赴朝鲜的使臣。当然，壬辰抗倭战争中，中国有大量官兵赴朝作战，只是时间在本文考察时间之前。

当否定了前两条途径，对于后两条途径，如果不是亲身与朝鲜人士或到过朝鲜的使臣来往，对于中国书籍在朝鲜的盛况一般来说是无由得知的，更何况明确是毛晋汲古阁所刻书。他只能来自两个途径：（1）见到了燕行使带来的汲古阁刻本朝鲜覆刻本。直接或间接听到燕行使关于朝鲜覆刻汲古阁本的言说。吴伟业有与燕行使直接接触的机会吗？吴伟业与燕行使有直接接触机会的时间段在崇祯四年、八年至十三年。（2）见到出使朝鲜使臣带回了汲古阁刻本朝鲜的覆刻本。直接或间接听到使臣言说在朝鲜的见闻中有关于朝鲜覆刻汲古阁本的内容。

重点在朝鲜覆刻了汲古阁本，必要前提是汲古阁刻本流播朝鲜。在 1618～1647 年这个时间段。

一、中朝边境贸易没有销售汲古阁刻书的可能

明朝建立后，尽管从边防和海防安全利益出发加强了对国际贸易的

---

① 章宏伟：《毛晋刻书活动考论》，中国社会科学院历史研究所明史研究室编《明史研究论丛》（第七辑），紫禁城出版社，2007 年，第 193 页。

限制和管理，但明朝政府对于中朝边境地区的互市贸易却网开一面。在明朝政府于辽东地区所设立的官方市场中，如草河马市，就有很多朝鲜商民前来交易。朝鲜李朝政府继承高丽王朝禁止边贸的禁令，是为了禁止国内百姓逃移到中国辽东，同时担心边境贸易会冲击国内的经济秩序和社会稳定。但由于中朝边境地区互市贸易的互补性很强，朝鲜边境地区商民到辽东地区的走私贸易一直不断，甚至不少汉城商贾也潜行至鸭绿江边的义州，通过买通军吏，进入中国辽东地区进行贸易。他们以本国的人参和苎麻布等物品，来换取中国的药材、丝绸、瓷器等物品。义州贸易在朝鲜御倭卫国战争期间，曾一度得到明朝和李朝政府的共同承认，主要是朝鲜商民用土产交换辽东商人的米豆粮食。义州的中江贸易，开始于明万历二十一年十二月（1594 年）。1609 年，李朝政府正式通告明朝政府而关闭了义州的中江贸易集市。

后金时期，满洲贵族就胁迫朝鲜李朝政府在义州的中江及图们江的会宁进行开市贸易。1627 年，皇太极在用兵朝鲜以切断朝鲜与明朝的联盟时，即把在义州的中江开市作为从朝鲜撤兵的一个条件。双方商定在义州旧有的中江市场开市，每年定限两次，春季二月，秋季八月。1628 年首届互市如约举行，后金通过中江市场大量采购辽东急需的米粮。同时，后金又提出在图们江流域的会宁进行开市贸易，也得到同意。但由于朝鲜的经济衰退和李朝政府的暗中阻扰，中江互市很快就陷入困境，到 1633 年，中江互市宣告中断。1646 年恢复在中江以及图们江流域的会宁、庆源等地的定期互市。但这些与江南的汲古阁应是毫无关系的。

在 1618～1647 年这个时间段，边贸几乎可以排除。努尔哈赤 1616 年以“七大恨”起事，开始反明，后金、大清与明的拉锯战主要在东北地区，对于明与朝鲜的边贸无疑有着极大的影响。特别是 1616 年努尔哈赤建立后金国与明朝分庭抗礼。1619 年萨尔浒之役，明与李朝联军惨败于后金军队。1627 年，皇太极派 3 万大军征朝鲜，朝鲜军大败，李朝政府被迫与后金结成兄弟之盟。1636 年，皇太极亲率 12 万大军征朝鲜，将朝鲜仁祖王围困于南汉山城。李朝政府迫于明朝无力援救，只好接受清军条件，断绝与明朝的一切交往，改奉清朝为宗主。可以说，自东北战事起，或说自1619年萨尔浒之役以后，东北的边贸应是迅速衰落。天启元年（1621年），明朝出使朝鲜的刘鸿训，出使时从陆路行，但渡鸭绿江入朝鲜后，辽、沈为后金所据，陆路交通隔绝。朝鲜国王为其建造二洋舶，从海上返明。重新开了中朝海上航线。天启元年八月甲午，明朝“改朝鲜贡道，自海至登州，直达京师，从朝鲜国王李珲之请也”①。关内外陆路交通阻断，来自关内的货物肯定是不能到边境贸易了。此时，毛晋才刚开始刻书，仅仅刻了一部七卷的《屈子》而已。因而中朝边贸绝无销售毛晋刻书的可能。

二、被海难救助的朝鲜漂流民接触不到汲古阁刻书

明初定都金陵（今南京市），高丽朝贡使团一度采用航海路线直接进入长江口的太仓登陆，但渡海的安全性得不到保障，1370年，高丽朝贡使团遭遇大风，溺死39人，包括高丽正使洪师范。洪武初年，兰秀山叛乱②被击溃后，部分人员逃到了高丽境内生活。于是，明朝与高丽就遣还这些人员的问题进行交涉，这一过程还伴随着明朝与高丽建立朝贡关系的诸项事宜。在兰秀山之乱的背景下，明朝将原方国珍余部皆编入卫所，充分发挥他们的优势来发展官方海运，同时开始实行禁海政策，“诏吴王左相靖海侯吴祯籍方国珍所部温、台、庆元三府军士及兰秀山无田粮之民尝充船户者，凡十一万一千七百三十人，隶各卫为军。仍禁濒海民不得私出海”③。海禁颁行后，中国与朝鲜的海上联系就此中断，这一情况一直持续到1882年《中朝商民水陆贸易章程》签订才彻底结束。这期间的海洋联系，只是以海患、海难方式呈现出来。海难救助成为双方发生海洋接触的常规形式。

---

① 《明熹宗实录》卷十三。

② 屈广燕著：《文化传输与海上交往——元明清时期浙江与朝鲜半岛的历史联系》第四章第二节，海洋出版社，2017年，第75－78页。

③ 《明太祖实录》卷七十，洪武四年十二月丙戌。

海禁，中国人私人向海外航渡，以及海外私人性质的渡航至中国等均受到禁止。但利用海上之航渡至中国朝贡的外国使节所乘的船舶则被允许入港。中国拥有极长的海岸线，遭遇海难的船舶漂流至中国，是不拘泥于海禁政策限制的。亚洲各国船舶在遭遇海难时多漂流至中国。①

遭遇海难的漂流民。渔民，文化、语言水平低，根本无法交流，很少像崔溥这类可以书写汉字的文人②。大多数类似万历三十九年（1611年），浙江台州漂到七名朝鲜渔人，既不会书写，又"言语侏离，即译者不能晓畅"，官方翻译难以解读朝鲜渔人的方言。恰好有定居杭州从事制帽的朝鲜人李大梃才得以顺利进行问答，"有帽匠李大梃者，朝鲜人，向随福建许游击为通事，侨寓于杭。呼而庭译之，应对如响"③。更谈不到会在中国购买书籍了。

明朝记载的救助朝鲜漂流民，在本文研究时段的只有一次。崇祯十一年（1638年）八月初六日："高丽小船舟子俱是丽人……高丽崔守男等于七月二十一日，自安州起身往京，被风飓到此（辽东都司，石城岛），称带人参五十斤，共大小七袋，南草二百斤，并无军器等物……崔守男等八名，擅驾艀船装载参货，突至石城岛……"④漂流的地方为辽东都司。

清代顺治朝沿海救助朝鲜海难船只有地点不详的一次。顺治三年（1646年）二月前发现的朝鲜海难船一艘，漂流地点不详，朝鲜地方人氏也不详。1648年8月返回朝鲜。⑤

1618～1647年时期，漂流船有记载的只有这么两次，而且一次在

① 汤熙勇、刘序枫、松浦章主编：《近世环中国海的海难资料集成：以中国、日本、朝鲜、琉球为中心》，"中央研究院"中山人文科学研究所，1999年。

② 崔溥：《锦南先生集》卷五《漂海录》，韩国文集丛刊标点影印本，第16册。

③ 王在晋：《越镌》卷二"杂记"，朝鲜渔人，《四库禁毁书丛刊》本，北京出版社，1997年，第491页。王在晋：《海防纂要》卷十，朝鲜渔人，《续修四库全书》第740册，上海古籍出版社，2002年，第101页。

④ 《明清史料》乙篇三，二二七、二三四丁。

⑤ 郑昌顺等编：《同文汇考》第二册，卷66，国史编纂委员会，1978年，第1250页。汤熙勇：《清顺治乾隆时期中国救助朝鲜海难船及漂流民的方法》，原刊《中国海洋发展史论文集》第八辑，此据松浦章编著《明清时代中国与朝鲜的交流——朝鲜使节与漂着船》，乐学书局，2002年，第110、156页。

辽东，一次漂流地点不详，显然都没有、也不可能传回“鸡林巨贾争摹印”汲古阁刻本的信息。

三、明代出使文臣没有带回朝鲜摹印汲古阁本的信息

1392年，朝鲜李朝政权建立之初，立即派遣使团来明朝通交，希望自己能够得到明朝的承认。明太祖当即指令礼部通知朝鲜朝使团，明朝决不干预朝鲜内部政治，尊重朝鲜的独立，并希望双方和平友好相处。从此，明朝与朝鲜朝之间的政治友好关系建立起来。明太祖在留给子孙的《祖训》中，将朝鲜列为15个不征国家的首位，希望中朝两国能世代友好。朝鲜李朝政府也把结好明朝作为自己的外交重心。除去常例朝贡外，适逢明朝皇帝登极，皇太子诞生，皇子诞生，皇孙诞生，颁立皇太子，册封朝鲜国王、世子、王妃或赐祭赐谥等事，两国之间皆有频繁的使臣往来，中朝关系成为一种典型的宗藩关系。单以明朝遣往朝鲜的使臣而言，“终明一代242年，遣使往朝鲜186次。次数之多可超过派往其他国家之总和”①。明朝派往朝鲜的使节，“主要由文官、宦官和东北军事长官三部分人组成。其中文官占50%，宦官占40%，这两部分人所占比例最大”②。自景泰元年倪谦、司马恂到崇祯六年程龙出使朝鲜几近200年间，明使与朝鲜文臣诗文唱和，朝鲜政府将辑录的诗文刻印为《皇华集》，共涉及25次出使，所辑《皇华集》24部③。但严格的门禁政策、“人臣无外交”的政治环境，《皇华集》在中国的传播范围仅限于朝中大臣而鲜见于民间。明朝出使朝鲜使节回国后，有人著书介绍朝鲜情况，对促进当时人们了解友好邻邦起了积极的作用。

使臣赴朝有无将汲古阁刻本带去朝鲜？

使臣有无传回朝鲜覆刻汲古阁本或传播朝鲜覆刻汲古阁本的信息？

---

① 葛振家：《论明代中国人的朝鲜观》，《韩国学论文集》第4辑，社会科学文献出版社，1995年，第218页。

② 王裕明：《明代遣使朝鲜述论》，《齐鲁学刊》1998年第2期。

③ 杜慧月：《明代文臣出使朝鲜与〈皇华集〉》附表，人民出版社，2010年，第18-19页。

在本文研究的时段，有三次明朝文臣出使朝鲜。使臣的诗文集有无记载？

泰昌元年（1620年）八月癸亥，明光宗“以登极诏，命翰林院编修刘鸿训、礼科给事中杨道寅往朝鲜开读”①。刘、杨尚未出发，明光宗又亡，其子朱由校即位，是为熹宗，改次年年号为天启。于是，天启元年（1621年）二月癸卯，明熹宗“命翰林院编修刘鸿训、礼科都给事中杨道寅颁诏朝鲜”②。刘鸿训、杨道寅出使朝鲜时的诗文并朝鲜文臣诗作被刻印为《皇华集》，即《辛酉皇华集》。中国科学院图书馆藏有该部《辛酉皇华集》六卷，或为存世的唯一一个全本，未见。“公以海国我之外藩，绥遐激忠存乎推置，于是裁约享馈，章示规绳，是以卉服之长冠带而问诗书，穷岛之人啁嘈而赞仁义。”③ 而毛晋在刘鸿训出使前仅万历四十六年（1618年）刻版心署“绿君亭”的《屈子》七卷，且是毛晋刻书之始，属于小试锋芒，无论是刻书的经验还是营销的渠道，都没有建立，即便赶上了所有的机缘，书刻出，即被书商携往京师，又恰被刘鸿训购作个人使行礼品，带到朝鲜，如果有“鸡林巨贾争摹印”的盛况，刘鸿训本人著述应有记载，但我们在《四素山房集十九卷皇华集二卷》④ 中未见相关记载。在朝鲜文献记载中的刘鸿训不是学士大夫之风流文采，而是要索货物，“贪墨无比，折价银参，名色极多，至于发给私银，要贸人参累千斤，捧参之后，旋推本银。两西、松都辇下，商贾号泣彻天。大都收银七八万两，东土物力尽矣。……至于要讨银参馔品折价，则自顾天俊（埈）始，而刘、杨尤甚焉”⑤。

天启五年（1625年）十月庚子，以皇子生，“遣翰林院编修姜曰广、户科给事中周洪谟赍诏宣谕朝鲜”⑥。但实际成行的是姜曰广与工

① 《明光宗实录》卷六。
② 《明熹宗实录》卷六。
③ 倪元路：《倪文贞集》卷十，资政大夫礼部尚书兼东阁大学士青岳刘公暨元配夫人曲氏夫人王氏合葬墓志铭，《四库全书》本。
④ 《四素山房集十九卷皇华集二卷》收入《四库未收书辑刊》第六辑。
⑤ 《李朝光海君日记》卷一六五，十三年五月。
⑥ 《明熹宗实录》卷六四。

科给事中王梦尹。他们出使朝鲜还有一附带任务，“阅海外兵马屯田等务”。《明史》载：“天启六年奉使朝鲜，不携中国一物往，不取朝鲜一钱归，朝鲜人为立怀洁之碑。”① 《李朝仁祖实录》：“今番诏使清俭，近古罕闻。两西人心皆欲立碑以颂清德。”② 后朝鲜颂扬姜曰广之碑文刻石，其文被印送明朝。崔鸣吉《诏使姜王两公去思碑》云：“碑既具，未刻，会有兵难，不克就役。崇祯癸酉，适变之七年也。黄海道观察使张绅与父老议，图讫厥功。”③ 时隔七年，朝鲜依然刻碑，可见姜、王之廉洁令朝鲜感戴不忘。姜、王二人往返朝鲜期间所留篇什及朝鲜文臣的次韵、奉赠之作，后被朝鲜政府刻印为《皇华集》，即《丙寅皇华集》。姜曰广出使朝鲜时所作，另有《輶轩纪事》④，对一路行程、行事、风光，以及朝鲜之接待礼仪、人情、地理等皆诉诸笔端。使臣姜曰广是吴梅村崇祯三年（1630 年，22 岁）秋南京省试时的座主。姜曰广，江西新建人，万历己未进士，《明史》卷二百七十四有传。《吴梅村年谱》说“姜与伟业交往不密”⑤。崇祯三年距姜出使朝鲜的天启六年，只相隔 4 年，盖有无可能言及在朝鲜所见汲古阁本覆刻盛行？其实，直到天启六年（1626 年），毛晋刻书还属于小试锋芒阶段，一共只刻过《屈子》七卷（1618 年）、《苏米小品》（1621 年）、《剑南诗稿》（1624 年）、《神农本草经疏》（1625 年）、《三家宫词》（1625 年）、《陶靖节集》（1625 年）、《风骚旨格》（1626 年）不多的几种。在姜曰广的诗文中未见有关毛晋刻书的记述。

崇祯六年（1633 年）九月壬寅，崇祯帝“命沈世奎为总兵，固守皮岛，檄谕朝鲜。世奎因遣参将陈龙⑥檄皮岛，宣布朝廷德意。因至朝鲜”⑦。《李朝仁祖实录》卷二八载：崇祯六年十月甲申，“副总程龙以

① 《明史》卷二七四，中华书局，1974 年，第 7029 页。

② 《李朝仁祖实录》卷十三，仁祖四年六月。

③ 崔鸣吉：《迟川集》，见杜宏刚等主编《韩国文集中的明代史料》第 12 册，广西师范大学出版社，2006 年。

④ 姜曰广：《輶轩纪事》，收入殷梦霞、于浩选编《使朝鲜录》，北京图书馆出版社，1996 年。

⑤ 冯其庸、叶君远：《吴梅村年谱》，文化艺术出版社，2007 年，第 31 页。

⑥ 《李朝仁祖实录》《癸酉皇华集》俱作程龙。

⑦ 《崇祯实录》卷六。

安岛众、联属国为号，自登州越海而来”。程龙此次出使朝鲜，途中亦有诗作，这些作品被朝鲜政府收录刻印为《皇华集》，即《癸酉皇华集》。是集分三卷，卷一前两首为程龙至朝鲜前所作，次列抵朝鲜后所作，一些为沿途所感，但多为赠朝鲜文臣、寺僧之作，亦有题赠兰竹者；卷二为朝鲜文臣赠别之作；卷三为程龙归途及入明国境后路途所作，朝鲜文臣分别后问候书信亦在其中。

在明代前中期，朝鲜使臣接受明朝士人赠书之例当不在少数，我们只要对朝鲜使臣的朝天日记加以搜检，就能看到不少明朝使臣往往将书籍作为礼物赠送给朝鲜，中国书籍通过明朝使臣、文人赠送的方式流入朝鲜。如万历三十四年（1606 年，朝鲜宣祖三十九年）翰林修撰朱之蕃等赴朝诏谕皇太子诞生，朝鲜远接使为议政府左赞成柳根，全程陪同朱之蕃游观、切磋诗文的远接使从事官为许筠。许筠《闲情录·凡例》云：“余在庚戌夏抱疴谢事，杜门谢客，无以消长，日巾衍中适披得数帙，乃朱兰嵎太史所赠《栖逸传》《玉壶冰》《卧游录》三种。”① 李宣显《陶谷集》云：“晋人乐放旷喜清言……然其谈论风标，书之文字，则无不澹雅可喜，此刘义庆《世说》所以为楮人墨刻所剧嗜者也。因此想当时，亲见其人，听其言语者，安得不倾倒也。明人删其芜，补其奇，作为一书，诚艺林珍赏也。朱天使之蕃携来。”② 许筠在《惺所覆瓿稿》中也记录了此次与朱之蕃、梁有年互赠书籍的情形，“初五日……夕书本国人诗，自孤云以下二十四人，诗八百三十篇，为四卷，装广作两件，呈于两使”③，上使朱之蕃将绿花缎一匹，息香千枝作为回礼，副使梁有年则回赠蓝花纱一端，《太平广记》一部。许筠不仅向朱之蕃、梁有年推荐本国崔孤竹、李达（荪谷）等多人的诗作，还将乃姊《兰雪轩集》以及自己的《惺所覆瓿稿》赠送给朱、梁二人。梁有年亲自为《兰雪轩集》作序，使得《兰雪轩集》一时轰动朝野。只是到本文研究的时段，几乎没有通过这个途径流入朝鲜的书籍。也没有

① 许筠：《惺所覆瓿稿》附录《闲情录凡例》。

② 李宣显：《陶谷集》卷 28，《韩国文集丛刊》第 181 册，第 438 页。

③ 许筠：《惺所覆瓿稿》卷 18，《丙午纪行》，《韩国文集丛刊》，第 74 册，第 289 页。

看到明朝使臣在朝鲜逗留期间，与朝鲜文人的书籍交流。

四、朝天（燕行）使记载中没有汲古阁刻本的信息

朝鲜李朝对明朝的朝贡往来十分频繁，每岁“贡献数至，元旦及圣节皆遣使朝贺，岁以为常”。“时帝已迁北都，朝鲜益近，而事大之礼益恭，朝廷亦待以加礼，他国不敢望也。”① 辽东道是以辽阳为中心的朝鲜对中国进行政治往来的贡道，“贡道由鸭绿江，历辽阳、广宁，入山海关，达京师”②。在明末时，满洲兴起，于是经路产生极大的变化。满洲进出辽东地区，朝鲜使节往中国的路程，无法从辽东通过，而不得不采取从朝鲜半岛的西北沿岸航行于辽东半岛南岸沿海，到达山东半岛的登州，经山东省，到达北京。对朝鲜的使节而言，产生航路上的困难。而且，崇祯二年（1629 年，朝鲜仁祖七年）“袁崇焕题本，登莱是内地，不宜使外国使臣来往，改路于宁远卫”。③ 《明史》也记载当年“袁崇焕督师，题改觉华”④。朝鲜使节向中国的贡路，不经山东半岛，而是从辽东半岛的宁远陆行，经山海关到达北京。对朝鲜使节而言，此贡路比从山东半岛更困难，但对袁崇焕而言有“再见汉官威仪”⑤ 的重要意义。直到明朝灭亡前，均是采此经路。⑥

中朝之间书籍的流通基本可以确定只有明代朝天使（燕行使）一途。我们对此时期朝天使（燕行使）做系统梳理，可知共留下了 46 本朝天（燕行）使录。

---

① 《明史》卷三百二十，列传二百八，中华书局，1974 年，第 8280、8285 页。

② 万历《大明会典》卷 105，礼部 63，朝贡一，东南夷上，朝鲜国。

③ ［韩］韩泰东、韩祉：《两世燕行录》，《燕行录全集》第 29 卷，东国大学出版部，2001 年，第 283 页。

④ 《明史》卷三百二十，列传二百八，中华书局，1974 年，第 8306 页。

⑤ 李忔：《乱中续杂录》卷三，《乱中杂录》，民族文化推进会，1977 年，第 285 页。

⑥ 松浦章：《袁崇焕和朝鲜使节》，原载《史泉》第 69 号，1989 年。此据松浦章编著《明清时代中国与朝鲜的交流——朝鲜使节与漂着船》译文，乐学书局，2002 年。

1618—1647 年时期朝鲜朝天（燕行）使节使录一览

公元纪年	中国纪年	朝鲜纪年	书名	著者	收录书名	收录者
1619 年	万历四十七年	光海君十一年	梨川相公使行日记	李弘胄		全
1620 年	泰昌元年	光海君十二年	西征日录	黄中允	东溟先生文集卷六	全
1620 年	泰昌元年	光海君十二年	庚申朝天录	李廷龟	月沙先生集卷七、八	朝 3、全
1620 年	泰昌元年	光海君十二年	庚申燕行录	李廷龟	月沙先生别集卷三	全
1620 年	泰昌元年	光海君十二年	庚申朝天纪事	李廷龟	月沙先生集卷六十三	全
1623 年	天启三年	仁祖元年	燕行录（又名朝天录）	赵濈	月沙集	朝 3、全
1623 年	天启三年	仁祖元年	朝天日程	赵濈	月沙集	全
1623 年	天启三年	仁祖元年	燕行录（又名朝天录）	赵濈	月沙集	全
1623 年	天启三年	仁祖元年	燕槎唱酬集（上中下）	李民宬	敬亭先生集卷六至卷八	全
1623 年	天启三年	仁祖元年	癸亥朝天录	李民宬	敬亭先生续集卷一至卷四	全
1624 年	天启四年	仁祖二年	白沙公航海路程日记	尹暄		全
1624 年	天启四年	仁祖二年	花浦朝天航海录	洪翼汉	花浦集	选
1624 年	天启四年	仁祖二年	题李竹泉航海胜览图后	蔡济恭	非朝天录	全
？年	天启四年	仁祖二年	（李竹泉）航海朝天图跋	吴载纯	非朝天录	全
1624 年	天启四年	仁祖二年	燕行诗	吴口	石山遗稿卷二	全
1625 年	天启五年	仁祖三年	沙西航海朝天日录	全湜	沙西先生文集卷五	全
1625 年	天启五年	仁祖三年	槎行录	全湜	沙西文集	朝 4
1626 年	天启六年	仁祖四年	朝天录	金尚宪	清阴先生集卷九	全、朝 4
1626 年	天启六年	仁祖四年	朝天录	金地粹	苔川先生集卷二	全、朝 4
1629 年	崇祯二年	仁祖七年	雪汀先生朝天日记	李忔	刊本	全
1630 年	崇祯三年	仁祖八年	东槎录	崔有海	默守堂先生文集	全
1631 年	崇祯四年	仁祖九年	朝天录	高用厚	晴沙集	全
1631 年	崇祯四年	仁祖九年	沈阳日记	魏廷喆	影印本	
1632 年	崇祯五年	仁祖十年	朝天录	洪镐	无住逸稿	
1632 年	崇祯五年	仁祖十年	朝天日记	洪镐	南阳洪氏文献、无住先生遗稿卷四	全
1632 年	崇祯五年	仁祖十年	朝天后录	李安讷	东岳先生集卷二十	全
1634 年	崇祯七年	仁祖十二年	西行记	郑太和	非燕行录	全
1636 年	崇祯九年	仁祖十四年	潜谷朝天日记	金堉		全
1636 年	崇祯九年	仁祖十四年	朝天录	金堉		全
1636 年	崇祯九年	仁祖十四年	朝京日录	金堉		选
1636—1637 年	崇祯九—十年	仁祖十四—十五年	西征录、北行录	洪翼汉		全

公元纪年	中国纪年	朝鲜纪年	书名	著者	收录书名	收录者
1637 年	崇祯十年	仁祖十五年	北行录	洪翼汉	花浦集	
1637 年	崇祯十年	仁祖十五年	沈阳日程	金宗一		全
1637 年	崇祯十年	仁祖十五年	沈阳日记乘	金宗一		全
1637 年	崇祯十年	仁祖十五年	沈阳日记	金宗一		全
1637 年	崇祯十年	仁祖十五年	乘槎录	金宗一		全
1637—1643 年	崇祯十—十六年	仁祖十五—二十一年	沈阳日记 1 ~7	昭显世子		全
1637 年	崇祯十年	仁祖十五年	朝天录	金堉		全
1639 年	崇祯十二年	仁祖十七年	沈馆录	申濡	《竹堂先生集》卷一	全
1641 年	崇祯十四年	仁祖十九年	赴沈日记	李景稷		全
1643 年	崇祯十六年	仁祖二十一年	留沈阳诗	麟坪大君李㴭	《松溪集》卷一至卷三	全
1643 年	崇祯十六年	仁祖二十一年	沈馆录	李昭汉		全
1645 年	顺治二年	仁祖二十三年	燕行日记	成以性	《溪西先生逸稿》卷一	全
1645 年	顺治二年	仁祖二十三年	留沈阳诗	李㴭		全
1646 年	顺治三年	仁祖二十四年	燕行录	李景奭	《白轩先生集》卷七	全
1646 年	顺治三年	仁祖二十四年	赴燕诗	李㴭		全

朝 3、朝 4：《朝天录》第 3、4 册，明代中韩关系史料选辑，珪庭出版社，1978 年。
选：《燕行录选集》上册，成均馆大学校大东文化研究院，1960 年。
全：《燕行录全集》，东国大学出版部，2001 年。

这 46 本朝天（燕行）使录，对于本课题研究来说，有些毫无关系，如赴沈阳、入清使臣，吴伟业根本不可能有所接触、有所闻问。为了做到万无一失，还是有必要逐本考察。

（一）朝天（燕行）使有无在中国得到汲古阁刻本并带回朝鲜

对燕行使得书的途径、书籍的内容，做具体、详尽的统计，找出毛晋汲古阁刊刻的书籍，确定是否如诗中所述。

1. 燕行使在中国得书的三渠道

（1）赐书

赐书，是宗主国明朝政府树立对外政策权威、彰显宗主国文化优势的一种行为，既属外交活动，又是文化传播手段。明廷赐书进入朝鲜的途径有两条：一是由明敕使直接携送，二是通过朝天使臣带入朝鲜。又有明朝主动赐书和应朝鲜之请而赐的区别。

明朝每年都会向朝鲜颁赐新一年的《大统历》，开始的时候由朝鲜的正朝使负责带回，后由冬至使前来领受，即便有时冬至使在京期间新的《大统历》未出，来不及颁赐，明朝也会派遣使者将其送至朝鲜。如明英宗元年，“节日使南智回还时，朝廷未及颁赐，故礼部奉圣旨使（魏）亨追授南智，若不赶到，须直到王国交付”①，大统历是朝鲜不必求赐就可每年得到的，这在《明实录》《朝鲜王朝实录》中都有记录。颁赐历书是国家统治权力的象征，历来极为重视。颁朔是紫禁城午门的重要功用之一，有一套规整的颁朔仪制。

在每年颁赐大统历之外，杨雨蕾指出朝鲜《（增补）文献备考》记载有12次明代通过朝天使臣带入赐书，但这类赐书并不限于这12次，《海东绎史》《朝鲜王朝实录》还有记载。② 季南据《朝鲜王朝实录》《增补文献备考·艺文考》统计出明朝皇帝的赐书共有25次③，而未能更全面地搜检，稍显遗憾。赐书的种类与数量不能算多。

明代的赐书主要集中于前中期，特别在永宣年间，明朝赐书种类、数量相对来说比较多。明后期，明与朝鲜共同经历了长达七年的抗倭战争，加之后金在辽东兴起，中朝之间的交通被阻隔，书籍交流几乎趋于停滞，相关记载甚少。赐书的内容，应该局限在官府刻本。统计归纳整个明代对朝鲜赐书的内容，可以将私刻排除在赐书之外。

（2）购书

明末姜绍书《韵石斋笔谈》记述朝鲜使臣购书：“朝鲜国人最好书，凡使臣入贡，限五六十人，或旧典，或新书，或稗官小说，在彼所缺者，日出市中，各写书目，逢人遍问，不惜重直购回，故彼中反有异书藏本也。”④《朝鲜王朝实录》中记载了不少朝鲜使臣赴明购书之事。杨雨蕾曾依据《朝天录》的记载归纳出朝天使臣在中国购买书籍的三条途径：一是在途中购买；二是在下榻的玉河馆从北京的书商手中购买；三是通过序班购买。⑤ 购买书籍是往来于朝鲜与明朝之间的朝天

① 《朝鲜王朝世宗实录》卷71，世宗18年1月1日（丁卯）条，影印本第3册，第663页。
② 杨雨蕾：《燕行与中朝文化关系》，上海辞书出版社，2011年，第109-110页。
③ 季南：《朝鲜王朝与明清书籍交流研究》，表1：明朝赐书情况简表，延边大学博士学位论文，2015年，第44-47页。
④ （明）姜绍书：《韵石斋笔谈》，“朝鲜人好书”条，《景印文渊阁四库全书》子部第872册，台湾商务印书馆，第95页。
⑤ 杨雨蕾：《燕行与中朝文化关系》，上海辞书出版社，2011年，第112-114页。

（燕行）使臣的重要任务，也是汉籍流入朝鲜的最主要渠道。又可细分为两种购书形式。

完成国家购书使命。由于赐书毕竟数量有限，16 世纪以后明政府赐书还有所减少，而朝鲜中宗九年（1514 年）十二月，王朝藏书馆“尊经阁失火，祖宗朝书册尽烧无遗”①，于是就有了朝鲜王朝的“求书运动”②。壬辰倭乱，朝鲜典籍遭到破坏，“经筵进讲书册，皆经贼手，卷帙不全，不合清燕之览”③，朝鲜国王多次给赴京使臣下达购买书籍的任务。④ 后金入侵（丁卯之役、丙子之役）、李适之乱后，成均馆启奏“乱后书册散失殆尽，至于四书五经亦无完帙，居斋儒生虽欲讲阅而不可得”⑤，弘文馆又言“本馆书籍再经变乱，散失无余，虽有些少收拾者，卷帙不备”，建议每次赴京使臣都要购买“书册之切要者”⑥。

使臣私人买书。使臣个人购买书籍，固然是出于对汉文化的追求，也不排除为了投朝鲜国王所好，希望将贸得的书籍进献朝廷来赢得进身之阶。季南统计了《朝鲜王朝实录》中记录的朝天使臣在明朝购置书籍，回朝鲜后献书的情况⑦，于此也可见明代中朝间的书籍交流，如同前述赠书，献书在时间上主要在前中期，最晚一次是 1608 年（朝鲜宣祖四十一年，明万历三十六年），之后就没有记载了，也可见由于受到中朝通路的影响，朝天使从明购置书籍回国肯定受到了极大影响。

崇祯二年（1629 年，朝鲜仁祖七年），明思宗皇孙诞生，朝鲜使臣李忔赴京进贺，购得《唐类函》《翰苑新书》《汉书评林》《音注资治通鉴》《后汉书》《四六全书》《老庄解》《孔子家语》《战国国语》《事类赋》《资治》《史记》《唐书》《翰墨大全》等书⑧。崇祯九年

① 《朝鲜王朝中宗实录》卷 21，中宗 9 年 3 月 28 日（辛卯）条。
② 黄枝连：《东亚的礼义世界——中国封建王朝与朝鲜半岛关系形态论》，中国人民大学出版社，1994 年，第 337 页。
③ 《朝鲜王朝宣祖实录》卷 126，宣祖 33 年 6 月 7 日（戊寅）条，影印本第 24 册，第 76 页。
④ 如《光海君日记》卷 73，光海君 5 年 12 月 3 日（丙戌）条，影印本第 28 册，第 137 页。
⑤ 《朝鲜王朝仁祖实录》卷 20，仁祖 7 年 5 月 26 日（己巳）条，影印本第 34 册，第 330 页。
⑥ 《朝鲜王朝仁祖实录》卷 20，仁祖 7 年 6 月 16 日（己巳）条，影印本第 34 册，第 332 页。
⑦ 季南：《朝鲜王朝与明清书籍交流研究》，表 2：使臣进献书情况表，延边大学博士学位论文，2015 年，第 53 - 56 页。
⑧ 李忔：《雪汀先生朝天日记》，《燕行录全集》第 13 册，1980 年，第 181 页。

（1636年，朝鲜仁祖十四年），朝鲜王朝最后一次使行赴明进贺冬至、圣节和皇太子千秋，正使金堉抱怨朝鲜购买书籍诸多不便：“小邦屡经兵患，书籍散失。学士大夫之以文翰自任者，每回贡使之来，求买遇见之书，而近年以来防禁极严，前代史书、皇朝文字一切不许。不见古史，则何以见得失而为劝惩哉？且文章之作，莫盛于圣朝，沧溟雄浑，大海回澜，济南孤绝，雪中峨眉，皆我小邦之所钦仰，而至于弇州有大焉四部之稿，凌驾汉唐。而其他家数之擅名天下者不可胜计，此宜夸示于外国，使知圣朝文运之盛而慕效之也，何必禁之而莫之见乎？”① 顺治三年（1646年，朝鲜仁祖二十四年），朝鲜谢恩兼陈奏副使金堉携两名日官到北京，因门禁未能见到汤若望，然买得部分有关书籍②。六月，谢恩使李景奭“以《时宪历》密贸之事广求于人，而得之甚难。……适逢本国日官李应林之子奇英被掳在彼，其人颇通算数，且惯华语。（臣）使之学习历法于汤若望，约以他日，当遣其父，传学以来。且给白金数十两，使买历法之书于汤若望，以为他日取来之计……”③

朝鲜使臣个人购书数量显然无法与清朝时相比④，在明代高居榜首的许筠，万历四十年至四十三年间（1612～1615年），曾三次以陈奏使、千秋使、陈奏副使的身份渡江出使明朝，“余尝恨家之史籍所载甚简略，切欲添入遗事，勒为全书，为计久矣，倥偬未暇。甲寅（1614年）乙卯（1615年）两季，因事再赴帝都，斥家赀购得书籍，几四千余卷”⑤。这与朝鲜后期译官四大家之一的李尚迪曾先后12次随燕行使入燕朝贡，每次都将几近万卷书籍携带回国，显然不是一个等量级的。

① 金堉：《朝天录》，《燕行录全集》第16册，1980年，第352－353页。

② ［朝］洪凤汉等编著：《（增补）文献备考》卷一，象纬考，《朝鲜时代书目丛刊》，中华书局，2004年。杨雨蕾以为金堉所购买书籍为《日月五星历指》《浑天仪说》，它们是《时宪历》的一部分。

③ 《朝鲜王朝仁祖实录》卷47，仁祖24年6月3日（戊寅）条，影印本第34册，第332页。

④ 据杨雨蕾考证，在18世纪到19世纪30年代24种“燕行录”中，有19种记录了北京的琉璃厂书肆（杨雨蕾：《燕行与中朝文化关系》，上海辞书出版社，2011年，第119页）。琉璃厂成为朝鲜使臣赴京访书、求书、购书的重要场所。但在我们考察的这一时段，琉璃厂还没有兴起，北京书肆应该主要还在隆福寺。

⑤ 许筠：《惺所覆瓿稿》，附录《闲情录凡例》。

在清代，燕行使团中的译官为了获取巨大的经济利益，几乎垄断了倒卖中国书籍的市场，成为当时名副其实的书商。

（3）赠书

赴京使臣特别在意与明代士人的交往，时有诗文唱和。使臣会得到中国士大夫赠送的一些书籍。

仁祖九年（1631 年，明崇祯四年），陈奏使“郑斗源回自京师，献西洋人陆若汉所赠《治历缘起》一册、《天文略》一册、《利玛窦天文书》一册、《千里镜说》一册、《职方外纪》一册、《西洋国风俗记》一册、《西洋国贡献神威大镜疏》一册、《天文图南北极》两幅、《天文广教》两幅、《万里全图》五幅、《红夷炮题本》一”①。这是明朝灭亡之前，朝鲜引入汉译西书数量最多的一次记录。

“顺治元年（1644 年），朝鲜国王李倧之世子，质于京，闻汤若望名，时来天主堂，考问天文等学。若望亦屡诣世子馆舍谈叙。久之，深相契合。若望频讲天主教正道，世子颇喜闻详询。及世子回国，若望赠以所译天文、算学、圣教正道书籍多种，并舆地球仪一架，天主像一幅。世子敬颂，手书致谢。”② 只是这些书无从得知具体书名。

2. 三渠道所得书中有无汲古阁刻本

明代对使臣控制严格，明代朝鲜燕行人员与中国文人的交流远没有清朝那么多、那么密切，无论是购书还是文人之间赠送书籍，都不可能达到多少数量。明代流入朝鲜的汉籍数量相对较少，远没有清代多。

从理论上来说，明朝朝廷的赐书应该是政府刻书，而不应该是从市场购置的书籍。我们通过梳理赐书书目就可以得出肯定的结论。1618 ~ 1647 年，朝廷似乎没有赐书，而且汲古阁刻书也不会成为朝廷赐书的品种。

使臣购书，现未见汲古阁刻本。

赠书基本局限在与赠书人相关，也不可能有汲古阁刻本。

---

① ［朝］洪凤汉等编著：《（增补）文献备考》卷二百四十二，艺文考，《朝鲜时代书目丛刊》，中华书局，2004 年，第 2897 页。

② （清）黄伯禄：《正教奉褒》，上海慈母堂，1884 年，第 25 页。

（二）**燕行使有无传回朝鲜覆刻汲古阁本或传播朝鲜覆刻汲古阁本的信息**

朝鲜汉籍的回流是客观真实的存在，但朝鲜汉文书籍回流数量少、范围有限，也是不争的事实。在朝贡册封体制下，明朝作为宗主国，对于质量优良、纸张好、墨色佳的朝鲜印书，几乎没有重视过，两国交往200余年，以朝廷名义的求书行为仅有一次①。朝鲜汉籍的回流无一例外都是以赠送方式实现，以朝鲜文士的诗文集以及中朝使臣相互唱和的《皇华集》为主，或是朝鲜主动赠予，或是明朝使臣的求赠。朝鲜王朝对明奉行“事大以诚”的外交政策，唯恐本国书籍中有僭拟之语影响两国关系的稳定，对于“列书各道各邑，而其土地所产，亦皆并录”的《舆地志》，为了保护本国利益，对明朝使臣的求书，朝鲜君臣有时会以各种理由婉言拒绝。

朝鲜刊行的汉籍通过求赠或赠予的方式流入中国，时间也都在本文研究的时段以前。在本时段没有见到朝鲜刊行的汉籍通过求赠或赠予的方式流入中国。

（三）**燕行使与吴伟业有无交往？如有这些信息，吴伟业是如何获知的**

中朝间的书籍交流是随着人员的往来而得以开展、得以实现的。没有人员的交往，就不可能有书籍的交流。双方的使臣尤其是朝鲜朝天使（燕行使）充当了朝廷之间赐书和求书的主要媒介。

从吴伟业的生平仕履可知，吴伟业崇祯十四年就回家乡居，而朝天使、燕行使到京后有门禁的限制，活动范围很有限。相关信息需要有渠道才能传到吴伟业耳中，显然可能性很小。再具体到朝鲜覆刻汲古阁本，可能微乎其微。

清朝代替明朝后，朝鲜朝对清朝的朝贡活动，每年有四次定期项目，包括正贡、圣节、元旦、冬至四种，还有谢恩、陈奏、进香、问

① 《朝鲜王朝世祖实录》卷27，世祖八年一月十五日条记录了世祖与琉球使者的对话，“予今付送中朝寻访书目，归报尔殿下。所有书册送之可也，以天下而失其本，况海外之国，未必有也。然幸有一二本，须宜送之”。可知，明政府曾开列索书单向朝鲜索书，具体书目不详。

安、进贺等名目的不定期朝贡活动。朝鲜对清朝的朝贡，从 1637 年就开始了，到本文考察的最后时间节点 1647 年，杨雨蕾编制《燕行年表》共有各类使行 72 次①。朝鲜派出赴满洲、清的使节，无论行程的终点是沈阳还是北京，以清人的汉文底蕴与关注的重点，显然是很少会有关于汉籍的，更不可能有关乎汲古阁刻本的。笔者曾有相当长时间关注清前期的文化建设、书籍阅读，丝毫没有毛晋汲古阁刻书的蛛丝马迹，而且朝鲜相关的信息也不会从东北传到江南的吴伟业耳中。

1644 年，清入关建都北京。之后几年统一中国，到处兵荒马乱，特别是江南，扬州十日、嘉定三屠，都是发生在身边的事情。除了保命，其他的一切可能都顾不上了，更罔论朝鲜覆刻汉籍。

入关以后的清朝政府准许朝鲜朝贡使团在京师会同馆进行自由贸易，时间也没有限制，另外还派生出栅门后市、团练使后市、延卜贸易、余马交易等，但这些都超出了本文研究的时段，与身处江南的毛晋汲古阁、吴伟业都没有关系了。

五、在朝鲜时代书目与韩国现存汉籍中验证

虽然经过了水火兵燹，或许有不少古籍佚失了，留存下来的，我们可以探寻，到底有多少汲古阁刻本流入朝鲜（韩国）并得以保存下来。

［韩］全寅初主编《韩国所藏中国汉籍总目》，学古房，2005 年。

张伯伟编《朝鲜时代书目丛刊》，中华书局，2004 年。

《奎章阁图书中国本综合目录》。从朝鲜王朝时期起收藏王家图书的奎章阁现保存有中国汉籍4 379种、67 785册，我们可以检索寻找迄今尚存藏的汲古阁刻印书籍还有多少，当然还可探索这些书籍入朝的时间与渠道。

李朝政府也大量刊印中国书籍，经史子集繁不胜举。通过朝鲜印汉籍的品种及底本，也可验证汲古阁本在朝鲜的影响。

杭州大学韩国研究所的黄建国等人曾对中国 51 个藏书单位所藏高丽古籍进行统计，系 1911 年以前出版于高丽的古籍有2 028部，90% 以上是朝鲜印本，其中朝鲜翻印的中国书籍为 677 部，占总数的 36.7%，

① 杨雨蕾：《燕行与中朝文化关系》，上海辞书出版社，2011 年，第 262 - 266 页。

而传入的朝鲜人著作1 245部，占总数的61.4%。① 我们可以据以考察朝鲜翻刻的中国书籍都是什么书，有无汲古阁刻本。

朝鲜是当时与中国联系最为紧密的藩属国，文化高度认同，使用汉语，每年燕行使不断。而日本自宁波争贡以后，与中国的官方联系就已经疏远了。越南与中国的关系也是时断时续。而像俄罗斯则语言不通。因而海外之国影响最大的莫过于朝鲜。这是文人骚客笔下经常出现朝鲜的主要原因。

诗人的文学描写。本题虽然是个案，但也揭示了我们涉及古籍中关于国际交往的文献时，应该有一种考据的心态。毕竟，古代关于国际交往的文献不多，往往为我们视为拱璧，由这条例证，提示我们使用史料要小心求证。

① 黄建国、金初昇主编：《中国所藏高丽古籍综录》，汉语大词典出版社，1998年。

乾隆朝内府刻书研究

清王朝经过顺、康、雍三朝近百年的统治，到乾隆朝政权巩固，疆域广大，生产力发展，社会经济繁荣，文化高度发展，形成了“盛世”景象。① 乾隆帝擅长诗文书画，博学多才，他充分利用各种优越条件，整理古籍，编纂新书，在编刊图书上显示了非凡的气魄，内府刊刻书籍无论是数量之多还是质量之精，都是前所未有的，达到鼎盛。编纂《四库全书》，对传统文化做了系统的总结，其功绩怎么评价都不为过。乾隆朝内府刊刻书籍，以武英殿修书处为主体，图书编纂活动臻于极盛，数量丰富，包罗内容广泛，所涉门类齐全，而且全面继承发展了之前的刻印装潢技术，“其写刻之工致、纸张之遴选、印刷之色泽、装订之大雅，莫不尽善尽美”②，创造了我国书籍刊刻历史的一座丰碑，全面反映了清盛世时期统治者的思想倾向及其文化政策，也是乾隆帝艺术品位的深刻展示。对于乾隆朝内府刻书，需要进行深入的研究。

关于乾隆朝内府刻书的研究，虽然说从民国陶湘的《清代殿板书始末记》《清代殿板书目》《故宫殿本书库现存目》开其端，之后赵万里、张秀民、蒋复璁、胡道静等都曾论及清代中央机构刻书的相关问题，张秀民的《中国印刷史》更有相当篇幅论述。李致忠《清代北京的内府刻书》、金良年《清代武英殿刻书述略》、卢秀菊《清代盛世之皇家印刷事业》、朱赛虹《武英殿刻书数量的文献调查及辨析》、曹红军的博士论文《康雍乾三朝中央机构刻印书研究》，吴哲夫、昌彼得、杨玉

---

① 戴逸主编:《18 世纪的中国与世界》(9 卷)，辽海出版社，1999 年；戴逸:《乾隆帝及其时代》，中国人民大学出版社，1992 年版，1997 年第 2 次印刷本。

② 陶湘:《清代殿板书始末记》,《武进陶氏书目丛刊》，第 4 页，1933 年铅印本。

良、翁连溪等学者在各自的著述中，一些文献学、编辑出版史著述，如杨玉良、齐秀梅《清宫藏书》、李瑞良《中国出版编年史》，朱赛虹等主编《中国出版通史》（第六卷），向斯《中国宫廷御览图书》等，均以重要篇幅探讨了清乾隆朝内府刻书的相关问题。

故宫博物院和辽宁省图书馆联合编撰的《清代内府刻书目录解题》一书，收录清内府刻书计有经、史、子、集、丛各类书1 129种，故宫博物院图书馆李士娟等对《清代内府刻书目录解题》加以增订，也已有初步成果。在当前学者难以对善本一一手摩目验的背景下，《清代内府刻书目录解题》自应更为学界看重。翁连溪的新著《清代内府刻书研究》，附有《清代内府刻书编年目录》，也是下了大功夫的，可能更多来自二手目录的搜集整理，笔者走的也是同一个路子，虽比之对善本一一手摩目验尤有不及，但也有存在的价值。

一、“稽古右文”背景下的汉籍刊刻

乾隆帝延续着清前期诸帝“稽古右文”的文治政策，崇尚汉文化，其本人更是具有很高的文化修养，诸艺皆精，兴趣广泛，《清史稿·艺文志》赞曰：“经籍既盛，学术斯昌，文治之隆，汉、唐以来所未逮也。”① 从一个侧面烘托出乾隆皇帝汲汲文化建设的雄心抱负。乾隆朝内府刻印书明确向世人昭示着统治者的导向，规范并引领着社会的学术文化发展方向，甚或更有其特殊的政治使命和作用。

清朝前期，选择了以正统儒学，特别是程朱理学作为清王朝的官方哲学和统治思想，确立了一代封建王朝“崇儒重道”的基本文化国策。这种文化政策在康、雍、乾三朝得到了一以贯之的施行。乾隆元年（1736 年）三月，乾隆帝登基伊始，“颁圣祖仁皇帝御制《周易折中》《性理精义》《朱子全书》，钦定《尚书传说汇纂》《诗经传说汇纂》《春秋传说汇纂》，各书十六部，储于太学，刊示诸生”。② 四月，“命广

① 《清史稿》卷一四五“艺文志一”，中华书局，1977 年，第 4219 页。
② 《清高宗实录》卷一五“乾隆元年三月戊午”条，《清实录》，中华书局，1985 年。

布御纂经书，定生员试解。请总理事务王大臣：从来经学盛则人才多，人才多则俗化茂，稽诸史册，成效昭然。我皇祖圣祖仁皇帝，道降羲顼，学贯天人，凡艺圃书仓，靡不博览，而尤以经学为首重，御纂《周易折中》《尚书汇纂》《诗经汇纂》《春秋汇纂》等编，又有《朱子全书》《性理精义》，正学昌明，著作大备。我皇考世宗宪皇帝，至德同符，孝思不匮，特敕直省布政司，将诸书敬谨刊刻，准士子赴司，呈请刷印。盖欲以广圣教，振儒风，甚盛典也。乃闻各省虽有刊板，而士子刷印寥寥。盖由赴司递呈以俟批发，既多守候之劳，且一生所请不过一部，断不能因一部书而特为发板开刷，士子所以欲多得书而势不能也。朕思诸书，实皇祖惠教万世，皇考颁行天下之典籍，安可不广为敷布。著直省抚藩诸臣，加意招募坊贾人等，听其刷印，通行鬻卖，严禁胥吏阻挠需索之弊，但使坊贾皆乐于刷印，斯士子皆易于购买，庶几家传户诵，足以大广厥传”①。乾隆三年（1738 年）十月，乾隆帝再次下诏：“我皇祖御纂经书多种，绍前圣之心法，集先儒之大成。已命各省布政司敬谨刊刻，听人印刷，并准坊间翻刻广行，恐地方大吏不能尽心经理，则士子购觅仍属艰难，不获诵读。着督抚藩司等善为筹划，将士子应读之书，多为印发，以为国家造士育才之助。”② 乾隆在总结乃祖乃父统治经验及政策得失的基础上，在文化建设和思想控制方面费力尤多，于尊孔崇儒、提倡程朱理学方面十分热心，“上初即位时，一时儒雅之臣，皆帖括之士，罕有通经术者。上特下诏，命大臣保荐经术之士，辇至都下，课其学之醇疵。特拜顾栋高为祭酒，陈祖范、吴鼎等皆授司业，又特刊《十三经注疏》颁布学宫，命方侍郎遂、任宗丞启运等裒集《三礼》。故一时耆儒夙学，布列朝班，而汉学始大著，龌龊之儒，自众展足而退矣”③。

乾隆四年（1739 年），颁令由武英殿校刻《十三经注疏》。乾隆十二年（1747 年），《钦定十三经注疏》四百一十六卷刊印完成，乾隆帝《御制重刻十三经序》简要叙述了“十三经”的历史形成过程，指出

① 《清高宗实录》卷一七“乾隆元年四月辛卯”条，《清实录》，中华书局，1986 年。

② 《清高宗实录》卷七九，《清实录》，中华书局，1985 年。

③ （清）昭梿：《啸亭杂录》卷一“重经学”，中华书局，1980 年，第 15 页。

“我朝列祖相承右文稽古，皇祖圣祖仁皇帝研精至道，尊崇圣学，《五经》具有成书，颁布海内。朕披览《十三经》注疏，念其岁月经久，梨枣日就漫漶，爰敕词臣重加校正，其于经文误字以及传注笔疏之未协者，参互以求其是，各为考证，附于卷后，不紊旧观，刊成善本，匪徒备金匮石室之藏而已”，这是重刊《十三经注疏》的现实动因。清代帝王对于官方儒学文化一统士林的汲汲追求，文中可谓毕显无疑：“继自今津逮既正，于以穷道德之阃奥，嘉与海内学者，笃志研经，敦崇实学，庶几经义明而儒术正，儒术正而人才昌，恢先王之道，以赞治化而宏远，猷有厚望焉。”①《钦定十三经注疏》成为全国通行的权威著作，也成为国家文化意识形态领域的重要象征物。

乾隆元年（1736 年），乾隆皇帝下旨开“三礼馆”，命首辅重臣鄂尔泰、张廷玉等督导朝臣编订清代官方御纂的“三礼”注疏著作。乾隆皇帝如此急于修纂《礼经》，以补全“御纂五经”②，目的在建立完整的帝王理学体系，实现官方正统理学意识的完善。乾隆十三年（1748 年），《钦定三礼义疏》终于编纂完成，书稿进呈乾隆帝御览，乾隆十九年（1754 年）由武英殿刻印竣工，颁布天下。

乾隆五年（1740 年），乾隆帝诏谕内阁学士、桐城派古文家方苞编纂《钦定四书文》四十一卷，并由武英殿刊印，选录明清时代七百余篇优秀八股文，以作为颁行天下士子的科举教育用书。乾隆二十年（1755 年），傅恒等奉敕编纂《周易述义》十卷以及《诗义折中》二十卷，乾隆帝诏令武英殿刊颁。乾隆二十三年（1758 年），《春秋直解》十二卷依旧由武英殿刊印。乾隆五十年（1785 年），乾隆帝下旨将康熙十九年（1680 年）理学文臣徐乾学主持编撰完成、纳兰性德署名成其事的《通志堂经解》重新由武英殿校刻刊印。作为一部汇集历代儒家学说著作的学术丛书，《通志堂经解》共收录先秦乃至明代（以及纳兰性德自著二种）儒学经解著作 140 种、总计1 860卷之巨幅。武英殿重

① 《御制文初集》卷十一，《重刻十三经序》，《清高宗（乾隆）御制诗文全集》第 10 册，中国人民大学出版社，1993 年，第 401 页。

② 康熙朝已“御纂四经”，即《御纂周易折中》《钦定书经传说汇纂》《钦定诗经传说汇纂》和《钦定春秋传说汇纂》。

刊此丛书，帝王表彰经学之义明显，优容理学的态度同样明确。

这些儒学经典的刊刻流布，使得儒家的封建伦理纲常名教观念得到进一步的强化，在控制思想、稳定社会方面收到了很大的成效。不过在乾隆皇帝漫长的统治时期内，专制皇权所掌控的儒学意识形态产生了明显的变化，程朱理学逐渐失去皇帝的专宠，实学思潮弥漫于朝野，并受到皇权的策略性扶持。以钦定撰修《四库全书》的四库馆臣为代表，明清之际萌发的实学思想在乾隆朝后期形成了强大的思想潮流。① 对理学的尊崇，对实学的奖掖，在政治运作空间中，依然是相互调和、互补互进的。② 乾隆帝依然运用正统理学意识作为专制皇权“治统”“道统”合一的理论武器，但更注重于在政治上抑制理学朋党，逐渐注意通过奖掖、表彰实学以与理学互补，更好地营造乾隆朝的“文化盛世”。黄爱平对此有深刻的认识：“随着汉学的逐渐兴起并上升为统治阶级认可的官方学术，理学的命运也发生了戏剧性的变化。尽管在形式上，理学仍然高踞于官方统治思想的地位，但清统治者所注意的，已不再是理学自身的庞大体系和那些高远空洞的性理之旨，而仅仅归结为对儒家思想的核心，亦即纲常名教的提倡。”③

乾隆朝内府编刊的史书，数量繁多，卷帙宏富，内容广泛，门类齐全，远远超过历史上任何一个朝代，从一个侧面体现出清盛世时期博大恢宏的文治气象，反映出清统治者思想主张和文化政策的一些特征。

《明史》的纂修是清前期的一件大事。设馆于顺治二年（1645 年），直至乾隆四年（1739 年）始告成刊刻，历时 95 年，是中国官修史书中时间最长的一部。在《明史》刊刻的同时，乾隆帝又命以明北监本为底本校刊《二十一史》，加上已成之《明史》，形成《二十二史》。《旧唐书》因欧阳修等撰《新唐书》行世而不显，乾隆认为可以与《新唐

① 陈晓华：《〈四库全书〉与十八世纪的中国知识分子》，社会科学文献出版社，2009 年，第 340 页。

② 如《四库全书总目》“经部总叙”：“夫汉学具有根砥，讲学者以浅陋轻之，不足服汉儒也。宋学具有精微，读书者以空疏薄之，亦不足服宋儒也。”（清永瑢等撰：《四库全书总目》卷一，中华书局，1965 年，第 1 页。）就是为理学、实学意识形态“持中”定调。

③ 黄爱平：《〈四库全书总目〉的经学观与清中叶的学术思想走向》，《两岸四库学——第一届中国文献学学术研讨会论文集》，台北学生书局，1998 年，第 99 页。

书》相辅，令武英殿刊行，列名正史。乾隆时编《四库全书》，从《永乐大典》中辑出已失传的《旧五代史》，乾隆四十九年（1784 年）由武英殿刻印，亦列名正史。至此，形成了殿本《二十四史》，计3 242卷目录11 卷，卷帙浩繁，刊刻规模宏大，是乾隆朝文化繁荣的表征，体现了统治者的政治意图，希望通过对历代兴衰经验的吸收与借鉴，来裨益政治，巩固统治。

在乾隆朝编刊的史书中，本朝历史受到了特别的关注。《皇清开国方略》通过对本民族崛起、发展、壮大等开国史事的记载，彰显"创业之艰难，贻谋之远大"①。鉴于八旗制度在满族政权崛起、发展、壮大历程中的重要作用，虽然雍正时曾编纂《八旗通志初集》二百五十卷，乾隆时有关八旗建置、制度、氏族、人物、史事等书籍的编纂更为详备，其中，诏谕奏议一类有《世宗上谕八旗》《上谕旗务议复》《谕行旗务奏议》，人物传记有《八旗满洲氏族通谱》《钦定八旗满洲氏族通谱辑要》《钦定宗室王公功绩表传》《恩封宗室王公表》，规章条例有《钦定八旗则例》等。有的书籍甚至一修再修，或进一步补充完善，或根据情况变化予以增补。如《钦定宗室王公功绩表传》一书，就有乾隆二十九年初修本和四十六年增补本。而《钦定八旗则例》，则定例每届十年续修一次。就连雍正年间编纂的《八旗通志初集》一书，乾隆帝也因其中有关满族人名、地名以及官职名称的译音不尽人意，尤其是雍正以后的诸多史事、典制、人物以及恩赏封爵等均未能载录，而下令对该书重加修订增补。自乾隆五十一年四月开始增订，直至乾隆末年才纂办完成。这些有关本朝史事、典制、人物等书籍的编纂，反映了清统治者对自身历史的重视，不仅以此总结经验教训，完善制度建设，更为重要的还在于借此儆戒后世子孙，"永念祖宗缔造之艰难，益思兢兢业业，以祈天而永命"②。

乾隆朝内府刊印的史书中，典制体专书是很具代表性的。不仅刊印

① （清）永瑢等撰：《四库全书总目》卷四七，"皇清开国方略"，中华书局，1965 年，第 430 页。

② 中国第一历史档案馆编：《纂修四库全书档案》，乾隆四十一年十一月十六日谕，上册，上海古籍出版社，1997 年，第 553 页。

了《通典》《通志》与《文献通考》，乾隆十二年，谕令编纂《续文献通考》，乾隆帝二十六年，又谕令将有清一代的各项典章制度另行编纂为《皇朝文献通考》，此后，又有《续通典》与《皇朝通典》《续通志》与《皇朝通志》的编纂，至乾隆五十二年，包括《续文献通考》和《皇朝文献通考》《续通典》和《皇朝通典》《续通志》和《皇朝通志》在内的六部典制专书全部告成，“三通”加上“续三通”与“清三通”，合称为“九通”。合而观之，中国历代典章制度的兴废沿革、损益变化，以及利弊得失，无不“缕分件系，端委详明”[①]，并且，“通典”“通志”和“通考”三者又分别自成系列，均贯穿古今，囊括前代，会通典制，不啻为各具特色的典章制度通史。

乾隆初年，张廷玉奉敕纂修《资治通鉴纲目三编》二十卷，实为《明纪纲目》，乾隆十一年（1746 年）由武英殿刊印成书，后乾隆帝诏令文臣重新编订《资治通鉴纲目三编》为四十卷，乾隆四十年（1775 年）武英殿重新刊印。乾隆三十二年（1767 年），乾隆皇帝不满意于康熙帝御纂的《御批资治通鉴全书》，敕命大学士傅恒、尹继善、刘统勋等纂修《御批历代通鉴辑览》，次年修成进呈。御批史评内容广泛，包含史书体裁义例、朝代兴衰更迭、储君嫡庶、君臣伦理、道德纲常等主题，阐发王朝大一统、重视君臣节义纲常，从而成为清代国家理学意识色彩下的权威历史著作。

《大清一统志》的两次编纂，也是乾隆内府编刊史书的大事，蒋廷锡等撰《大清一统志》三百五十六卷，历康熙、雍正编纂，至乾隆八年告成，乾隆九年武英殿刊刻。乾隆帝在陆续平定准噶尔部以及天山南路大小和卓的割据叛乱之后，“开屯列戍，益广幅员”，二十九年敕令和珅等，在原纂基础上再加修订、补充，成《大清一统志》四百二十四卷目录二卷，乾隆五十五年武英殿刊刻。此外，像《钦定皇舆西域图志》《皇清职贡图》的成书，也无不与乾隆朝国家的统一和疆域的奠定密切相关。

乾隆朝内府刻印书中，典章制度、律令则例等政书的刊印占了较大

① （清）永瑢等撰：《四库全书总目》卷八一，“钦定皇朝通典”，中华书局，1965 年，第 700 页。

的比重，这是出于朝廷各部以及相关机构用人行政的实际需要，是整个国家机器正常运转的保障。乾隆五年（1740 年）重修律例，编成《大清律例》四十七卷，于乾隆三十三年（1768 年）由武英殿刊行，乾隆五十五（1790 年）再次刊行，使《大清律》逐渐完善起来。特别重视行政法规的编刊，乾隆二十九年（1764 年）武英殿增修和印行《钦定大清会典》一百卷《钦定大清会典则例》一百八十卷。而各部属衙门刊印的则例、条例还有：乾隆六年（1741 年）刊《钦定科场条例》四卷、《翻译考试条例》一卷，乾隆七年（1742 年）刊《钦定吏部则例》六十六卷、《钦定兵部事务则例》三十一卷、《钦定兵部处分则例》七十六卷、《钦定宫中现行则例》二卷、《钦定八旗则例》十二卷，乾隆十四年（1749 年）刊《钦定工部则例》五十卷，乾隆三十四年（1769 年）刊《钦定户部鼓铸则例》十卷、《钦定户部旗务则例》十二卷，乾隆三十七年（1772 年）刊《钦定国子监则例》三十卷，乾隆三十八年（1773 年）刊《钦定礼部则例》一百九十四卷，乾隆四十二年（1777 年）刊《钦定太常寺则例》一百十四卷等等。这些书与《大清律》《大清会典》一起组成了法律体系和政务依据。随着时间的推移和具体情况的变化，不少部门的则例、条例要不断续修、增补和完善，甚至定例每届五年，或每届十年续修一次。以刑部律例为例。刑律作为律法之一种，本有一定之规，但各个具体案件却千差万别，如何依律定谳，前人所断成案，就成为后人定案的重要依据。此即案例的由来。而案例日积月累，其间或有调整，或有变化，都需要记载下来，以为后人参考。故而乾隆三年规定，刑部案例三年一小修，十年一大修，至乾隆十一年改为五年一小修，十年一大修。这一规定，就成为各部纂修相关条例法则的依据。如《钦定户部则例》每届五年续修一次，《钦定礼部则例》《钦定国子监则例》（礼部）、《钦定学政全书》（礼部）、《钦定科场条例》（礼部）、《钦定八旗则例》（兵部）、《钦定军器则例》（兵部）等每届十年续修一次。而这些频繁的纂修活动，随时调整变化的条例法则，不仅对当时朝廷各部门的用人行政起到了有效的指导和规范作用，而且为后人留下了重要的文献资料。当然，由于历史的变迁和岁月的淘洗，不少编纂成书的条例法则未能保存下来。如《户部则例》，乾隆二十六年始修，四十一年告成。此后每届五年续修一次，计四十五年、五十年、五十五年以及六十年均有续修。而保存至今的，只有乾隆四十五年和六十年的续修本。因此说，乾隆一朝的官修史书数量，当远远超过现有的统计数字。

此外还有专门为蒙古族等少数民族制定的律令，现存武英殿于乾隆年间刊印的《蒙古则例》十二卷，便是明证。

乾隆初期将清列祖列宗的圣训都刊刻了一遍，乾隆四年（1739 年）刊《太祖高皇帝圣训》四卷、《太高文皇帝圣训》六卷、《世祖章皇帝圣训》六卷，乾隆六年（1741 年）刊《圣祖仁皇帝圣训》六十卷、《世宗宪皇帝圣训》三十六卷等。由后朝刊刻前朝的圣训，乾隆以后的皇帝都效法，代代相沿，未尝中辍。乾隆三年（1738 年）刊印了雍正帝的《清世宗御制文集》三十卷。这些书籍在整肃吏治、教化臣民方面发挥了重要作用。

乾隆帝爱好文学，政事之余，常以诗文自娱，他是中国历史上作品最多的一位诗人，一生写诗 4 万余首，虽然文学水平不敢恭维，但以诗纪事，堪称实录。乾隆帝的著作从他继位就开始刊刻，乾隆元年（1736 年）刊《日知荟说》十四卷，乾隆二年（1737 年）刊《乐善堂全集》四十卷，乾隆十三年（1748 年）刊《御制盛京赋》，乾隆二十四年（1759 年）刊《乐善堂全集定本》三十卷，乾隆十四年（1749 年）至嘉庆五年（1800 年）武英殿刊《御制诗初集》四十四卷《目录》四卷、《二集》九十卷《目录》十卷、《三集》一百卷《目录》二十四卷、《四集》一百卷《目录》十二卷、《五集》一百卷《目录》十二卷、《余集》二十卷《目录》三卷，乾隆二十九（1764 年）年至嘉庆五年（1800 年）武英殿刊《御制文初集》三十卷《目录》二卷、《二集》四十四卷、《三集》十六集、《余集》二卷，乾隆四十四年（1779 年）刊《御制拟白居易新乐府》（有于敏中写刻、王杰写刻、姚颐写刻、刘墉写刻、彭元瑞写刻、徐立纲写刻六种版本）、《御制全韵诗》（有于敏中写刻、刘墉写刻、彭元瑞写刻三种版本）及乾隆年刊《御制月令七十二候诗》四卷、《御制冰嬉赋》一卷、《圆明园四十景诗》二卷、《定武敷文》一卷、《御制咏左传诗》二卷、《御制古稀说》一卷等，向世人展现了一个深受汉族文化熏陶的、博学好古、雅好诗文的君主形象，客观上对稳固统治，增强知识分子的凝聚力和文化认同感，起到了一定作用。

乾隆帝深知文治武功的极端重要性，既讲求文治，也重视武功。在位 60 年间，征伐频仍，功业显赫，既有效地维护了政权统治和社会稳定，又成功地奠定了统一的多民族国家的疆域版图。乾隆帝对此颇为自得，曾将其中最为重要的十次战争，统而称之为“十全武功”，并自称“十全老人”。为颂扬赫赫武功，彰显疆域一统，乾隆帝仿效康熙以来的做法，在每次重大战役结束之后，都汇集有关上谕、奏疏、表文、信函等资料，备载始末缘由、事件经过，不仅辑成相关专案档册，还编成方略、纪略诸书。十次战役中缅甸之役没有编纂方略，一些未被列入“十全武功”的战争也编纂有方略：乾隆十七年（1752 年）刊《平定金川方略》二十六卷，乾隆年刊《平定两金川方略》一百三十六卷首八卷《纪略》一卷《艺文》八卷及《平定两金川得胜图》；乾隆三十五年（1770 年）刊《平定准噶尔方略前编》五十四卷《正编》八十五卷《续编》三十二卷《纪略》一卷、乾隆三十年（1765 年）至三十九年（1774 年）铜版印《平定准噶尔回部得胜图》；乾隆四十六年（1781 年）刊《钦定剿捕临清逆匪纪略》十六卷；乾隆五十三年（1788 年）刊《钦定平定台湾纪略》六十五卷首五卷、《平定台湾得胜图》；乾隆年刊《钦定兰州纪略》二十卷首一卷；乾隆六十年（1795 年）刊《钦定廓尔喀纪略》五十四卷首四卷、《平定廓尔喀得胜图》；乾隆六十年（1795 年）刊《平定苗疆得胜图》等。有清一代纂成的方略纪略诸书共计 24 种，而乾隆一朝就达 11 种，几乎占据了其中的一半，可见乾隆帝对本朝武功的重视和推崇。这种耀武心态，是强大国力的炫示，有着威慑宇内、四夷宾服的政治目的。

这些书籍中显示宏大战争场面的得胜图有部分是由外国传教士绘制，并送往国外制作的。如《平定准噶尔回部得胜图》，由当时供奉清廷的意大利画家郎世宁、法国画家王致诚绘成后，送往法国雕刻铜版，历时十余年始制成回国，所费甚巨。清统治者不惜工本印制这些精美的战图，并送往国外制作，也隐含了其夸示强大国力，扬威于异域的政治意图。

乾隆帝为营造和平盛世景象，记录巡幸、寿宴的盛大场面和君臣唱和、百官颂德的歌舞升平景象，乾隆三十六年（1771 年）刊《南巡盛典》一百二十卷，记述四次南巡的盛况；乾隆五十年（1785 年）刊《千叟宴诗》三十四卷首一卷；乾隆五十七年（1792 年）刊《八旬万寿盛典》一百二十卷首一卷。这些书大多图文并茂，歌颂皇帝的仁德和政绩，是盛世之音的回响。刊于乾隆年间的《皇清职贡图》绘制了 300 种不同民族和地区的人物，每种皆绘男女二幅，共 600 幅，简要介绍其与清王朝的关系及所居住地区和特征，体现了一个国力强大的盛世君主在面对四方来朝时的自得心态。

乾隆帝喜爱文学，“稽古右文”。除了御制诗文刊刻不遗余力，在系统整理历朝诗文总集方面用力远远不如乃祖康熙帝，乾隆三年（1738 年）刊《御选唐宋文醇》五十八卷、乾隆十六年（1751 年）刊《御选唐宋诗醇》四十七卷《目录》二卷等，聊为留下印痕。乾隆朝宫廷演戏掀起了一个高潮，也出现了张照这样的剧作大家，并留下了不少剧作，但景山、南府的剧本更多还是归于演剧实用，刊刻出来的也只有《劝善金科》等寥寥几盅。乾隆十一年（1746 年）刊《新定九宫大成南北词宫谱》八十一卷《总目》三卷《闰集》一卷，可算是乾隆朝内府刊词曲类值得称道的著作。

乾隆帝不仅以文豪自居，还以艺术收藏、鉴赏著名。乾隆朝内府编纂之金石文物收藏、鉴赏类著作以皇室书画目录《石渠宝笈》及古器物收藏图录《西清古鉴》为代表。只是《西清古鉴》于乾隆二十年（1755 年）由武英殿修书处刊印，其余《石渠宝笈》《石渠宝笈续编》《石渠宝笈三编》《西清续鉴甲编》《西清续鉴乙编》《宁寿鉴古》《西清砚谱》诸书编成以后仅备览内府，长期以抄本流传。

乾隆帝挚爱书法作品，乾隆一朝宫廷勒石刻碑 70 多种，《三希堂法帖》《重刻淳化阁法帖》等刻石碑拓为书法艺术的传承、发展贡献甚巨，乾隆帝也曾颁令刊印摹本，如《钦定重刻淳化阁帖释文》十卷就编入“武英殿聚珍版丛书”。

文物收藏、书画鉴赏之余，乾隆皇帝同样关注传统文化艺术的其他门类。乾隆十一年（1746 年），《新定九宫大成南北词宫谱》八十二卷以内府武英殿朱墨套印本面世，该书收录不同格律的韵文乐谱等 209

套、4 400余本，大多是口碑相传、流传久远的古代音乐。

乾隆朝内府所刊农业、天算、医药、音乐、水利、工程制造等方面的著作，有乾隆七年（1742 年）刊《钦定授时通考》七十八卷；乾隆七年（1742 年）刊《御制历象考成后编》十卷、乾隆二十一年（1756 年）刊《钦定仪象考成》三十卷及钦天监所印历年时宪书；乾隆五年（1740 年）刊《律例馆校正洗冤录》四卷、乾隆七年（1742 年）刊《医宗金鉴》九十卷首一卷；乾隆年工部刊《南河成案》五十四卷；乾隆元年（1736 年）武英殿刊《工程做法》七十四卷附《简明做法册》一卷、《内廷工程做法》八卷附《工部简明做法册》一卷；乾隆十四年（1749 年）刊《乘舆仪仗做法》二卷等。显然，乾隆朝内府在科学技术方面刻书没有康熙朝多又对中国历代科技成果的系统总结、对西方先进科技知识的广泛吸收和利用，这与康熙帝个人爱好，以及一个时代人才的汇聚密切相关，同样是对西方文明，康熙帝喜欢的是科学水平、“奇技淫巧”，乾隆帝则更喜欢西洋艺术、造园绘画。因而乾隆朝内府在科学技术方面刻书就没有出彩之处，显得太过平常，甚至可以称之为薄弱。

乾隆十一年（1746 年），因武英殿修书处校刊《十三经》《二十一史》诸大部头著作，卷帙浩繁，所剩梨枣板片余料甚多，乾隆皇帝下令不准遗弃，特命内府工匠仿古人巾箱式书籍镌刻袖珍版刊印，共计十种，是为《古香斋袖珍十种》。后来编纂《四库全书》时又刊《武英殿聚珍版丛书》138 种。这都是木活字印刷的新成就，金简著《武英殿聚珍版程式》，成为中国古代印刷技艺的一部不朽之作。

早在康熙、雍正年间，清廷就先后有《皇舆全览图》和《皇舆十排全图》的绘制，但由于当时新疆等地尚未底定，这些地图的某些区域尚有阙略。乾隆帝陆续平定了准噶尔及大小和卓的叛乱，奠定了统一的多民族国家的版图，疆域南起南海诸岛，北至漠北和外兴安岭，西起巴尔喀什湖和葱岭，东至鄂霍次克海和库页岛，版图的辽阔和统一的程度超过了历史上任何一个封建王朝。大规模地图的绘制工作也由此而被提上日程。1755 年，乾隆帝以“西师奏凯，大兵直抵伊犁，准噶尔诸部，尽入版图。其星辰分野、日月出入、昼夜节气时刻，宜载入《时宪书》，颁赐正朔。其山川道里，应详细相度，载入《皇舆全图》，以昭中外一统之盛”，下令派遣专人“前往各该处，测其北极高度、东西偏度，及一切形胜，悉心考订，绘图呈览”①。次年正月，左都御史何国宗奉命同侍卫努三、哈清阿率二名传教士前往伊犁，由西、北两路，分道测量。二十四年（1759年），乾隆帝又以“诸回部悉隶版籍，复命明安图等前往，按地以次厘定，上占辰朔，下列职方，备绘全图，永垂征信”。二十六年（1761年），在蒋友仁的主持下，《皇舆全图》绘制完成，计铜版104方，纵分为十三排，故又称为《乾隆十三排地图》。其内容包括：一、亚洲西部略图，以《皇舆全览图》为基础，参酌利玛窦《万国舆图》、南怀仁《坤舆图说》等绘制而成。二、亚洲俄国地图，根据俄国所献舆图制成。三、新测准噶尔部及回部地图②。实际上，不仅是18世纪时期的中国疆域全图，而且是当时规模最大、精确程度最高的亚洲大陆地图。后世学者评论说：“此图南至琼海，北极俄罗斯北海，东至东海，西至地中海，西南至五印度南海，合为一图，纵横数丈，而剖分为十三排，合若干叶，每叶注明经纬度数。盖本康熙图，而制极其精，推极其广，从古地图，未有能及此者也。”③

满族入关前，就已接触到汉传和藏传两系佛教，清帝十分重视全国各地以佛教为主的宗教势力，加强管理，笼络宗教势力，成为维护国家民族统一的重要手段。为了稳定蒙藏地区，保障中央政府的有效统治，清统治者崇奉喇嘛教，乾隆帝在《喇嘛说》碑文中说得十分坦率：“兴黄教即所以安众蒙古，所系非小，故不可不保护之，而非若元朝之曲庇谄敬番僧也。”④《大藏经》的刊刻，就成为一种重要措施。雍正十一年（1733年）开始刊刻的汉文《大藏经》，乾隆十三年（1748年）完成，又称《龙藏》。乾隆朝内府刊刻的佛教单经品种还有不少，如乾隆十年

① 《高宗纯皇帝实录》卷490，乾隆二十年六月谕，《清实录》第15册，中华书局影印，1986年，第164页。

② 方豪：《中西交通史》，下册，岳麓书社，1987年，第875页。

③ 邵懿辰撰、邵章续录：《增订四库简明目录标注》卷第七，上海古籍出版社，1979年新1版，第278页。

④ 《高宗纯皇帝御制喇嘛说》，《卫藏通志》卷首，第27b－28a页，李毓澍主编《中国边疆丛书》第一辑，影印光绪丙申用写本刊渐西村舍本，文海出版社，1965年。《卫藏通志》撰人未详，旧云和琳，郑天挺疑出于松筠幕府。见郑天挺著《清史探微》，北京大学出版社，1999年版，2001年第2次印刷本，第4页。

（1745 年）刊《大悲心忏》、乾隆三十六年（1771 年）刊《佛母宝德藏般若波罗蜜经》三卷、乾隆四十八年（1783 年）刊《御制大云轮请雨经》一卷等，比之大部头的《大藏经》，自然不可同日而语。

乾隆朝内府刊刻的道教著作不多，仅有寥寥数种，盖与其时道教的社会影响远没有佛教的社会影响大有关。

三、“国语骑射”国策下的满文刊刻

乾隆帝本人有着较高的文化素养，特别对汉文化的了解与吸收都达到了相当深的程度，他又有着十分强烈的民族自尊心理，为了加强满族的统治基础，针对当时八旗官员及其子弟久处太平，骄逸自安，汉化程度日益加深，对满洲旧俗逐渐淡忘的现实，特别提出了“骑射我朝根本”“清语尤为本务”①，规定将清语骑射作为满洲举人会试、官员升黜和宗室王公承袭爵位的条件。乾隆帝亲自指导编纂了一系列满文、满文与其他语文相对照的工具书，同时对满文进行整理规范，满文图书的撰修、翻译、刻印都达到了前所未有的水平。

到乾隆初年，对于《满文老档》的辨识已经困难，所以乾隆六年（1741 年）乾隆帝命内阁大学士鄂尔泰、徐元梦编纂《无圈点字书》，将《满文老档》中难以辨识的无圈点字全部检出，并附上有圈点之新满文，按十二字头排列。乾隆帝非常注意满文的规范化，要求严格，文书中偶然出现笔误等小错，也不放过，必在朱批中给以申斥或矫正。这段时间是满语满文使用的鼎盛时期，刊刻发行了大量书籍，形成了大量的珍贵的历史文献，满语满文发展到顶峰。

乾隆帝认为，康熙时所编《御制满洲蒙古合璧清文鉴》对于不懂蒙文的人仍觉困难，甚至就连他自己，虽然“粗通蒙古语音”，亦感到“蒙文字只有笔画而无圈点”的麻烦。为了学人能够正确地读出蒙文，也为了保留住蒙文的正确发音，乾隆帝下令编纂以满文音写代替蒙文原

① 《高宗纯皇帝实录》卷 138，乾隆六年三月己巳，《清实录》第 11 册，中华书局影印，1986 年，第 987 页。

文的《御制满蒙文鉴》，于乾隆八年由武英殿刊印。

乾隆帝认为，《御制清文鉴》“未列三合切音汉字，注中间采经传成语，以佐训诂，日久易启傅会穿凿之习”，因而对之进行了改编增订，仍然保留满文的释义形式，删掉了“日久易启傅会穿凿之习”的“经传成语”，对于释义则“并取日用常言，期于人人共晓”的态度，以达“不致有拘牵傅会之失”的目的，并且对康熙《御制清文鉴》12 000词条有所增删，“综计续入新定国语五千余句”，又将古官名、冠服、器用、鸟兽、花果等有裨参考者约1 700条别为补编，系之卷末。总计比原书增加了约二分之一，“而新定国语，增入者尤为详备”。于乾隆三十六年（1771 年）编成《御制增订清文鉴》，由武英殿刊印①，共四函四十七册。此书于乾隆四十六年收入《四库全书》经部小学类。②

增订之后，虽然满汉文可对照读出，然蒙文却未能加入其中，于是乾隆帝令阿桂等人，采用乾隆三十六年（1771 年）武英殿刻满汉合璧本《清文鉴》作底本，增加蒙语部分，成为满蒙汉三体合璧之书——《御制满珠蒙古汉字三合切音清文鉴》③，乾隆在序文中云：“向既《增订清文鉴》而行之，与夫穿凿字法，谬寓褒讥，曲解方言，傅会汉语，

---

① 《国朝宫史续编》卷之九十二言为乾隆三十八年校刊，北京古籍出版社，1994 年，第 901 页。

② 江桥：《康熙〈御制清文鉴〉研究》在叙及《增订清文鉴》收入《四库全书》时，并引提要如下：“臣等谨按：《增订清文鉴》三十二卷，补编四卷，总纲八卷，补编总纲一卷，乾隆三十六年钦定御制序颁行。国书字头切音之法，实备形声之用。自圣祖仁皇帝定为《清文鉴》一书，分类编排，体裁大备，而未有音切汉字。我皇上绍缵文明，指授馆臣详加增订。每条标著国语，左为汉字，或一字对音，或二合三合切音，毫发不爽。其右列汉语，又其右音以国书，俾览者皆可成诵。其注释并取日用常言，期于人人共晓，不致有拘牵傅会之失。而新定国语，增入者尤为详备。于以昭示来兹，为万万世同文之准云。乾隆四十六年恭校上。”（北京燕山出版社，2001 年，第 162 页）这不是《四库全书总目提要》的文字，《总目》文字请参中华书局 1965 年版《四库全书总目提要》，第 355 – 356 页，“御定清文鉴三十二卷、补编四卷、总纲八卷、补总纲二卷”条。

③ 关于该书的卷数，《全国满文图书资料联合目录》六 0406、《辽宁省图书馆满文古籍图书综录》（第 121 页）都著录为三十一卷，《综录》更指出此书分类与乾隆三十六年（1771 年）武英殿刻满汉合璧本同，只是卷数由三十二卷改为三十一卷；江桥《康熙〈御制清文鉴〉研究》则说共四函三十二卷册，所引《四库提要》也称三十二卷（第 163 页）；而《四库全书总目提要》“御制满洲蒙古汉字三合切音清文鉴”条（第 356 页，中华书局，1965 年）、（清）庆桂等编纂《国朝宫史续编》（北京古籍出版社，1994 年，第 899 页）均著录为三十三卷。

一切务奇求胜，亦既辩之详矣。兹《三合切音清文鉴》书成，司事者以序为请。夫既有前序，则此可以不必重为。然前而未及蒙古，此书乃并载蒙古，所为异于前书者，是不可以不闻其义。我国家自太祖太宗以来近边诸蒙古部落，久为世臣，而至今则喀尔喀、青海及准噶尔之四卫拉特前后归顺，盖无一蒙古之非我臣矣。诸部语言音韵刚柔虽略殊，而大假则一，即国语虽与蒙古语异，而亦有一二相同者。朕即位初，以为诸外藩岁来朝，不可不通其语，遂习之，不数年而毕能之，至今则曲尽其道矣。侵寻而至于唐古特语，又侵寻而至于回语，亦既习之，亦既能之。既可以为余暇之消遣，复足以联中外之性情。因悟天下之语万殊，天下之理则一，无不戴天而覆地，无不是是而非非，无不尊上而孝父母，无不贤贤而恶小人。彼其于语言文字中，谬存我是彼非。入者主之，出者奴之，不亦仰而唾空，终于自污其面哉！故向有校正《金、元国语解》之命，及制《西域同文志》，壹是义也。虽然，予以为亦无足深怪作金元史者之谰文。何则，彼一类之人尚有越人视秦人肥瘠之言，而况非其类者乎。又况彼实不解其语言音义乎，则又安能保千秋万世后，不解此书者之不又将如作金元国史者之其人乎？前书之序，并命载于后，庶几并观以互相发明也。乾隆四十五年正月十一日。”该书阿桂①等纂，乾隆四十五年（1780 年）武英殿刊印②。至此，满、蒙、汉三种文字的音形对照全部完成。只是这种对译局限于对词目的互鉴，释义则全部删去。因而与原本康熙《御制清文鉴》相比，仅存分类的“骨架”，而无解释词义的血肉，性质上起了很大变化。

而四五体的编纂与满文《大藏经》直接相连。先是借修满文《大藏经》之便，加藏文欲成四体，编修之中又敕命以阿里噶里字并满文字母为藏文注音，并加维吾尔（回）文及其满文注音而成五体。③

清字经馆是乾隆年间专为修满文《大藏经》而设，《清文鉴》处附

---

① 阿桂，字广庭，号云崖，满洲正蓝旗人，乾隆三年（1738 年）举人，官至武英殿大学士。定伊犁、讨缅甸、平两金川皆有功。嘉庆二年（1797 年）卒。

② 《全国满文图书资料联合目录》六 0406、《世界满文文献目录初编》11 155、《辽宁省图书馆满文古籍图书综录》均著录为是年，但（清）庆桂等编纂《国朝宫史续编》（北京古籍出版社，1994 年，第 899 页）却著录为乾隆五十七年校刊。

③ 乾隆四十二年六月清字经馆移付内阁典籍厅文，中国第一历史档案馆藏。

属其下，御制四五体《清文鉴》即由此处产生。较之前面三种，其所增之藏文及为藏文加注之阿里嘎里字①，均与《大藏经》直接有关，是满文《大藏经》的附带产品。

有关御制四五体《清文鉴》产生的年代，过去一般都认为四体是在满、蒙、汉三体的基础上增加藏文而成，而五体又是在此基础上增加维文而成。并由于三体是乾隆四十四年敕撰、四十五年乾隆作序、五十七年校刊发行，② 故而研究者大多推断，四体编纂的开始时间在四十四年之后。③ 至于五体的编纂时间更是众说纷纭。事实上，三体的全称为《满珠、蒙古、汉字三合切音清文鉴》，它的特点是以注音为主，四五体的编纂与其没有直接的关系。乾隆四十二年，四五体《清文鉴》已在编纂之中。而五体是在四体编写中奉旨增加维文及其满文注音，并在原藏文下添注两种注音而成。尔后，两种同时进行④，且五体早于四体成书之年⑤。

至于成书年代，据懋勤殿⑥档案记载，四体于乾隆五十九年出样书，六十年出刻本，且大量刊印。仅懋勤殿于乾隆五十九年十二月至六十年十一月即收此书 60 部。而五体成书，大致在乾隆五十六年，早于四体，但未大量刊印，懋勤殿在乾隆朝仅收存 2 部。⑦

四体、五体两种的编纂均隶属于清字经馆下设的《清文鉴》处。

---

① 阿里嘎里字产生于 16 世纪，是专门为转写藏文经书（甘珠尔经）由阿优西固什编创的一种蒙文注音系统。“阿里嘎里”源于梵文，“阿里”义为元音，“嘎里”义为辅音。转引自江桥《康熙〈御制清文鉴〉研究》。关于四五体《清文鉴》的叙述，多从江桥。

② （清）庆桂等编纂：《国朝宫史续编》卷九十二，北京古籍出版社，1994 年，第 899 -900 页。

③ 黄明信：《有关五体清文鉴的一些历史材料》，载《御制五体清文鉴》影印本正文末，民族出版社，1957 年。

④ 乾隆四十二年六月清字经馆为办理“四体清文鉴内加入回子字改为五体，并于西番字下添注阿里嘎里及满洲单字，回字下添写满洲单字……事”移付即可说明此事。乾隆四十二年六月清字经馆移付内阁典籍厅文，中国第一历史档案馆藏。

⑤ 据中国第一历史档案馆藏宫中档簿记载。

⑥ （清）吴振棫：《养吉斋丛录》卷十七：“懋勤殿为乾清宫西庑之中三楹，内悬基命宥密额。圣祖冲龄读书于此。后为内廷翰林修书入直之地。”，北京古籍出版社，1983 年，第 179 页。

⑦ 中国第一历史档案馆藏宫中档簿。懋勤殿乾隆五十五年十二月初一日至五十六年十一月二十九日新收书籍中已有五体《清文鉴》，而五十八年十二月初一日至五十九年十一月二十九日新收书籍中才有四体《清文鉴》样本一部。可见五体早于四体成书。但翻遍乾隆朝懋勤殿收存书籍档，仅有两部在录。

而此机构属内务府①，设“提调”“誊录”② 等职。为寻找通晓阿里嘎里字者，清字经馆特移付内阁典籍厅，调蒙古堂中书达桑阿速赴馆任事③；内阁中书灵保、瑚松额亦司此职④。四五体《清文鉴》修成，《清文鉴》处随即撤销，然清字经馆尚存。

为了将梵文经咒译成满文，而梵文的语音比较复杂，原有满语语音和满文字母不足，乾隆十三年命允禄等在原有满文字母基础上，又创制了十多个新字母，以用来拼写梵文，并于乾隆十四年底完成。⑤《钦定同文韵统》意图以满文十二字头，作为合声切字的注音符号，用作通注梵、番、汉等文的字音的工具。乾隆帝在《御制〈同文韵统〉序》中说：“粤自切韵字母之学兴于西域，流传中土，遂转梵为华。而中华之字不特与西域音韵攸殊，即用切韵之法，比类呼之，音亦不备。于是有反切、有转注、甚至有音无字则为之空圈，影附其言，浩若河汉，而其绪纷如乱丝。我国朝以十二字头括宇宙之大文，用合声切字而字无遁音。华言之所未备者，合声无不悉具，亦无不吻合，信乎同文之极则矣。间尝流览梵夹，华文笔授充牣支那，而咒语不翻，取存印度本音，以传真谛。顾缁流持诵，迥非西僧梵韵，是岂说咒不译之本意耶？和硕亲王当皇祖时，面承《音韵阐微》之要旨，精贯字母，博涉明辨。爰命率同儒臣，咨之灌顶普善广慈国师章嘉胡土克图，考西番本音，溯其渊源，别其同异，为之列以图谱，系以图说……既正贝叶流传之讹谬，即研穷字母形声之学者，亦可探波罗门书之窔奥，而破拘墟之曲见。书成，名之曰《同文韵统》。”⑥

为使满文字形体多样化和艺术化，乾隆十三年（1748 年）大学士傅恒（1720～1769 年）奉乾隆之命，依仿汉文篆字形体设制满文篆字，作为镌刻印玺和官章之用，凡 32 种，如垂露篆、龙爪篆、柳叶篆、悬

① 《内务府则例》，内务府堂职掌。

② 内阁侍读学士素卜东阿曾任此提调职。马云锦、长龄、内阁中书灵保、瑚松额曾任誊录。中国第一历史档案馆藏内阁蒙古堂档案。

③ 中国第一历史档案馆藏内阁蒙古堂来文档，乾隆四十二年。

④ 中国第一历史档案馆藏内阁蒙古堂来文档，乾隆四十二年。

⑤ 清允禄等撰：《钦定同文韵统》，清乾隆十五年武英殿刻朱墨套印本。

⑥ 《四库全书》240 册，上海古籍出版社，1987 年缩印本。

针篆、乌迹篆、垂云篆等。同年（1748年），武英殿用满文篆字刻印过乾隆御制的《盛京赋》。这种文字在刻版方面难度很大，极其罕见。

为适应满蒙生员学习和参加科举考试的需要，《四书》《五经》等儒家经典的满文译本早有官刻本出版。乾隆即位后，认为有的译本如《诗经》因翻译过早，一些词语为《清文鉴》未收，不很规范；有的译本如《易经》，一些卦名彖象的翻译“对音乏旧，未尽翻意”，为了“嘉惠来学”，“不留余憾”，下令对一批儒家经典重新翻译。乾隆帝对译文十分重视，自称“几余复为折衷是”，“每分帙进呈，丹毫涂乙，不惮往复之。”[①] 这样，《四书》（乾隆六年）、《书经》（乾隆二十五年）、《易经》（乾隆三十年）、《诗经》（乾隆三十三年）、《礼记》（乾隆四十八年）、《春秋》（乾隆四十九年）等一批儒家经典译作相继问世。

乾隆二十年（1755年）武英殿刊印了《御制翻译四书》。《御制翻译四书·序》中说：“国朝肇立文书，六经史籍次第翻译。四子之书首先刊布传习。朕于御极之初，命大学士鄂尔泰重加原定。凡其文义之异同，意旨之浅深，语气之轻重，稍有未协者，皆令更正之。”道出了乾隆皇帝要大学士鄂尔泰等人重新修订经书的目的以及方法。这些殿本经书严格地讲并不是重译，而是一种修订，是“重加厘定”，针对那些文义、意旨、语气稍有未协者。《诗经》的修订者也可能就是鄂尔泰[②]。

乾隆三十三年（1768年）武英殿刻本《诗经》，全书4册8卷，为满汉合璧本。卷首除列有朱熹《诗集传》原序外，还有一篇《御制翻译诗经序》，其文如下：“岁庚辰，馆臣以翻译《易》《书》二经竞，请从事于《诗》。诏之曰：《诗》之教，故与《易》《书》相表里，其义趣所归，亦自有与《易》《书》异者。前圣述经，精微广大，莫不上准

① 分见《易经》《诗经》等满译本御制序。

② 鄂尔泰（1677～1745年）曾奉乾隆之命，将《四书》译成满文，先后多次刊印，有武英殿、聚珍堂、宝名堂等刻本。乾隆七年（1742年），他又将汉文《钦定八旗则例》《钦定兵部则例》和《中枢政考》译成满文。他还校订了《大清太祖高皇帝实录》的满文译本。鄂尔泰，西林觉罗氏，字毅庵，满洲镶蓝旗人，是康熙三十八年（1699年）举人。雍正时，历任云贵总督、大学士兼军机大臣等要职。乾隆初，与张廷玉等总理军务，加至太保。他曾与徐元梦合著《无圈点字书》，这是一部新老满文对照的工具书。

阴阳以明天道，下陈政事以范人为。诸经初无岐指，若乃‘定中’、‘流火’，意亦言天，而不必于言天；唐俭郑淫，意亦言人，而不必于言人。且言之不足，则长言之；长言之不足，则咏歌而嗟叹之。而其闻而兴起者，并不自知其手之舞之足之蹈之。于是说经者流，或苦心孤诣乎语言文字之中，而犹恐其不及；或旁引曲鬯乎语言文字之外，而如觉其有余。曰斯以推，诸经之义，惟是经为近，而译是经之义，惟国书为近。何者？在昔注疏之学，将以明经而卒以晦经。其弊有二：一曰训诂。虫鱼必笺，草木必谱，掇拾饾饤，有味莫知；甚者，以文言比附俚语，而声吻弗肖，毫厘千里者有之。一曰穿凿。不知其人，而必求其人；不知其事，而必实以事；烛笼添骨，益障其明；甚者，臆解不能，则博征曲解，而害辞害意，至不可复解者有之。若夫译以国书，文依本文，义依本义，不待钩章棘句、领胜标奇，而䌷绎循环，俾读者无不饫心切理。更举夫文之所未宣、义之所难显，皆得于抑扬抗坠间；默传其有尽无穷之情状。然后知此编之所裨于诗教。揆诸前二者之所为，妄希扬风扢雅，岂直犹夫莛与楹哉！是经于始祖章皇帝顺治十一年译定初本，体裁已备。阅时滋久，凡《清文鉴》所未赅哲者，参采新定国语，俾揣务极精详。因命分册签题，几余复为折衷是正。越戊子，全帙始竣，爰质言摭其颠委以为之序。乾隆三十三年仲冬月。”这篇翻译序言比较详尽地阐述了翻译满文本《诗经》的重要性及其翻译经过。“岁庚辰”当指乾隆二十五年（1760 年），也就是说从那一年开始便着手《诗经》的再刊，并且在乾隆三十三年（1768 年）完成。这次重刊的本子是在顺治十一年译本的基础上修订的，去掉了一些不大规范的词语而用了一些“新定国语”。

政书方面最有代表性的是《大清律例》的修订。《大清律》最早制定于顺治三年（1646 年），当时清王朝刚定鼎北京，诸事待举，急需一部法律，但时间所限，只能“详译明律，参以国制”来应急。康雍两朝，屡加修订，经过近百年的总结、完善，到乾隆五年（1740 年）命大臣对清律详悉参订，重加编辑，并以满汉两种文本刊布。其后又陆续刊布了《大清律续纂条例》《大清律续纂条例总类》。

《大清会典》是乾隆时期修订的另一部规模宏大的政书。《清会典》

最初成书于康熙二十九年（1690 年），雍正年间又用了 10 年时间进行修纂，乾隆帝即位后，针对康雍两朝所修会典中的一些舛讹疏漏，于乾隆十二年（1747 年）下令重修，对重修会典的目的、要求、体例作了明确指示，并要求稿本缮成一二卷后，即行陆续呈奏，而不用康雍两朝那种“全帙告竣，一并进呈”的办法，可见乾隆帝对此书的重视，乾隆二十九年（1764 年）《大清会典》《大清会典则例》满文本刊布。

乾隆一朝为了强化中央集权统治，加强了建制立法，对各项规章制度广为编纂，不断修订。除上述两部大型律典外，一批则例也相继问世。如《八旗则例》《吏部则例》（乾隆七年）、《兵部督捕则例》（乾隆八年）、《旗务则例》（乾隆三十四年）、《国子监则例》（乾隆三十七年）等。一些则例不断修订，如《八旗则例》初刻于乾隆七年，后于二十九年、三十七年、三十九年、五十年分别续修。这些则例不断修订，反映了乾隆时期的法规制度不断补充完善，是清中央集权制度逐渐强化成熟的标志。

乾隆帝在即位前就熟读史书，深知“以史为鉴”的重要性，所以对史书的编修十分重视。从康熙年间开始，每次用兵之后，都要成立专门机构，将有关军事行动的谕旨奏报编纂成集，是谓“方略”。乾隆一朝，用兵较大规模者有 10 次之多，乾隆帝因之自号“十全老人”，他仿照康熙纂修方略、纪略，译成满文的有《平定准噶尔方略》（乾隆三十五年）、《平定金川方略》（乾隆四十五年）等。此外还用满文刻印了《宗室王公功绩表传》（乾隆二十九年）、《大破明师于萨尔浒》《开国方略》（乾隆五十一年）、《外藩蒙古回部王公表传》（乾隆六十年）等书。

乾隆朝还在各族文字互译《大藏经》上下功夫，乾隆七年（1742 年）至十四年（1749 年）刊刻了蒙文《丹珠尔经》。乾隆三十六年底（1772 年）至五十九年（1794 年），以蒙文《大藏经》为主，兼以汉文、藏文、梵文《大藏经》为底本，翻译刊刻了《清文翻译全藏经》[①]。每一种《大藏经》的刊刻都是一个相当大的工程。对于本族文字的

① 章宏伟：《〈清文翻译全藏经〉书名、修书机构、翻译刊刻时间考》，《法鼓佛学学报》总第 2 期，2008 年，收入《十六—十九世纪中国出版研究》，上海人民出版社，2011 年。

《大藏经》，乾隆帝更是重视，特别提出了“骑射我朝根本”“清语尤为本务”① 的基本国策，乾隆帝认为，“大藏汉字经函刊行已久，而蒙古字经亦俱翻译付镌，惟清字经文尚未办及，揆之阐教同文之义，实为阙略，因特开清字经馆”②，翻译刊刻《清文翻译全藏经》。《清文翻译全藏经》就有 109 函之巨。

总之，乾隆朝内府刊印的满文或满汉两种文字的著作，品类繁多，内容极为广泛。但大多数是把汉籍译成满文，用满文创作的历史、哲学、文学等著作屈指可数，不过数十部，而翻译作品则多达上千种③。据《清代内府刻书目录解题》一书统计，清内府副刊的满文译著共为 208 种，其中经部 22 种，史部 112 种，子部 71 种，集部 3 种，含满汉及满蒙汉等多种文字合璧本，以汉、满对译的作品居多。

四、余论

乾隆帝稽古右文，不遗余力地编刊书籍，不分汉文、满文，内府刊印书籍种类繁多，远轶前代。无论是经史、典律，还是御制诗、佛经，都是统治思想意识和个人情趣的体现，围绕巩固统治，实施治国纲领的目的而展开，反映了清廷对全国文教和学术流派的政策精神。它是统治者加强思想控制的工具，也是指导全国图书出版和文化发展的风向标，对时代学术风气具有引导作用和深刻影响。这些书籍编刻聚皇家的人力、物力、财力，是当时一流的专家学者编纂、雠校而付刻的产物，代表了清盛世文化高度发展的水平，也是中华民族文化宝库中的珍品；乾隆帝又崇尚典雅、追求甚高，举凡前代所有的刻印装潢形式和技术都得到了运用，在刻书的大多数环节上都超越了前代，刻书风格一改明末粗拙板滞之风，所出书字体端秀，纸墨莹洁，刻印俱佳，版画与套印精丽

① 《高宗纯皇帝实录》卷 138，乾隆六年三月己巳，《清实录》第 11 册，中华书局影印，1986 年，第 987 页。

② 中国第一历史档案馆编：《乾隆朝上谕档》（第七册），乾隆三十八年二月初十日，档案出版社，1991 年，第 282 页。

③ 任世铎、屈六生：《满文翻译史话》，《翻译通讯》1983 年第 5 期。

工巧，不仅居于有清一代雕刻工艺的前列，也是中国版画艺术的巅峰，装潢豪华，水平之高、质量之精、品相之优，堪为翘楚，是其他历史时期难与相比的，达到了“尽善尽美”的地步。民国陶湘在评述这一特殊的出版物群体时说：“康、乾两朝百二十年间，殿板之书匪微卑视元、明，抑且跨越两宋。今而后，吾炎黄子孙如竟不读中国之书斯亦已矣，苟非然者，吾取断此殿板诸书直将亘百千年而不敝也。”① 这个评价是有一定的合理成分的。乾隆朝内府刻书确是中国印刷史上的一座里程碑。

① 陶湘：《清代殿板书始末记》，《武进陶氏书目从刊》，第 4 页，1933 年铅印本。

从“天禄琳琅”藏书谈清宫典籍聚散

2015 年是北京的故宫博物院九十华诞。感谢沈阳故宫邀请我来和大家聊聊故宫文化。

北京故宫博物院是在明、清两代皇宫及其收藏文物的基础上建立起来的综合性博物馆。它的文化背景十分特殊。故宫是世界上规模最大的古代宫殿建筑群，占地 106 公顷，共有8 728间房屋，是中国重点文物保护单位，也是中国第一批进入《世界遗产名录》的世界文化遗产。故宫是世界上文物藏品和文化资源最丰富的博物馆之一，有文物藏品 180 余万件（套），其中 93.2% 是珍贵文物，6.4% 为一般文物，0.4% 是资料。故宫的珍贵文物占全国博物馆馆藏珍贵文物的 42.01%。故宫博物院的文物藏品分为 25 大类，基本涵盖了中国古代文化的各个方面，其中 80% 为清宫旧藏，大多属于“传世文物”，传承有序、品相完好，而且历史序列整齐，自成体系，是中华文明精华的代表。

故宫博物院所藏的文物中，图书典籍是重要方面，其中最受注目的是“天禄琳琅”藏书，它是清宫秘藏善本书的精华。

一、“天禄琳琅”在清宫丰富的藏书中最具价值

现在学界一般将明清宫廷连为一体，谈论明清宫廷都以为是自然继承，清代宫廷承袭明代宫廷而来，以为清宫的集藏都是承自明代内府而来，清宫藏书是以明室遗存为基础不断发展起来的。可能存在着严重的误判。毕竟李自成进京以后，进了紫禁城，对明宫有着极大的破坏，临出京时，更是掠夺、破坏，只要是值钱的，大概是掳掠一空，带不走

的、不想要的，就一把火点着了，文献中就有颇多关于李自成焚烧明宫殿的记载，大部分明宫殿被毁，其中就包括文渊阁，损失究竟如何，迄今未见研究。多尔衮率八旗劲旅进入紫禁城，除了紫禁城城垣之外，宫中究竟还有多少财物，也未见有大概的报道。因而，我们有必要分开来阐述明清宫廷的宝藏，谈清廷的宝藏应该将更多的目光放在清宫自身的收罗上面。当然，图书典籍或许是个例外，农民军兴趣不大，余烬为清室接收。

清入关后，开始大量收集图书。顺治初年为纂修《明史》，下令搜采明朝史志，顺治四年（1647 年）命直隶学臣留意访求。康熙二十五年（1686 年）四月，谕礼部、翰林院："自古帝王致治、隆文，典籍俱备，犹必博采遗书，用充秘府。盖以广见闻而资掌故，甚盛事也。朕留心艺文，晨夕披览，虽内府书籍篇目粗陈，而裒集未备。因思通都大邑，应有藏编；野乘名山，岂无善本？今宜广为访辑，凡经史子集，除寻常刻本，其有藏书秘录，作何估值，采集及借本抄写事宜，尔部院会同详议具奏。务令搜罗罔佚，以副朕稽古崇文之至意。"康熙帝还特别指出："今访求藏书善本，惟以经学史乘，实有关系修齐治平，助成德化者，方为有用。其它异端说，概不准收录。"乾隆继位，仿照前代故事，多次下诏征求遗书，时间之长，规模范围之大，数量之多，均超越前代，把清宫征书活动推向新高。如乾隆六年（1741 年）正月初四日，高宗谕内阁："从古右文之治，务访遗编。目今内府藏书，已称大备。但近世以来，著述日繁，如元明诸贤，以及国朝儒学，研究六经，阐明性理，潜心正学，纯粹无疵者尚不乏人，虽业在名山，而未登天府。著直省督抚学政留心采访，不拘刻本抄本，随时进呈，以广石渠天禄之储。"清宫藏书，可谓是统治者提倡文治，尽快融入汉文化的体现。

乾隆九年（1744 年），下令内廷翰林检点内府善本，择其优者移藏于昭仁殿，御笔亲题匾联"天禄琳琅"，悬于殿内。"天禄"取汉朝天禄阁藏书旧事，"琳琅"乃美玉之称，意谓内府藏书琳琅满目，价值非凡。此即是天禄琳琅藏书名称的由来。昭仁殿位于乾清宫东侧，原为康熙帝寝兴读书之所，乾隆以康熙帝起居之地为储书处所，既是纪念，也体现了乾隆帝对这里所贮古籍的至爱。确实，"天禄琳琅"是清宫中所藏宋、金、元、明各代善本书的精华。乾隆四十年（1775 年），大学士于敏中等人对昭仁殿“天禄琳琅”藏书整理后编为《天禄琳琅书目》10 卷，共收书 429 部。其中宋版书 71 部、影宋抄本书 20 部、金版书 1 部、元版书 85 部、明版书 252 部。内有高宗御题宋、金、元、明版书 38 部，分别注其年代、收藏家题识印记，并撰题解。一些流传有绪，尤为珍贵者，乾隆还御笔题记诗章，绘以肖像于卷端，各书首末钤以“天禄琳琅”“乾隆御览之宝”等玺印。

嘉庆二年（1797 年）内廷交泰殿发生火灾，昭仁殿因紧邻而被波及，所有秘本尽化为灰烬。同年嘉庆皇帝为恢复宫廷旧观，立刻敕命重修昭仁殿，并命先将御花园内各殿所藏秘笈宝简移置殿中，同时又从各地陆续征集的许多善本图书中择优入藏其中，于是昭仁殿又复旧观。彭元瑞受命编纂藏书目录。彭氏仿前目体例，越七月书成，凡 20 卷，这就是《天禄琳琅书目续编》，凡收书 664 部，内有宋版御题者 9 部，宋版书 224 部，影宋抄本书 10 部，辽版、影辽版书各 1 部；金版书 1 部，元版书 120 部，明版书 298 部。

此后，道光、同治、光绪三朝都曾对昭仁殿“天禄琳琅”藏书检点、除尘和修补。道光年续编《天禄琳琅书目三编》，但定稿未刊。其四编亦于光绪年着手编辑，终因甲午之战而中辍。

天禄琳琅藏书荟萃了宫中藏书的精华，其中既有明代宫中遗留的宋元旧刻，也有康乾之际访求及臣工进献的善本佳刻，还有某些藏家因祸抄没归公的罕见秘笈。“天禄琳琅”在清宫丰富的藏书中最具价值，有不少是流传有绪极为罕见的古籍，孤本秘笈为世重宝，各书校勘精审、刻印精良、装潢讲究。

清朝国力从勃兴、鼎盛到逐渐衰败，1840 年后外患频仍，第二次鸦片战争中英法联军对圆明园野蛮劫掠和焚毁，圆明园收藏的《四库全书》等善本书籍就未能逃过浩劫。光绪二十六年（1900 年），八国联军攻占北京，大掠三日，继以私人抢劫，清宫文物遭到劫掠或毁损，大内和苑囿等处藏书多遭劫掠。“天禄琳琅”藏书在战乱中幸免于难。

二、“天禄琳琅”流出宫禁

1912年2月12日，隆裕太后下懿旨，颁布《清帝逊位诏书》，决定接受《优待条件》，同意把政权移让民国政府。隆裕太后此举对我中华来说，“德至功高”，堪为“女中尧舜”。遗憾的是，迄今大家习惯认为：1911年爆发的辛亥革命，推翻了清朝统治，中国由此走向共和。清帝退位，是迫不得已之举，大清帝国已是日薄西山、奄奄一息，清帝退位是为了保有一己的富贵，是一对孤儿寡母面对南方革命军的枪炮和袁世凯软硬兼施的权谋下的懵懂应对。

但事实是，清朝非战败而亡。辛亥革命爆发，革命军和清政府军之间发生武力冲突，革命军未见得有完全推翻清政府的武力，清室也未必气数已尽，退位并不是清帝唯一的出路。至少当时清帝有三个选择：一是号召各地勤王，与革命党人一决死战，清国实力究竟如何，还未可知，哪怕是作最后的殊死一搏，究竟鹿死谁手还未可知。二是即使败了，也可学习元朝败于明，退出中原，回到东北，割据一方，照样做他的皇帝，还有蒙古、新疆、青藏。孙中山当年革命的口号就是“驱除鞑虏，恢复中华”。三是退位，这可以说是清帝最差的一个选择。清帝为什么选择退位？是因为“今全国人民心理，多倾向共和。……人心所向，天命可知。予亦何忍因一姓之尊荣，拂兆民之好恶，是用外观大势，内审舆情，特率皇帝将统治权公诸全国，定为共和立宪国体”。而且皇帝有好生之德，为了避免战争，使“人民安堵，海宇乂安”，皇帝退位，“近慰海内厌乱望治之心，远协古圣天下为公之义”。清帝退位，同时交出的是五族同胞对清室的忠诚和一个疆域幅员广阔的大中华版图。基于此，中华民国政府与逊清皇室签署了《关于大清皇帝辞位后优待之条件》，包括：皇帝但卸政权，不废尊号，宗庙陵寝永远奉祀，先皇陵制如旧妥修，并议定优待皇室八条，优待皇族四条，优待满、蒙、回、藏七条。《优待条件》还采用了五族共和的口号，同时也使民国政府成为天命所归，拥有了正统性。应该说，逊帝退位是屈辱的，同时也是光荣的，理应得到民众的尊敬。

确实，民国政府也一直保护清室。根据《优待条件》，逊帝溥仪“暂居宫禁”，依然住在紫禁城保和殿后的“后廷”里，享有“大清皇帝”尊号，沿用宣统年号，享受中华民国对待外国君主之礼遇，从一个小孩成长为一个“阳光”青年，接受了最好的教育，享受时尚生活，照相、电灯、电话，在宫中骑三枪自行车、打网球，和胡适聊新诗，跟庄士敦学习英语，崇尚西方文明，希望能有机会到西方去学习。

皇宫里大量堆积的文物珍宝仍然由皇室占有。逊帝溥仪经常拿一些名贵的字画珍籍赏人，主要是他身边的“师傅们”，如“宣统八年十一月十四日”：赏陈宝琛王时敏晴岚暖翠阁手卷一卷、伊克坦米元章真迹一卷、朱益藩赵伯驹玉洞群仙图一卷、梁鼎芬阎立本孔子弟子像一卷。又如“宣统九年三月初十日”记的单子，上有赏伊克坦、梁鼎芬每人“唐宋名臣像册”一册，赏朱益藩“范中正夏峰图”一轴、“恽寿平仿李成山水”一轴。溥仪后来回忆说：“这类事情当时很不少见，加起来的数量远远要超过这几张纸上的记载。”他又说：“我当时并不懂什么字画，赏赐的品目，都是这些最内行的专家们自己提出来的。”1925 年 3 月 19 日清室善后委员会点查毓庆宫时，发现一份《诸位大人借去书籍字画古玩等糙帐》，是 1920 年记的。“诸位大人”指陈宝琛、朱益藩，下面或有注“收回”，未注“收回”字样的则是“借”而未还的。溥仪对于北京城里掌握实权的人物，遇到他们的生日或新年，都免不了送古玩字画等作为贺礼，如 1923 年曹锟当了大总统后，溥仪送给他一份丰厚的生日礼物。吴佩孚、徐世昌、张作霖等人的生日或新正度岁，溥仪都曾以古玩充作贺礼。1923 年 9 月，日本东京发生大地震，溥仪也选了一批约价值美金 30 万元的古物、字画、珍宝，送交日本驻华公使芳泽谦吉，以代现金作为赈灾之用。

溥仪在暂居内廷期间，不仅大清皇帝“尊号”仍在，而且继续使用宣统年号，仍有内务府、宗人府等衙署操办事务，更有大批太监、宫女等供其役使。要维持小朝廷的局面，亟需庞大的开支，而民国政府的钱款总是不到位，清室不得不拍卖或典押宫内的珍贵文物。1922 年、1923 年，清室曾几次公开拍卖宫中珍宝、金银器。庄士敦说：“这些财宝每一分钟都在被赠送、出售或典押，甚至被偷窃。”

溥仪《我的前半生》中的一段话经常被当作紫禁城内盗窃活动愈演愈烈的例证："那简直是一场浩劫。参加打劫行径的，可以说是从上而下，人人在内。换言之，是一切有机会偷的人，是无人不偷，而且尽可放胆地偷。偷盗的方式是各有不同的，有拨门撬锁秘密地偷，也有根据合法手续，明目张胆地偷。太监大都采用前者方式，大臣和官员们则是用办理抵押或标卖，借出鉴赏，以及请求赏赐等等，即后者合法的方式。至于我和溥杰采用的一赏一受，更是最高级的方式。"当时正值内务府大臣和师傅们清点字画，溥仪就从他们选出的最上品中挑最好的拿，以赏赐溥杰为名，运出宫外。溥杰每天下学回家，必带走一个大包袱，这样的"盗运"活动，始于1922年七月十三日，止于当年十二月十二日，历时整整五个月。运出去的字画古董，有王羲之王献之父子的《曹娥碑》《二谢帖》等，有钟繇、僧怀素、欧阳询、宋高宗赵构、米芾、赵孟頫、董其昌等人的真迹，司马光的《资治通鉴》原稿，有唐王维的人物画、宋马远和夏珪以及马麟等画的《长江万里图》、张择端的《清明上河图》，还有阎立本、宋徽宗等人的作品。古版书籍，是把乾清宫西昭仁殿的宋版明版书的珍本运走了，运出的总数有1 000多件字画，200余种宋元明版书。其中的书多为"天禄琳琅"旧藏，大多著录于《天禄琳琅书目续编》内。1925年7月31日，清室善后委员会在点查养心殿时，发现了一束《赏溥杰单》和一束溥杰手书的《收到单》。溥仪为什么要通过这样的方式往宫外运宝物？应该是为了他出国留学的梦想，出国需要用度，而清室又反对他出国，对于一个充满理想的年轻人来说，或许这是一种解决的办法。至于学界认为溥仪妄图复辟，则属猜度之词，溥仪是没有这个念头的，无人可用，无钱可用，无兵可调遣，如何复辟？而且学界坚持溥仪赏溥杰之举为"盗"，也是毫无道理的，无论从法理还是情理的层面，都不能称之为"盗"。南北议和、清帝逊位后，紫禁城的三大殿交给了中华民国政府，但溥仪还暂居内廷，皇宫里大量堆积的文物珍宝仍然由皇室和内务府占有。为了解决经费困难，小朝廷1922年曾用公开投标的办法拍卖古物，还在向各银行借款时抵押了大量金器古董。不仅溥仪小朝廷认为这些文物珍宝属于自己，甚至民国政府也承认这是皇室的私有财产。1914年民国政府成立古物陈列所，没有文物可以展览，向清室借，从沈阳故宫、承德避暑山庄各借了11万多件文物，运来北京，在文华殿、武英殿展出了从沈阳故宫与热河行宫运来的20万件清宫藏品，后又折价收买，不管价格几何，民国付给了清室多少价款，至少表明民国政府对于清室占有的承认。庄士敦就称，这些艺术品是被“借”来而尚待民国政府购买的皇室藏品。

逊帝溥仪在内廷13年中文物损失最惨重的是建福宫大火。建福宫是乾隆时期建造的一处自成体系的大型宫殿花园式的院落。宫室内收藏着十分丰富的文物珍宝，有皇帝行乐图、帝王御容写真、名人字画、佛经、书籍、金佛、金塔、金银法器以及珍贵铜器、稀有瓷器等，收藏较为全面和系统。溥仪大婚时用的物品和全部礼品，也都存放在这里。1923年6月27日深夜，西花园建福宫失火，园内中正殿及其附近的建筑，连同内里原藏的数万册图书和珍贵文物付之一炬。据内务府所说，烧毁金佛2 665尊，字画1 157件，古玩435件，古书几万册。究竟烧了多少东西，至今还是一个谜。烧成的灰烬里有烧熔的金、银、铜、锡，内务府把北京金店的人找来投标，结果一个金店以50万元的价格中了标。据说当时只是熔化的金块、金片就捡出了17 000多两。内务府把余下的灰烬装了许多麻袋，分给内务府的人们，有人用从麻袋里灰烬提制的金子，做了两个直径和高度均为1尺上下的黄金坛城，施舍给北京两座寺庙。其损失之巨，于此可见一斑。现在普遍的说法是，溥仪决定整顿内务府，清点库房，太监们监守自盗，害怕被查，干脆一不做二不休，在建福宫清点刚开始放火。这种说法没有依据，是猜度之词。罗振玉听闻建福宫大火是溥仪看电影时因胶片燃烧所致，王国维认为这一解释系内务府推卸责任之语，两夜未能成眠。对于建福宫大火，有待继续研究。

1924年9月16日，第二次直奉战争爆发，总统曹锟下令讨伐奉系，任吴佩孚为“讨逆军总司令”，率部进攻据守山海关的张作霖奉军。10月22日夜，直系将领冯玉祥的部队突然倒戈，从滦平前线秘密班师回北京，发动震惊中外的“北京政变”。24日，直系军阀政府被推翻，曹锟被囚，吴佩孚的势力被逐出北京。北京政变成功后，冯玉祥将军被推为国民军总司令，并成立了中华民国临时执政府，由国民军支持的黄郛担任临时执政府代总理，摄行总统职务。

冯玉祥为了给“北京政变”找一个革命的借口，提出驱逐逊帝溥仪出故宫。因为正好张勋搞的那场丁巳复辟提供了消灭复辟祸根的口实。冯玉祥认为，1917 年张勋复辟，破坏共和，捣乱虽在张逆，祸根实在清廷，不取消清室优待条件，不把逊帝请出宫，今后难免有人再搞复辟，共和政体势难安宁。现宜驱逐溥仪出宫，修改优待条件。冯玉祥后来在《我的生活》中说：“这摄政内阁虽是过渡时期的政治机构，但成立后，却做了一件富有意义的事，那便是修改清室优待条件，驱逐溥仪出宫。……在中华民国的领土内，甚至在中华民国的首都所在地，竟然还存在着一个废清皇帝的小朝廷，这不仅是中华民国的耻辱。（稍明事理的人，此时无不以留着辫子为可耻；如今留着溥仪，即不啻为中华民国留了一条辫子，可耻孰甚?）且是中外野心家时刻企图利用的祸根。民六讨伐复辟的时候，我即极力主张扫除这个奇怪的现象，铲除这一个祸根，可是当时竟未如愿。这次入京，便决心以全力贯彻之。在商得摄政内阁的同意后，便令鹿瑞伯去执行。”其实，溥仪此时不过是一个特殊的符号而已。从冯玉祥、清室善后委员会，到今天的学界，一直都在不断地强化“复辟”。冯玉祥自称此举“可告天下后世而无愧”，既可避免“重演复辟之奇祸”，又使“国家得消灭违反共和之隐患”。意图通过此举使北京政变有一个正义的借口，为国民军获得广泛的支持，以维持其对首都的控制。11 月 4 日，冯玉祥召京畿卫戍司令鹿钟麟、警察总监张璧到国民军总司令部驻地旃檀寺面谈。那天鹿钟麟患感冒，张璧一人前往。《冯玉祥日记》记述：11 月 4 日下午“一点半，张玉衡来，余言，步兵当急移于城外，并即日请宣统出宫，以免段芝泉来后重生枝节”。张璧以为：这件事过于重大，应当由内阁下命令方好。否则由卫戍司令部和警察厅自行办理，容易引起外人误会。当晚，摄政内阁立即召开内阁会议，通过促溥仪自废尊号，出离故宫，并修改优待条件。修改清室优待条件由黄郛提出，经摄阁国务会议共同商定原则，由司法总长张耀曾即座起草，黄郛斟酌修改。并令京畿警卫司令鹿钟麟、京师警察总监张璧负责执行，“清室应该按照原先优待条件第三条规定，即日移出宫禁”。张璧列席了摄政内阁会议。散会，已夜半。张璧马上去天安门内的鹿钟麟驻地，传达了冯玉祥和摄政内阁会议的决定。约好第二天 8 点到鹿钟麟处会齐出发。

次日，鹿钟麟、张璧执行任务前，为避嫌，“乃用电话约李先生（李煜瀛）来天安门，告诉他请他作证的意思。李先生慨然应允，乃同入宫。时已九点钟矣。张等已调保安队两队及军士多名分布于神武门外。当时守卫故宫外之护军已调往北苑改编，景山已换国民革命军绍英驻守”。黄郛组阁时曾拟请李煜瀛出任教育总长，李煜瀛以不做官而婉拒。李煜瀛的出现最终导致了故宫博物院的诞生。

至神武门，鹿钟麟、张璧二人率领国民军 20 多名士兵和 40 多名警察，步行由西筒子而入。未到隆宗门即遇内务府之绍英等人。绍英等人和溥仪商议后，同意《修正清室优待条件》，“但迁往颐和园，需要修理，不是仓促所能办到的事，需容其三个月”。后表示“三个月搬家可以改为一个月”，再将一个月减十天，最后说“收拾物件需三天可以完毕，到彼时方才可以搬家”。这时李煜瀛说：“物品不必收拾，有关历史文化之物品，以不搬走为是，因系国宝，不宜归一人一姓，你们今天出去后，只将无职守的太监开去，各宫殿仍旧归原看守人看守，并加封条，以专责成。”当时具体执行的鹿钟麟、张璧，始终注意令溥仪即日出宫，而未曾想到文物的处置。而李煜瀛长期在法国生活，对法国大革命后兴起的博物馆相当熟悉，才有了这样的插话。李煜瀛的这句话提醒了鹿钟麟他们，除了让溥仪出宫，还要考虑文物的处置，有关历史文化价值的东西当收归国家所有。这是初次谈及文物，这句话成为以后财物分公私，以及日后成立故宫博物院的前提。这时双方已争辩许久，下午 3 点多钟，摄政王载沣得溥仪通知来到故宫，感到再坚持不搬已不可能，且有风险，力主即刻出宫。下午 5 点来钟，“溥仪及他的后妃，后面跟随宫女太监多人，最后是绍英等四人，最后面是摄政王，步行由御花园而出”，乘坐国民军司令部为之预备的汽车，前往后海北岸的醇亲王府。溥仪出宫后，留守故宫的国民军士兵和警察，会同清室内务府人员，逐一为溥仪及其后妃住所、各个存储文物、物品的主要宫殿和场所都贴上封条，加了锁。

学界普遍认为，驱逐溥仪出宫是完成辛亥革命未成的事业，得到当时人们积极的欢迎，并以出宫次日北京全城挂灯笼放爆竹为证。殊不知这些行为是执行的京师警察厅的命令，并不能代表民意。冯玉祥驱逐溥仪出宫事件受到了社会各派的广泛关注，对冯玉祥之举各派评价不一，从中也反映了他们对民主共和的不同认识。段祺瑞就公开表态斥责冯玉祥以“横暴手段”驱逐溥仪的举动有损共和，修正“优待条件”是不正当的行为，称“皇室优待条件，乃于列国环视之下所缔结者，近冯氏对于毫无抵抗能力之宣统，竟以横暴手段强迫改正，余实难以同意”。段氏又在接见清室代表载洵时表示“办理清室出宫事件，类于孩提之胡闹”，并派代表向清室致歉。而自由派知识分子对冯玉祥之举评价不一。周作人、钱玄同、王世杰、周鲠生、李书华、李宗侗均表示赞同，认为冯玉祥此举是合情合理的行为。他们赞成冯玉祥的当机立断，认为此举完成了革命未竟之业，铲除了复辟的一大祸端。同时周作人与钱玄同又有着借探讨问题之机对国民进行思想启蒙的深层思想动因；而“并不主张王室的存在，也并不赞成复辟活动”的胡适11月5日致函外交总长王正廷，认为“堂堂的民国，欺人之弱，乘人之丧，以强暴行之，这正是民国史上的一件最不名誉的事”。胡适发出此信后，还亲赴醇亲王府向溥仪表示慰问，声称“这在欧美国家看来，全是东方的野蛮”。认为冯玉祥以暴力替代程序，有损于民主共和，因此更注重从法理层面探讨问题，体现了其对建立法治国家、维护民主权利的要求。

但溥仪为首的逊清皇室已经彻底离开了紫禁城，不管冯玉祥的出发点是什么，结果已经出来了，紫禁城后来因此被改建为故宫博物院。历史上，往往动机与结果是分离的。

黄郛内阁行动迅速，自始至终都在抓紧处理溥仪出宫后的善后问题。溥仪出宫当天下午，摄政内阁开会，专门研究溥仪出宫的善后问题。议决事项主要有：清室善后委员会（以下简称善后会）组织条例草案，善后会委员名额、人选，各种善后问题的处理等。11月7日，发布“大总统令”：“著国务院组织善后委员会，会同清室近支人员协同清理公产私产，昭示大公。所有接收各公产，暂责成该委员会妥慎保管。俟全部结束，即将宫禁一律开放，备充国立图书馆、博物馆等项之用，藉彰文化，而垂永远。”11 月 14 日，《政府公报》上公布《办理清室善后委员会组织条例》。国务总理聘请李煜瀛为委员会委员长，聘任汪兆铭（由易培基代）、蔡元培（由蒋梦麟代）、鹿钟麟、张璧、范源濂、俞同奎、陈垣、沈兼士、葛文濬、绍英、载润、耆龄、宝熙、罗振玉等十四人为委员。后五人为清室方面指定。

11 月 19 日，北京 8 所高等学校的代表召开联席会议，赞成组织善后委员会，并希望成立一完全美满之图书馆、博物馆，由国家直接管理，并邀集各机关参加监视，期在公开保存，俾垂永远。摄政内阁教育总长易培基谈话，表示了顺应民意的态度：余意拟成立一国立图书馆和国立博物馆以保管之，地址即设在清宫中，唯组织须极完善，办法需极严密，以防古物意外损失。11 月 20 日，清室善后委员会筹备就绪，宣告成立，李煜瀛就委员长职。

溥仪出宫以后，清室遗老旧臣一直鼓噪不休，妄图恢复旧的“清室优待条件”，使溥仪重入故宫。1924 年 11 月 28 日，溥仪之“内务府”致函北京临时政府内务部，声明“所有摄阁任意修正之五条件，清室依照法理不能认为有效”，并否认清室善后委员会。同日，溥仪函各国公使求援，并对《顺天时报》记者发表谈话称：“此次国民军之行动，以假冒国民之巡警团体，武力强迫余之签字，余决不如外间所传之欣然快诺。”

1924 年 12 月 6 日，汪精卫、丁惟汾、邵元冲、张继、戴季陶、李煜瀛、孙科、马伯援、焦易堂、王用宾、王法勤共 11 人在天津张园举行会议，讨论北京政局诸问题，主张：清室问题须依照摄政府所定修正优待条件由清室善后委员会继续办理。

12 月 20 日，李煜瀛召开善后委员会第一次会议，通过《点查清宫物件规则十八条》，从登记、编号到物品挪动，建立了严格的监督机制和责任制。规定在室内工作时，不得吸烟（规则第十二条）；要求点查工作以不离开物品原摆设之地为原则，如必不得已，须挪动位置者，点查完毕后即须归还原处，无论如何，不得移至所在室之门外（规则第八条）；要求每种物品上均须粘贴委员会特制之标签，登记物品之名称及件数，凡贵重物品并须详记其特异处，于必要时或用摄影术，或用显微镜观察法，或其他观察法，以防抵换（规则第七条）；等等。点查规则相当的周到、严格，从制度上对参与清查文物的工作人员做出了规范，即使有人想偷盗也不可能，使得故宫文物在点查时得到了较好的保护。严格的制度也防止了宫外人员染指故宫文物，冯玉祥的士兵，哪怕是高级军官也不准入宫。会议决定23日起点查清宫物品。

22日下午，清室善后委员会在神武门召开点查预备会，会前收到国务院内务部转来的一道公函："奉执政谕，据报清室善后委员会于本月二十三日点查清宫物件，现清室善后之事，政府正在筹议办法，该委员会未便遽行点查，着内务部暨警卫司令部即行查止。"对这种无理的要求，委员们群情激愤，李煜瀛强烈反对，主张"反抗执政府此种违反民意不合手续之命令"，并让人起草信函，答复内务部，转达执政府，表示点查工作"万难中止"。

23日上午，担任点查清宫物品任务的人准时到神武门内集合，然因警察未到，不合《点查清宫物件规则草案》规定，未实行点查。24日上午，点查工作正式从乾清宫、坤宁宫开始。虽然清室代表无人到会，但善后委员会还是立即着手点查宫内物品。其他宫殿的点查工作也随着开始了。

以往大家说"段祺瑞与清室的遗老遗少们沆瀣一气，采取种种卑劣手段阻挠点查工作的进行"，是没有事实依据的。段祺瑞在辛亥革命、"洪宪帝制"和"张勋复辟"这三个与"共和制"命运攸关的重要事件中，能够在关键时刻主张共和、反对帝制，在当时发挥了积极的作用，产生了深远的影响。段祺瑞也没有想染指、接管故宫。段祺瑞在当上执政后，就对新生的清室善后委员会给予了极大的支持，作为"三造共和"首勋的段祺瑞，自然清楚故宫博物院的意义，更何况博物院是在他任上成立的，因而他的态度是十分明确的，给予充分的尊重和积极的支持。至于染指、觊觎故宫宝物，当时举世瞩目，恐怕是想都不敢想的。

12月24日，段祺瑞为处理故宫事宜，就清室善后委员会问题，召开国务会议议决办法五条：一、原有之委员仍旧。二、各部长官每日须有一二人前往察看。三、各部遴派重要员司四人会同点查；但每日非有二人到会不可。四、清查应需之经费由财政部指拨。五、清查章程有应酌改者，会商委员会酌改。段祺瑞在呈折上亲笔批了“可，如拟办”四字，这是清室善后委员会在其组织者摄政内阁下台后得以合法存在的法律依据，也是“故宫”日后能够名正言顺在历史上存在的最关键的一个文件，并且第一次点查费就拨给了2 000元。

点查清宫物品，以宫殿为单位，而顺序则由入口左侧起，逐件编号，依序录登。因清宫殿堂众多，善后委员会遂将各宫殿按“千字文”编号，如乾清宫为“天”、坤宁宫为“地”、南书房为“元”、上书房为“黄”等。物品的编号有总号、分号之别：橱柜箱架各为一总号，以中文书写；置放其内之物则属总号之下的分号，以阿拉伯数字记之。点查作业以组为单位，派赴各宫殿点查，谓之“出组”。每次清点，除工作人员外，还有军警参加，最多的参与者近 20 人。每组各有一张担任职务签名单，称为“组单”，上列六大工作项目：查报物品名目、登录物品、写票（据点查登录簿所记编号写成票签）、贴票（将票签粘贴或悬挂于物品上）、事务登记、照像（重要物品需照像）。

清宫物品点查从 1924 年 12 月 24 日以后，在将近 10 个月中已做大量工作，清宫中大多地方的物品得到初步的点查，由善后委员会陆续编辑出版《清宫物品点查报告》向社会公开。这次点查工作，对于故宫由皇宫向博物馆的转变起了推动作用。

1924 年 12 月 22 日，根据善后会组织条例中第四条规定，成立了以易培基为主任的国立图书馆、博物馆筹备会，着手建院的准备工作。清宫物品点查过程中，李煜瀛等人考虑到故宫“关于历史文化者甚巨”，只有把这项“革命事业”渐进为“社会事业”，方不致“受政潮之波动”的影响。李煜瀛早年“在赴法留学时，在巴黎见到法皇的狼宫，在法国大革命后改成罗浮博物院，也就是狼宫博物院。这引起了他的注意，想回国革命成功后，将清宫改为博物院”。可以说，李煜瀛建立博物院的想法由来已久。成立博物院得到了段祺瑞执政府的支持，不仅阁议委员会仍旧，并派各部长官每日前往察看，各部遴选四人会同点查，且每日非有二人到会不可。清查所需经费由财政部指拨。

1925 年 9 月 29 日，李煜瀛召集清室善后委员会会议，讨论并通过了筹备会起草的《故宫博物院临时组织大纲》及《故宫博物院临时董事会章程》《故宫博物院临时理事会章程》，决定以溥仪原居住的清宫内廷为院址，成立故宫博物院，不许溥仪复宫，保护国宝安全；考虑从清宫接收的公产多为古物和图书，而世界各大博物馆也大多包括古物及图书文献，因此规定博物院设“古物”“图书”两馆，采取董事会监督制和理事会管理制，并对董事会、理事会的职权与义务作出了详细的规定。议定在具有特殊纪念意义的 10 月 10 日下午举行故宫博物院开院典礼。

经郑重遴选，讨论聘定了第一届董事及理事名单。严修、卢永祥、蔡元培、熊希龄、张学良、张璧、庄蕴宽、鹿钟麟、许世英、梁士诒、薛笃弼、黄郛、范源濂、胡若愚、吴敬恒、李祖绅、李仲三、汪大燮、王正廷、于右任、李煜瀛等 21 人为董事，都是政界、军界、学术界的名流，在社会上有着显赫的地位和影响力。有的人（如严修）虽被推为董事，但本人并没有接受，这可能是临时董事会没有召开，没有推举董事长的一个原因。据《故宫博物院临时理事会章程》，理事会作为决策中心执行全院事务，分馆务、总务两种。馆务由古物馆、图书馆处理，总务设总务处处理。“第二条　本理事会所属古物馆、图书馆，各设馆长一人、副馆长二人，馆长、副馆长为当然理事”。“第三条　除上条当然理事外，其余理事，由筹备主任就清室善后委员会委员中聘请之”。临时理事会以理事 9 人组成，即：李煜瀛、黄郛、鹿钟麟、易培基、陈垣、张继、马衡、沈兼士、袁同礼。公推李煜瀛为理事长，主持院务。李煜瀛、黄郛、鹿钟麟三人显然是据第三条聘请的，只是黄郛并不是清室善后委员会委员，估计大家认为，清室善后委员会是在黄郛担任摄政内阁总理任上成立的，聘请他为故宫博物院理事，虽然与章程不符，但大家都不会提异议，因而才有了与章程的矛盾，大家也都视而不见。后六位显然就是古物、图书二馆的馆长、副馆长。

现在学界普遍认为，善后会是执行 1924 年 11 月 7 日黄郛摄政内阁命令，组织故宫博物院。固然。但要知道，黄郛摄政内阁早已下台，如果做事都能执行前任政府命令，还用换政府吗？即便“萧规曹随”，执行的也是曹的政策。因此，故宫博物院的成立绝对不能说是执行 1924 年 11 月 7 日“大总统令”中的设计，故宫博物院的成立是冯玉祥、黄郛摄政内阁驱逐溥仪出宫这个因结的果，但其之所以在1925年得以成立，则离不开段祺瑞执政府的支持。

以往研究故宫博物院史的论著，都强调故宫博物院成立的非政府性。确实，现在还没有发现具体的北洋政府成立故宫博物院的档案文献，但笔者在研读相关文献时，越来越倾向于故宫博物院的成立是政府行为。吴瀛说：“执政府会同清室善后委员会拟订了开幕典礼主席团名单，黄郛执政将亲自出席，公推德高望重的长者庄蕴宽担任主席，并请李煜瀛（石曾）专题发言，介绍故宫。”吴瀛是故宫博物院成立的亲历者，他当时是北洋政府内务部警政司第三科科长，主要职责是对废帝溥仪与“清宫”事物的监管，从他的回忆录可以看到，1924、1925年，有关故宫事宜，在政府层面，他是具体办事者。吴瀛是有史家做派的人，他的记述应该是可信的。我们可以这么理解，善后会就是政府成立的，虽然不占编制，但是政府任命、经内阁商定、政府负责相关费用，自然属于政府行为，善后会照章行事，得到政府的积极支持与配合，段祺瑞不仅批准了善后会点查清宫物品，成立故宫博物院实际上也是段祺瑞批准和支持的。不然，就不会有“执政府会同清室善后委员会拟订了开幕典礼主席团名单”，并确定开院典礼的相关议程。

1925年10月10日下午2时，故宫博物院开幕典礼在乾清宫前隆重举行，庄严宣告故宫博物院成立。朝野各界要人出席了典礼。这一天是中华民国的国庆双十节，开幕典礼的讲话，充分揭示了故宫博物院的意义。

驱逐溥仪出宫、建立故宫博物院，将紫禁城这座昔日皇帝居住的禁区，变为人民百姓自由参观的场所，实际上是一座国家博物馆，它代表的是一种由国家权力所认可的主体记忆，是去除帝制合法性的途径，向民众渗透破除帝王权威、去除旧有势力的观念，严重地摧毁了皇家权威和尊严。展现的虽是“文化遗产”，打造的却是政权合法性，强烈地传输了“革命”的意识形态，并将“共和”与“革命”画上了等号。同时塑造了现代文明的一个样板，开辟了中国博物馆事业的新纪元，在当时的社会及现代中国产生了巨大的效应，产生了诸多积极的作用。故宫博物院的成立是中国博物馆事业走上正轨的开端。故宫博物院院长马衡曾谈及故宫博物院成立的重要性："吾国博物馆事业，方在萌芽时代。民国以前，无所谓博物馆。自 1913 年政府将奉天、热河两行宫古物移运北京，陈列于武英、文华二殿，设古物陈列所，始具博物馆之雏形。此外，大规模之博物馆尚无闻焉。有之，自故宫博物院始。"台北故宫博物院院长蒋复璁说："在十六年（1927 年）国民革命军北伐未到达之前，这个故宫博物院象征着革命力量已经到达了北平。"

三、宫藏"天禄琳琅"南迁

1928 年，国民政府颁布了《故宫博物院组织法》，这是中国历史上第一部有关博物馆的法律，它与《故宫博物院理事会条例》这两份文件在故宫博物院的发展史上具有十分重要的意义，标志着博物院已由草创走向成熟，也是中国博物馆事业走上正轨的开端。

1931 年，日本帝国主义发动了"九一八事变"，占领我东北，平津震动，华北告急。一旦日军入侵华北和平津，故宫博物院的文物就有在战火中被劫被毁的危险。鉴于日军侵略气焰方炽、时局不断恶化，故宫博物院理事会认为，万全之计，就是把文物转移到安全的地方。于是经理事会讨论决定，并报国民政府同意，选择院藏文物中的精品，迁往上海储藏。

文物南迁的准备工作，一是选择文物精品，二是做好装箱工作。古物馆、图书馆、文献馆三馆各负责本馆文物精品的装箱准备，秘书处则负责办理散置各宫殿的文物。古物方面集中装箱的以书画、铜器、瓷器、玉器为主，数量也最多，其他同时装箱的象牙、雕刻、珐琅、漆器、文具、陈设等工艺类文物，也占相当数量；图书方面，主要有"天禄琳琅"图书，文渊阁《四库全书》，摛藻堂《四库荟要》，文渊阁、皇极殿、乾清宫所存《古今图书集成》等；文献方面，主要有档案、册宝、舆图、图像、乐器、服饰等。

故宫文物南迁及南迁文物运台已为人们所熟知。不少人以为，当年故宫博物院的文物都南迁了，而其中的精品又都运到了台湾。这自然是个误解。南迁古物，当时决定尽量挑选精品，事实上未能完全做到。各库藏品数以万计，大量珍品贮藏其间，大部分仍保存未动，有的库甚至整库文物未动。同时各个陈列室须要维持正常开放参观，就要保留一定数量的展品。有的装箱人员因对文物缺乏研究，留下真品，选走伪品。有的虽系精品而因故未及装箱的。有的当时视为伪作，有意未装箱的。还有虽系珍贵文物，过去不为人知，或藏置于次要处所，当时未找出装箱运出。还应看到，南迁文物的挑选，因受包装及运输条件的限制，凡是大件的物品（玉器、陶瓷、书画等俱有）都未运走，而且囿于当时的认识水平，还多从传统的古董商人的角度看待文物，重视文物的市场价值，缺乏文化史、艺术史的眼光，因此挑选南迁文物时，难免有偏颇之处。但“天禄琳琅”藏书是毫无疑问地全部打包装箱。

1933 年 1 月，日军进入山海关，并进攻热河省和长城各口，华北地区面临更加险恶的局势。故宫博物院理事会决定，立即将已装好箱的文物，分批南迁上海，并派人去上海租赁库房准备存储迁沪文物。2 月 6 日，第一批南迁文物起运，以后，又经过约四个月的时间，到 5 月 15 日止，共运出文物五批。

附随故宫文物南迁的，还有古物陈列所、中央研究院、颐和园等单位的文物。

南迁文物运储上海后，同时在南京抢建库房。1936 年 8 月，南京朝天宫文物库房建成，当年 12 月投入使用，存于上海的文物分批转运到南京新库房储存。但仅仅半年时间，日本侵略者在北平发动“七七事变”，接着在上海发动“八一三事变”，中日战争爆发，南京情势日趋紧急。刚刚转迁到南京库房的南迁文物，又根据行政院命令，再次避敌西迁，向后方疏散。文物西迁转移以后，随同西迁文物到后方的工作人员，分散在贵州安顺，四川重庆、乐山、峨眉等四处。在重庆设立总办事处，由院长马衡率领一部分人驻守；文物的日常保管与维护工作，则由安顺、乐山、峨眉三个办事处的工作人员分别负责。1944 年 12 月，安顺办事处所管文物运到四川巴县境内储存，同时设立故宫博物院巴县办事处，撤销安顺办事处。

1945 年 9 月抗日战争胜利后，战时状态结束，故宫博物院奉命复员。散储在乐山、峨眉、巴县三处库房的文物箱件，从 1946 年 1 月下旬开始起运，直到 1947 年 3 月 6 日，全部集中到重庆，暂存约两个月，便开始向南京转运，到 12 月初结束，历时将近半年。从 1937 年 11 月开始西迁文物转移储存，到 1947 年 6 月全部东归南京，这批文物在后方整整过了 10 年，在这 10 年间的分散保管时期，经历了难以想象的困难和艰辛，文物没有较大的损伤，创造了第二次世界大战时期人类保护文化遗产的奇迹。

1948 年 9 月以后，国内政治军事形势变化很快。中国人民解放军发动的辽沈战役行将解放东北全境，平津战役与淮海战役正在准备进行之中。平津被围，徐蚌紧急，南京岌岌可危，南京国民政府准备逃往台湾。11 月 10 日，兼任故宫博物院理事长的翁文灏（为国民政府行政院长）邀集常务理事朱家骅、王世杰、傅斯年、李济、徐森玉等，以谈话会的方式密议，商定选择故宫精品，以 600 箱为范围先运台湾，而以参加伦敦艺展的 80 箱为主。在会上，朱家骅以教育部长身份提出国立中央图书馆的善本书、傅斯年以中央研究院历史语言研究所所长身份提出该所收藏的考古文物亦应随同迁台。迁运的筹划工作由理事会秘书杭立武（时任教育部政务次长、中央博物院筹备处主任）负责。后中央博物院筹备处亦决定选择精品 120 箱，会同故宫文物运台。接着，故宫博物院与中央博物院筹备处理事会合议，决定，第一批文物运台之后，应尽交通工具之可能，将两院其余藏品，一并运往台湾。但因形势的急转直下，只运走了一部分。

运台文物共三批。自第三批文物运出后，南京政府代总统李宗仁下令阻止故宫文物运出，第三批乃成最后之一批。南迁的“天禄琳琅”藏书共 327 种，全部装运到了台湾，最后落脚于台北，至今仍完好地保存在台北故宫博物院。

四、溥仪身边“天禄琳琅”的归宿

溥仪于 1925 年 2 月 23 日由北京前往天津，在日租界的张园住了 5 年，后又搬到陆宗舆的私宅静园住了两年。园子挂有“清室驻津办事处”的牌子，园子里使用的仍是宣统年号。溥仪之前“偷运”出宫的书籍、字画，存放在天津英租界戈登路的一栋楼房里。在天津期间，这批文物被卖了几十件，卖了什么，无账册可稽。

日本帝国主义侵占我东北后，于1932年3月9日在长春制造了“满洲国”，扶持溥仪为“执政”，年号“大同”。同年9月，伪满洲国和日本政府签订《日满议定书》，确认了日本对该地区的殖民统治。1934年3月称“满洲帝国”，“执政”改称“皇帝”，年号“康德”。1945年，这个傀儡政权随着中国抗日战争的胜利而被摧毁。

在溥仪到达长春之后，他“偷运”出宫的古物便由日本关东军司令部中将参谋吉冈安直从天津运至长春伪皇宫内。

1945年8月10日，日本关东军司令小田乙三宣布伪满洲国迁都通化，通知溥仪马上启行。溥仪即作准备，要求把重要的文物装箱。古籍因太多未携带外，手卷等珍品又经过一次再挑选，把最珍贵的装成57箱，现打的白木板箱子。溥仪随身携带的珍宝，装在一个原装电影放映机的皮匣子里，除了乾隆皇帝的田黄印石等少数古物外，大部分是黄金、白金的制品和钻石、宝石、珍珠之类的珍宝。溥仪一行带着这些珠宝书画等逃到了与朝鲜仅一江之隔的通化临江县的大栗子沟。这里是一座煤矿，溥仪住在日本矿长的住宅里。8月17日夜晚，在大栗子沟矿业所的职工食堂，溥仪举行了简单的退位仪式，念诵了“退位诏书”。溥仪拟逃到日本，在大栗子沟又把随身物品作了整理，只带了一个内装珠宝首饰和小件古文物的手提箱及一个皮包，但刚坐飞机到达沈阳机场，苏军的飞机就到了，溥仪一行全部被俘，第二天被押往苏联。溥仪逃走后，遗弃在大栗子沟还有男女眷属百十来人；11月份，还剩下的四五十人住到了临江县一个朝鲜式旅馆里。溥仪的随侍严桐江下令，所有书画手卷分散交个人保存，每人3至4件不等。过了10天左右，东北民主联军派代表来接收，严桐江等把木箱中的珍宝及古文物都交出了，绝大部分人也把保存的手卷交了出来，但也有个别人没有全交。收缴的这些文物交东北人民银行保管。这批文物，有100余卷法书名画，包括晋、唐、五代、宋时的名家佳作，大多数是《石渠宝笈》所著录的乾隆皇帝鉴赏的名品，其余珠宝玉翠之类，也都是宫中的上乘珍玩。例如，王羲之书、宋高宗题跋的《曹娥碑》，唐阎立本画的《步辇图》

《萧翼赚兰亭序》，唐欧阳询的《梦奠帖》《行书千字文》，唐张旭的《草书四帖诗》，唐怀素的《论书帖》，五代黄荃的《写生珍禽图》，南唐董源的《溪山积雪图》《潇湘图》《重溪烟霭图》《夏景山口待渡图》等，以及宋张择端的《清明上河图》等等，都是见于《赏溥杰书画目》的。1948 年，东北银行将这批文物移交东北行政委员会的东北文物保管委员会。

贮放古籍及书画的小白楼，在溥仪一行匆匆出逃长春之后，遭到了守护伪皇宫“国兵”的哄抢，大批书画被偷运，为了争夺国宝，有的大打出手，有的为了争夺一卷而撕成几段。例如米芾的《苕溪帖》，包首锦一段不知去向，引首是明代李东阳 70 岁高龄的绝笔手书篆文“米南宫诗翰”五字，被人撕去，帖心、前隔水、后隔水，被揉成一团，完全变形，书心被撕毁了一大块，残缺 10 字。这批国宝绝大多数由执勤“国兵”抢劫，成为有名的“东北货”，流散出来后，大部分流往关内，一部分再经香港等地流往国外。

从长春流失的国宝秘籍，人民政府通过多种渠道接收、搜集和收购，大部分拨交北京故宫博物院收藏，一部分则交当地相关部门管理，最后正式接收。曾参与这项工作的杨仁恺回忆说：“从溥仪携逃时所获的国宝中，拨归前东北博物馆接收典藏，名正言顺，本无问题。而东北博物馆从全面考虑，将全部珠宝玉翠转交沈阳故宫，也是出于全局观点，值得称许。1952 年，清理及回收长春伪宫散佚历代法书名画，从数与质的方面说，不减于溥仪携逃的分量。后来，全数上缴国家文物局，转拨故宫博物院。”

相对于古书画，贮藏在长春小白楼的古籍则幸运多了。原因是这些书籍体积较大，不好携带，“国兵”们也不知道这些宋元珍本的价值。这些书基本上保存完好，损失不大。国民党占领长春后，国民政府东北接收大员张嘉璈接收了 13 箱珍本秘籍，多属《天禄琳琅》丛书，交给了当时担任沈阳故宫博物院筹委会主任委员、东北文化接收委员会主任委员的金毓黻。金毓黻请故宫博物院接收这些书籍，故宫也表示同意，最后由东北行营经济委员会正式移交。故宫博物院接收了这批珍籍，又接收了文管会和北平图书馆送来的《天禄琳琅》旧本《经典释文》：

查本月十三日，本馆在绛雪轩，接收沈阳博物院归还北平故宫已佚书籍，按照清册查对，除点收八十二种，一千二百四十一册外，其因版本重复，退回该院者七种，共二百一十五册，均经分别造具接收、退回两种清册各四份，随函送请分别存转。又于十五日前往文管会，接收《经典释文》三函，十八册，及北平图书馆原藏该书五册，共二十三册。

故宫博物院马衡院长还特地致书北平图书馆：

文管会交下《经典释文》二十三册，其中一册原为贵馆所藏，今交还本院，俾天禄琳琅旧藏复还故宫，本院受此鸿惠，至深感谢，除派员前往领收外，特函申谢！

1948 年 5 月至 9 月，东北文管处先后多次运送文物到北平，由故宫博物院接收，存放在景山禧雨殿，其中，皇宫秘籍包括：清历朝玉宝、玉册 101 包；汉文《清实录》原本 85 包；满文《清实录》原本 65 包。

1949 年 3 月 31 日，已改任沈阳博物院筹备委员会主任委员的金毓黻，致函故宫博物院，请求将运到北平已由北平故宫存藏的国宝秘籍包括宋元珍本和玉宝、玉册、《清实录》等，运回沈阳。经中国人民解放军北平军事管制委员会文化接管委员会同意，由管委会主任周扬、副主任陈微明签发公函，调回这批珍贵文物。故宫博物院同意把玉器、缂丝、古钱文物交还，4 月 14 日交点清楚，其中包括原为朱启钤“存素堂”的一批珍贵丝绣。但是，北平故宫坚决不同意将古籍交给沈阳，因为这是宫中出去的。北平故宫在给北平军事管制委员会的函件中说：

查三十三年（1946 年），前东北行营经济委员会查获宋版书籍多种，计九十二种，一千四百四十九册，由张嘉璈主持移交前教育部清理战时文物损失委员会东北区代表金毓黻接收保管。当时，本院查知该项书籍，全部均系清逊帝溥仪携带出宫之文物，是载在本院所印行之《故宫已佚书籍书画目录》，是天禄琳琅所藏之国有瑰宝，与本院之历史关系极为重要，曾一再申请交还本院统一保管。乃前教育部不察实在情形，狃于偏见，竟视为普通之文物，应俟各地接收就绪，再行统筹分配。迄今四载，该案尚久悬未结。到战时文物损失委员会结束以后，金毓黻转任国立沈阳博物院筹备委员会主任委员，该项书籍亦转归该院所有。在东北新中国成立之前，该书移运来平，刻闻日内即将运归沈阳。查该书既系本院已佚之文物，据情度理，自应归还本院。且前教育部亦无明文分配，岂能因人事之转移而归该院所有？拟请贵会主持停止起运，以便合理解决，庶使人民了解散佚及归还之意义，实为公便！

这批珍本终于得以保留在北平故宫。溥仪“盗窃”出宫的这批国宝秘籍，在政府和有识之士的努力下，大部分回到了故宫博物院，但也有部分流失，后来经过多方努力，又先后收购回一批。比较集中的是1946至1947年国民政府拨专款收购的唐写本王仁昫《刊谬补缺切韵》、宋版《资治通鉴》等。从1949至1953年，在国家经济困难的情况下，文化部、国家文物局仍然坚持收购流失出去的宫廷珍本，主要有：宋本《易小传》（人民币11万元）、宋本《三苏文萃》（小米400斤）、宋本《古文苑》（人民币400万元）以及宋本《刘后村集》和明本《孙可之集》等。

在20世纪50年代初期，故宫博物院因为库存大量的铅印本重复书籍以及本院在30年代编印的档案丛刊、文物图录及其他出版物等积存尤多，遂赠送给有关的机关、单位。例如，存有《清代九朝圣训》41部，每部48函；《清代诸帝列朝诗文集》（康熙至同治）75部，每部76函；《清史稿》也多达23部，等等。经文化部文物局批准，分送有关单位，如复旦大学、山东大学、中国人民大学、中央美术学院、河北师范学院、人民美术出版社、民族出版社、北京图书馆、上海图书馆、中央革命博物馆筹备处、东北博物馆、北京历史博物馆、中科院近代史研究所、中国红十字总会、广东省人民政府文物保护委员会、中共中央政治研究室等。

1958年7月，故宫博物院下放北京市文化局领导。为适应工作需要、充分发挥图书资料的作用，经文化部文物局研究决定，将文物局、故宫博物院、历史博物馆、文物出版社等单位的图书馆合并，成立故宫文博图书馆，归故宫博物院领导。在此之前，故宫博物院已将 190 部、40 000余册宫中书籍拨给了中国科学院、北京图书馆、吉林省图书馆、中国人民大学、北京大学及部分省市大学等 23 个单位。为响应充分发挥图书作用的号召，1958 年 9 月，故宫博物院拟将藏书中的重复本及与业务无关的书籍 23 万余册拨给北京图书馆，并由北京图书馆把其中一部分分配给需要这些书籍的机关、单位。北京图书馆则提出要"天禄琳琅"图书，故宫博物院也答应了，同时给了一批虽非"天禄琳琅"但仍为宫廷珍本的书籍，计有天禄琳琅 209 种、2 347册；非天禄琳琅却系宫廷珍本的 29 种、509 册。

20 世纪 70 年代初，故宫博物院随着工作的开展，感到外拨给北京图书馆的书籍之中，有许多是故宫博物院业务所需要的，便要求北图退还与本院业务有关的图书。这 30 万册书，北图已将天禄琳琅善本书以及一批普通线装书运到馆内登记入藏和先后拨给外单位约 5 万册图书，另外的 20 多万册尚放置在故宫博物院，遂把这批书退还故宫博物院。故宫博物院对退还的这 20 多万册书进行清点整理，将与故宫博物院业务相关的书籍留了下来，其中满、蒙文图书交故宫明清档案部，其余书籍，上报文物局，或拨交其他图书馆，剩余部分处理给中国书店。

五、故宫博物院展开了新的雄姿，欢迎大家的到来

故宫博物院是世界五大博物馆之一。故宫博物院与英国的大英博物馆、法国的卢浮宫艺术博物馆、美国的大都会博物馆和俄罗斯的艾尔米塔什博物馆，共称世界五大博物馆，是国际一流的博物馆。从藏品数量、藏品结构、观众人数、国际影响力、博物馆发展历程等方面，均可以证明。从藏品数量来说，故宫博物院有文物藏品 180 余万件。在国际上，大英博物馆拥有藏品约 800 万件；大都会博物馆现有藏品超过 200 万件；卢浮宫在收藏目录上记载的艺术品数量达 40 余万件；艾尔米塔什博物馆收藏各类文物 270 万件。故宫博物院的收藏，在世界博物馆中名列前茅。在故宫博物院的文物藏品中，来自外国的文物数量不低于 1

万件。中国没有侵略别国的历史、没有掠夺和盗窃过别国的文物，因此在中国的博物馆藏品中，外国文物的数量很少。相比之下，故宫博物院的外国文物收藏，十分珍贵。所藏外国文物，有的来自历朝历代的文化交流、丝绸之路的文化传播，也有特意到当地购买的，都具有合法的来历。如：故宫博物院共藏有来自外国的钟表2 200余件，不少来自英国、法国、德国、瑞士等欧洲国家，但是今天这些国家博物馆收藏的西洋钟，都没有故宫博物院收藏的数量多。故宫博物院可以搞一个外国文物专馆，专门展示通过贸易与朝贡渠道进入中国的外国文物，展示过去的国家交往和文化交流。从参观人数来说，大英博物馆 2010 至 2011 年度的参观人数为 590 万人次，卢浮宫 2011 年接待观众 890 万人次，大都会博物馆 2010 年 7 月至 2011 年 6 月的参观人数是 568 万人次，艾尔米塔什博物馆每年观众达 350 万人次，而故宫博物院 2010 年参观人数，约为1 283万人次，现已连续 3 年超过1 500万人次。故宫博物院当之无愧，是“当今世界观众来访最多的博物馆”。从国际影响力来看，故宫博物院的文化影响正在不断增强。从 2005 年开始，故宫博物院开始以更加开放的姿态走向世界，先后与大英博物馆、卢浮宫博物馆、大都会博物馆、东京国立博物馆等十几个国际著名的博物馆，建立起长期稳定的合作关系。在文物保护、陈列展览、科学研究、人才培养等方面，开展日益广泛的合作，也确立了故宫博物院在国际博物馆领域的突出地位。

从博物馆发展历程来看，故宫博物院与其他四大博物馆，在其所在国家都有非凡的政治象征意义。故宫博物院的成立，在中国博物馆史上具有里程碑式的意义，它使昔日封建君主的权力中枢转成为人民共享的社会场所，使皇权象征化为民主共和的标志。自成立之初起，故宫博物院就肩负了扭转社会意识之重任。以中国抗日战争时期的文物南迁为例：历时十几年、辗转数万公里，民族文物瑰宝的命运备经曲折，每一个文物南迁的节点都与战争局势休戚相关，每一名参与文物迁徙的人员都见证了历史风云。与故宫类似，法国卢浮宫与俄国艾尔米塔什博物馆也都曾是王室居所，也都是所在国家许多重大历史事件的发生地。被喻为“巴黎心脏”和“万宝之宫”的卢浮宫，蕴藏着错综交杂的法国历史。从博物馆发展的历程来说，故宫与其他四大博物馆一样，在其所属的国家，具有超出博物馆本身的政治象征意义。这种意义的赋予，远远超出了博物馆及其藏品本身。

故宫博物院以其特有的使命与担当，为世界塑造出统一又多样化的中国形象。

为了庆贺故宫博物院 90 岁华诞，2015 年故宫博物院扩大了开放区域，推出了 18 个展览，正以全新的面貌欢迎大家到北京故宫来参观游览。故宫博物院单霁翔院长提出了“把壮美的紫禁城完整地交给下一个 600 年”，故宫博物院展开了新的雄姿，欢迎大家的到来。

“内庭恭造之式”与“外造之气”释义

“内庭恭造之式”与“外造之气”这一对清代宫廷设计中的概念，最早是杨伯达发现并在学术层面上加以阐述的，他在《元明清工艺美术总叙》① 中率先发现并使用了清宫活计档中的这两个词，并在其后的《刍议清代美术的时代特点》②《董其昌与清朝院画》③《恭造式样：进一步发展的雍正朝美术》④《清代造办处的“恭造式样”》⑤ 等论文中反复加以阐述。原来以为杨伯达提出来的“内庭恭造之式”，作为清代宫廷设计中的概念，应该是一个档案中经常出现的词汇，当我检索了清宫造办处活计档，才发现“内庭恭造式样”与“内庭恭造之式”在雍正、乾隆两朝清宫造办处活计档中是同时出现的、意义完全相同的两个词，且都只出现了一次。雍正帝认为他即位五年以来，包括康熙时期，造办处都是“所造的活计好的甚少”，因而提出了“内庭恭造式样”和“外造之气”两种对立的艺术风格概念，提出了“内庭恭造式样”的标准，并以“内庭恭造式样”排斥“外造之气”来阐明其审美态度。因而“内庭恭造之式”与“外造之气”这一对关于清代设计概念的词意义非比寻常，由此更见出杨伯达眼光的独特和睿利。

杨伯达之后，张毅清、赵丽红、刘畅、张荣、林姝、王健华、高焕

---

① 杨伯达：《元明清工艺美术总叙》，《故宫博物院院刊》1984 年第 4 期。
② 杨伯达：《刍议清代美术的时代特点》，《故宫博物院院刊》1986 年第 4 期。
③ 杨伯达：《董其昌与清朝院画》，《新美术》1993 年第 1 期。
④ 杨伯达：《恭造式样：进一步发展的雍正朝美术》，《收藏》2005 年第 10 期。
⑤ 杨伯达：《清代造办处的“恭造式样”》，《上海工艺美术》2007 年第 4 期。

婷、秦国经等学者的研究①，尽管也都提到了"内廷恭造之式"，只是这些研究多是就某一类器物或建筑装修来梳理清宫档案，因而都没有如杨伯达将之提高到理论的层面。

熊嫕2007年的博士论文《器以藏礼——中国设计制度研究》②，以及论文《解读"内廷恭造之式"——中国设计制度研究个案之一》③，对"内庭恭造之式"进行了阐释，她是迄今为止继杨伯达之后唯一一个对"内庭恭造之式"展开解读并取得成果的人。

鉴于"内庭恭造之式"与"外造之气"这一对概念在清代设计理论上的重大意义，仅有两篇论文是难以对其阐释清楚的，更何况杨伯达、熊嫕的见解还颇有分歧，类似对"外造之气"的认识几乎可以说是处于对立的状态，因而有必要进一步深入地加以探讨。

一、"内庭恭造之式"审美标准提出的历史背景

雍正五年（1727年）闰三月"初三日，据圆明园来帖，内称郎中海望奉上谕：朕从前着做过的活计等项，尔等都该存留式样。若不存留式样，恐其日后再要做便不得其原样。朕看从前造办处所造的活计，好的虽少，还是内庭恭造式样。近来虽其巧妙，大有外造之气。尔等再造时不要失其内庭恭造之式。钦此"④。

杨伯达认为，雍正帝即位时以及其后的五年中的贡品都是按照康熙

① 张毅清：《清代康雍乾的宫廷与釉上彩瓷器》，《新美术》1992年第3期；赵丽红：《清代鼻烟壶的时代特点及署款形式》，《收藏家》1997年第6期；刘畅：《乾隆朝皇家宫室内檐装修设计研究》，《中国紫禁城学会论文集》第三辑，紫禁城出版社，2000年，第118－124页；刘畅：《圆明园九州清晏殿早期内檐装修格局特点讨论》，《古建园林技术》2002年第2期；张荣：《清雍正朝的官造玻璃器》，《故宫博物院院刊》2003年第1期；林姝：《从造办处档案看雍正皇帝的审美情趣》，《故宫博物院院刊》2004年第6期；王健华：《雍正王朝宫廷艺术初探》，《中国书画》2005年第12期；高焕婷、秦国经：《清代宫廷建筑的管理制度及有关档案文献研究》，《故宫博物院院刊》2005年第5期。

② 熊嫕：《器以藏礼——中国设计制度研究》，中央美术学院博士论文，2007年。该论文修改稿以《器以藏礼——中国古代设计制度研究》为名，2016年由东南大学出版社出版。

③ 熊嫕：《解读"内廷恭造之式"——中国设计制度研究个案之一》，《南京艺术学院学报·美术与设计版》2008年第1期。

④ 香港中文大学，中国第一历史档案馆编：《清宫内务府造办处档案总汇》，人民出版社，2005年，第2册，第456页。

朝造办处各作的工艺技术制成的，自然与康熙朝制品式样雷同或类似，这是合乎情理的，因各种工艺不可能由于一位老皇帝驾崩、另一位新皇帝登基而立即改变，所以雍正朝初年的贡品肯定都是老面孔、老样子。雍正帝对这种状态不满意，他要极力谋求改变，而提出了“恭造之式”。雍正帝提出的“内廷恭造式样”指造办处各作要秉承皇帝旨意、按其审美要求精心选择造物模式。“恭造式样”或称“恭造之式”，就是其物品总体中的精华部分所体现出来的典型形式和标准形式，其中包括材料、工艺、款式、色彩、风格中符合皇帝口味、爱好的那部分，所以不是所有的内廷制品都符合“恭造式样”的标准和要求，只有其中的一部分或者说是少数的一部分才是符合或属于“恭造式样”的制品，也就是被雍正帝评为“甚好”的制品。简而言之，“内廷恭造式样”就是内廷作坊为皇帝制造的用品中所体现的皇家标准形式。① 杨伯达以为这是雍正帝根据他即位五年来所见的造办处、织造、海关、盐关等衙门作坊所制贡品（含康熙时期制品）后提出的一个标准，当是所指过于宽泛，从字面来理解，只是指内廷造办处所做的活计，与宫外所进贡品毫无关系。

熊嫕在讨论“内廷恭造”时，将目光投射到“礼仪之争”上，认为这是中西学问冲突在清代设计制度上的直接显现，对清代史料的解读应立足在这上面。强调“清廷因‘礼仪之争’，而反复对‘内廷恭造’提出了明确指示”，“礼仪之争深深影响了雍正的判断力”，雍正提出“内廷恭造之式”是对“外造之气”的排斥，具有在“中国道理”之下复归传统和古典设计的导向；“巧妙”的外造是不合“中国道理”的“远西奇器”。②

张学渝、李晓岑认为，雍正初年大肆开展的作房调整活动，导致了宫廷御用器物制作数量的增加，也带来了作品的参差不齐与“匠气”的问题，“恭造之式”是雍正帝针对此状况而提出的器物制作标准，是

① 杨伯达：《清代造办处的“恭造式样”》，《上海工艺美术》2007 年第 4 期。
② 熊嫕：《档案、实物、语境——清代设计制度研究文献综述及利用》，《艺术设计研究》2012 年第 2 期。

清宫造办处造办活计的最高指南。①

“内庭恭造之式”作为雍正帝为清宫造办处造办活计提出的审美标准，标示的是雍正帝的审美趣味与艺术品位。因为皇家拥有最为丰富的，在质材、技艺和品位上都具有绝对优势的造物资源，拥有精益求精的一流能工巧匠，雍正朝宫廷器物制造形成了精细、古雅和秀美的总体性外在形式特征，成为一代器物制造的典范。雍正朝宫廷器物在质料、工艺、品质、内蕴和格调上呈现出了迥异于民间器物的特点，实现了雍正帝要明确的宫廷造物与民间造物的区隔。②

清宫造办处迄今没有找到一个确切的成立时间。顺治元年（1644年），设制造库，负责制造“皇上御用金瓶、金盆、香炉、香盒、唾壶等项，乘舆銮驾仪仗、椅杌、所钉事件，并鞍辔等项”。顺治十六年（1659年），制造库改归工部。③ 这是内务府成立之前皇帝御用器物的制作情况。从遗存的清前期零星档案记载中，有“顺治十二年于养心殿东暖阁设裱作”④。康熙十五年（1676年）有刻书匠梅玉峰等人在内当差；康熙十七年（1678年）在养心殿内对《赐辅国将军俄启诗》进行了装潢；康熙十九年（1680年）养心殿工匠为大臣觉罗武默讷绘像。⑤养心殿的御制传统是清宫造办处成立的基础，而造办处的正式建制要以康熙二十八年（1689年）养心殿设立刷印“造办处”字样红票为标志。据张学渝的研究，1689至1722年是清宫造办处的成立期，历时大半个康熙朝。这时期清宫造办处正式设立作坊，选派人员管理，实现建制化。康熙二十九年（1690年）法国传教士张诚在日记中记载了养心殿

① 张学渝、李晓岑：《试论清世宗对清宫造办处的改革》，《广西民族大学学报（自然科学版）》2016年4期。

② 林姝：《从造办处档案看雍正皇帝的审美情趣》，《故宫博物院院刊》2004年第6期。

③ （清）伊桑阿等纂修：《大清会典（康熙朝）》卷一百三十三，工部三·虞衡清吏司·制造库，文海出版社，1992年，第6641－6642页。

④ 故宫博物院编：《清宫收藏与鉴赏：故宫博物院〈天府永藏〉展图论》，故宫出版社，2012年，第136页。

⑤ 张学渝、李晓岑：《清宫造办处成立若干问题新探》，《广西民族大学学报（自然科学版）》2015年4期；张学渝：《技艺与皇权：清宫造办处的历史研究》，北京科技大学博士学位论文，2016年，第59页。

造办活动的情况，提到了有漆画匠、木匠、金匠、铜匠等在工作。① 郭福祥推断，此时养心殿造办处的工作地点“不仅在养心殿东次间，可能还包括养心殿东西两庑甚至后殿”②。

康熙三十年（1691 年），“奉旨：东暖阁裱作移在南裱房，满洲弓箭匠亦留在内，其余别项匠作俱移出在慈宁宫茶饭房做造办处。”三十二年，“造办处设立作房”。迁移在茶饭房后的造办处规模，《日下旧闻考》记载为“一百五十有一楹”③。康熙四十七年，“奉旨：养心殿匠役人等俱移于造办处”，同年“复增白虎殿后房百楹，所属玻璃厂……共房三十有六楹”④。加上慈宁宫茶饭房的一百五十一楹，此时造办处机构所有的房屋规模应该有二百八十余楹，与乾隆三十七年员外郎金珠所奏“京内造办处各作房间并收贮材料、活计二库及铸炉处、玻璃厂等处共有二百八十余间”⑤ 基本吻合。

康熙朝养心殿造办处可能当时仅设有职官监造活计，并无专门的办事机构负责各项事务的管理。

雍正元年（1723 年），“将炮枪处、珐琅处、舆图处、自鸣钟处归并造办处管理”⑥。除了这四个作房，《活计档》中独立成档的作房还有玉作、杂活作、皮作、铜作、錽作、大器作、镀金作、累丝作、撒花作、镶嵌作、牙作、砚作、裱作、画作、匣作、刻字作、雕銮作、镟作、漆作、弓作，加上未独立成档的玻璃厂共计 21 作。而随着各项事务的增多，又相继设立了炉作、鞍甲作、眼镜作、锭子药作、花儿作和绣作等。雍正帝对造办处进行了许多调整，使之更便于系统化管理和专

① ［法］张诚著，陈霞飞译：《张诚日记》，商务印书馆，1973 年，第 62 - 64 页。

② 郭福祥：《康熙时期的养心殿》，《紫禁城》2016 年第 12 期。

③ （清）于敏中等编纂：《日下旧闻考》，卷七十一官署，北京古籍出版社，1985 年，第 1192 页。

④ （清）于敏中等编纂：《日下旧闻考》，卷七十一官署，北京古籍出版社，1985 年，第 1193 页。

⑤ 香港中文大学，中国第一历史档案馆编：《清宫内务府造办处档案总汇》，人民出版社，2005 年，第 35 册，第 619 页。

⑥ （光绪）《大清会典事例》卷一千一百七十三，内务府·官制·养心殿造办处，见（清）昆冈等纂《钦定大清会典》，台北：新文丰出版股份有限公司据清光绪二十五年原刻本景印，1976 年，第 18792 页。

门化发展。他命怡亲王允祥管理造办处。怡亲王也知人善用，先后提拔海望、沈喻、赵元、唐英等人作为助手管理造办处。这些管理者都有很好的艺术造诣，能深刻领会雍正帝的审美眼光，并将之落到实处。雍正帝广招天下名匠入宫效力，有时还召集翰林院翰林等共同参与造办处的创作。如雍正元年（1723 年），镌刻寿山石“雍正御笔之宝”玺印，翰林张照、技艺人滕继祖、南匠袁景劭、刻字人张魁各呈上一份设计样稿，最终雍正皇帝选择了翰林张照设计的篆样。

雍正初年，随着圆明园扩建工程的开展，成立了京内造办处的分支机构——圆明园造办处。圆明园造办处的办事机构位于大宫门外西侧的“西夹道之西南”①，与所有中央和内廷的临时办事机构同在一处。雍正三年（1725 年）八月，雍正帝首次驻跸圆明园②，京内造办处与圆明园造办处同时首次使用“押贴”进行信息传递，九月、十月怡亲王先后任命郎中赵元和内管领穆森管理圆明园造办处事务。因此可以断定，雍正三年八月养心殿造办处首次派遣职官及匠人随雍正皇帝和其他政府机构开始驻园办事。

雍正朝加强造办处建设，扩大规模、明晰结构、归集事权，设立钱粮库负责存储造办处经费和常用物料，活计房最基本的职能是掌管接办活计，档房掌管档案文移，活计库收贮内廷交出成造的活计样品和造竣尚未交进的活计，建立的运作体系和制度奠定了此后清宫造办处的模式。到乾隆二十年（1755 年），最终设立完成七大管理机构和十五作，标志着清宫造办处建制的全部完善，并形成了集承接活计、查核活计、物料经费管理、成造活计、督催活计、库房存取、汇总奏销、档案文移为一体的管理运行模式。③

雍正帝就是在造办处规模扩大、步入正轨的雍正五年（1727 年）提出了“内庭恭造之式”的标准。

---

① （清）于敏中等编纂：《日下旧闻考》，卷八十国朝苑囿，北京古籍出版社，1985 年，第 1325 页。

② 《清实录》第七册，世宗宪皇帝实录卷三十五，雍正三年八月壬辰，中华书局，1985 年，第 536 页。

③ 谢飞：《乌雅·海望与雍乾时期的清宫造办处》，中国社会科学院大学硕士学位论文，2019 年。

二、“外造之气”不是指不合“中国道理”的“远西奇器”

对于“外造之气”的认识，杨伯达与熊嫕有完全不同的见解。

杨伯达认为，雍正帝提出的“外造之气”，从字面上讲就是内廷作坊之外的地方制造的物品，包括官窑、织造、税关、海关等衙门作坊的制品以及督抚将军所贡地方名匠、名坊等所制物品。“气”在此是指工艺品、艺术品的气派、韵味、风格、特色的意思。“外造之气”简而言之，也就是外面制品的地方的、民间的气味。杨伯达进而解释：“这是我常年接触包括雍正朝造办处制品和贡品在内的宫廷美术工艺品并查阅《清档》之后形成的一种个人认识，并非胤禛本人的解释。非常遗憾的是在《清档》中没有查到胤禛对他自己的话的直接解释，所以我作了上述字面上的解读。”①

熊嫕认为“外造之气”是指不合“中国道理”的“远西奇器”。②这认识其实是错误的。当我们平心静气地回到康雍乾时代，去搜寻那时的档案文献记载和内廷设计制作的器物，我们就会发现，熊嫕对文献理解错了，就以她所引的《康熙与罗马使节关系文书》康熙四十四年（1705 年）上谕：

“尔教王条约与中国道理大相悖戾，尔天主教在中国行不得，务必禁止。教既不行，在中国传教之西洋人亦属无用，除会技艺之人留用，再年老有病不能回去之人仍准存留，其余在中国传教之人，尔俱带回西洋去。”③

由这段上谕我们看不出康熙帝对不合“中国道理”的“远西奇器”

① 杨伯达：《清代造办处的“恭造式样”》，《上海工艺美术》2007 年第 4 期。

② 熊嫕：《档案、实物、语境——清代设计制度研究文献综述及利用》，《艺术设计研究》2012 年第 2 期。

③《康熙与罗马使节关系文书》（十三），见《康熙与罗马使节关系文书 乾隆英使觐见记》，台湾学生书局，1973 年，第 43 页。

的排斥，而是如熊嫕所说，“康熙皇帝虽然不喜传教之人说教，却对西洋器物颇有兴趣”，因而结果是“会技艺之人留用”。

为了加深对“外造之气”不是指“远西奇器”的认识，我们有必要对熊嫕据以立论的时代背景“礼仪之争”以及后续稍做讨论。

康熙四十四年（1705 年），教皇特使多罗主教来华。在北京的半年多时间里，他从来都没有透露过此行的真实目的。康熙四十五年十二月二十二日，他以“南京命令”的形式写信宣布了教皇的禁令，不许中国教徒称天主为上帝，禁止中国教徒祭孔拜祖礼天。从而触发了清王朝和梵蒂冈之间的礼仪之争。对于原则问题，康熙帝毫不让步。他说：“中国之行礼于牌，并非向牌祈求福禄，盖以尽敬而已。此乃中国之一要典，关系甚巨。”① 针对不许称天主为上帝的禁令，他反驳道：“各国起名，皆遵本国语法。岂以名词之故，便言大道理不同乎？”② 由此他改变了对待西方传教士的政策意向：“嗣后不但教化王所遣之人，即使来中国修道之人，俱止于边境，地方官员查问明白，方准入境耳。先来中国之旧西洋人等，除其修道、计算天文、律吕等事项外，多年并未生事，安静度日，朕亦优恤，所有自西洋地方来中国之教徒，未曾查一次。由于尔等如此生事作乱，嗣后不可不查，此皆由尔所致者。”③ 康熙帝发布谕旨将不尊重中国礼仪习俗的传教士驱逐出境④，包括教皇特使多罗。下令“将多罗不必回西洋去，在澳门住着”，将其圈

---

① 中国第一历史档案馆编译：《康熙朝满文朱批奏折全译》，武英殿总监造赫世亨奏报西洋人情形折（康熙四十五年五月二十七日），中国社会科学出版社，1996 年，第 420 页。

② 中国第一历史档案馆编译：《康熙朝满文朱批奏折全译》，武英殿总监造赫世亨等奏报向西洋人传宣谕旨折（康熙四十五年六月十三日），中国社会科学出版社，1996 年，第 424 页。

③ 中国第一历史档案馆编译：《康熙朝满文朱批奏折全译》，武英殿总监造赫世亨等奏报西洋人情形折（康熙四十五年七月初十日），中国社会科学出版社，1996 年，第 435 页。

④ 安双成曾摘录翻译中国第一历史档案馆藏“内务府行文档”卷 28 中的满文谕旨（康熙四十七年四月初一日内务府行文礼部），见安双成：《礼仪之争与康熙皇帝（下）》，《历史档案》2007 年第 2 期，第 38 页。

禁于澳门[①]。又通令在华西洋人只要尊重中国礼仪习俗，可来京城向内务府领取信票，以便长期居留中国。康熙四十五年十一月十八日，康熙帝在多罗直郡王允禔、赫世亨、赵晶三人的奏折中这样批示说："为永不复回之西洋人，可以给与信票，钤盖内务府印。"票文内容要写明"西洋某国人某，某岁，系某会人，来中国已经某年，永不复回西洋，曾赴京师陛见，为此给与信票"[②]。"内务府行文档"中所载，自康熙四十五年十二月至四十七年四月间来京领取信票的西洋人就有高尚德、王以仁等48人。[③]

在驱逐多罗同时，又传谕广东督抚："见有新到西洋人，若无学问只传教者，暂留广东，不必往别省去。许他去的时节，另有旨意。若西洋人内有技艺巧思，或系内外科大夫者，急速著督抚差家人送来。"[④]康熙四十六年八月，据两广总督奏报，"今查有新到西洋人拾壹名，内惟庞嘉宾据称精于天文，石可圣据称巧于丝律，林济各据称善于做时辰钟表，均属颇有技艺巧思。其余卫方济、曾类思、德玛诺、孔路师、白若翰、麦思理、利奥定、魏格尔等捌名俱系传教之人，并非内外科大夫，遵即暂留广东，不许往别省去，见在候旨遵行。今将庞嘉宾、石可圣、林济各叁人，臣等专差家人星飞护送进京"[⑤]。次年正月，又"接奉上谕，著臣与巡抚将澳门存下捌人之内，有会刨制药的魏哥尔、会天

① 中国第一历史档案馆编：《康熙朝汉文朱批奏折汇编》，第1册，两广总督赵弘灿等奏为遵旨分别办理来粤西洋人事折（康熙四十六年五月二十六日），两广总督赵弘灿等奏粤东年成并送有技艺西洋人赴京折（康熙四十六年八月十三日），档案出版社，1984年，第643页、第702页。这两条文字略有差异。

② 中国第一历史档案馆藏"内务府行文档"卷28，康熙四十七年三月二十二日内务府行文山东巡抚（满文），转引自安双成：《礼仪之争与康熙皇帝（下）》，《历史档案》2007年第2期，第38页。

③ 安双成：《礼仪之争与康熙皇帝（下）》，《历史档案》2007年第2期，第39－40页。

④ 中国第一历史档案馆编：《康熙朝汉文朱批奏折汇编》，第1册，两广总督赵弘灿等奏为遵旨分别办理来粤西洋人事折（康熙四十六年五月二十六日），两广总督赵弘灿等奏粤东年成并送有技艺西洋人赴京折（康熙四十六年八月十三日），档案出版社，1984年，第643－644页、第702页。这两条文字略有差异。

⑤ 中国第一历史档案馆编：《康熙朝汉文朱批奏折汇编》，第1册，两广总督赵弘灿等奏粤东年成并送有技艺西洋人赴京折（康熙四十六年八月十三日），档案出版社，1984年，第703－704页。

文的得马诺、孔禄世叁人送来。臣等已经查取前来。见在另差家人伴送进京”①。之后十数年的时间里，来华献技的西方传教士并不因礼仪之争而稍减。康熙四十九年闰七月，“前所奏技巧叁人山遥瞻、马国贤、德理格，已安插广州府天主堂内，令伊等学习汉语。俟伊等会时另行启奏。马国贤所画之画，今止送到山水壹幅、人物壹幅，遵旨先行进呈。俟伊复有画到，再行差送。……有香山本澳船……附有要进京西洋人两名，一名杨广文，一名麦大成，据称俱晓天文历法，应否差人伴送来京，或同山遥瞻等亦在广州学习汉语，恭候圣旨遵行”②。康熙五十四年“七月十九日，有香山澳本澳商人从小西洋贸易，船回澳门，搭载西洋人朗宁石、罗怀忠二名。奴才于八月初六日传至广州。据朗宁石称，系画工，年二十七岁；罗怀忠称，系外科大夫，年三十六岁。俱于旧年三月二十一日在大西洋搭船，八月初十日到小西洋，今年四月十一日在小西洋搭船，七月十九日到香山澳。因天气暑热，在船日久，请假休息，并制做衣服，往北京天朝效力等语。奴才见是技艺之人，捐给盘费、衣服，俟其休息可以起身，即遣人伴送进京”。康熙帝获知，即谕：“西洋人着速催进京来。”③ 康熙五十五年“七月十四日，有香山本澳洋船在大西洋贸易回帆，搭载西洋人严嘉乐、戴进贤二名，并西洋人书信一封。奴才随差员传唤，于七月三十日到省。严嘉乐年三十八岁，称会天文，并会弹琴；戴进贤年三十六岁，称会天文。因慕天朝圣化，于本年二月二十一日在大西洋搭载来粤，愿进京效力等语。奴才捐给银两，制备衣服，拟于八月初十日差人伴送起程。初六日，钦差乌林大、李秉忠到粤。奴才随将西洋人二名，并书信一封，遵旨交李秉忠，听其转奏

① 中国第一历史档案馆编：《康熙朝汉文朱批奏折汇编》，第1册，两广总督赵弘灿奏谢赏赐珍鲜并报送西洋人进京折（康熙四十七年正月初十日），档案出版社，1984年，第790－791页。

② 中国第一历史档案馆编：《康熙朝汉文朱批奏折汇编》，第3册，两广总督赵弘灿等奏报查问西洋人哆啰并进画像等情折（康熙四十九年闰七月十四日），档案出版社，1985年，第9－10页。

③ 中国第一历史档案馆编：《康熙朝汉文朱批奏折汇编》，第6册，广东巡抚杨琳奏报西洋人郎世宁等并英法等国商船到粤折（康熙五十四年八月十六日），档案出版社，1985年，第439－440、442页。

带京"[①]。康熙五十五年"七月内，到有西洋人严嘉乐、戴进贤二名，愿赴京效力，已经具折奏闻。今李秉忠自澳门回省，又查有西洋人倪天爵一名，亦称晓得天文。一并由驿来京"[②]。康熙五十七年七月再次朱谕两广总督："西洋来人内，若有各样学问或行医者，必着速送至京中。"[③] 康熙五十八年五月，有一艘法兰西洋船到粤，"内有法兰西行医外科一人，名安泰，年二十六岁；又会烧画珐琅技艺一人，名陈忠信，年二十八岁。奴才等随催令安泰、陈忠信即速赴京。据二人回称：在洋船日久，天气又热，必稍得歇息方可起身。奴才等现在捐备衣服行装，令其于六月十八日即公同遣人伴送来京"[④]。由此也可知康熙帝对于有技艺西洋人的热切之心。康熙五十九年八月，又有西洋人贾蒙铎、夏历三、席若汉三人来华。其中"贾蒙铎、夏历三二名系传教修道之士。席若汉会雕刻木石人物花卉，兼会做玉器。奴才等试其技艺精巧手快，俟员外李秉忠起身，即将席若汉一名带同来京。此后如有通晓天文及技艺之人到粤，当即差人伴送来京"[⑤]。正是这些新来人士，构成了康熙后期以至雍正时期在华西方传教士的主体部分，对于当时中国自然科学研究事业的开展，对于中西文化交流都起到了重要的作用。康熙帝对遵从利玛窦规矩，领取信票留在中国的传教士仍然友好信任，请他们入宫讲解西方科学知识，制造科学仪器。康熙四十七年七月二十七日，武英殿

---

① 中国第一历史档案馆编：《康熙朝汉文朱批奏折汇编》，第 7 册，广东巡抚杨琳奏送会天文之西洋人进京并英国等商船到粤折（康熙五十五年八月初十日），档案出版社，1985 年，第 356 页。

② 中国第一历史档案馆编：《康熙朝汉文朱批奏折汇编》，第 7 册，广东巡抚杨琳奏报访送烧珐琅人及送西洋人进京等情折（康熙五十五年九月初十日），档案出版社，1985 年，第 422 页。

③ 中国第一历史档案馆编：《康熙朝汉文朱批奏折汇编》，第 8 册，两广总督杨琳奏英法等国商船到粤并华侨回籍情形折（康熙五十七年七月二十七日），档案出版社，1985 年，第 268 页。

④ 中国第一历史档案馆编：《康熙朝汉文朱批奏折汇编》，第 8 册，两广总督杨琳奏报法国医生安泰等到粤并闻艾若瑟将来华折（康熙五十八年六月初二日），档案出版社，1985 年，第 506 页。

⑤ 中国第一历史档案馆编：《康熙朝汉文朱批奏折汇编》，第 8 册，两广总督杨琳等奏报洋人洋船来粤并华侨回籍情形折（康熙五十九年八月十四日），档案出版社，1985 年，第 725 页。

总监造赫世亨奏报：闵明鄂"密递寄与彭佳宾之西洋文书毕告诉：今晨为测验新造天球度数分数均与不均，即与八月初一日日食图勘合，见天球上所画度数甚均，正与月食图吻合，时反而看出在日食图上所刊一行字有错。今年八月初一日日食时，自申时正三刻七分始，由西向南偏缺，错写为由东向北偏缺，并以刊刻之。闵明鄂我见错处，不胜惶悚，错字之咎，我一人承当，已写于西洋文书内，令彭佳宾转奏等"。康熙批示："此事自然紧急谢过即可，何必细密之？"①

康熙五十九年教皇特使大主教嘉乐来华，坚持前此教皇禁约，"着中国入教之人俱依前岁教王发来条约内禁止之事"，禁止中国天主教徒祭祖祀孔的传统礼仪习俗，使得康熙帝对待来华西方传教士的政策急转直下，决定"以后不必西洋人在中国行教。禁止可也，免得多事"②。由前此的部分禁教转为全面禁教，从此，西方传教士在华传教由合法转为非法。即使如此，康熙帝仍然一如既往地对来华献技的西方传教士持欢迎态度，不只随同嘉乐来华"会技艺之九人"中的八个西方传教士留在了中国。康熙六十年，"上年随嘉乐到粤留养之西洋人徐安，善做钟表等物，今已痊愈；又有新到西洋人，一名法良，能刻铜板，一名利白明，能造炮位，俱愿进京效力。准于七月二十四日随员外郎李秉忠起身来京"③。康熙六十一年，"所到法兰西洋船内，有识天文彝人二名，情愿进京效力。一名杨保，年三十岁；一名宋君荣，年三十三岁。俱系法兰西亚国人"④。所有这些，不但使中西文化交流得以继续，同时，

① 中国第一历史档案馆编译：《康熙朝满文朱批奏折全译》，武英殿总监造赫世亨奏报天球度数等情形折（康熙四十七年七月二十七日），中国社会科学出版社，1996 年，第 593 页。

② 《康熙与罗马使节关系文书》（十三），见《康熙与罗马使节关系文书 乾隆英使觐见记》，台北：台湾学生书局，1973 年，第 42、70－71 页。

③ 中国第一历史档案馆编：《康熙朝汉文朱批奏折汇编》，第 8 册，两广总督杨琳奏报潮州余应茂纠党拜盟并英船等到粤折（康熙六十年七月二十日），档案出版社，1985 年，第 828 页。

④ 中国第一历史档案馆编：《康熙朝汉文朱批奏折汇编》，第 8 册，两广总督杨琳等奏报西洋人穆敬远告假来粤等情折（康熙六十一年六月二十五日），档案出版社，1985 年，第 905 页。

对于清朝内廷的营造也产生了重要的影响。

清代宫廷制器活动并不存在对“远西奇器”的排斥，康熙帝在“礼仪之争”事件后，驱逐传教士，禁止天主教传播的情况下，不仅允许西洋“会技艺之人”继续留在中国，而且对这类人还有着热切的期待，让西洋技艺为我所用，对各领域内最具优势的技艺兼收并蓄、博取广收，取精用弘。西方的画珐琅绘制风格精细，康熙帝极为喜欢，将画珐琅制作技术引入宫廷，任用广东画珐琅工匠潘淳和法国技师陈忠信，使康熙画珐琅工艺得到了发展，至迟到康熙五十九年，瓷胎画珐琅获得成功。①

由此可以断定，“外造之气”肯定不是如熊嫕所认知的指不合“中国道理”的“远西奇器”，而应该是指相对于内廷的民间制作。民间制作在不同地域、不同文化背景下会有差异，受到地理因素、地区设计技艺的影响，而且在取材、设计、精工细作等方面都无法与内廷制作相匹敌，因而不为雍正帝所认可。

① 周思中著:《清宫瓷胎画珐琅研究（1716－1789)》，文物出版社，2008 年。

贺岁迎祥：清宫过大年

天文学称地球围绕太阳运行一周的一个时段为“年”。每年的一月一日为元旦。中国农历的元旦也称“春节”“新年”，是一年中最为重要的节日。人们把它当成大自然生命周期的开始，为它涂上了许多喜庆的色彩。每逢春节，都要举行辞旧迎新活动。

清宫贺岁迎祥，要举行许多筵宴文化活动，极为重要而且颇具特色。参与活动者众多，宴席档次规格最高，礼仪隆重，不只是年节娱乐，是皇家礼仪与威权的体现，彰显着政治文化功能，产生多重效应。

清宫迎接新年是从嘉平书福开始的。康熙年间，皇帝有在宫中御笔书大“福”字，颁赐臣工。第一位得此殊荣的是翰林院编修查慎行。雍正帝将赐“福”著为恩例，同时扩大赐福的范围，颁及直省将军、督抚等地方官员。雍正帝明确指出，福乃天下之公，而非一身一家之私，赐福封疆大吏，是提醒他们为官一地，造福一方。乾隆帝更是讲究书“福”之典，“皆以季冬朔日在重华宫开笔书‘福’”，且自乾隆十四年（1749 年）以后，每值书福，必赋诗纪之。乾隆时期名臣王际华，先后任职礼部、户部尚书，颇为乾隆帝青睐，在其任职的 31 年中，曾受赐二十四福字，装裱悬挂堂厅内，名其堂曰“二十四福堂”，以志恩宠。

每年腊月初八日，清宫中正殿前左方设黄毡圆帐房一座，曰“小金殿”，皇帝升殿，御前大臣侍于左右，众喇嘛在殿内唪经，由章嘉呼图克图等为皇帝拂拭衣冠，意为拔除不祥，也预示新年中不祥难以附体，俗谓之送岁。

腊月初八日是佛祖释迦牟尼“成道日”，信徒以米及果物煮粥供佛。后演变为民俗。雍和宫是雍正帝“潜龙邸”，雍正起即作为皇家寺庙。腊八前夕，皇帝特派王公大臣到雍和宫监视煮粥供佛。雍和宫煮粥用大锅两口，每口可容米二三十石。粥用黄米（即黄粱）、白米、江米、小米、菱角米、粟子、红豇豆、去皮枣泥等合水熬成，熟后外用染红桃仁、杏仁、瓜子、花生、榛穰、松子及白糖、红糖、琐琐葡萄等点染。煮粥过程中，有喇嘛多人围绕着粥锅念经。腊八供佛后，监视大臣将粥进奉内廷，先送奉先殿等处祀祖，然后由皇帝分赐内廷各宫及内外臣工。每年腊八煮粥开支例银十万两。

腊月初八日，乾隆皇帝陪同皇太后御西苑南海瀛台或中海水云榭、北海五龙亭等处，观看八旗兵士表演冰戏，这是一种习武与娱乐相结合的冰上运动，文献称之为“修武事而习劳行赏”。

随着年关临近，朝廷的政事也逐渐停止。每年农历十二月十九日到二十二日这四天中，由钦天监选择吉日封印。封印就是把御宝封存起来不能再使用，表示放假不办公。宫中在收藏国家印玺的交泰殿举行“封宝”礼。各级官府封印后遇有紧要公文仍需处理，即提前准备预印空白，以备临时填用。

在十二月中，由内管领选择吉日、吉时，上奏皇帝后，由太监们负责打扫。

十二月二十三日，在坤宁宫祭灶。之后，宫内正式进入了过年的节奏。

十二月十七日（后改为十九日）始，宫中可放爆竹，打破平时的寂静。且自十二月二十四日起，皇帝在宫中行动，每过一门，必放爆竹一声。

小除以后，过年的气氛更加浓重起来，除夕、元旦的准备活动也紧锣密鼓展开。其中最重要的是张灯结彩。十二月二十四日安灯。安灯时要举行仪式。先是宫殿监引掌仪司首领和乐队从乾清门入，至乾清宫丹陛上两边排列。营造司首领向上行跪拜礼后，敬事房和乾清门太监各一名在乾清宫檐下起“标灯”，乐队奏清乐，营造司太监等上“万寿灯”。各处太监分别于乾清宫、乾清门、日精门、月华门、两廊、回廊和石栏杆等处上灯。“万寿灯”自此日树灯竿之后，左右各悬万寿宝联（对联）十六副。且每副对联的两面，均要绣成金字联句，如“万国庆咸宁，爰偕乐升平，午夜铜壶歌管，声连紫陌；一人宏敛锡，政同赓保定，千秋金鉴图陵，象叶彤墀”。至除夕时，于皇帝升座保和殿筵宴时，总管内务府大臣仍率员役，由乾清门进，“换联安灯”，并安设两走廊及甬道石栏上灯。在除夕及元旦、正月十一、十四、十五、十六等日，俱要上灯，至正月十八日出灯。

二十五或二十六，皇帝为祭太庙开始斋戒三日：在太和殿设斋戒铜人；坐卧之处，亦书斋戒牌；各衙门设斋戒牌；陪祀各官胸前佩斋戒牌，以使触目儆心，恪恭罔懈；不理刑名；不办公；不宴会；不听音乐；不入内寝；不问疾吊丧；不饮酒茹荤；不祭神；不扫墓；前期一日沐浴。

二十六日，恭奉神位至堂子祭。

二十六日，要举行张挂春联、门神、宫训图的活动。

各衙门放假之前一日，翰林院官员要书写宫内各门对联，进呈内廷。与民间用大红纸写春联贴在门上不同，清宫对联用白色丝绢、黑字，装裱锦阑，挂在门上；大殿、大门是挂在楹柱上。春联尚白，原因是清朝满族崇尚白色，且与皇宫的特殊环境有关，皇宫里以红色为主调，楹柱、墙壁、宫门全红，若对联仍用红色，便没有分别；用白色则辉映朱扉，绚丽夺目。光绪十九年癸丑。礼亲王世铎等奏，明岁庆典各宫殿门神对联，是否用朱红纸。得旨，一切应用对联，均用朱红纸书写。

如果腊月是小月在二十八，腊月是大月在二十九，皇帝亲自到太庙祫祭祖先。祫祭，指合祭历代祖先。仪式十分隆重。大享太庙，慎终追远。

岁暮，皇帝对诸王公、大臣皆有赐予。御前王大臣皆赐岁岁平安荷包一，灯盏数对及福橘、广柑、辽东鹿尾、猪、鱼诸珍物无算。外廷大臣择其圣眷优隆者亦赐荷包一。

除夕，清宫自户庭以至大门，凡行走之处遍以芝麻秸撒之，谓之踩岁。寓意“岁岁平安”“芝麻开花节节高”。并在炭炉中燃烧松柏树枝，既寄托着和气、吉祥，又制造了除夕特有的气氛。宫中称之为炃岁。

每年年底，蒙古各藩王、贝勒相继进京朝觐拜年。皇帝除夕在保和殿筵宴朝正外藩，一二品武臣陪宴。内务府准备肴馔。请旨钦定敬酒大臣。席间演出庆隆舞，寄寓外藩归诚朝廷、接受王化。皇帝还赐蒙古亲王大小荷包，里面盛着玉石八宝、金银八宝及元宝等，仿佛民间的压岁钱。

除夕下午皇帝“封笔”，给自己放假，是朝廷最后一位放假的。在宫中亲手点燃名香，向所用御笔致敬，道一声辛苦。从除夕封笔到元旦子时（子夜十二时）开笔之间几小时内，他不能动笔写字。皇帝确实是够辛苦的。

“除夕”日是年节的高潮。早晨，帝、后等位，以及妃子等，要分别到宫内外各处拈香行礼，拈香礼佛，设供祭祖，祈求神灵护佑。然后，在重华宫共进早膳。平日，皇帝一般多是单独进膳的。只有当新春佳节或者是皇帝特许的时候，才令总管太监传旨，由内廷后妃等位陪宴，共同进膳。除夕申正（下午四时），皇帝与众后妃在乾清宫举行家宴，这是宫廷里真正的团圆年饭。只是皇家有严格的礼仪程序。与宴人员的座次排列、用什么样的餐具、上多少道菜品等，都有着明确的规定，不得僭越。当日，皇帝和后妃每人一张桌子，皇帝居中，用金龙大宴桌，坐北向南，皇后在皇帝的东侧稍后，嫔妃席列按等级分列在东西摆放。清宫的年夜饭虽然是家宴，但并不像寻常百姓家的过年席上可以一饱口腹之欲，其形式与礼仪更重于吃喝。在用膳时间到后，太监奏请皇后率妃嫔们依次就位。之后，皇帝在喜乐中进入乾清宫升座，后妃们行礼。入座后，皇帝和后妃们先喝汤，再喝奶茶，接着是酒宴。皇帝赐酒时，后妃们都要行跪拜礼。宴会结束时，后妃们向皇帝跪拜，皇帝在奏乐中起身回便殿，后妃们也各回己宫。

元旦，农历正月初一日，是我国传统的“春节”。一年伊始，除旧岁，迎新年，庆贺春节，是我国数千年来的习俗。清代皇帝这一天的活动，是从半夜开始的。

清帝在元旦凌晨子时，要净面、着冠服，在皇宫内廷养心殿拈香行辞岁迎新礼。

清宫过年，和民间一样，都要穿新衣。皇帝也不例外。现在影视剧给大家的印象就是皇帝只穿龙袍，其实是不对的。龙袍为清代皇帝的吉服之一，等级规格并不是最高的。皇帝于元旦，要穿等级规格最高的朝袍。朝袍为清代礼服之一，颜色最为丰富，有蓝、明黄、红和月白四种颜色。在重大庆典如登基、元旦、万寿及祭地用明黄色；祭天、祈谷、祈雨用蓝色；朝日用红色，夕月用月白色。

元旦子正，皇帝御养心殿东暖阁“明窗”处，举行开笔仪式。明窗是一面镶玻璃的窗户，在养心殿前殿东次间南窗。当时大面积平板玻璃稀缺，宫中窗户大多数还是裱糊高丽纸，这处大玻璃窗户殊属难得。现存最早的是雍正元年（1723 年）的元旦开笔。乾隆初年，元旦开笔仪制渐趋固定。元旦交子之时，居住于养心殿后寝宫的皇帝，起床洗漱毕，走到前殿东暖阁南端的明窗之前。窗前的紫檀长案上，陈设着象征大清王朝江山永固的“金瓯永固杯”，内注屠苏酒；另有朱漆雕云龙盘，内盛古铜吉祥炉八、古铜香盘二。皇帝点燃“玉烛长调”烛台上的蜡烛，握万年青管笔在炉上熏一下，先蘸朱墨写吉语数字，再用笔蘸黑墨书写吉语数字，以祈新年吉利平安。吉语书写完毕，皇帝要亲自将所用物件清理好，交人收贮，以备来年开笔时再用。同时饮下屠苏酒。开笔后标志着皇帝一年的政事又开始了。

皇帝写完吉语，接着要御览本年的时宪书，以寓授时省岁之义。

明窗开笔后，皇帝要做一系列的祭祀活动。如到养心殿东西佛堂拈香行礼，到钦安殿拜“真武大帝”。到斗坛（在澄瑞亭内）祭“斗母”，到“天穹殿”等处行磕头礼。至奉先殿祭祀列祖。再到养心殿“天地香亭”，焚化“天地三界神画像”及黄钱、金银元宝。到坤宁宫磕头，到乾清宫东暖阁供前“拈香”。至乾清宫东庑“圣人”前、北五所御药房“药王”前磕头。到长安左门外“堂子”去祭祀，到“中正殿”“建福宫”“重华宫”拜佛。至大高殿磕头，到弘仁寺、阐福寺拜佛，至寿皇殿对先祖御容瞻拜。等等。

皇帝进元旦早膳，有“煮饽饽”即饺子和“团圆饼”。乾隆四十八年（1783 年）档案记载，皇帝新年吃第一顿饺子一共 4 个，其中 2 个包着钱。吃到有钱的饺子就表示一年吉利。那天乾隆帝把两个吉祥钱全部吃出来了，吃了三个饺子，剩下一个没有通宝的饺子，被送到了佛堂上供。

如果皇太后在世，皇帝率王以下文武大臣，诣寿康宫，向皇太后行礼，即拜年。

辰初（七点钟）时，皇帝乘十六人抬的“画轿”出乾清门至中和殿，升宝座受内大臣、侍卫，以及内阁、翰林院、詹事府、礼部、乐部、都察院等衙门官员礼后，再到太和殿升座，诸王、贝勒及文武大臣官员和来京蒙古王公、台吉等行“庆贺礼”。大朝是一种纯为礼节祝贺而设立的朝会制度。皇帝于元旦御太和殿，受王公、文武百官参拜，庆贺新年，作乐宣表。大朝的礼仪十分隆重。

从太和殿回到乾清宫，皇帝回归一家之主，接受后妃、皇子们拜年。像太和殿布置一样，乾清宫檐下设中和韶乐，乾清门内两侧设丹陛大乐。后妃们事先等候在乾清宫东西暖阁，皇帝升座后，内监将乾清宫正门上的帘子放下，后妃出东西暖阁，在宫内给皇帝行六肃三跪九拜庆贺礼。礼毕，后妃退。升帘，皇子率总管及首领太监等在宫前丹陛上行三跪九拜庆贺礼。行礼毕，奏乐。乾隆帝离宝座，乘四人抬“亮轿”出凤彩门，至重华宫，受贵人、常在等贺礼。皇帝回养心殿，更衣后，就同皇后、妃嫔等共进早膳。

中午午正（中午十二点钟）时，在乾清宫举行“宗亲宴”，庆贺春节，钦点皇子皇孙及近支王、贝勒、公参加，每二人一席，赋诗饮酒。这实际就是家族的男人在一起宴会。

古代男女授受不亲，皇家尤重男女大防，在清宫，年长的皇子通常不与非亲生的嫔妃接触，而妃嫔们在五十岁之前也不能跟非亲生的皇子见面。即使家宴也不在一起。皇子尚且如此，更不要说其他叔伯兄弟了。从这个意义上说，近几年流行的《甄嬛传》《延禧攻略》等清宫戏中皇帝与后妃、皇子一起用餐的场景其实是不存在的。

正月初二日，接堂子神灵回坤宁宫，并举行大祭。正月初二大祭时，皇帝赐王公大臣等吃祭神用过的“牺牲”，称为“坤宁宫吃肉”，这是很大的荣誉。这些人死后在出殡时可打一牌子：“坤宁宫吃肉”，以表彰生前受到的恩荣。吃肉时无论皇帝还是其他人，都要自己亲手抄刀切割，以示不忘旧俗。

康熙二十一年（1682 年）开始，正月初二日，皇帝在乾清宫赐宴廷臣，满汉大学士、尚书、侍郎、都御史及各寺院长官参加。这等于是皇帝在“家”延请他的下属。参加人员名单，先由奏事处拟定，皇帝钦定，然后由内阁通知到人。每次人数不定，乾隆四年（1739 年）共有 99 人参加。皇帝曲宴廷臣，并降谕：酒醉者可由内监搀扶提掖。席间仿“柏梁体”联句作诗，君臣唱和。到乾隆二十四年，廷臣宴改在正月十六日圆明园“山高水长”殿举行。

正月初二日，召南书房、上书房等处供奉皇帝身边的翰林能诗者，到重华宫茶宴。开始于乾隆十年（1745 年），起初只有 12 人，一般为 18 人，取唐太宗时“十八学士登瀛洲”典故，最多增至 28 人，附和周天二十八宿。“茶宴”如同今天茶话会。宴席上饮“三清茶”，即由梅英（晾干的梅花瓣）、松实、佛手，加圆明园雪水烹制，寓意“一片冰心在玉壶”。吃果子，无肴馔。听戏。君臣唱和，联句作诗，实为文人的雅集。宴后，赏赐个人所用瓷杯，间或有砚台、书画等。

通常情况下，元旦过后，选择正月初二或初五、初八日等日，乾隆帝亲自到“紫光阁”设宴，招待蒙古族、哈萨克族、回子（即维吾尔族）以及各来朝的外国贺年使。乾隆时有一次宴会，朝鲜使臣才思敏捷，出口成章；越南使臣中文不太熟练，朝鲜使臣就代为赋诗一首。万邦和谐，一时传为佳话。

每年正月上辛（五日之前）祭上帝于大飨殿，为民祈谷，以期丰收。

过了正月初三日，元旦的庆祝活动告一段落。咸丰十年（1860 年）英法联军焚毁圆明园之前，清廷在南郊祈谷礼成之后，大致在正月初十之前，皇帝及宫眷迁往圆明园。对于妃嫔们来说，园居生活比宫中显然丰富多彩得多，更容易消磨时光。乾隆年间还在同乐园开设“买卖街”，开店者以内监充之，所卖物品事前由崇文门监督，于外城各肆中采择交内务府。开市后，准许王公大臣前往购买。至傍晚，外臣退出后，内宫女眷也进内购买。晚清慈禧、光绪住颐和园时，后山沿河一带也有一处买卖街。

从正月十三日起，上元节的庆祝活动陆续开始，直至正月十九日结束。这七天中，宫中及圆明园摆放各种各样的花灯，每日按时放灯、收灯。清代皇帝与后妃元宵观灯，前期在圆明园，后期在三海或颐和园。宫中舞灯之戏规模比民间更为盛大，可有千人舞灯组合成的吉祥文字“天下太平”“大有年”等，表演者一边口唱《太平歌》，一边盘旋飞舞。舞罢，则烟火大发，其声如雷霆，火光明亮半边天空，仿佛千万红鱼奋迅跳跃于云海之内。

作为上元和元旦庆祝活动结束的，是正月十九日的“燕九”。此日是北京白云观（元代长春宫）祖师长春真人丘处机的生日，北京人到白云观纪念他，清宫此日进行新年期间最后大宴，故又称“宴九”“筵九”。

宴九之后，蒙古王公及各外藩、使臣相继辞驾出京了。正月二十前后，皇帝行礼开宝，与封宝时一样，各衙署也照例开印。一年的政事完全开始。

从皇宫到博物院
——故宫博物院的前世今生

今天中国的故宫博物院，是在明清两代皇宫基础上建立的。明清两代，有24位皇帝在这里统治中国，创造了帝制时代最后的荣光，也吞咽了衰落带来的种种苦果。

1912年2月12日，隆裕太后下懿旨，颁布《清帝逊位诏书》，决定接受《优待条件》，同意把政权移让民国政府①。根据《优待条件》，退位后的溥仪依然住在紫禁城保和殿后的“后廷”里，享有“大清皇帝”尊号，沿用宣统年号，享受中华民国对待外国君主之礼遇，从一个小孩成长为一个“阳光”青年，接受了最好的教育，享受时尚生活，照相、电灯、电话，在宫中骑三枪自行车、打网球，和胡适聊康白情的新诗，跟庄士敦学习英语，崇尚西方文明，希望能有机会到西方去学习。

一、冯玉祥驱逐溥仪出宫是故宫博物院的肇始

1924年9月16日，第二次直奉战争爆发，直系总统曹锟下令讨伐奉系，任吴佩孚为“讨逆军总司令”，率部进攻据守山海关的张作霖奉军，直系将领冯玉祥也奉命率部离京开赴直奉战争前线。10月22日

① 《清帝退位授袁世凯全权组织临时共和政府谕（宣统三年十二月二十五日，1912年2月12日）》，中国第二历史档案馆编《中华民国史档案资料汇编（第一辑）》，江苏人民出版社，1979年，第217－218页；《清帝宣布退位旨（宣统三年十二月二十五日，1912年2月12日）》，中国第二历史档案馆编《中华民国史档案资料汇编（第二辑）》，江苏人民出版社，1981年，第72－76页。

夜，冯玉祥的部队突然倒戈，从滦平前线秘密班师回北京，发动震惊中外的“北京政变”。24 日，直系军阀政府被推翻，曹锟被囚，吴佩孚的势力被逐出北京。北京政变成功后，冯玉祥将军被推为国民军总司令，并成立了中华民国临时执政府，由国民军支持的黄郛担任临时执政府代总理，摄行总统职务。

冯玉祥为了给“北京政变”找一个革命的借口，提出驱逐逊帝溥仪出故宫。因为正好张勋搞的那场丁巳复辟提供了消灭复辟祸根的口实。冯玉祥认为，1917 年张勋复辟，破坏共和，捣乱虽在张逆，祸根实在清廷，不取消清室优待条件，不把逊帝请出宫，今后难免有人再搞复辟，共和政体势难安宁。现宜驱逐溥仪出宫，修改优待条件。① 冯玉祥后来在《我的生活》中说：“这摄政内阁虽是过渡时期的政治机构，但成立后，却做了一件富有意义的事，那便是修改清室优待条件，驱逐溥仪出宫。……在中华民国的领土内，甚至在中华民国的首都所在地，竟然还存在着一个废清皇帝的小朝廷，这不仅是中华民国的耻辱。（稍明事理的人，此时无不以留着辫子为可耻；如今留着溥仪，即不啻为中华民国留了一条辫子，可耻孰甚?）且是中外野心家时刻企图利用的祸根。民六讨伐复辟的时候，我即极力主张扫除这个奇怪的现象，铲除这一个祸根，可是当时竟未如愿。这次入京，便决心以全力贯彻之。在商得摄政内阁的同意后，便令鹿瑞伯去执行。”② 其实，溥仪此时不过一个特殊的符号而已，既没有复辟的主观意愿，更没有复辟的客观条件与可能，但从冯玉祥、清室善后委员会，到今天的学界，一直都在不断地强化“复辟”。冯玉祥自称此举“可告天下后世而无愧”③，既可避免“重演复辟之奇祸”，又使“国家得消灭违反共和之隐患”④。意图通过此举使北京政变有一个正义的借口，为国民军获得广泛的支持，以维持其对首都的控制。

① 冯玉祥：《我的生活》，上海教育书店，1947 年，第 510 页。［美］薛立敦著，丘权政等译：《冯玉祥的一生》，浙江人民出版社，1988 年，第 183－184 页。

② 冯玉祥：《我的生活》，上海教育书店，1947 年，第 509－510 页。

③ 冯玉祥：《我的生活》，上海教育书店，1947 年，第 511 页。

④ 冯玉祥：《国事刍言》，《冯玉祥选集（上卷）》，人民出版社，1985 年，第 10 页。

冯玉祥发动的这场政变被许多历史当事人称为“革命”①，认为是辛亥革命的延续。有人指出：国民军倒曹，标举“革命旗帜”，修订优待条件，“竟辛亥革命未竟之功”②，为民国断绝危险，乃“全国国民一致赞成之事”③。如何认定事变的真正性质？赵世炎说：“什么是革命？一个革命是社会经济变动，新生产力与旧生产关系矛盾，发生新阶级与旧阶级的冲突，经过激烈的阶级争斗，产生新的社会经济形势，及新的政治制度之统治。”④ 也就是说，“革命”须是颠覆性的政治变化，一般至少应含二义：一为不满现政府之措施，颠覆而易以自身信仰之政策；二为起兵“革命”时即标举主张，定为共同目的。而冯玉祥在政变中的处置殊少“革命”含义。他不仅承认既有法统及曹锟当选总统的合法性，冯曾表示，发动政变系“革军权万能之命，非革政治之命，故曹总统之地位，吾并未推翻”⑤。对于“法统”所出机关国会，冯玉祥也未根本否定，将通电补送参众两院，后来黄郛代阁之建立，形式上仍经曹锟总统“任命”⑥，而胁迫曹锟退位，亦令向国会“辞职”。但国会并未开会接受曹锟辞职，故依照法律，曹锟仍是合法总统。而冯以非常手段囚禁曹锟，其合法性自然遭到质疑。时人就批评冯玉祥“对付政局之手续，始终承认历年之法统”⑦，故将政变后的北京政局弄得“似革命非革命，似依法非依法”⑧。

冯玉祥的“革命”既难成立，他所发动的北京政变只是一场军人干政而已。虽然他表示发动政变是要“革军权万能之命”，实际就是“军权万能”。由他组织的摄政内阁实际上并不具有合法性。北京政变

① 冯玉祥：《我的生活》第三十一章“首都革命”，上海教育书店，1947 年，第 485 - 518 页。

② 高阳：《八大胡同》，中国友谊出版公司，1988 年，第 246 页。

③ 王瑾、胡玫编：《胡政之文集（上册）》，《溥仪出京与日本（1925 年 3 月 1 日）》，天津人民出版社，2007 年，第 142 页。

④ 赵世炎：《赵世炎选集》，《冯玉祥配称革命吗？（1924 年 11 月 7 日）》，四川人民出版社，1984 年，第 143 页。

⑤ 《冯玉祥与柯乐文谈话》，《申报》1924 年 11 月 8 日。

⑥ 沈亦云：《亦云回忆（上册）》，传记文学出版社，1980 年第 2 版，第 202 - 203 页；《袁良致褚辅成函》，《申报》1924 年 11 月 22 日。

⑦ 《易培基长教之由来》，《申报》1924 年 11 月 16 日。

⑧ 《北京通信：动机已伏之政治纠纷》，《申报》1924 年 11 月 13 日。

于1924年10月23日凌晨发生。摄政内阁虽是11月2日成立，按照冯玉祥自己的说法，组建摄阁的决定在10月23日晚筹建国民军的会上便已做出①。而曹锟11月2日才被迫提出辞呈②。这表明组建摄阁的决定系先于总统及内阁总理辞职做出，蓄意逼宫的意图十分明显。曹锟被迫递交辞呈后，将其选出并因此背了“贿选”骂名的国会并未接受其辞职；而有政治经验的曹锟虽被迫递交辞呈，却拒绝将总统印信交出。在再次受到威逼，曹无奈之下才交出印信。政变之后囚禁总统，却用总统名义安排组阁；总统辞呈未经国会接受，新内阁也未见国会批准成立，却以内阁代摄总统职权；整个过程都是军事力量在支配，黄郛等人确系“违宪摄阁”。“违宪摄阁”对优待条件加以修改，自然应受到非议。

11月4日，冯玉祥召京畿卫戍司令鹿钟麟、京师警察总监张璧到国民军总司令部驻地旃檀寺面谈。那天鹿钟麟患感冒，张璧一人前往。《冯玉祥日记》记述：11月4日下午“一点半，张玉衡来，余言，步兵当急移于城外，并即日请宣统出宫，以免段芝泉来后重生枝节”③。张璧以为：这件事过于重大，应当由内阁下命令方好。否则由卫戍司令部和警察厅自行办理，容易引起外人误会。当晚，摄政内阁立即召开内阁会议，通过促溥仪自废尊号，出离故宫，并修改优待条件。修改清室优待条件由黄郛提出，经摄阁国务会议共同商定原则，由司法总长张耀曾即座起草，黄郛斟酌修改，并令京畿警卫司令鹿钟麟、京师警察总监张璧负责执行溥仪移出宫禁。④

临时执政府摄政内阁会议议决《修正清室优待条件》：

今因大清皇帝欲贯彻五族共和之精神，不愿违反民国之各种制度，仍存于今日。特将清室优待条件修正如左：

第一条 大清宣统帝从即日起，永远废除皇帝尊号，与中华民国国

---

① 冯玉祥：《我的生活》，上海教育书店，1947年，第506－508页。

② 《北京通信：曹锟退职与摄阁成立之经过》，《申报》1924年11月9日。

③ 冯玉祥：《冯玉祥日记》，民国史料编辑社，1930年，第128－129页。

④ 沈亦云：《亦云回忆》，传记文学出版社，第201－204页，1980年第2版。关于溥仪出宫的情事，笔者另有考辨，本文不赘述。

民在法律上享有同等一切之权利。

第二条 自本条件修改后，民国政府每年补助清室家用五十万元，并特支出二百万元，开办北京贫民工厂，尽先收容旗籍贫民。

第三条 清室应按照原优待条件第三条，即日移出宫禁，以后得自由选择住居，但民国政府仍负保护责任。

第四条 清室之宗庙、陵寝永远奉祀，由民国酌设卫兵，妥为保护。

第五条 清室私产归清室完全享有，民国政府当为特别保护。其一切公产，应归民国政府所有。

张璧列席了摄政内阁会议。散会，已夜半。张璧马上去天安门内的鹿钟麟驻地，传达了冯玉祥和摄政内阁会议的决定。约好第二天 8 点到鹿钟麟处会齐出发。

由于“当时交涉溥仪出宫的情形，各报所载多不太详细”，“外人当时不在场因而多想像其情景”，即使到了今天，各类研究论著中的相关叙述依然存在同样的问题，有关驱逐溥仪出宫过程的叙述并不完全是事实的真相，如说派京畿卫戍司令鹿钟麟、京师警察总监张璧与国民代表李煜瀛负责执行。而且各家叙述有很大的差异，如黄郛在其中的作用；负责执行者是否包括李煜瀛；如果包括李煜瀛，其是否为摄阁所指定。不同的叙述反映了作者对于事件的判断和采择，但现有的叙述对于史源的利用是不完全的。当事人鹿钟麟、溥仪都有文字记述，因是事后的回忆，时、地、身份、处境的不同，就有别样的意味。张璧则未见相关文字。溥仪的英文老师庄士敦因为当时身处宫外，对于 11 月 5 日行动也是一无所知，《紫禁城的黄昏》所写只是他在宫外的所做所见所闻①。爱新觉罗·溥佳《溥仪出宫的前前后后》亦相类②。而李煜瀛之侄、1929 年出任国立北平故宫博物院秘书长的李宗侗“于民国廿年九月下半月为此特别访问张玉衡先生于他的杨梅新斜街住所楼上，最近在

① ［英］庄士敦著，陈时伟等译：《紫禁城的黄昏》，求实出版社，1989 年，第 306－316 页。
② 爱新觉罗·溥佳：《溥仪出宫的前前后后》，吕长赋、纪红民、俞兴茂编《溥仪离开紫禁城以后——爱新觉罗家族成员的回忆》，文史资料出版社，1985 年，第 2－34 页。

台湾并先后与家叔及徐次辰（永昌）先生加以印证，综合他们的谈话以成此篇(《溥仪出宫的详情》)"①。从《李宗侗自传》来看，作者本客观精神，不溢美、不辩诬，只叙事实经过，洵难得也（不然，作者应花大笔墨来洗刷"盗宝案"，而作者反而回避，这对我们研究者来说是遗憾的事，但亦见作者态度)。因而《溥仪出宫的详情》次第叙述，接受任务时，鹿钟麟患感冒，张璧独见冯玉祥，又参加列席内阁会议，及第二天一早临时抓李煜瀛做证人，以及对请李煜瀛原因的分析，均丝丝入扣，合情合理。值得研究者给予关注。

次日，鹿钟麟、张璧执行任务前，为避嫌，"乃用电话约李先生（李煜瀛）来天安门，告诉他请他作证的意思。李先生慨然应允，乃同入宫。时已九点钟矣。张等已调保安队两队及军士多名分布于神武门外。当时守卫故宫外之护军已调往北苑改编，景山已换国民革命军绍英驻守"②。李煜瀛的出现最终导致了故宫博物院的诞生。

李煜瀛，字石曾，是前清清流李鸿藻之子，早年留学法国，先后入蒙达尼农业实用学校、巴黎巴斯德学院学习。1906 年在巴黎加入了中国同盟会，服膺革命。"李煜瀛为无政府党所引诱，以浪漫派蒲鲁东、巴枯宁为神圣，尊崇其说。"③ 1906 年 12 月，与吴稚晖、张静江在巴黎组建世界社，作为传播沟通中西文化的机构，以《新世纪》为阵地，宣传无政府主义思潮，成为马克思主义传入中国之前最有影响的一种思潮，对日后掀起莫大波澜并翻江倒海的主要思潮如自由主义、共产主义、国家主义等均产生了极大影响。李煜瀛又是留法勤工俭学运动的倡导者与实际组织者，1915 年夏在巴黎组织了勤工俭学会，以"勤于做工，俭于求学，以进劳动者之智识"为宗旨④，推动留法俭学运动。李煜瀛作为留法教育的核心主导人物，不畏艰难，始终以坚强的毅力，克服种种困难，为留法勤工俭学运动奔走辛劳，发挥了杰出的领导作用。

① 李宗侗撰:《李宗侗自传》，中华书局，2010 年，第 146 页。

② 李宗侗撰:《李宗侗自传》，中华书局，2010 年，第 147 页。

③ 朱和中遗稿:《欧洲同盟会纪实》，《辛亥革命回忆录（第六集)》，中华书局，1963 年，第 18 页。

④ 张允侯等:《留法勤工俭学运动（一)》，上海人民出版社，1980 年，第 52 页。

1911年夏，李煜瀛返国参与革命，组织、主持京津同盟会，创办《民意报》，以“鼓吹中央革命”为宗旨，李煜瀛“尝为民意报撰写社论，振聋发聩，直为北方之警钟”①。1912年1月，孙中山在南京就任临时大总统，“时北方仍守旧制，革命党人认为清廷内阁总理大臣袁世凯及清军咨使良弼乃中华民国成立障碍，亟谋去之”②。李煜瀛遂分发手枪炸弹于京津同盟暗杀部杨禹昌、彭家珍等人，刺杀袁世凯、良弼，在一定程度上震撼了清朝统治者。1924年1月，在国民党第一次全国代表大会上，李煜瀛当选为中央监察委员。黄郛组阁时曾拟请李煜瀛出任教育总长③，李煜瀛因是进德会丙种会员④不做官而婉拒。

至神武门，鹿钟麟、张璧二人率领国民军20多名士兵和40多名警察，步行由西筒子而入。未到隆宗门即遇内务府之绍英等人。绍英等人和溥仪商议后，同意《修正清室优待条件》，“但迁往颐和园，需要修理，不是仓促所能办到的事，需容其三个月”。后表示“三个月搬家可以改为一个月”，再将一个月减十天，最后说“收拾物件需三天可以完毕，到彼时方才可以搬家”。这时李煜瀛说：“物品不必收拾，有关历史文化之物品，以不搬走为是，因系国宝，不宜归一人一姓，你们今天出去后，只将无职守的太监开去，各宫殿仍旧归原看守人看守，并加封条，以专责成。”当时具体执行的鹿钟麟、张璧，始终注意令溥仪即日出宫，而未曾想到文物的处置。李煜瀛在入宫前应该是先看过《修正清室优待条件》，其第五条“清室私产归清室完全享有，民国政府当为特别保护，其一切公产应归民国政府所有”，而李煜瀛长期在法国生活，对法国大革命后兴起的博物馆相当熟悉，于是就有了这样的插话。这是初次谈及文物的归属，也是财物划分公私的源头，以及日后成立故宫博物院的前提。双方因皇宫物品的归属问题争执不下，至下午3点多钟，摄政王载沣得溥仪通知来到故宫，感到再坚持不搬已不可能，且有风

① 杜元载主编：《革命人物志（第十二集）》，中国国民党中央委员会党史史料编纂委员会，1973年，第50页。

② 杨恺龄撰：《民国李石曾先生煜瀛年谱》，台湾商务印书馆，1980年，第25页。

③ 《北京通信》，《申报》1924年11月2日。

④ 《北京大学日刊》第51号，1918年1月20日。

险，力主即刻出宫。下午 5 点来钟，“溥仪及他的后妃，后面跟随宫女太监多人，最后是绍英等四人，最后面是摄政王，步行由御花园而出”，乘坐国民军司令部为之预备的汽车，前往后海北岸的醇亲王府。[①] 溥仪出宫后，留守故宫的国民军士兵和警察，会同清室内务府人员，逐一为溥仪及其后妃住所，各个存储文物、物品的主要宫殿和场所都贴上封条，加了锁。

学界普遍认为，驱逐溥仪出宫是完成辛亥革命未成的事业，得到当时人们积极的欢迎，并以出宫次日北京全城挂灯笼放爆竹为证。殊不知这些行为是执行的京师警察厅的命令，并不能代表民意。冯玉祥驱逐溥仪出宫事件受到了社会各派的广泛关注，对冯玉祥之举各派评价不一，从中也反映了他们对民主共和的不同认识。

清朝宗室、遗老遗少们自然以保皇为号召，围绕保障溥仪安全、恢复优待条件以及复辟道路，奔走于社会各势力之间寻求支持，其间又夹杂着派系之间的争宠，最终目的均是企图复辟帝制。如康有为斥责冯玉祥之举，要求恢复“优待条件”、溥仪复号还宫，意图保留小朝廷。[②]

革命力量则赞成冯玉祥对逊清皇室的举措。如 11 月 11 日，孙中山致电冯玉祥称：“报载执事鱼日令前清皇帝全体退出旧皇城，自由择居，并将溥仪帝号革除。此举实大快人心，无任佩慰。复辟祸根既除，共和基础自固，可为民国前途贺。”[③] 孙中山在丁巳复辟时，曾倡议“戮伪主溥仪，以惩负约”[④]，相当激愤，而此时对溥仪出宫，态度已趋平和。孙中山卧病北京饭店时，接到原清室内务府的哀告信，汪精卫以孙中山先生秘书处名义复函，指出清室对《优待条件》中应履行之条款已悉行破弃，“民国六年复辟之举，乃实犯破坏国体之大眚，《优待条件》

① 李宗侗撰：《李宗侗自传》，中华书局，2010 年，第 147－150 页。

② 中国第一历史档案馆：《溥仪出宫后图谋恢复优待条件史料》，《历史档案》2000 年第 1 期。

③ 广东省社会科学院历史研究所等编：《孙中山全集（第十一卷）》，致冯玉祥电（1924 年 11 月 11 日），中华书局，1986 年，第 302 页。

④ 中国社会科学院近代史研究所中华民国史研究室等编：《孙中山全集（第四卷）》，致段祺瑞电（1917 年 7 月 19 日），中华书局，1985 年，第 117 页。

之效用至是乃完全毁弃无余，清室已无再责民国政府践履《优待条件》之理”①。张继、王法勤、丁惟汾、续桐溪、彭养光、焦易堂、王用宾等通电赞同令溥仪出宫。②

而军阀如段祺瑞在溥仪出宫当天致电冯玉祥：“要知清室逊政，非征服可比，优待条件全球共闻，虽有移住万寿山之条，缓商未为不可，迫之于优待不无刺缪，何以昭大信于天下乎？望即从长计议之可也。”③段氏在接见清室代表载洵时表示“办理清室出宫事件，类于孩提之胡闹”④，并派代表向清室致歉。张作霖在与庄士敦的密谈中表达了对冯玉祥之举的不满，表示打算帮助皇上并挽回残局，但又说“只能采取一些不致引起共和派猜疑的行动”⑤。段、张的表态，或有维持《优待条件》之意，但都没有什么实质性的举措。

发言最多的是自由派知识分子，他们对冯玉祥之举评价不一。周作人、钱玄同、王世杰、周鲠生、李书华、李宗侗均赞成冯玉祥的当机立断，认为此举完成了革命未竟之业，铲除了复辟的一大祸端。⑥ 而胡适在溥仪出宫当天就致函外交总长王正廷，称：“我是不赞成清室保存帝号的，但清室的优待乃是一种国际的信义，条约的关系。条约可以修正，可以废止，但堂堂民国，欺人之弱，乘人之丧，以强暴行之，这正是民国史上的一件最不名誉的事。”⑦ 胡适发出此信后，还亲赴醇亲王

① 《孙中山先生秘书处复函》，见吴瀛《故宫尘梦录》，紫禁城出版社，2005 年，第 44 -46 页。
② 《张继等赞同令溥仪出宫电》，《申报》1924 年 11 月 15 日。
③ 中国第一历史档案馆：《溥仪出宫后图谋恢复优待条件史料》，段祺瑞致冯玉祥等电（1924 年 11 月 5 日），《历史档案》2000 年第 1 期。
④ 《清室善后事宜停顿》，龙子仲等编《中华民国史史料外编（第 2 册）》，广西师范大学出版社，1997 年，第 272 页。
⑤ ［英］庄士敦著，陈时伟等译：《紫禁城的黄昏》，求实出版社，1989 年，第 381 页。
⑥ 中国社会科学院近代史研究所中华民国史组编《胡适来往书信选（上）》，周作人致胡适（1924 年 11 月 9 日）、李书华、李宗侗致胡适（1924 年 11 月 19 日），中华书局，1979 年，第 270、275 页；周鲠生：《清室优待条件》，《现代评论》第 1 卷第 1 期，1924 年 12 月 13 日；王世杰：《清室优待条件的法律性质》，《现代评论》第 1 卷第 1 期，1924 年 12 月 13 日；钱玄同：《告遗老》，《语丝》第四期，1924 年 12 月 8 日；钱玄同：《三十年来我对于清朝的态度的变迁》，《语丝》第一期，1925 年 1 月 5 日。
⑦ 中国社会科学院近代史研究所中华民国史组编《胡适来往书信选（上）》，胡适致王正廷（1924 年 11 月 5 日），中华书局，1979 年，第 268 页。

府向溥仪表示慰问，声称“这在欧美国家看来，全是东方的野蛮”①。认为冯玉祥以暴力替代程序，有损于民主共和，因此更注重从法理层面探讨问题，体现了其对建立法治国家、维护民主权利的要求。

但溥仪为首的逊清皇室已经彻底离开了紫禁城，不管冯玉祥的出发点是什么，结果已经出来了，紫禁城后来因此被改建为故宫博物院。历史上，往往动机与结果是分离的。

黄郛内阁行动迅速，自始至终都在抓紧处理溥仪出宫后的善后问题。溥仪出宫当天下午，摄政内阁开会，专门研究溥仪出宫的善后问题。议决事项主要有：清室善后委员会（以下简称善后会）组织条例草案，善后会委员名额、人选，各种善后问题的处理等。11 月 7 日，发布《大总统令》：“著国务院组织善后委员会，会同清室近支人员协同清理公产私产，昭示大公。所有接收各公产，暂责成该委员会妥慎保管。俟全部结束，即将宫禁一律开放，备充国立图书馆、博物馆等项之用，藉彰文化，而垂永远。”② 11 月 14 日，《政府公报》上公布《办理清室善后委员会组织条例》③。国务总理聘请李煜瀛为委员会委员长，聘任汪兆铭（由易培基代）、蔡元培（由蒋梦麟代）、鹿钟麟、张璧、范源濂、俞同奎、陈垣、沈兼士、葛文濬、绍英、载润、耆龄、宝熙、罗振玉等十四人为委员，后五人为清室方面指定。④ 并任京师警察总监、京师高等检察厅长、北京教育会长，以及吴敬恒、张继、庄蕴宽六人为监察员。

11 月 19 日，北京 8 所高等学校的代表召开联席会议，赞成组织善后委员会，并希望成立一完全美满之图书馆、博物馆，由国家直接管理，并邀集各机关参加监视，期在公开保存，俾垂永远。摄政内阁教育总长易培基在谈话中表示了顺应民意的态度：“予（易自称）意拟成立一国立图书馆与国立博物馆以保管之，地址即设在清宫中，惟组织完

① 爱新觉罗，溥仪：《我的前半生》，群众出版社，1964 年版，1981 年第 5 次印刷本，第 179 页。

② 《政府公报》1924 年，第 3099 期，第 2－5 页。

③ 《政府公报》1924 年，第 3104 号，第 4－5 页。

④ 杨恺龄撰：《民国李石曾先生煜瀛年谱》，台湾商务印书馆，1980 年，第 43 页。

善，办法须极严密，以防古物意外损失。”① 11月20日，清室善后委员会筹备就绪，宣告成立，李煜瀛就委员长职。②

1924年11月28日，溥仪之“内务府”致函北京临时政府内务部，声明“所有摄阁任意修正之五条件，清室依照法理不能认为有效”③，并否认清室善后委员会。同日，溥仪函各国公使求援，并对《顺天时报》记者发表谈话称：“此次国民军之行动，以假冒国民之巡警团体，武力强迫余之签字，余决不如外间所传之欣然快诺。”④

1924年12月6日，汪精卫、丁惟汾、邵元冲、张继、戴季陶、李煜瀛、孙科、马伯援、焦易堂、王用宾、王法勤共11人在天津张园举行会议，讨论北京政局诸问题，主张：清室问题须依照摄政府所定修正优待条件由清室善后委员会继续办理⑤。

12月20日，李煜瀛召开善后委员会第一次会议，通过《点查清宫物件规则十八条》，从登记、编号到物品挪动，建立了严格的监督机制和责任制⑥。规定在室内工作时，不得吸烟（规则第十二条）；要求点查工作以不离开物品原摆设之地为原则，如必不得已，须挪动位置者，点查完毕后即须归还原处，无论如何，不得移至所在室之门外（规则第八条）；要求每种物品上均须粘贴委员会特制之标签，登记物品之名称及件数，凡贵重物品并须详记其特异处，于必要时或用摄影术，或用显微镜观察法，或其他观察法，以防抵换（规则第七条），等等。点查规则相当的周到、严格，从制度上对参与清查文物的工作人员做出了规范，即使有人想偷盗也不可能，使得故宫文物在点查时得到了较好的保护。严格的制度也防止了宫外人员染指故宫文物，冯玉祥的士兵，哪怕是高级军官也不准入宫。会议决定23日起点查清宫物品。

① 《清宫查封近闻：加派委员三人　易培基保存古物办法》，《申报》1924年11月26日。

② 杨恺龄撰：《民国李石曾先生煜瀛年谱》，台湾商务印书馆，1980年，第43页。

③ 中国第一历史档案馆：《溥仪出宫后图谋恢复优待条件史料》，溥仪内务府致内务部函底（1924年12月24日），《历史档案》2000年第1期。

④ 韩信夫、姜克夫主编：《中华民国史大事记（第三卷）》，中华书局，2011年，第2095页。

⑤ 吴相湘编撰：《孙逸仙先生传》下册，远东图书公司，1982年，第1743页。

⑥ 《清室物件将开始点查》，《申报》1924年12月30日；《清室善后委员会点查清宫物件规则（十三年十二月二十日议决）》，《故宫物品点查报告》第1卷第1期，1925年，第3－4页。

22 日下午，清室善后委员会在神武门召开点查预备会，会前收到国务院内务部转来的一道公函："奉执政谕，据报清室善后委员会于本月二十三日点查清宫物件，现清室善后之事，政府正在筹议办法，该委员会未便遽行点查，着内务部暨警卫司令部即行查止。"清室善后委员会委员们对此群情激愤，李煜瀛强烈反对，主张"反抗执政府此种违反民意不合手续之命令"，并让人起草信函，答复内务部，转达执政府，表示点查工作"万难中止"。

23 日上午，担任点查清宫物品任务的人准时到神武门内集合，然因警察未到，不合《点查清宫物件规则草案》规定，未实行点查。24 日上午，点查工作正式从乾清宫、坤宁宫开始。虽然清室代表无人到会，但善后委员会还是立即着手点查宫内物品。其他宫殿的点查工作也随着开始了。

以往大家说"段祺瑞与清室的遗老遗少们沆瀣一气，采取种种卑劣手段阻挠点查工作的进行"①，是没有事实依据的。段祺瑞在辛亥革命、"洪宪帝制"和"张勋复辟"这三个与"共和制"命运攸关的重要事件中，能够在关键时刻主张共和、反对帝制，在当时发挥了积极的作用，产生了深远的影响。② 段祺瑞也没有想染指、接管故宫。段祺瑞在当上执政后，就对新生的清室善后委员会给予了极大的支持，作为"三造共和"首勋的段祺瑞，自然清楚故宫博物院的意义，更何况博物院是在他任上成立的，因而他的态度是十分明确的，给予充分的尊重和积极的支持。至于染指、觊觎故宫宝物，当时举世瞩目，恐怕是想都不敢想的。而且，黄郛"违宪摄阁"对优待条件加以修改，自然应重新审议，段政府新上台，对于已经下台的"违宪摄阁"做出的决定要重新"筹议办法"，无可非议。

12 月 24 日，段祺瑞为处理故宫事宜，就清室善后委员会问题，召开国务会议议决办法五条：一、原有之委员仍旧。二、各部长官每日须

① 张鹏、任学周主编：《功载史册　不可磨灭——故宫博物院奠基人易培基的故事》，《抢救国宝》，知识出版社，1994 年，第 86 页。

② 单宝：《段祺瑞"三造共和"平议》，《安徽史学》1984 年第 5 期。丁贤俊：《论段祺瑞三定共和》，《历史档案》1988 年第 3 期。

有一二人前往察看。三、各部遴派重要员司四人会同点查；但每日非有二人到会不可。四、清查应需之经费由财政部指拨。五、清查章程有应酌改者，会商委员会酌改。段祺瑞在呈折上亲笔批了“可，如拟办”四字，这是清室善后委员会在其组织者摄政内阁下台后得以合法存在的法律依据，也是“故宫”日后能够名正言顺在历史上存在的最关键的一个文件。并且第一次点查费就拨给了2 000元。

点查清宫物品，以宫殿为单位，而顺序则由入口左侧起，逐件编号，依序录登。因清宫殿堂众多，善后委员会遂将各宫殿按“千字文”编号，如乾清宫为“天”、坤宁宫为“地”、南书房为“元”、上书房为“黄”等。物品的编号有总号、分号之别：橱柜箱架各为一总号，以中文书写；置放其内之物则属总号之下的分号，以阿拉伯数字记之。点查作业以组为单位，派赴各宫殿点查，谓之“出组”。每次清点，除工作人员外，还有军警参加，最多的参与者近20人。每组各有一张担任职务签名单，称为“组单”，上列六大工作项目：查报物品名目、登录物品、写票（据点查登录簿所记编号写成票签）、贴票（将票签粘贴或悬挂于物品上）、事务登记、照像（重要物品需照像）。

二、故宫博物院的成立与开院典礼

清宫物品点查从1924年12月24日以后，在将近10个月中已做大量工作。经过将近一年的时间，清宫中大多地方的物品得到初步的点查，由善后委员会陆续编辑出版《清宫物品点查报告》向社会公开。这次点查工作，对于故宫由皇宫向博物馆的转变起了推动作用。

1924年12月22日，根据善后会组织条例中第四条规定，成立了以易培基为主任的国立图书馆、博物馆筹备会，着手建院的准备工作。清宫物品点查过程中，李煜瀛等人考虑到故宫“关于历史文化者甚巨”，只有把这项“革命事业”渐进为“社会事业”，方不致“受政潮之波动”的影响①。李煜瀛早年“在赴法留学时，在巴黎见到法皇的狼宫，

① 《清室善后委员会宣言》，《申报》1925年8月17日。

在法国大革命后改成罗浮博物院，也就是狼宫博物院。这引起了他的注意，想回国革命成功后，将清宫改为博物院”①。可以说，李煜瀛建立博物院的想法由来已久。成立博物院得到了段祺瑞执政府的支持，不仅阁议委员会仍旧，并派各部长官每日前往察看，各部遴选四人会同点查，且每日非有二人到会不可。清查所需经费由财政部指拨。

1925 年 9 月 29 日，李煜瀛召集清室善后委员会会议，讨论并通过了筹备会起草的《故宫博物院临时组织大纲》及《故宫博物院临时董事会章程》《故宫博物院临时理事会章程》，决定以溥仪原居住的清宫内廷为院址，成立故宫博物院，不许溥仪复宫，保护国宝安全；考虑从清宫接收的公产多为古物和图书，而世界各大博物馆也大多包括古物及图书文献，因此规定博物院设“古物”“图书”两馆，采取董事会监督制和理事会管理制，并对董事会、理事会的职权与义务作出了详细的规定②。议定在具有特殊纪念意义的 10 月 10 日下午举行故宫博物院开院典礼。

经郑重遴选，讨论聘定了第一届董事及理事名单。严修、卢永祥、蔡元培、熊希龄、张学良、张璧、庄蕴宽、鹿钟麟、许世英、梁士怡、薛笃弼、黄郛、范源濂、胡若愚、吴敬恒、李祖绅、李仲三、汪大燮、王正廷、于右任、李煜瀛等 21 人为董事，都是政界、军界、学术界的名流，在社会上有着显赫的地位和影响力。有的人（如严修）虽被推为董事，但本人并没有接受③，这可能是临时董事会没有召开，没有推举董事长的一个原因。董事会的职权为：推举临时理事长及理事；审核全院预算决算，保管院产；监察全院进行事项；议决理事会及各馆提出的重要事项；筹备正式董事会及拟定董事会条例。董事长，应该是没有来得及召开董事会，所以没有选举。据《故宫博物院临时理事会章

① 蒋复璁：《李石曾先生与国立故宫博物院》，朱传誉主编：《李石曾传记资料（三）》，天一出版社，1981 年，第 6 页。

② 《清室善后委员会议事录（1925 年 9 月 29 日）》，故宫博物院档案，jfqggdatsl00003。《清室善后委员会重要会议》，《申报》1925 年 10 月 2 日。

③ 严仁曾增编，王承礼辑注，张平宇参校：《严修先生自订年谱辑注》1925 年 10 月 3 日："清室善后委员会组织博物馆，推先生为董事，谢绝之。"《严修先生年谱》（版权页书名为《严修年谱》），齐鲁书社，1990 年，第 462 页。

程》，理事会作为决策中心执行全院事务，分馆务、总务两种。馆务由古物馆、图书馆处理，总务设总务处处理。“第二条　本理事会所属古物馆、图书馆，各设馆长一人、副馆长二人，馆长、副馆长为当然理事。”“第三条　除上条当然理事外，其余理事，由筹备主任就清室善后委员会委员中聘请之。”临时理事会以理事9人组成，即：李煜瀛、黄郛、鹿钟麟、易培基、陈垣、张继、马衡、沈兼士、袁同礼①。公推李煜瀛为理事长，主持院务。李煜瀛、黄郛、鹿钟麟三人显然是据第三条聘请的，只是黄郛并不是清室善后委员会委员，估计大家认为，清室善后委员会是在黄郛担任摄政内阁总理任上成立的，聘请他为故宫博物院理事，虽然与《章程》不符，但大家都不会提异议，因而才有了与《章程》的矛盾，大家也都视而不见。后六位显然就是古物、图书二馆的馆长、副馆长。庄蕴宽不是临时理事会理事，因而不可能如《故宫博物院历程》、故宫博物院官网上的“院史编年”和《故宫博物院八十年》说是故宫博物院图书馆馆长②。而且，当时就是故宫博物院图书馆副馆长的袁同礼，在1930年的《故宫博物院图书馆概况》中说，故宫博物院图书馆首任馆长为陈垣。期待在继续查考院史档案时能有新的发现。

现在学界普遍认为，善后会是执行1924年11月7日黄郛摄政内阁命令，组织故宫博物院。固然。但要知道，黄郛摄政内阁早已下台，如果做事都能执行前任政府命令，还用换政府吗？即便“萧规曹随”，执行的也是曹的政策。因此，故宫博物院的成立绝对不能说是执行1924年11月7日“大总统令”中的设计，故宫博物院的成立是冯玉祥、黄郛摄政内阁驱逐溥仪出宫这个因结的果，但其之所以在1925年得以成立，则离不开段祺瑞执政府的支持。

以往研究故宫博物院史的论著，都强调故宫博物院成立的非政府

---

① 《民国李石曾先生煜瀛年谱》第49页，《一代振奇人——李石曾传》第183页均漏缺理事陈垣。

② 王树卿、邓文林：《故宫博物院历程》，紫禁城出版社，1995年，第21页；故宫博物院官网·院史编年·“清室善后委员会召开会议，组织故宫博物院”条，http://www.dpm.org.cn/shtml/400/@/64414.html；李文儒主编：《故宫博物院八十年》，紫禁城出版社，2005年，第235页。

性。确实，现在还没有发现具体的北洋政府成立故宫博物院的档案文献，但笔者在研读相关文献时，越来越倾向于故宫博物院的成立是政府行为。吴瀛说："执政府会同清室善后委员会拟订了开幕典礼主席团名单，黄郛执政将亲自出席，公推德高望重的长者庄蕴宽担任主席，并请李煜瀛（石曾）专题发言，介绍故宫。"① 吴瀛是故宫博物院成立的亲历者，他当时是北洋政府内务部警政司第三科科长，主要职责是对废帝溥仪与"清宫"事物的监管，从他的回忆录可以看到，1924、1925 年，有关故宫事宜，在政府层面，他是具体办事者。吴瀛是有史家做派的人，他的记述应该是可信的。我们可以这么理解，善后会就是政府成立的，虽然不占编制，但是政府任命、经内阁商定、政府负责相关费用，自然属于政府行为，善后会照章行事，得到政府的积极支持与配合，段祺瑞不仅批准了善后会点查清宫物品，成立故宫博物院实际上也是段祺瑞批准和支持的。不然，就不会有"执政府会同清室善后委员会拟订了开幕典礼主席团名单"，并确定开院典礼的相关议程。

与此同时，京津各大报都登出了"故宫博物院开幕广告"。

开院之日，李石曾手书的"故宫博物院"匾额已高悬在神武门上方，门外搭起了花牌楼。顺贞门内竖起了大幅《全宫略图》。请柬发出了3 500份，从临时执政段祺瑞，到军、政、警、法、工、商、学、新闻等各界，都在被邀之列。靠近北京的各省督办及名人，也都专柬邀请参加。黎元洪、冯玉祥、张作霖、李景林等不能亲自参加的，都复了信，派了代表。市民见到报上消息，很多也赶来参加，竟然万头攒动，拥挤到不能转侧、丹陛上几无空隙的地步。

1925 年 10 月 10 日下午 2 时，故宫博物院开幕典礼在乾清宫前隆重举行，庄严宣告故宫博物院成立。朝野各界要人出席了典礼。这一天是中华民国的国庆双十节，开幕典礼的讲话，充分揭示了故宫博物院的意义。

开院典礼由清室善后委员会监察员、故宫博物院临时董事会董事庄蕴宽担任主席。清室善后委员会委员长、故宫博物院董事、理事长李煜

① 吴瀛：《故宫尘梦录》，紫禁城出版社，2005 年，第 89 页。

瀛首先报告了清室善后委员会工作与故宫博物院筹备情形，他说：“自溥仪出宫，本会即从事点查故宫物品，并编有报告，逐期公布。现点查将次告竣，为履行本会条例，并遵照摄政内阁命令，组织了故宫博物院。内分古物、图书两馆。此事赖警卫司令部、警察厅及各机关方面同人之致力，乃有今日之结果。”前摄政内阁总理、故宫博物院董事兼理事黄郛讲话，指出故宫化私为公，成为博物院完全公有，并对敌视故宫博物院者提出严正警告：“今日开院，为双十节，此后是日为国家与博物院之两层纪念，如有破坏博物院者，即为破坏民国之佳节，吾人宜共保卫之。”京畿警备司令、董事兼理事鹿钟麟讲话说：“大家听过‘逼宫’这出戏。人们也指我去年所作之事为‘逼宫’。但彼之‘逼宫’为升官发财，或为作皇帝，我乃为民国而‘逼宫’，为公而‘逼宫’。”他的话，激起一片掌声。王正廷、蔡廷干、鹿仲麟、于右任、袁良等相继发言，阐述建立故宫博物院的深远意义，吁请各界支持。[①]

北京各方市民纷纷涌到故宫，除观看开院大典外，更欲一睹数百年来壁垒森严的皇家禁地及神秘藏宝，“数千年宫殿尊严，昔为梦想所不可得到者，今则略破悭囊，即允吾人昂首阔步，眺望谈笑于其间。不可谓非新中国成立以来，求治益乱，求合益分之现象中，独此一事，是以差强人意者”。“惟因宫殿穿门别户，曲折重重，人多道窄，汹涌而来，拥挤至不能转侧，殿上几无隙地，万头攒动，游客不由自主矣。”[②]

驱逐溥仪出宫、建立故宫博物院，将紫禁城这座昔日皇帝居住的禁区，变为人民百姓自由参观的场所，实际上是一座国家博物馆，它代表的是一种由国家权力所认可的主体记忆，是去除帝制合法性的途径，向民众渗透破除帝王权威、去除旧有势力的观念，严重地摧毁了皇家权威和尊严。展现的虽是“文化遗产”，打造的却是政权合法性，强烈地传输了“革命”的意识形态，并将“共和”与“革命”画上了等号。同时塑造了现代文明的一个样板，开辟了中国博物馆事业的新纪元，在当

① 《故宫博物院开幕记》，原载《益世报》1925年10月11日，转引自吴瀛著《故宫尘梦录》，紫禁城出版社，2005年，第90-91页。

② 吴十洲著：《故宫博物院中东两路参观记》，转引自《紫禁城的黎明》，文物出版社，1998年，第139页。

时的社会及现代中国产生了巨大的效应，产生了诸多积极的作用。故宫博物院的成立是中国博物馆事业走上正轨的开端。故宫博物院院长马衡曾谈及故宫博物院成立的重要性："吾国博物馆事业，方在萌芽时代。民国以前，无所谓博物馆。自1913年政府将奉天、热河两行宫古物移运北京，陈列于武英、文华二殿，设古物陈列所，始具博物馆之雏形。此外，大规模之博物馆尚无闻焉。有之，自故宫博物院始。"① 台北故宫博物院院长蒋复璁说："在十六年（1927年）国民革命军北伐未到达之前，这个故宫博物院象征着革命力量已经到达了北平。"②

三、故宫博物院是中国传统文化的杰出代表

故宫博物院是在明清两代皇宫及其收藏的基础上建立起来的综合性博物馆，它的文化身份极为特殊。一是故宫是世界上规模最大的古代宫殿建筑群，以紫禁城遗址而论，占地106公顷，有大大小小8 728间房屋，是国务院公布的首批全国重点文物保护单位，也是中国第一批进入《世界遗产名录》的世界文化遗产。二是故宫是世界上文物藏品和文化资源最丰富的博物馆之一，有文物藏品180余万件（套），其中93.2%是珍贵文物，6.4%为一般文物，0.4%是资料。截至2010年底，全国文博系统馆藏珍贵文物（一、二、三级）共计4 012 908件，其中故宫博物院的珍贵文物为1 684 490件，故宫的珍贵文物占全国文博系统馆藏珍贵文物的41.98%。横向方面，故宫博物院的文物藏品分为25大类，基本涵盖了中国古代文化的各个方面。故宫的180万藏品包括：绘画5.35万件，法书7.5万件，碑帖2.86万件，铜器16万件，金银器1.17万件，漆器1.89万件，珐琅器0.66万件，玉石器3.18万件，雕塑1.02万件，陶瓷36.66万件，织绣18.08万件，雕刻工艺1.14万件，其他工艺1.36万件，文具6.81万件，生活用具3.99万件，钟表仪器0.28万件，珍宝0.11万件，宗教文物4.2万件，武备仪仗3.27

① 刘北汜：《故宫沧桑》，紫禁城出版社，1989年，第59页。

② 蒋复璁：《李石曾先生与国立故宫博物院》，朱传誉主编《李石曾传记资料（三）》，天一出版社，1981年，第6页。

万件，帝后玺册 0.51 万件，铭刻 3.33 万件，外国文物 0.18 万件，其他文物 0.39 万件，古籍文献 60.31 万件，古建藏品 0.49 万件。纵向方面，故宫的文物，大多属于“传世文物”，传承有序、品相完好，是中华文明精华的代表。故宫院藏的文物，多数类别都是历史序列整齐，自成体系。就拿书法来说，故宫的藏品涵盖了从契刻到书写进而发展成为一门独立的书法艺术的历程，藏品从甲骨文、钟鼎文，直至晋朝开始形成书画艺术，此后历朝各代的名家流派，几乎一应俱全。再如，故宫的陶瓷收藏可以举办中国陶瓷发展史展览，故宫的玉器收藏，上迄新石器时代，下至清末，没有断档的时代。在世界各大博物馆中，故宫博物院藏品的这种自成序列的优势，是没有哪个馆可以媲美的。离开了故宫博物院藏品，中国的物质文化史，如绘画史、陶瓷史等的构建就难以想象。故宫的文物，80% 为清宫旧藏，是中国五千年艺术长河的重要载体和见证。同时，故宫的古建筑群也是文化整体的一部分，包括了政治、宗教、祭祀、文化、家居、休闲、娱乐等各种功用，它代表了中国古代建筑的最高艺术成就和营造水平，甚至可以说是古代东方建筑的典范之作。

其次，故宫博物院是世界五大博物馆之一。故宫博物院与英国的大英博物馆、法国的卢浮宫艺术博物馆、美国的大都会博物馆和俄罗斯的艾尔米塔什博物馆，是世界五大博物馆，是国际一流的博物馆。从藏品数量、藏品结构、观众人数、国际影响力、博物馆发展历程等方面可见。从藏品数量来说，故宫博物院有文物藏品 180 余万件（套）。180 多万件是一个什么概念呢？在国内，截至 2010 年底，全国文博系统馆藏珍贵文物（一、二、三级）共计4 012 908件，其中故宫博物院的珍贵文物为1 684 490件，因此故宫的珍贵文物占全国文博系统馆藏珍贵文物的 41.98%。在国际上，大英博物馆拥有藏品约 800 万件；大都会博物馆现有藏品超过 200 万件；卢浮宫在收藏目录上记载的艺术品数量达 40 余万件；艾尔米塔什博物馆收藏各类文物 270 万件。故宫博物院的收藏在世界博物馆中名列前茅，绝对是值得骄傲的。在故宫博物院的文物藏品中，来自外国的文物数量不低于 1 万件。我国没有侵略别国的历史、没有掠夺和盗窃过别国的文物，因此在我国的博物馆藏品中，外国文物的数量很少。相比之下，故宫博物院的外国文物收藏十分珍贵。故宫博物院所藏外国文物，有的来自于历朝历代的文化交流、丝绸之路的文化传播，也有特意到当地购买的，都具有合法的身份。如故宫博物院共收藏有来自外国的钟表2 200余件，不少来自于英国、法国、德国、瑞士等欧洲国家，但是今天这些国家博物馆收藏的西洋钟，都没有故宫博物院收藏的数量多。故宫博物院可以搞一个外国文物专馆，专门展示通过贸易与朝贡渠道进入中国的外国文物，展示过去时代的国家交往和文化交流。从参观人数上来说，大英博物馆 2010 ~2011 年度的参观人数为 590 万人次；卢浮宫 2011 年接待观众 890 万人次，大都会博物馆 2010 年 7 月 ~2011 年 6 月的参观人数是 568 万人次，艾尔米塔什博物馆每年观众达 350 万人次，而故宫博物院 2010 年参观人数约为1 283余万人次，2011 年约1 411余万人次，2012 年为1 532万人次，2013 年为1 456万人次。故宫博物院当之无愧是“当今世界上观众来访最多的博物馆”。从国际影响力来看，故宫博物院的文化影响和文化力量正在不断增强。从 2005 年开始，故宫博物院开始以更加开放的姿态走向世界，先后与大英博物馆、卢浮宫博物馆、大都会博物馆、东京国立博物馆等十几个国际著名的博物馆建立起长期稳定的合作关系。在文物保护、陈列展览、科学研究、人才培养等各个方面开展日益广泛的合作，也确立了故宫博物院在国际博物馆领域的突出地位。从博物馆发展历程来看，故宫与其他四大博物馆在其所在国家都有非凡的政治象征意义。故宫博物院的成立在中国博物馆史上具有里程碑式的意义，它使昔日封建君主的权力中枢转成为人民共享的社会场所，使皇权象征化为民主共和的标志。自成立之初起，故宫博物院就肩负了扭转社会意识之重任。如果将故宫长达 88 年的建院历史与中国近现代史联系在一起，我们便会意识到它与中华民族不可分割的血脉联系。以抗日战争时期的文物南迁为例：历时 18 年、辗转数千公里，民族文物瑰宝的命运几起几落、备经曲折，每一个文物南迁的节点都与战争局势休戚相关，每一名参与文物迁徙的人员都见证了政坛风云。至今，故宫博物院仍在维系两岸同胞情感以及弘扬中华民族精神上意义非凡。与故宫类似，法国卢浮宫与俄国艾尔米塔什博物馆也都曾是王室居所，也都是所在国家许多重大历史事件的发生地。被喻为“巴黎心脏”和“万宝之宫”的卢浮宫蕴藏着错综交杂的法国历史。12 世纪末，卢浮宫始建并作为城市防御设施，后经扩建与修缮，它成为了法国皇室的富丽王宫。此后，伴随着王权更迭和宗室政变，卢浮宫的主人不断变化，但各类艺术品的收藏量却与日俱增。1793 年，即法兰西共和国诞生一周年之际，卢浮宫对市民开放，这代表法国王权已被颠覆，更象征着法国大革命在文化领域的胜利。冬宫是艾尔米塔什博物馆的主体建筑，起初为沙皇的宫殿，叶卡捷琳娜二世将其私人收藏陈列于此，并为其命名“艾尔米塔什”。从 19 世纪起，艾尔米塔什博物馆对外开放，但仅面向宫廷贵族和社会上层人士。1917 年十月革命胜利后，苏维埃政权宣布将艾尔米塔什博物馆收归国有，并向广大劳动人民开放。这颗“皇冠上的明珠”自此才真正成为可供普通人欣赏的艺术殿堂。大英博物馆和纽约大都会艺术博物馆尽管不是以推翻封建王朝专制为契机而建立或开放的，但仍镌刻了时代烙印，体现了各自国家的社会变革。大英博物馆于 1759 年开放，是世界上第一座向公众开放的博物馆，它的藏品最初源于英国医生汉斯·斯隆的个人收藏，却因“日不落帝国”的对外扩张而日益积聚。大英博物馆也遭遇过坎坷，为躲避纳粹分子的洗劫，该馆藏品曾在二战期间被转移，受到空袭的馆舍在战后经历重修后才重新开放。因此，大英博物馆既是英国殖民主义的历史见证，也折射出特定时期英国社会的人心所向。建于 1870 年的大都会博物馆是一座百科全书式的艺术博物馆，是美国文化“软实力”的标志物。乘着“镀金时代”潮流，诸如实业家、银行家等积累起巨额财富的少数社会精英，把赞助艺术和分享收藏品作为彰显品位的有效途径，大都会博物馆正是因此建立的。换句话说，纽约大都会博物馆是社会经济高速发展的产物。可见从博物馆发展的历程来说，故宫与其他四大博物馆一样，在其所属的国家，具有超出博物馆本身的政治象征意义。这种意义的赋予，远远超出了博物馆及其藏品本身。

故宫正是塑造国家形象的重要而独特的实践领域，其所呈现的崭新的国家形象也将成为助力国家形象的绚丽篇章。故宫博物院以其特有的使命与担当为世界塑造出统一又多样的中国形象。

庄蕴宽与创建时期的故宫博物院

庄蕴宽研究还没有得到学界的关注，顾敏琪的硕士论文《辛亥革命前后的庄蕴宽》与张超《周树模、庄蕴宽与民国初年的两次复辟运动》是仅有的学术论文；传记《国士无双——庄蕴宽传》由于并非出自专业人士之手，无关学术，这里就不予置评。关于庄蕴宽与创建时期的故宫博物院，吴瀛早在1930年写作《故宫博物院前后五年经过记》时就多有涉及，相关叙述为后来的《故宫沧桑》《故宫志》等所承袭。其实，史实有待发覆，庄蕴宽与创建时期故宫博物院的关系，还有待我们还原一个真实的面貌。

庄蕴宽（1867～1932年），字思缄，号抱闳，晚年称无碍居士，江苏常州人。早年就学于江阴南菁书院。光绪十七年（1891年）考中副贡后步入仕途，于1896年赴广西任职，十余年间历任百色厅同知、平南知县、梧州知府、太平思顺兵备道兼龙州边防督办等职。1907年黄兴亲自主持镇南关之役，冒险出入越桂间，不慎为法警截留，庄蕴宽请法国教堂司铎出面保释，使其幸免于难。① 1909年底辞官归里。1910年初出任吴淞商船学校监督而卜居上海，与同乡立宪派人物赵凤昌时常往来，并于同年加入张謇等人筹办的预备立宪公会。1911年上海光复后，庄蕴宽不避艰险，持张謇、章太炎信赴鄂与黄兴见面，成为立宪、革命两派沟通的纽带。

1912年1月10日，庄蕴宽任民国临时政府时期的江苏代理都督，主持苏政三月有余，致力于新政权的稳定工作，坚持贯彻了“不扰民、

---

① 高拜石遗著：《古春风楼琐记（第十集）》，台湾新生报社，1979年再版，1981年四版，第335页。

不借债、不增兵”的治理理念。1912 年 2 月 12 日，宣统帝正式下诏退位。翌日孙中山向南京参议院请辞临时大总统职务，让位于袁世凯。在建都问题上，庄蕴宽两次致电孙中山①，并通电各省都督、督抚、省议会、咨议局，呼吁地方实力派支持定都北京，攻击孙中山依法咨请参议院复议建都问题是“立法为行政所侵”。

1913 年 3 月的刺杀宋教仁案，使庄蕴宽摆脱了此前对袁世凯的迷信。1914 年 3 月 4 日，庄蕴宽任北洋政府肃政厅都肃政史。1914 年 3 月，约法会议开会，议员 57 人，实到 44 人。袁世凯向会议提出“修改约法大纲七条”，旨在炮制新约法以取代临时约法，改责任内阁制为总统制，扩大总统权限。最后表决结果 43 比 1，庄蕴宽投了唯一的反对票。继而筹安会起，向袁世凯劝进，一时舆论哗然。庄蕴宽所领导的肃政厅公署收到来自各处弹劾杨度及筹安会的呈文，都肃政史庄蕴宽召开特别会议讨论筹安会问题，议决呈请袁世凯取消筹安会。1915 年 12 月 11 日，自称国民代表大会总代表的参政院举行所谓解决国体总开票，1993 票全体赞成君主立宪，并向袁世凯上总推戴书。次日，袁世凯颁令接受帝位。庄蕴宽犯颜直谏，呈文袁世凯，痛陈“帝制之不可为，民意之不可假，时代潮流之不可拂”，并提出取消洪宪年号、撤销大典筹备处及参政院。

一、清室善后委员会监察员

1924 年 10 月 23 日，冯玉祥发动“北京政变”，囚禁了总统曹锟，组建摄政内阁，以黄郛摄行总统职务。11 月 5 日，修正清室优待条件，溥仪迁出宫禁。11 月 14 日，《政府公报》发布《办理清室善后委员会组织条例》②。11 月 20 日，善后会成立，连同李煜瀛委员长一共是 15

① 《庄蕴宽为亟速解决统一政府事致孙中山电　第三百二十六号　一九一二年三月五日》《庄蕴宽为主张袁世凯在北京受职建都问题可付诸国会公决事致孙中山等电　第三百四十三号　一九一二年三月五日》，中国第二历史档案馆编，马振犊、郭必强主编：《南京临时政府遗存珍档 4》，凤凰出版社，2011 年，第 1179、1191 页。

② 《政府公报》1924 年，第 3104 号，第 4－5 页。

人。条例之内，还有一项监察员，内中规定，有京师警察厅、高等检察厅、北京教育会是法定监察员外，应该特聘3人，于是聘了吴稚晖、张继和庄蕴宽。[①] 前二人为国民党元老。庄蕴宽作为审计院院长，被推为委员会监察员，是委员会名誉的重要保证，也是向各界昭示大公的见证。

12月20日，清室善后委员会第一次会议，讨论通过了《点查清宫物件规则》。从登记、编号到物品挪动，建立了严格的监督机制和责任制。[②] 原定于12月22日召开的点查预备会，因为段祺瑞执政府发来公函制止而被迫停止。清室善后委员会在接到这一公函后，立即召开会议，委员们群情激奋，庄蕴宽、易培基、吴稚晖等发言最多，坚持不向段执政府屈服。会议一致决议照旧点查，并推吴稚晖及国务院所派助理员杨千里起草答复内务部。庄蕴宽夜间与内务部王耕木次长晤谈，并给内务总长龚仙洲（心湛）写信，从中斡旋调停。12月23日，依照决议出组查点乾清宫，因军警都没有到，也就为章程所限，这组未出成。

24日一早，大家都来到神武门，警察仍旧未到，但是鹿部的军队驻在宫内的却派了人来，所谓规则内所称军警，即以军来代表了。出组的地点是乾清宫，组长是陈去病。庄蕴宽参加了第一天的清宫物品点查，身份是监视。

24日当天，临时执政段祺瑞召集国务会议，就清室善后委员会及清宫物品点查，议决办法五条。段祺瑞亲笔批了“可，如拟办”四字。这个批示是“故宫”日后能够名正言顺在历史上存在的，最关键的一个文件。又订了一个《各部院长官轮流察看查点清宫物件日期表》。善后会可以合理合法地进入故宫开始点查工作了。庄蕴宽积极参加清室文物的点查工作，共参加了7次点查。

清宫物品点查过程中，李煜瀛等人考虑到故宫“关于历史文化者甚巨”，只有把这项“革命事业”渐进为“社会事业”，方不致“受政潮

① 杨恺龄撰：《民国李石曾先生煜瀛年谱》，台湾商务印书馆，1980年，第43页。

② 《清室善后委员会点查清宫物件规则（十三年十二月二十日议决）》，《故宫物品点查报告》第1卷第1期，1925年，第3-4页。

之波动”的影响[①]。李煜瀛早年“在赴法留学时，在巴黎见到法皇的狼宫，在法国大革命后改成罗浮博物院，也就是狼宫博物院。这引起了他的注意，想回国革命成功后，将清宫改为博物院”[②]。可以说，李煜瀛建立博物院的想法由来已久。11 月 7 日的“大总统令”已指出“将宫禁一律开放，备充国立图书馆、博物馆等项之用”，而善后会就是政府成立的，虽然不占编制，但是经内阁商定聘任、且政府负责相关费用，自然属于政府行为，善后会照章行事，得到现政府的积极支持与配合，段祺瑞不仅批准了善后会点查清宫物品，成立故宫博物院实际上也是段祺瑞批准和支持的，吴瀛记载“执政府会同清室善后委员会拟订了开幕典礼主席团名单”[③]，并确定开院典礼的相关议程。

二、主持故宫博物院开院典礼

1925 年 9 月 29 日，清室善后委员会决议成立“故宫博物院”，并制定了《故宫博物院临时组织大纲》及《故宫博物院临时董事会章程》与《故宫博物院临时理事会章程》。决定尽快成立故宫博物院，不许溥仪复宫，保护国宝安全；规定博物院设“古物”“图书”两馆，采取董事会监督制和理事会管理制，并对董事会、理事会的职权与义务作出了详细的规定[④]。因博物院的院址在故宫，保藏的又是故宫的文物，议定院名为“故宫博物院”。

根据《故宫博物院临时组织大纲》，故宫博物院的领导机构为临时董事会与理事会。清室善后委员会推定故宫博物院董、理事名单。严修、卢永祥、蔡元培、熊希龄、张学良、张璧、庄蕴宽、鹿钟麟、许世英、梁士诒、薛笃弼、黄郛、范源濂、胡若愚、吴敬恒、李祖绅、李仲三、汪大燮、王正廷、于右任、李煜瀛等 21 人为董事，都是政界、军

① 《清室善后委员会宣言》，《申报》1925 年 8 月 17 日。

② 蒋复璁：《李石曾先生与国立故宫博物院》，《大成》，第 85 期。

③ 吴瀛：《故宫尘梦录》，紫禁城出版社，2005 年，第 89 页。

④ 《清室善后委员会议事录（1925 年 9 月 29 日）》，故宫博物院档案，jfqggdatsl00003。《清室善后委员会重要会议》，《申报》1925 年 10 月 2 日。

界、学术界的名流，在社会上有着显赫的地位和影响力，有的人（如严修）虽被推为董事，但本人并没有接受[①]，这可能是临时董事会没有召开，没有推举董事长的一个原因。庄蕴宽被推为董事。董事会的职权为：推举临时理事长及理事；审核全院预算决算，保管院产；监察全院进行事项；议决理事会及各馆提出的重要事项；筹备正式董事会及拟定董事会条例。

在理事会下设古物、图书两馆。现在《故宫博物院历程》、故宫博物院官网上的“院史编年”和《故宫博物院八十年》说（1925 年故宫博物院成立时）庄蕴宽兼图书馆馆长，显然是不对的。据《故宫博物院临时理事会章程》，理事会作为决策中心执行全院事务，分馆务、总务两种。馆务由古物馆、图书馆处理，总务设总务处处理。“第二条　本理事会所属古物馆、图书馆，各设馆长一人、副馆长二人，馆长、副馆长为当然理事。”“第三条　除上条当然理事外，其余理事，由筹备主任就清室善后委员会委员中聘请之。”临时理事会以理事 9 人组成，即：李煜瀛、黄郛、鹿钟麟、易培基、陈垣、张继、马衡、沈兼士、袁同礼。公推李煜瀛为理事长，主持院务。李煜瀛、黄郛、鹿钟麟三人显然是据第三条聘请的，只是黄郛并不是清室善后委员会委员，估计大家认为，清室善后委员会是在黄郛担任摄政内阁总理任上成立的，聘请他为故宫博物院理事，虽然与《章程》不符，但大家都不会提异议，因而才有了与《章程》的矛盾，大家也都视而不见。后六位显然就是古物、图书二馆的馆长、副馆长。庄蕴宽不是临时理事会理事，因而不可能是故宫博物院图书馆馆长。现能查到 1926 年 8 月 21 日《申报》的报道文字：“至故宫博物院之由来，则清室善后委员会所递嬗。该院分两部，一古物馆，馆长易培基，副以高（马）衡；一图书馆，馆长陈垣，副以沈兼士。”[②] 而且，建院以来就是图书馆副馆长的袁同礼，在 1930 年写的《北平故宫博物院图书馆概况》中说，故宫博物院图书馆首任

① 严仁曾增编，王承礼辑注，张平宇参校：《严修先生自订年谱辑注》，《严修先生年谱》（版权页书名为《严修年谱》），齐鲁书社，1990 年，第 462 页。

② 《北京通信（所谓故宫博物院暂行保管问题）》，《申报》1926 年 8 月 21 日。

馆长为陈垣[①]。这个问题应该已经解决了。但故宫官网上这条内容又是从何处来的呢？有待在院史档案中继续查考。

1925年10月10日午后，李煜瀛手书的“故宫博物院”匾额已高悬在神武门上方[②]，门外搭起了花牌楼。顺贞门内竖起了大幅《全宫略图》。社会各界纷纷拥来乾清门内，场面热闹非凡。除观看开院大典外，更欲一睹数千年来壁垒森严之皇家禁地，及神秘藏宝。欢快的乐曲声中，应邀出席开院的军政警法工商学新闻界的3500多位贵宾，也都陆续到达。

1925年10月10日下午2时，故宫博物院在乾清门举行开幕典礼，庄严宣告故宫博物院成立。朝野各界要人出席了典礼。开院典礼由清室善后委员会监察员、故宫博物院临时董事会董事庄蕴宽担任主席，宣告“故宫博物院”成立，清室善后委员会委员长、故宫博物院董事、理事长李煜瀛首先报告了清室善后委员会工作与故宫博物院筹备情形。次由前摄政内阁总理、故宫博物院董事兼理事黄郛讲话，内中的一段话属对敌视故宫博物院者的严正警告：“今日开院，为双十节，此后是日为国

① 袁同礼：《北平故宫博物院图书馆概况》，《图书馆学季刊》4卷2期，1930年6月。

② 单士元《我与初建的故宫博物院及院匾轶事》说：“忆当年故宫博物院成立的日子正式确定下来的前几天，清室善后委员会委员长、被选推为故宫博物院成立之后的理事长李煜瀛先生在当年故宫文书科内，粘连丈余黄毛边纸铺于地上，用大抓笔半跪着书写了‘故宫博物院’五个气势磅礴的大字。李先生善榜书，功力极深，当时我有幸捧砚在侧，真是惊佩不已。在成立故宫博物院隆重的庆典大会上，已庄重地镶嵌在原皇宫北门神武门的红墙上。”（单士元：《故宫史话》，新世界出版社，2004年，第120页。）宋兆麟《故宫院史留真》也说：“民国十四年十月十日，故宫博物院于乾清门举行开幕大会……神武门外搭起花牌楼，门洞上方悬以李煜瀛理事长手书之颜体大字‘故宫博物院’青石匾额。”（宋兆麟主编：《故宫院史留真》，台北故宫博物院，2013年，第21页）但从图片来看，两位先生的叙述均有误，在1925年10月10日故宫博物院成立之时，在故宫博物院唯一的出入口——紫禁城北门神武门中门的上方，是悬挂的白底黑色大字木匾，手书匾留边极窄，并不是镶嵌的青石匾额，图片见《故宫院史留真》第21页图40“故宫博物院开幕时之神武门楼”。1930年8月30日，神武门原先所悬挂的李煜瀛题木质“故宫博物院”匾被撤下，代之石质的“故宫博物院”匾，依然为李煜瀛颜体手书，石匾四周加有一圈石质边框，新匾被直接嵌在了神武门中门洞的正上方。图片见《故宫院史留真》第21页图39“悬挂李煜瀛手书‘故宫博物院’门匾之神武门门楼”。《故宫院史留真》第45页图153（引自《故宫博物院八十年》）“故宫博物院十周年院庆时之神武门”，题注误。1935年故宫博物院十周年院庆时，院匾已是石质，本图片匾额与图40相同，且悬挂有青天白日旗及青天白日满地红旗，应当是1928年北伐胜利以后所拍摄，疑此照为1930年5月20日御花园游园会时拍摄。

庆与博物院之两层纪念，如有破坏博物院者，即为破坏民国之佳节，吾人宜共保卫之。”执政府外交总长、董事王正廷，京畿警备司令、董事兼理事鹿钟麟，国民党中央执行委员、董事于右任，以及全国水利局总裁袁良等相继发言，阐述建立故宫博物院的深远意义，吁请各界支持。[①] 故宫博物院的创立，是中国文化史上的一个伟大业绩，它将紫禁城这座昔日皇帝居住的禁区，变为人民百姓自由参观的场所。

三、故宫博物院院务维持员

1926 年 3 月 18 日，北京群众 2000 余人，徐谦主席，顾孟余演说，在天安门集会抗议，会后游行，到铁狮子胡同段祺瑞执政府国务院门前请愿，要求政府拒绝八国通牒。段祺瑞政府血腥镇压请愿群众，造成三一八惨案，学生在执政府门口被卫队枪杀 47 人，伤 132 人，引起了学界大愤、社会不平。段政府商议处理办法，均觉此事倘非有一卸责方法，则死伤如是之多，责任所在，无以自明，遂决定将历次在天安门以“群众领袖”自命之徐谦、李大钊、李煜瀛、易培基、顾兆熊等明令通缉，加以“共产党”尊号，此事便算有了归结：“政府认徐谦、李大钊、李石曾、易培基、顾孟余五名，为国务院前大惨剧之首谋者，已于十九日下逮捕令，其内容略谓：‘徐谦等五名，藉名共产学说，屡酿事端。此次徐谦以共产党执行委员之名义，散布宣传传单，率暴徒数百名袭国务院，灌火油，投炸弹，用棍棒殴打军警。军警出于正当防卫，其结果致双方皆有死伤。如此行为，几无国法，深堪痛恨。今已暴露该暴徒等曾潜赴谷地，屡谋不轨，国家之秩序，将濒于危机。除京师令军警尽力防范外，着各地方长官一律严重取缔，以灭祸根。徐谦等五名不问在北京内外，概行逮捕，依法处罚。’……命通缉徐谦等。”[②] 故宫博物院的李、易两位都被迫逃跑，避难俄使馆。李后来避居东交民巷的六国

① 《故宫博物院开幕纪盛》，《兴华》第 22 卷第 41 期，1925 年。
② 《北京军警枪杀请愿团之大惨剧》，《申报》1926 年 3 月 20 日。

饭店①，易也避居东交民巷②。故宫博物院的院务陷入无人负责的状态。

3 月 29 日，故宫博物院董事会与理事会举行联席会议，推举董事卢永祥、庄蕴宽、陈垣三人维持现状③。卢永祥是皖系军阀，曾任浙江督军、苏皖宣抚使，段祺瑞曾电促卢永祥来京面商入阁，但卢坚请不就陆军总长职。他是故宫博物院临时董事会董事，这次推举他出面维持故宫院务，是考虑他与段祺瑞有私谊，有利于维持故宫博物院的事业；庄蕴宽曾任北京政府都肃政史、审计院长，以反对袁世凯复辟扬名，所以庄蕴宽被公推为特殊时期的维持员有着特殊的意义。但故宫博物院毕竟是政府的事业，在非常时期推选的负责人还要考虑到段祺瑞政府的认可，在当时情况下，卢、庄是大家都能接受的人物。而陈垣显然做不到这一点。陈垣从清室善后委员会时起，就是故宫的核心人物，李煜瀛在 1924 年 12 月 3 日就函请陈代理清室善后委员会常务委员之职④，同月又委托陈主持清室善后委员会工作，“敬请先生担任本会会长所应兼任之常务委员一席，以便办理一切。煜瀛其他事务亦甚繁颐，如值出京之时，所有本会会长职务，亦请先生随时代理，以免有误要公”⑤。陈垣长于事务处理，又得李煜瀛信任，所以有“事务长”之称，也可见他在故宫博物院创建时期出力颇多，地位重要。此时陈垣作为旧委员会的代表，在 4 月 5 日的交接会议后，就慢慢退出了故宫事务。

4 月 5 日，“北京今日故宫博物院西北军撤退，交保安队接管。委员会推卢永祥委员长、庄蕴宽副”⑥。卢永祥其时在天津⑦，这在民国前

① 杨恺龄撰：《民国李石曾先生煜瀛年谱》，台湾商务印书馆，1980 年，第 51 页。

② 《申报》1926 年 4 月 3 日《易培基昨晨返沪》：“中国新闻社云：前教育总长易培基偕蔡元培氏赴杭游历。兹悉易氏已于昨晨返沪。”则易在 3 月底就应离京南下。但《申报》1926 年 11 月 22 日报道：“前任教育总长易培基氏于三一八惨案发生后被段政府通缉，避居东交民巷数月。现应国民政府之召，于上月杪先由寓所移居德国医院，后移居某使馆，本月一日乘汽车潜行至津，由津搭轮赴沪。日前乘大通轮到汉，寓交通旅馆一百三十号。昨有人访易于寓所，易称……”11 月 16 日有类似报道。应以后者为是。

③ 《申报》1926 年 4 月 2 日。

④ 陈智超编：《陈垣来往书信集》，上海古籍出版社，1990 年，第 248 页。

⑤ 李煜瀛致陈垣函影印件，刘乃和等著《陈垣年谱配图长编》，辽海出版社，2000 年，第 164 页。

⑥ 《申报》1926 年 4 月 8 日。

⑦ 《京城之炸弹恐慌》，《申报》1926 年 4 月 6 日。

期，好多政治人物都寓居天津，并不影响到北京来做事。但卢以“病体未痊，势难担任”推辞了委员长之职（何时推辞现还未考得），卢永祥也从未到故宫露过脸，实际上故宫博物院院务由庄蕴宽一人主持。1926年8月21日《申报》的文字是符合实际情况的：“及今年三一八案起，李煜瀛、易培基通缉，该会、该院领袖去三分之二，乃公推庄蕴宽为保管员，经段政府认可，而撤去原任守护之国民军，改用内务部古物陈列所之警卫。”① 庄蕴宽出面维持故宫博物院院务从4月初到7月底，在这短短的4个月时间里，不少困难接踵而至。

也是在4月5日，故宫博物院举行了新维持员与旧董事会、理事会办理交接手续的会议，“由委员会召集各委员、监察员、各部院助理员及顾问开会，是日钟麟派主任参谋陈继淹代表到会，正式交代。会议时，除前述各委员等外，来宾并有各部署长官及各界名流、新闻记者，计共三百人左右”。参加者主要有四方面的人：一、新推维持员庄蕴宽；二、旧委员会代表陈垣；三、旧守卫方面出席的是鹿钟麟的代表参谋陈继淹；四、新守卫方面接任守卫责任的，是内务部警卫队并且掺入一部分古物陈列所警卫队合组的守卫队，同时还有全体故宫博物院的工作人员暨法庭方面的监察人员、各部总长。这一天，鹿钟麟所辖驻守故宫的部队交卸撤退守卫之责，撤出北京。鹿钟麟总司令虽然没有亲自莅会，但给北京各部院、各省区军民长官、各法团、各报馆及全国同胞发出了一个通电，详述“民国十三年十月二十三日起，钟麟以警卫京畿之职务，选派队伍，会同保安队及驻守警察，三方共同负守卫宫门稽查出入之责（其时钟麟未兼任警察总监）。与宫内古物，无直接关联，至十五年四月五日交代之日止，分任守卫者，计一年又六个月”，这期间他因“忝居京畿警卫之职，协同守护”，以及“脱卸守卫之责”之时，“窃喜乘此得以证明一切古物之丝毫无缺，尤为明告内外清白交代之适当时机”。② 文字冗长，由此也可见鹿钟麟是一位周到详密的军人，以及他如何地洁身自好，注重这一行动。

---

① 《北京通信（所谓故宫博物院暂行保管问题）》，《申报》1926年8月21日。

② 吴景洲：《故宫五年记》，上海书店出版社，2000年，第65－66页。

陈垣在代表旧委员会交代演说词中不承认是借用内务部的卫队，说："今天我们自练守卫队成立之期。"吴瀛在回忆文字中特别强调用内务部警卫队，有人顾虑着政府当局时时想着收故宫归政府。或许这是当时参与故宫领导的人们的一种不舍思想，其实故宫博物院本身就是国家的，由哪些人来管理并不代表什么，现有的史著都未脱这些故宫博物院开创者的思维，对于后继者有一种强烈的抵触情绪，是不应该的。

现在几乎所有的论著都在刻意强调庄蕴宽主持故宫时经费无着，段祺瑞明确向庄蕴宽表示："要用款，只要开出数目，我命令下面照付。"庄蕴宽为了避免执政府插手故宫事务，故宫所需经费坚持不要段政府拨款，自己出面，由熊希龄等担保，从东方汇理银行借款 3 万元，维持院里的开支。其实，政府自 1924 年 11 月清室善后委员会成立开始即拨款。故宫博物院档案室藏"函审计院送本院支出计算书及对照表"① 档案中，记载从 1924 年 11 月清室善后委员会成立之日起到 1926 年 9 月底，善后会与故宫博物院共收入银洋 137 148.997 元，支出银洋 136 691.208元，收支基本平衡，并不存在经费无着问题。同时这份档案中还有一份"清室善后委员会故宫博物院自中华民国十三年（1924年）十一月起至十五年（1926 年）九月底止直接收入计算书"，列举了参观券售价、照片摄影集售价、故宫图说售价、复辟文证售价、点查物品报告售价、古物拓片售价、房地租金、银行利息等项，共收入 77 970.547元，并且全部借充本院经费。这份计算书列举的 8 项收入，都是清室善后委员会故宫博物院通过经营获得，这些收入与总收入之间的差额应该就是政府拨款，计有59 178.45元。如果我们将其总支出平均除以月份数，可知故宫每月经常支出费用约5 000多元，与借 3 万元供半年用度基本相合（这已不计故宫本身会有的收入）。据《申报》1926 年 4 月 30 日报道，"北京内部咨财部，将故宫守卫处警饷列入预算，按月与京畿军警饷同发法便。四月份经费已由关税项下拨给"。②直到 5 月底，故宫博物院费断，由庄蕴宽托王士珍向汇理借 3 万元供半

① "函审计院送本院支出计算书及对照表"，故宫博物院档案室藏财务档案，编号：jfqg-gcw100001。

② 《申报》1926 年 4 月 30 日。

年用。[①] 此时段祺瑞早已下台到天津做寓公去了，根本不可能与段发生丝毫瓜葛。庄蕴宽接手维持故宫以后，根本没有过不要政府对故宫拨款之事，4 月的拨款就是证明。5 月底发生经济困难，那是因为 1926 年的四五月份是北京的非常时期，几乎处于无政府状态，是由王士珍领导的京师临时治安会在维持着秩序。非常时期自然要用非常举措，与段祺瑞无关，也与政府无关，根本不是庄蕴宽为了避免执政府插手故宫事务的原因。对庄蕴宽以个人名义从东方汇理银行借款 3 万元，来维持新生的故宫博物院，需要一个合乎事实的解读。其事的意义没有多少，只要是一个管理者，都要做这件事。没有必要刻意强调。

4 月 9 日夜，北京发生政变。鹿钟麟派兵包围国务院，段祺瑞及安福系要人避入东交民巷。10 日，段祺瑞允辞职。4 月 15 日，冯玉祥的国民军撤出北京，退往南口。北京城内一时没有政府，北京商会、银行公会等组织京师临时治安会，聘王士珍等 17 人主持一切。[②] 临时治安会分设治安股、市政股、慈善股、会计股、交际股等五股，办事分任，进行维持京师治安各事项。慈善股所掌管者为收容难民等事务，庄蕴宽即为办理此股中的一人。[③]

4 月 18 日，奉军及直鲁联军进入北京。奉军及直鲁联军驻北京城外者 10 余万，奸淫杀掠，时有所闻，民房被占用者不可胜数。无家可归的难民纷纷逃避城内，数在 10 万以上。21 日，治安会在神武门、天安门设两难民收容所。城内人心恐慌，商铺开市者甚少。22 日，张宗昌、李景林、张学良、靳云鹗诸军代表开会，商定维持北京秩序办法，有组织奉直鲁联军总执法处、总稽查处，总理京城内外军纪；各军给养各军自给，不许向治安会及机关索取；将纪律不整之新兵、降兵及改编的队伍和白俄兵调往廊房等七项。奉、直、鲁各军进入北京后胡作非为，扰乱治安，市面紊乱，物价暴涨，民心惶恐，舆论哗然。是日，吴佩孚通令所部不准扰民，张作霖、张宗昌等亦令所属遵守军纪。

23 日下午，直鲁联军的两名军官带卫兵分乘两辆汽车直闯神武门，

① 《申报》1926 年 5 月 31 日。

② 《国民军退后之北京治安问题》，《申报》1926 年 4 月 23 日。

③ 《国民军退后之北京治安问题》，《申报》1926 年 4 月 23 日。

声言明日一早前来接收，将派兵驻扎，指令故宫立即腾出一些房子，供第二天前来的部队使用，并且不由分说，立即自动检查了全部办公房屋，同了带来的人士，指定某处作为某项办事处所，分派一切，扬长而去。庄蕴宽知道以后，径自到了治安会，告知了负责维持北京治安的王士珍、赵尔巽，要求制止，并且明白声言："故宫责任重大，本人极愿有力者来继续负责维持。但必须有一番手续，交代清楚。倘若不作交代，强来驻扎军队，那么，神武门内所有的故宫所藏，都是历代重要文物，我们都负有责任，万不能拱手相让。"治安会大家自然都以为然，那时他们正在外交大楼为奉联各军将领洗尘，因公同在席上面询张、李几位领袖的军长，他们都否认知道此事，有人说："或者部下的私人行动，自应下令制止。"在场的京畿警备总司令王翰鸣答应在神武门外张贴布告，严禁在神武门及故宫内驻军。

第二天，直鲁联军的大批军队果然开到神武门，幸而已有接洽，京畿警备总司令部的参谋李继舜等赶来制止，严重地交涉一番，这批军队方才开走。李参谋在宫门口贴了严禁军队驻扎的布告。在故宫对面的景山，也有军队开进，后来也都知难而退。① 4 月 25 日，北京各将领公决故宫内永不驻军队。②

由于庄蕴宽的斡旋，阻止了直鲁联军进驻故宫。这对于故宫古物的保管，对于故宫博物院的发展是十分重大的事件。"故宫既是这样的轰动一时，大家都知道是一座宝藏，尤其是当时的一班军人武夫，他们的目光，不知道什么叫作文化、文物、文献这类的名词。他们只知道你争我夺的都是宝贝金银，哪个先下手为强，占据了这一座宝库，便一生吃不尽。"③ 如果允许军队进宫驻扎，后果不敢想象。在国家如此乱局之下，庄蕴宽也曾是带兵之人，能够清醒地认识到军队进宫的种种不稳定，能够抓住一切可用资源，动用关系，平息此事，功莫大焉。

---

① 吴瀛：《故宫尘梦录》，紫禁城出版社，2005 年，第 99 - 100 页。
② 《各将领会议之问题》，《申报》1926 年 4 月 26 日。
③ 吴瀛：《故宫尘梦录》，紫禁城出版社，2005 年，第 100 页。

四、阻止用简单方式办理移交

段祺瑞4月20日下野，出逃天津，由国务院国务总理胡惟德摄行临时执政职务。5月13日，得到吴佩孚支持的颜惠庆组成新内阁，维持到6月，就因为张作霖的不满而垮台。

6月22日，以吴佩孚为后台的杜锡珪组阁。杜锡珪的上台，逊清遗老以为有机可乘，一面以清室内务府名义上书国务院，一面由康有为函电吴佩孚，公然提出“应请恢复优待条件，并迎逊帝回宫”的要求，请求恢复民国十三年修改优待条件以前状态，将故宫交还溥仪。吴佩孚复电康有为，“如果推翻，物议必多，只好听其自然”。没有上当。报纸揭露了清室遗老的这些活动，也大量发表了各方面人士，包括章太炎和一些国会议员纷起谴责的消息。7月16日，杜锡珪内阁内务部议定：溥仪已永废帝位，优待由政府以赈济方式拨款；拒绝发还皇室财产，唯赠与不含历史性之一小部分公产；允许溥仪岁时以平民礼仪祭扫其祖先陵寝。至此，有关迎溥仪还宫，恢复清室优待条件的种种活动才有所收敛。①

“清室善后委员会，自委员长李石曾因政变离京后，即无形停顿。政府方面前此有由内务部专管之议，嗣因窒碍之处尚多，未克实现。惟该会所管理之故宫博物院，关系重要，若任其长此停顿，将来不免有陷于不可收拾之境”，杜锡珪在8月10日的国务会议上提出讨论。② 8月14日，杜锡珪内阁正式通过改组故宫博物院，决定结束故宫博物院维持员的工作，成立故宫保管委员会，通过《故宫博物院暂行保管办法》六条，由国务院函聘委员21人，设干事若干人，由院部分别派充，以

① 《申报》1926年7月19~26日有连续报道，如：《北京通信：清室要求恢复民十三之旧观》（7月19日）、《吴佩孚对交还故宫之谈》（7月20日）、《内务部决拒绝溥仪要求反对恢复十三年原状》（7月21日）、《北京通信：溥仪复宫运动之急进》（7月24日）、《章太炎反对还溥仪故宫与吴佩孚往来电》（7月24日）、《北京通信：已告段落之溥仪复宫运动》（7月26日）。

② 《院部筹备接收故宫博物院》，《申报》1926年8月15日。

下再设办事员若干人。① 21日，“故宫保管委员会”选举赵尔巽为委员长，孙宝琦为副委员长②。在溥仪还宫的声浪尚未完全平息之际，故宫保管委员会来接管故宫博物院院务，不能不引起故宫同志的警惕。庄蕴宽因不久前血压高中风不良于行，他向报界公开发表启事，一则对自己主事期间“社会监视之严，同人扶助之切，此蕴宽所应为故宫博物院永永致其感谢者也”，二则政府成立故宫保管委员会，使得自己“仔肩既卸，借得养疴，其为忻忭，尤难言喻”。③

23日下午2时，清室善后委员会在大高殿开全体职员大会，庄蕴宽因病未到，由陈垣主席，商量对策，议决：政府一定要接收，我们亦不反对，须附有条件数项：（一）要求政府下命令，声明负保障故宫一切官产之全责，不能任意抵押，不能归还溥仪。（二）慎重移交，组织移交委员会。（三）清宫前所发现溥仪一切复辟文件，接收者不能私自毁灭，故宫博物院仍当保存。此外该会职员同时并组织一监督故宫博物院同志会，当时推定李宗侗、汤铁樵、马衡为该会组织大纲之起草员。④

27日，国务院函庄蕴宽：“故宫博物院新委员均当代名流，赵、孙两委员长物望咸孚，对故宫事务按原定章程办理，有未妥者当急图修正。原有各职员，望曲为喻解，勿生误会。至接事日，祈径与赵孙接洽。”⑤

29日下午，马衡与吴瀛同到大院胡同见庄蕴宽商谈交接问题。庄蕴宽与吴瀛拟订《组织移交委员会及其章则》，主体意思是要一一清点，方才可以明责任，为将来监督张本。⑥

9月2日，赵尔巽、孙宝琦率随员到故宫博物院就职。第二天下午，两人“发请柬四张，邀陈垣、马衡、袁同礼、吴景洲四人在清史馆

① 《十四日之阁议》《故宫保管委员会办法》，《申报》1926年8月15日；《清室委员会改组十四日阁议已通过办法及委员》，《申报》1926年8月18日。
② 《赵尔选（巽）当选保管故宫委员长》，《申报》1926年8月25日。
③ 吴瀛：《故宫尘梦录》，紫禁城出版社，2005年，第105－106页。
④ 《清委会对移交故宫之意见：提出附带条件三项，并组织监督故宫博物院同志会》，《申报》1926年8月27日。
⑤ 《故宫博物院问题》，《申报》1926年8月28日。
⑥ 吴瀛：《故宫尘梦录》，紫禁城出版社，2005年，第106页。

便饭，藉商交代事宜。届时只陈垣一人代表前往。席间赵孙说许多客气话，意在敦促赶快交代。陈垣谓该会四人对于清宫物品曾费多少气力，为国家保存故物计，应郑重其事，是需组织交代委员会，以明责任，否则无人敢负此责。赵孙见如是困难，且共请四人只来一人，极为不欢，遂无结果而散”①。吴瀛说赵孙出面在清史馆设宴，招待善后会代表陈垣、江瀚、俞同奎、吴瀛云云②，恐有较大的误差。“先是赵孙曾以委员长名义请各委员及院部派员在神武门内开会，临时见陈垣态度如是，遂改发通知移在清史馆。闻大部分委员及院部派员出席，讨论结果，决定至必要时以武装接收。”③

9月8日，故宫博物院组织点交委员会，“公推江瀚主席，议决故宫博物院因政府业经另组保管委员会预备接收，原有院中物品异常重要，旧日院中人员，如各部原派助理员，及所聘各界顾问，及本院职员等，均主张非组织点交委员会专办点交，不足以照慎而清手续”④。惟赵尔巽孙宝琦两委员长，因陈垣传达的态度，颇为消极，9月6日乃以头绪繁多、责任非轻为理由，致函国务院辞职。9月7日国务会议议决复函慰留。⑤

9月9日，京畿宪兵司令部以清宫交接问题，传询前委员会事务长陈垣。⑥

国务院秘书长孙润宇多次催促庄蕴宽交接，庄蕴宽经与匿居东交民巷的李煜瀛、易培基往返商量后，定于18日下午开会办理，但双方到的人都不多，赵尔巽等始终未再出面，交接工作于是拖了下来。这样地

① 《京政府有将武装接收故宫说》，《申报》1926年9月9日。

② 吴瀛：《故宫尘梦录》，紫禁城出版社，2005年，第107页。

③ 《京政府有将武装接收故宫说》，《申报》1926年9月9日。

④ 《故宫博物院组织点交委员会》，《申报》1926年9月12日。

⑤ 《赵孙辞保管故宫委员长　清委员会已准备点交矣》，《申报》1926年9月10日；《七日之国务会议》，《申报》1926年9月11日。

⑥ 《申报》1926年9月10日《陈垣因故宫事被传》：“昨故宫委员会事务长陈垣被宪兵司令部传询，经梁士诒方面斡旋，由孙宝琦、庄蕴宽保释。闻系清宫交代问题，陈云并无不交代情形，正在办交代手续。”《汉文京津泰晤士报》1926年9月21日：“宪兵司令王琦，则以委员会拒绝接收之故，遂令武装宪兵传拘陈垣问话，陈即据词答复，王无以难，乃送至回家，犹命便衣侦两人，监其出入。”

相持着到了10月1日，杜锡珪内阁解体，以赵尔巽、孙宝琦为首的故宫保管委员会也随之消失。

五、再次抵制军队进驻故宫

庄蕴宽因为中风不能出门①，故宫院务久无人主持。李煜瀛的意思，要邀集一时的名流学者，发起一个维持会，叫政府当局以及军警有关系的人们，一致以私人资格加入，大家来合力维护故宫。1926年10月13日，由汪大燮、颜惠庆、江瀚、王宠惠、庄蕴宽、熊希龄、范源濂等7人出面，发起组织“故宫博物院维持会”，但没结果而散。

1926年10月，奉天军队入主京师，一时大高殿以及神武门外筒子河营房，都有大队人马要来占用。10月下旬的一天，入京的奉军张宗昌令部下夜闯故宫“借宿”。庄蕴宽迅令护宫人员严加把守，坚持抵制军队进驻，防止古物被抢。

这里还有一个小插曲，不能不稍加提及。据《申报》报道《庄蕴宽因误会受惊：宪兵司令部坚请庄氏一谈，经于珍陈兴亚解围》，说的是“当十日之前，奉、鲁军议定大举南下援孙，苏人董康因电诘请兵者，被孙传芳、张宗昌下令通缉。维时旅京苏人庄蕴宽、赵椿年、张相文，曾以快邮代电分寄奉张、鲁张、孙传芳、杨宇霆等，请慎重出兵，并略为董康辩护。同时派人谒杨宇霆，请为挽救。此电去后，亦无何等消息。昨晚（三十日）八时许，忽有宪兵司令部副官、兵士共四名，分乘汽车两辆，驰至庄宅，以司令王琦名片进。庄当延入。某副官见庄，礼甚恭，谓奉上命，请庄氏往司令部一谈。庄谓往谈未尝不可，但果有何事，且因病后体未复原，不能行。某副官谓所事亦未知，如不能行，则可抬往。庄谓正苦不能吹风，否则何害。某副官复称此来系奉命令，仍请一行。庄谓吾亦国家特任官，苟有事，能自任必不逃避，何妨先以事相告。某副官亦甚客气，谓既如此，暂当在此坐守。方庄与某副

① 1926年7月30日，“庄蕴宽患脑炎昏去，施急救术后稍苏”（《申报》1926年7月31日）。从此出院后，庄蕴宽基本就在家休养。

官言谈间，庄虽镇静，而其家人则异常恐慌，亟由仆人于恽宝惠宅接庄夫人回，并在宅外用电话告汪大燮，恳为设法。庄夫人回时，适某副官请搜查，庄夫人答谓此为公事，理可搜查，即请从事。如有查不到处，并愿指导某副官搜。后亦未查出何物，而汪亦已为电顾维钧，由顾电卫戍司令于珍询问。于氏答以不知有此事，允即电庄宅询问在彼之副官。但电不能通，于氏乃亲乘汽车驰往庄宅。同时警察总监陈兴亚闻讯亦至。于、陈两氏当同入见庄，并询某副官原因。某副官约略陈述，于、陈两氏当笑谓出于误会，应勿置议。当令某副官向庄道歉，于、陈并安慰庄氏，方偕同而出。一场风波方告了结。时正晚间十一时也"①。事情的起因、经过都十分清楚，但在故宫院史叙述中，就变成了庄蕴宽坚持不肯让奉军驻扎故宫，终于导致 12 月 1 日晚张宗昌指使宪兵司令王琦派宪兵包围庄蕴宽的住宅，准备逮捕庄蕴宽。后来经过新任国务总理顾维钧、京畿卫戍司令于珍、京师警察总监陈兴亚等人调停，并急电请示正在天津的奉军总司令张作霖（另一说为杨宇霆），才得解围。其中的时间、事由等错误一目了然，写史可不慎哉！

12 月 9 日，维持会发起人再次在欧美同学会集会，通过《故宫博物院维持会暂行简章》，推选江瀚为会长，庄蕴宽、王宠惠为副会长，继续主持故宫博物院院务。其时庄蕴宽风湿日亟，渐成偏瘫，不良于行，但仍切念院务，对故宫博物院事务的关心始终未减。

1927 年，张作霖入主北京时，庄蕴宽因为身体原因，早在 1927 年 2 月 26 日就已称病告假，闲居京城，继续疗养足疾。11 月 19 日开缺（免除其审计院院长职务）。1927 年 10 月，张作霖组建故宫博物院管理委员会，庄蕴宽还在养病之中，官职也告一段落，就在北京闲居，暂时告别了曾倾注其大量心血的故宫博物院。

国民革命军第二次北伐于 1928 年 6 月中旬抵北平，奉军退回关外，南京国民政府接管故宫博物院。现在几乎所有关于民国故宫历史叙述和研究庄蕴宽的文字，都说庄蕴宽出任故宫博物院第一届理事兼图书馆馆

① 《庄蕴宽因误会受惊：宪兵司令部坚请庄氏一谈，经于珍陈兴亚解围》，《申报》1926 年 12 月 6 日。

长。但事实是，1928 年 10 月 8 日，南京国民政府任命故宫博物院第一届理事会理事 27 人，其中有庄蕴宽①。1929 年 3 月 1 日，国府第二十二次国务会议决议，派易培基兼北平故宫博物院古物馆长，张继兼文献馆长，庄蕴宽兼图书馆长，马衡为古物馆副馆长，沈兼士为文献馆副馆长，袁同礼为图书馆副馆长②。但由于庄蕴宽此时已在镇江，并没有到北平故宫来任职。3 月 17 日，张继、马衡、沈兼士、袁同礼到故宫任职，庄蕴宽没有到任③。1932 年 4 月 30 日，行政院开第二十六次会议，通过北平故宫博物院院长易培基呈，故宫博物院图书馆馆长庄蕴宽因病出缺，遗缺以现代理该馆馆长江瀚继任④。应该说，从此时起，庄蕴宽与故宫博物院已没有多少实质性的关系了。

国民政府建都南京后，钮永建出任江苏省主席一职。社会安定后，苏省也模仿其他省份开局修志，赵凤昌向钮永建提议由庄蕴宽主持修志局事务，遂以政府名义聘请庄氏为江苏通志编纂委员会总纂。庄蕴宽的足疾在休养经年之后渐见缓减，身体渐渐好转，1929 年 1 月 11 日庄蕴宽应邀离平南归⑤。江苏省通志编纂委员会于 1929 年 1 月 16 日召开成立大会⑥，聘请知名学者孟森、柳亚子、张相文、柳诒徵、丁福保、陈汉章、冯蒙华等 16 人为采访编辑，以《江苏通志》为参考，由朱文鑫另设体例目类，开始省志的编纂。修志之所选在镇

① 《中央政治会议记》，《申报》1928 年 6 月 21 日。该文报道 6 月 20 日，中央政治会议开第 145 次会议，决议：《故宫博物院组织法（草案）》通过，送中央执行委员会，交国民政府公布；《故宫博物院理事会条例（草案）》通过，交国民政府公布；任命李煜瀛、易培基、汪精卫、黄郛、鹿钟麟、于右任、蔡元培、江瀚、薛笃弼、庄蕴宽、吴敬恒、谭延闿、李烈钧、张人杰、蒋中正、宋子文、冯玉祥、阎锡山、柯劭忞、何应钦、戴传贤、张继、马福祥、胡汉民、班禅额尔德尼、恩克巴图、赵戴文为故宫博物院理事。但其导语误写为“任定故宫博物院理事二十八人”。因经亨颐要求废除故宫博物院的提案，直到 1928 年 10 月 5 日，南京国民政府公布《故宫博物院组织法》，10 月 8 日公布《故宫博物院理事会条例》，并发国民政府令，任命故宫博物院第一届理事会理事。

② 《昨日之国务会议》，《申报》1929 年 3 月 2 日。

③ 《申报》1929 年 3 月 19 日。

④ 《行政院决议案》，《申报》1932 年 5 月 1 日。

⑤ 《申报》1929 年 1 月 13 日。

⑥ 《公牍：总务类：省政府秘书处函：第七一号（十八年一月十五日）：为本日上午九时江苏省通志编纂委员会开成立会希派员参加由》，《江苏省政府土地整理委员会公报》1929 年第 2 期，第 47 页。

江焦山松寥阁碧山庵。

从清室善后委员会成立开始，庄蕴宽就与故宫结下了不解之缘。“三一八”惨案后，故宫博物院理事长李煜瀛遭通缉，新推委员长卢永祥没有到职，庄蕴宽以副委员长出面担当重任，两拒故宫驻军，坚持点交文物，体现了一个故宫守护者始终不离不弃舍身庇护的担当精神，在故宫博物院最初的创建以及发展过程中发挥了重大的作用。

晚年赵尔巽与故宫保管委员会史实考略

赵尔巽（1844～1927年），字公镶，号次珊，亦作次山，别号无补、补庵，晚号无补老人，祖籍奉天铁岭，寄籍山东泰安，生于北京，贯顺天府。为正蓝旗汉军。同治甲戌科进士，选翰林院庶吉士，散馆授编修，改御史。光绪十二年至十四年，历任贵州石阡府、贵阳府知府；光绪十九年，题升贵东兵备道；光绪二十年，擢安徽按察使；光绪二十四年，迁陕西按察使，旋改甘肃新疆布政使。丁忧起复后，光绪二十八年出任山西布政使，七月，护理山西巡抚；光绪二十八年十二月，擢湖南巡抚；光绪三十年内调，署理户部尚书；光绪三十一年改任盛京将军；光绪三十三年，盛京将军裁缺后，授四川总督，旋改任湖广总督；光绪三十四年，调补四川总督。其间，宣统元年九月初七至十月初十日兼署成都将军。宣统三年改东三省总督，加钦差大臣衔。入民国，1912年3月15日，由“东三省总督”改“东三省都督”。7月17日，改称“奉天都督”。11月，辞官归隐青岛。随后，接受袁世凯之邀出任清史馆馆长，为前朝修史。现在对赵尔巽的生平叙述一般就到此为止了。

赵尔巽作为故宫保管委员会委员长，是故宫博物院的掌门人，但正如1927年9月21日《国务院拟具故宫博物院管理委员会条例致大元帅呈》中所说：“上年八月十四日国务会议议决故宫博物院暂行保管办法六条，同时由国务院函聘委员并遴派保管员在案。嗣因各委员未尽就职，所定办法迄未实施。”① 甚至连接收工作都没能做成。因而《故宫

① 中国第二历史档案馆编：《中华民国史档案资料汇编》第3辑文化，江苏古籍出版社，1991年，第294页。

志》在“故宫历届领导名录”中干脆略过不提[①]。这是时势造成的原因，赵尔巽确实是够憋屈的。更为严重的是，对于这届故宫保管委员会，原来的故宫领导层大多持反对态度，1928年北伐胜利后，在招待南京政府要员参观故宫时散布的揭帖中竟然说：“珪内阁时，明令赵尔巽等接收本院，危害同人。几经奋斗抵抗，始得无事，情势尤殆。”[②]当然，这事的背景是国府委员经亨颐提出废除故宫博物院案，故宫同人为了保全故宫博物院原案，申述万不能与逆产等量齐观而采取的一项举措。只是对故宫保管委员会这样的态度，似乎就成为了一种定论，后来吴瀛的铺叙就成为现在对于这段史事叙述的范本。吴瀛叙述中的差错，比如记述时间的误差[③]，故宫保管委员会委员究竟都是哪些人从未被揭出，至于“旧人惟汪伯唐与舅氏（庄蕴宽）而已”[④] 等随口之说均陈陈相因[⑤]。毕竟这是故宫博物院历史的一段，我们有必要恢复历史的原貌。

一、维持京师秩序的领袖

赵尔巽进入民国以后，虽然也想做寓公，但他实在不是一个闲得住的人，因而一直活跃在民国政坛。

1924年10月，冯玉祥发动“北京政变”，力邀段祺瑞出山维持时局。11月21日，段祺瑞发表通电，通告他拟于11月24日入都就任中华民国临时执政，并就时局善后问题发表政见，“拟于一个月内集议”，“以解决时局纠纷，筹议建设方针为主旨”的“善后会议”[⑥]。国务会议于12月20日通过《善后会议条例》，24日予以公布[⑦]，共选定128名

① 万依主编：《故宫志》，北京出版社，2005年。
② 《故宫博物院开放三天接收委员函请维持该院原案》，《申报》1928年7月14日。
③ 吴瀛在关于故宫保管委员会的相关记述中，时间全部上移一个月。
④ 吴景洲：《故宫五年记》，上海书店出版社，2000年，第69页。
⑤ 刘北汜：《故宫沧桑》，紫禁城出版社，2004年，第67页。万依主编：《故宫志》，北京出版社，2005年，第666页。
⑥ 《天津段祺瑞电》，《申报》1924年11月24日。
⑦ 《申报》1924年12月25日。

出席“善后会议”的会员，孙中山、黎元洪两人符合有勋劳于国家之资格而被邀，有57人系讨伐贿选各军最高首领资格，有39人为现任各省区及蒙藏青海军民长官，而赵尔巽是属于有特殊之资望学术经验人员被特聘的，同属这类的有唐绍仪、章太炎、岑春煊、王士珍、汪精卫、黄郛、熊希龄、胡适、李根源、汤漪、林长民、梁启超、虞洽卿、梁士诒等人。1925年2月1日，“善后会议”在反对声中开幕。2月13日，善后会议开第一次大会，通过《善后会议议事细则》，选举赵尔巽、汤漪为正副议长。①

1925年5月1日，段祺瑞公布修正的《临时参政院条例》，设立临时参政院作为代替国会的临时立法机关，特派赵尔巽为议长，汤漪为副议长。7月30日，临时参政院开幕，到会114人，正副议长赵尔巽、汤漪专门通电全国：“溯自善后会议告终，政局改造之机于焉确立，一切根本问题，当由国民代表集议解决……惟关于临时期内政务因革之宜，所以保持均衡、宣达民隐、孕育省治、维护国权者，则特惟临时参政院是赖。此其职权所寄，既重且大，仍须……集全国之心思才力以赴之，临时参政院始克有济……”②

段就任临时执政后，为集思广益，对外交及政治、经济各要政，组织外交委员会、专门委员会协助进行。这两个委员会的成员中就有赵尔巽。

1926年3月15日，赵尔巽与王士珍等受段祺瑞委托，发起全国和平会议，请前敌各军退驻原防，择定地点，派代表开停战分权会议。同日，赵、王等联名致电吴佩孚、张作霖、冯玉祥等，提出和平办法五条：一、划直隶、京兆、热河为缓冲区，仅设民政长官，所有驻军均须退出，地方治安由中央会同各省区改编武装警察维持；二、国民军悉数退回西北，专力开发西北；三、奉军悉数退回东三省原防；四、岳维峻部退入陕境，李景林部退入山东；五、豫、鲁及其他各省暂维现状。至于政治问题，共同和平商决。③ 19日，赵、王等继续发出通电，建议各

① 松涛：《善后会议开会》，《东方杂志》第22卷第3号（1925年2月10日），第1页。
② 中国第二历史档案馆编：《善后会议》，档案出版社，1985年，第4－5页。
③ 政之：《北京政局蜕嬗纪》（上），《国闻周报》第3卷第16期。

军先行停战，召开和平会议，解决上述问题。3 月 31 日，北京已陷于围城状态。4 月 1 日，段祺瑞授意组织京师保安会，推王士珍为理事长，拟在冯玉祥军撤退时责成该会维持北京治安。4 月 9 日上午，鹿钟麟示意王士珍等组织“北京临时治安会”为代行政权机关。当夜，北京发生政变。鹿钟麟派兵包围国务院，段祺瑞及安福系要人避入东交民巷。10 日，段祺瑞允辞职。4 月 15 日晨，通州陷落，冯玉祥国民军决定即日撤退，当天下午 3 时托陆军次长熊斌携带警察厅大小关防往访王士珍等，告以国民军即日退回，京师治安应请临时治安会设法维持。下午 5 时，临时治安会在纯一斋开会，公推吴炳湘暂以本会会员名义担任维持京师治安职务，即日视事。16 日下午 2 时，临时治安会又在市政公所开会，将该会分设治安股、市政股、慈善股、会计股、交际股等五股，办事分任，进行维持京师治安各事项。京师临时治安会的领袖是王士珍、赵尔巽两人，推王士珍为会长。王士珍、赵尔巽等发布《京师临时治安会宣言》和《京师临时治安会简章》十二条，在北京城内没有政府之时，由京师临时治安会主持一切。京师临时治安会只是一个临时性的组织，目的是维护京师的秩序，而不涉及各派政争。他们首先做的是吁请各方迅速进京共商停战及组成政府等大计，“第政局一日不定，诸事无人主持，局势日迫，务请诸公迅赐伟略，早定大计，国家幸甚”。为民请命、为国分忧之情跃然纸上。赵尔巽和王士珍等出面维持京师治安，使首都人民少受战火之苦。

二、“故宫保管委员会”委员长

6 月 22 日，以吴佩孚为后台的杜锡珪组阁。杜锡珪的上台，逊清遗老以为有机可乘，一面以清室内务府名义上书国务院，一面由康有为函电吴佩孚，公然提出“应请恢复优待条件，并迎逊帝回宫”的要求，请求恢复 1924 年修改优待条件以前状态，将故宫交还溥仪。吴佩孚复电康有为，“如果推翻，物议必多，只好听其自然”。没有上当。报纸揭露了清室遗老的这些活动，也大量发表了各方面人士，包括章太炎和一些国会议员纷起谴责的消息。7 月 16 日，杜锡珪内阁内务部议定：

溥仪已永废帝位，优待由政府以赈济方式拨款；拒绝发还皇室财产，唯赠与不含历史性之一小部分公产；允许溥仪岁时以平民礼仪祭扫其祖先陵寝。至此，有关迎溥仪还宫，恢复清室优待条件的种种活动才有所收敛。①

“清室善后委员会，自委员长李石曾因政变离京后，即无形停顿。政府方面前此有由内务部专管之议，嗣因窒碍之处尚多，未克实现。惟该会所管理之故宫博物院，关系重要，若任其长此停顿，将来不免有陷于不可收拾之境”，杜锡珪在8月10日的国务会议上提出讨论。② 8月14日，杜锡珪内阁通过改组故宫博物院，决定结束故宫博物院维持员的工作，成立故宫保管委员会，通过《故宫博物院暂行保管办法》六条：

一、为暂行保管故宫博物院起见，设故宫博物院保管委员会。

一、保管委员会设委员二十一人，由国务院聘任，管理本会事务。

一、保管委员会设委员长、副委员长各一人，由委员互选之。

一、保管委员会设干事二十四人，承委员长之命执行本会事务。

前项干事除由国务院及外交部、内务部、财政部、陆军部、海军部、司法部、教育部、农商部、交通部各派一人充任外，其余各员由委员长得委员会之同意遴选充任。

一、保管委员会得设办事员若干人。

一、保管委员会办事规则，由委员会自定之。③

同时由国务院函聘赵尔巽、王士珍、汪大燮、颜惠庆、孙宝琦、王宠惠、庄蕴宽、范源廉、载洵、梁启超、李兆珍、宝熙、刘若曾、李家驹、汤尔和、田应璜、马君武、江瀚、孟广坫、高金钊、梁士诒等21

① 《申报》1926年7月19～26日有连续报道，如：《北京通信：清室要求恢复民十三之旧观》（7月19日）、《吴佩孚对交还故宫之谈》（7月20日）、《内务部决拒绝溥仪要求反对恢复十三年原状》（7月21日）、《北京通信：溥仪复宫运动之急进》（7月24日）、《章太炎反对还溥仪故宫与吴佩孚往来电》（7月24日）、《北京通信：已告段落之溥仪复宫运动》（7月26日）。

② 《院部筹备接收故宫博物院》，《申报》1926年8月15日。

③ 《政府公报》1926年8月16日，第3716期，第4页。

人为管理故宫博物院委员。①

8月18日，教育部部务会议通过：故宫永定为国产，防止移转、变卖、抵押，及藉名整理迁出宫外，或隐射借款等事，以断觊觎者非分心。因今日总长未出席，容与总长商决，函请国务院查照办理。②

8月21日下午，“故宫保管委员会”在中南海居仁堂开第一次大会，赵尔巽、载洵、颜惠庆、王宠惠、汪大燮、孙宝琦、李兆珍、汤尔和、宝熙、刘若曾、江瀚、田应璜、孟广坫、高金钊等14人外，国务总理杜锡珪、外交总长蔡廷干、内务总长张国淦、财政总长顾维钧、陆军次长金绍曾（因蒋雁行赴长辛店）、教育总长任可澄、农商次长王湘、司法总长罗文干、交通总长张志潭、卫戍司令王怀庆等亦皆被邀列席，会议规格之高，实属少见，足见其事之郑重。下午2时，由杜锡珪宣布开会旨趣，并请各委员即日选举正副委员长，以便进行会务。结果：赵尔巽当选为委员长，孙宝琦当选为副委员长。③“故宫保管委员会”是政府组织的故宫博物院管理机构，而且如同当时盛行的民主选举，当场唱票，根据得票多少当场宣布结果。无论是选举者与被选举者，都有着一种责任，要保护好故宫物品。“故宫保管委员会”之所以选举赵、孙二人为正副委员长，社会声望、活动能力固然是重要原因，年长也应该是一个重要因素，像赵尔巽已经是一位83岁的老人了。赵尔巽在京师临时治安会中的作用和表现也赢得了大家的尊重。庄蕴宽因不久前血压高中风不良于行，他向报界公开发表启事，一则对自己主事期间“社会监视之严，同人扶助之切，此蕴宽所应为故宫博物院永永致其感谢者也”，二则政府成立故宫保管委员会，使得自己“仔肩既卸，借得养疴，其为忻忭，尤难言喻”。④

现有的有关故宫博物院的相关叙述都刻意强调赵尔巽、孙宝琦的清室遗老、旧臣身份，并且说“在当时溥仪还宫声浪尚未完全平息的情况

① 《十四日之阁议》《故宫保管委员会办法》，《申报》1926年8月15日；《清室委员会改组十四日阁议已通过办法及委员》，《申报》1926年8月18日。《故宫博物院暂行保管办法》，《政府公报》1926年8月16日第3716号。

② 《教部主张故宫定为国产》，《申报》1926年8月22日。

③ 《赵尔选（巽）当选保管故宫委员长》，《申报》1926年8月25日。

④ 吴瀛：《故宫尘梦录》，紫禁城出版社，2005年，第105－106页。

下，不能不引起故宫博物院全体同仁的警惕和对故宫博物院前途的担忧”。可以说，“故宫保管委员会”从它诞生的那天起，就注定了其不顺的命运。即便不是赵尔巽、孙宝琦，而是别的人当选委员长，可能都会遇到这样的结果。这实际并不是因为两人的身份问题，在那个年代，那些在社会上有声望的，除了职业革命家，又有几个不曾在前清政府中供过职？就是几个月前被举为清室善后委员会正副委员长、维持故宫院务的卢永祥、庄蕴宽，也都做过清室旧臣。关键不是其是否清室旧臣，而是其在民国时期的现实表现如何。但怎么就不宣传赵尔巽是民国的参政院议长，孙宝琦做过民国的总理呢？再说了，庄蕴宽在国民军撤离北京，北京进入治安会时代时，亦为治安会之一员，并邀赵、王诸老为故宫博物院顾问，相助维持。怎么此时赵、孙身份一变，成为故宫保管委员会委员长，就出来如此变故？实在是说不过去的。

赵、孙二人及“故宫保管委员会”之所以受到抵制，实是因为清室的还宫声浪余波所及。故宫博物院从 1925 年成立到 1949 年为共产党接管，历经了多次转折，除了这一次，点交并不是必须的手续。这次实在是有特殊的原因。赵尔巽只能慨叹命运不济了。

三、因为清室的还宫声浪接管受到抵制

1924 年的驱逐溥仪出宫，1925 年的故宫博物院成立，清室问题与古物问题，已为万众所瞩目。庄蕴宽为维持员接管故宫，因国民军撤出，改用内务部古物陈列所之警卫时，谣诼就已四起。陈垣在代表旧委员会交代演说词中就不承认是借用内务部的卫队，说：“今天我们自练守卫队成立之期。”① 吴瀛在回忆文字中特别强调用内务部警卫队，有人顾虑着政府当局时时想着收故宫归政府。或许这是当时参与故宫领导的人们的一种不舍思想。《故宫博物院暂行保管办法》通过的时机也不好。当时逊清遗老一面以清室内务府的名义上书国务院，一方面由康有为致函吴佩孚，公然提出“应请恢复优待条件，并迎逊帝回宫”的要

① 吴瀛：《故宫尘梦录》，紫禁城出版社，2005 年，第 97 页。

求，希望借助吴佩孚之力，推翻冯玉祥对逊清室所采取的措施，后因报纸揭露了清室遗老的活动，并有各方面人士，包括章太炎和一些国会议员纷纷谴责。而且“暂行”二字颇引起许多疑窦，有谓暂行保管即寓有仍将还诸清室之意，于是颇有人主张保管则可，归还则不可；院内可以改组，国有必须坚持。而持论之较激者，则谓如果交还，依清室之往事，或押诸银行，或曰赏溥杰，或被遗老中之师傅亲贵久假不归，或且将上述三事之证据及一切有复辟嫌疑之档案由彼等消灭之，均为可虑。而对二十一人中之有亲贵有遗老亦颇有訾议。总而言之，既有故宫古物归还溥仪的担心，更有前任管理者的不舍。

23 日下午 2 时，清室善后委员会在大高殿开全体职员大会，庄蕴宽因病未到，由陈垣主席，商量对策，议决：政府一定要接收，我们亦不反对，须附有条件数项：（一）要求政府下命令，声明负保障故宫一切官产之全责，不能任意抵押，不能归还溥仪。（二）慎重移交，组织移交委员会。（三）清宫前所发现溥仪一切复辟文件，接收者不能私自毁灭。故宫博物院仍当保存。此外该会职员同时并组织一监督故宫博物院同志会，当时推定李宗侗、汤铁樵、马衡为该会组织大纲之起草员。①

8 月 27 日为接收故宫博物院事，国务院致函清室善后委员会（副）委员长庄蕴宽，陈述政府苦衷：“敬启者，前者以中枢政务接续之际，故宫博物院承执事及院内职员竭力管理，公义之心，国人所同钦佩。近以政躬违和，恐该院事务殷繁，重劳擘画，且以事关重要，理宜慎重，故本月阁议，有组织故宫博物院保管委员会之议决。该会事务完全公开，职责惟在保管，并无其他意味。此本院所可为执事及爱护清宫博物院诸君子所敢掬诚相告者也。至该委员会委员，均系当代名流海内耆宿，赵、孙两委员长尤属物望咸孚，对于故宫事务悉按原定章程办理，惟原章程之有未妥者，当亟图修正耳。其原有院职员，闻平日办事极尽勤奋，尚望执事曲为喻解，勿生误会。当然本其旧有之精神，共策进

① 《清委会对移交故宫之意见：提出附带条件三项，并组织监督故宫博物院同志会》，《申报》1926 年 8 月 27 日。

行。至接事日期，祈径与赵、孙两委员长接洽可也。此致庄思缄先生。国务院启。”①

29日下午，马衡与吴瀛同到大院胡同见庄蕴宽商谈这一交接的问题。庄蕴宽与吴瀛拟订《组织移交委员会及其章则》，主体意思是要一一清点，方才可以明责任，为将来监督张本。②

9月2日，赵尔巽、孙宝琦率随员到故宫博物院就职。当时的报纸《申报》都报道是庄蕴宽9月1日下午电话通知清室善后委员会主要职员，赵、孙明日下午3时到院就委员长职，请届时悬挂国旗表示欢迎③。但后来吴瀛的史著文字却说：“八月二日④，赵次珊、孙慕韩二老，欲至故宫参观，事前曾告之舅氏。舅氏允之，以电嘱余及叔平往招待。余以事辞，叔平亦然，乃听其自往，由庶务预备照料。下午有人来报，谓赵、孙二老之往故宫，乃接事而非参观，故到时率同多人，已执行委员长职权。”好像赵、孙藏着掖着，偷偷摸摸似的，由此也可见当时故宫一班人的心理。故宫博物院是国家的，并不是你们几个管理者的，政府加以改组，并无不妥，原管理者自应积极移交。“闻事先赵曾询庄，对院中职员应如何称呼？庄答该院系委员性质，一律平行。故二人是日到院，态度极为和蔼。赵孙就职毕，即向各处参观一过，意欲陈垣即办交代。陈谓院中物品至为繁琐，仓猝不能检清，如须交代，非组交代委员会不能当此重任。赵孙见陈多困难，亦未相强，但已十分不高兴矣”。⑤如果说在当时有清室妄图复宫的企图，因而为了保证故宫博物院的存在，旧管理者坚持点交，在情理之中。但显然当时院方对媒体通报的是与吴瀛后来记述的一样：“次日阅报，始知委员会只承认赵孙二日到院，为参观，而非就职。”⑥ 如此报道的显然是北京的报纸，笔者还未找到。我们是相信以李煜瀛为首的管理者忠于职守，为保护国宝尽心尽力，但我们同样要相信后继者也同此心，甚至在后继者那里还有要比前任做得

① 《故宫博物院问题》，《申报》1926年8月28日。

② 吴瀛：《故宫尘梦录》，紫禁城出版社，2005年，第106页。

③ 《京政府有将武装接收故宫说》，《申报》1926年9月9日。

④ 原文如此，在关于故宫保管委员会的相关记述中，时间全部上移一个月。

⑤ 《京政府有将武装接收故宫说》，《申报》1926年9月9日。

⑥ 《京政府有将武装接收故宫说》，《申报》1926年9月9日。

更好的思想。怎么能把自己看成是唯一的守护者呢？而且后来竟然发展到诋毁赵、孙，“珪内阁时，明令赵尔巽等接收本院，危害同人”。这实在是不应该的。

赵、孙两人“即发请柬四张，邀陈垣、马衡、袁同礼、吴景洲四人于三日晚在清史馆便饭，藉商交代事宜。届时只陈垣一人代表前往。席间赵、孙说许多客气话，意在敦促赶快交代。陈垣谓该会四人对于清宫物品曾费多少气力，为国家保存故物计，应郑重其事，是需组织交代委员会，以明责任，否则无人敢负此责。赵孙见如是困难，且共请四人只来一人，极为不欢，遂无结果而散”。[①] 吴瀛说赵孙出面在清史馆设宴，招待善后会代表陈垣、江瀚、俞同奎、吴瀛，商谈新旧任交接手续[②]，恐有较大的误差。虽然出于吴瀛回忆，但笔者更相信记者文字更客观、真实。至于吴瀛所说，陈垣以善后会代委员长身份，提出 8 月 23 日善后会议决的交接手续三条。新保管委员会着眼于立即接管故宫，当即表示反对，主张一切从简办理。先接管，不必办点交。陈垣郑重重申：“必须组织点交、接收两个委员会，我们方才可以点交。”“总之，必须点完一处，移交一处；未点以前，用旧封；点完，交新会换封、负责。”对于旷日持久、费事费时的疑虑，陈垣针锋相对地回驳：“本院同人认为，点交为最重要关节，如此才可清手续、明责任。如果保管会不同意点交，就该登报声明，自愿承担一切责任。此后故宫文物、图书、珍宝、陈设，如有损失，概与旧人无干！”云云，是符合当时情势的。

面对这种情况，“先是赵孙曾以委员长名义请各委员及院部派员在神武门内开会，临时见陈垣态度如是，遂改发通知移在清史馆。闻大部分委员及院部派员出席，讨论结果，决定至必要时以武装接收”[③]。

惟赵尔巽孙宝琦两委员长，因陈垣传达的态度，颇为消极，9 月 6 日乃以头绪繁多、责任非轻为理由，致函国务院辞职：“敬启者：八月十七日接奉钧院公函，聘任为故宫博物院保管委员会委员。受聘以来，瞬逾两旬，与各委员讨论数次，并推尔巽为委员长、宝琦为副委员长，

① 《京政府有将武装接收故宫说》，《申报》1926 年 9 月 9 日。
② 吴瀛：《故宫尘梦录》，紫禁城出版社，2005 年，第 107 页。
③ 《京政府有将武装接收故宫说》，《申报》1926 年 9 月 9 日。

迭与分委员会诸人商洽一切。本应次第筹划办理，惟念兹事体大，头绪繁多，断非羸躯所能胜任，若有贻误，责任非轻，不得不知难而退，为此合词陈明辞职，应请钧院另行聘任二人补充，俾改选正副委员长，共策进行，以免延误。不胜企祷之至。此致国务院。赵尔巽孙宝琦同启。”① 赵尔巽毕竟年纪很大了，一位80多岁的老人，实在经不起折腾了，在接管遇阻的情况下，只能采取知难而退、偃旗息鼓的态度。因而，这届“故宫保管委员会”虽然是政府任命的，但却没有收到应有的作用，有始无终，不了了之。9月7日国务会议，就保管故宫委员长赵尔巽副委员长孙宝琦辞职，议决复函慰留。②

保管故宫委员亦有六七人均先后去函辞职，故“故宫保管委员会”在清史馆开会三次，均无结果而散。③

9月8日下午4点，故宫同人在神武门开点交委员成立会，江瀚年高德劭，“公推江瀚主席，议决故宫博物院因政府业经另组保管委员会预备接收，原有院中物品异常重要，旧日院中人员，如各部原派助理员，及所聘各界顾问，及本院职员等，均主张非组织点交委员会专办点交，不足以照慎而清手续”④。

9日早8时，京畿宪兵司令部以清宫交接问题，传讯前委员会事务长陈垣。⑤ 原故宫管理层为了表示受到刁难、迫害，把陈垣被问询强说成“逮捕”，因而就有了“斗争”。

此后，国务院秘书长孙润宇多次催促庄蕴宽交接，庄蕴宽经与匿居东交民巷的李煜瀛、易培基往返商量后，定于18日下午开会办理，但双方到的人都不多，赵尔巽等始终未再出面，交接工作于是拖了下

① 《赵孙辞保管故宫委员长》，《申报》1926年9月10日。

② 《七日之国务会议》，《申报》1926年9月11日。

③ 《赵孙辞保管故宫委员长》，《申报》1926年9月10日。

④ 《故宫博物院组织点交委员会》，《申报》1926年9月12日。

⑤ 《申报》1926年9月10日《陈垣因故宫事被传》：“昨故宫委员会事务长陈垣被宪兵司令部传询，经梁士诒方面斡旋，由孙宝琦、庄蕴宽保释。闻系清宫交代问题，陈云并无不交代情形，正在办交代手续。”《汉文京津泰晤士报》1926年9月21日：“宪兵司令王琦，则以委员会拒绝接收之故，遂令武装宪兵传拘陈垣问话，陈即据词答复，王无以难，乃送至回家，犹命便衣侦两人，监其出入。”

来。[1] 这样地相持着到了10月1日，杜锡珪内阁解体，以赵尔巽、孙宝琦为首的故宫保管委员会也随之消失。

赵尔巽为委员长的“故宫保管委员会”，虽然在故宫历史上没有发挥应有的作用，但毕竟是故宫博物院历史中曾经的一段，我们探讨当时的前因后果和史实本原，对于正确认识故宫博物院的历程，是必须的。历史曾经有这么一页。

① 吴瀛：《故宫尘梦录》，紫禁城出版社，2005年，第108页。

故宫博物院管理委员会委员长王士珍史实稽考

学界对王士珍的研究处于起步阶段，成果不多。王士珍与故宫博物院的专题，尚未得到学界关注，还没有相关论文面世，故宫博物院史著作基本都是沿袭吴景洲《故宫博物院前后五年经过记》的记述①，再也没有挖掘过新的史料。此情况一直延续到《王士珍传》②。本文试图对王士珍作为故宫博物院管理委员会委员长的史实做一番钩沉，续写这一段故宫博物院史。

一、王士珍的人生历程

王士珍，字聘卿，号冠儒，清咸丰十一年（1861 年）生于直隶正定（今属河北）牛家庄一户破落的小地主家庭。4 岁时父亲去世，与寡伯母刘氏、寡母丁氏相依为命（刘氏、丁氏皆为 23 岁守寡），伯母和母亲靠着微薄的收入供养王士珍读书。王士珍 9 岁开始入塾读书，17 岁投笔从戎，考入正定镇标。

光绪十一年（1885 年），直隶总督兼北洋大臣李鸿章奏设武备学堂于天津，檄各军选送学员。王士珍由正定镇总兵叶志超保荐进入武备学堂为第一期生，与段祺瑞、冯国璋同期同学。肄业三年期满，仍回山海

---

① 《故宫博物院前后五年经过记》最先在《故宫周刊》连载，后结集成书，多次出版，大陆最后一个版本是上海书店出版社 2000 年出版的吴景洲著《故宫五年记》。故宫博物院史著作，有《故宫沧桑》《故宫博物院历程》《故宫志》等。

② 彭秀良：《王士珍传》，中华书局，2013 年。

关督办随营炮队学堂。北洋武备学堂毕业学生多数成为各省新军骨干，其中很多人后来成为北洋派的首领。进入北洋武备学堂是王士珍人生道路上的第一个转折点。

光绪二十年（1894年），朝鲜东学党起事，朝鲜政府请求清政府出兵协助镇压。六月，直隶提督叶志超奉命赴朝助战，王士珍率学生随提督叶志超赴牙山，退平壤。在防守平壤的战术选择上，王士珍“建议宜于城外山上设奇布防，敌至方能应战。志超以公幼也，易其言弗听”。在保卫平壤的激烈战斗中，王士珍“率学生在城上血战数昼夜，既而奉天练军统领左公宝贵阵亡，公额亦受弹伤，遂溃围出走义州”。这场决定甲午中日之战胜负关键的第一场战役以清军溃败，6天狂奔500里，退过鸭绿江回国，日军占领朝鲜全境而告终。

归国后，王士珍仍回原防，统率山海关炮队，只不过直隶提督已是聂士成。聂士成带队入关，挑足淮军马步30营改为武毅军，驻天津芦台。王士珍就在聂士成的武毅军服役。

甲午战争的惨败，令朝野上下极感耻辱，但也刺激了自救之心。李鸿章军事顾问汉纳根建议编练新军，清廷派遣长芦盐运使胡燏棻在小站以德国陆军操典编练“定武军”10营，并购买西洋先进武器，期望以新式装备、新法训练形成新的军队阵容。不久，袁世凯奉旨接替胡燏棻，在小站设立“新建陆军督练处”，将“定武军”进行扩编改造，全部用洋枪洋炮武装起来，即成“新建陆军”。王士珍得荫昌推荐，被袁世凯擢为新建陆军的重要干部。“公（王士珍）气度深沉，毅勇内敛，寡言笑。时居刘太夫人忧，体羸面削，摄敝衣冠，口讷语简，袁公未之奇也。及计事始大重，公即檄充督操营务处会办、右翼第三营步队帮统兼步队学堂监督，擢工程营管带兼德文学堂监督。”

袁世凯在徐世昌、王士珍、段祺瑞、冯国璋等的辅佐下，新建陆军面貌焕然一新，成为清政府新军的模范。光绪二十二年（1896年），督办军务处大臣荣禄到小站检阅新建陆军，对精彩的演习大加赞扬。同年冬，荣禄推荐王士珍、段祺瑞、冯国璋赴日本阅操。

光绪二十四年（1898年）十月，练兵大臣、大学士荣禄督练武卫军，把直隶提督聂士成的武毅军调驻芦台，改其番号为武卫前军；把甘肃提督董福祥的甘军调驻蓟州，改其番号为武卫后军；把四川提督宋庆的毅军调驻山海关内外，改其番号为武卫左军；袁世凯的新建陆军被改为武卫右军。荣禄则另募亲兵10 000人，号武卫中军，驻防南苑。义和团运动风起，聂士成殉难天津，董福祥遣戍新疆，毅军无所作为，荣禄的武卫中军亦溃败不能成军，硕果仅存者只是袁世凯的武卫右军。

光绪二十五年（1899 年），袁世凯任山东巡抚，武卫右军7 000人全部移防山东。袁世凯任命王士珍总务山东全省军务，负责山东的“剿匪安民”任务，镇压义和团、保护洋人合法权利，“外国人避鲁者络绎不绝，公特编便衣队沿途保护，代赁舟车，资以衣食川费”。后来，八国联军入侵京津畿辅，百姓受害者不计其数，但山东则免遭蹂躏。王士珍立下了汗马功劳，仕途也平步青云。

光绪二十七年（1901 年）十月，袁世凯升任直隶总督兼北洋大臣，任命王士珍为北洋常备军左镇翼长，兼理全军操防营务处，专司训练。

光绪二十九年（1903 年），清政府成立练兵处，以庆亲王奕劻为总办，袁世凯会办，王士珍为军政司正使负责规划。

光绪三十一年（1905 年），北洋第六镇成镇，王士珍兼任统制官。

光绪三十二年（1906 年）十一月，练兵处与太仆寺并入兵部成立陆军部，王士珍以军政司正使署陆军部右侍郎。

光绪三十三年（1907 年），王士珍诏授江北提督。这个由漕运总督改设的省级军政首脑，“体制若巡抚”。太湖秋操时熊成基起事围攻安庆，事起突然，地方官员毫无准备，唯王士珍早有布置，使岳王会之谋失败。宣统二年（1910 年）十一月十七日，王士珍再三请求，隐退正定。

武昌义军起事，袁世凯被重新起用，立即函招王士珍辅佐一切。王士珍应命由老家正定赶到河南洹上袁的住处，袁氏委以坐镇后路，筹组大帅总部重任。袁世凯先奏派王士珍襄办湖北军务，九月十二日（1911 年 11 月 2 日），清廷命袁世凯迅速来京，以王士珍署理湖广总督。九月二十四日，王士珍因病解职。等到袁世凯责任内阁组成，便被任为陆军部大臣。

1912 年 2 月 12 日，溥仪宣布退位，王士珍立即称病辞职，他说：

“国家养兵，用在一时；国民造反，不发兵征讨，还要议和，真乃旷古未有之奇闻！”袁世凯苦劝无效，遂于2月17日批准了王的辞呈。王辞职后，回到河北正定隐居。

袁世凯当选中华民国大总统，用非常手段将王士珍“请”到北京，担任陆海军大元帅统率办事处办事员。

袁世凯想尽快龙袍加身，做中华帝国的皇帝。杨度、梁士诒、陈宧等纷纷奔走劝进，封爵进位后又无不弹冠相庆。但王士珍比较清醒，超然于外，不参与帝制劝进。

在国内外的巨大压力下，只做了83天皇帝的袁世凯被迫取消帝制，但他的病情已经开始恶化，弥留之际，王士珍仍在接受袁世凯遗嘱之列。

王士珍三度入阁，担任的职务都是陆军总长。第一次是1915年8月29日至1916年4月23日，徐世昌内阁（当时称政事堂）；第二次是1917年6月24日至7月19日，丁巳复辟前夕仓促组成的李经羲内阁；第三次是1917年11月19日至12月18日，汪大燮内阁（至11月30日）。1917年11月30日至1918年2月20日王士珍署理国务总理，达到了他个人政治生涯的顶峰。但无意于政治斗争的王士珍并没有在政坛做出什么贡献。

王士珍参与了张勋的复辟活动，被派为张勋伪内阁的议政大臣兼参谋部大臣，与张勋一同进宫敦请溥仪“登基”，压迫黎元洪搬离总统府，副署张勋发布的伪谕，等等。段祺瑞马厂誓师，讨伐张勋。复辟败局已定之时，王士珍又成了收拾残局、维持京师秩序的“要角”。作用再一次彰显，不但附逆无罪，而且“维持北京秩序”有功，继续担任参谋总长。

二、维持京师秩序的领袖

王士珍归隐后虽然想超然于政事之外，但由于他是北洋的耆老，一些北洋旧人有事还是找他商议，而他也乐意调和其间。直皖、直奉战争时他就多次出面调停，但于事无补。

1926年3月15日，王士珍等受段祺瑞委托，发起全国和平会议，请前敌各军退驻原防，择定地点，派代表开停战分权会议。同日，王士珍等联名致电吴佩孚、张作霖、冯玉祥等，提出和平办法五条。① 19日，继续发出通电，建议各军先行停战，召开和平会议，解决上述问题。3月31日，北京已陷于围城状态。4月1日，段祺瑞授意组织京师保安会，推王士珍为理事长，拟在冯玉祥军撤退时责成该会维持北京治安。4月9日上午，鹿钟麟示意王士珍等组织“北京临时治安会”为代行政权机关。当夜，北京发生政变。鹿钟麟派兵包围国务院，段祺瑞及安福系要人避入东交民巷。10日，段祺瑞允辞职。4月15日晨，通州陷落，冯玉祥国民军决定即日撤退，当天下午3时托陆军次长熊斌携带警察厅大小关防往访王士珍等，告以国民军即日退回，京师治安应请临时治安会设法维持。下午5时，临时治安会在纯一斋开会，公推吴炳湘暂以本会会员名义担任维持京师治安职务，即日视事。16日下午2时，临时治安会又在市政公所开会，将该会分设治安股、市政股、慈善股、会计股、交际股等五股，办事分任，进行维持京师治安各事项。京师临时治安会的领袖是王士珍、赵尔巽两人，推王士珍为会长。王士珍等发布《京师临时治安会宣言》和《京师临时治安会简章》十二条，在北京城内没有政府之时，由京师临时治安会主持一切。京师临时治安会只是一个临时性的组织，目的是维护京师的秩序，而不涉及各派政争。他们首先做的是吁请各方迅速进京共商停战及组成政府等大计，“第政局一日不定，诸事无人主持，局势日迫，务请诸公迅赐伟略，早定大计，国家幸甚”。为民请命、为国分忧之情跃然纸上。王士珍等出面维持京师治安，使首都人民少受战火之苦。

三、故宫博物院管理委员会委员长

因为王士珍在当时北京的特殊地位，因而在故宫博物院方面，无论是杜锡珪内阁成立的故宫保管委员会，还是各方名流自发组织的“故宫

---

① 政之：《北京政局蜕嬗纪》（上），《国闻周报》第3卷第16期。

博物院维持会”，王士珍均列名为委员，而且排名一直在前面。可以说王士珍已经开始参与故宫博物院管理事务，只是没有进入实质性的管理工作。

1927 年 6 月 18 日，张作霖在北京怀仁堂就任“中华民国陆海军大元帅”职，成立军政府，由潘复任国务院总理。

9 月 20 日，军政府国务院通过《故宫博物院管理委员会条例》，决定成立故宫博物院管理委员会。《国务院拟具故宫博物院管理委员会条例致大元帅呈》谓：“窃上年八月十四日国务会议议决故宫博物院暂行保管办法六条，同时由国务院函聘委员并遴派保管员在案。嗣因各委员未尽就职，所定办法迄未实施。查故宫博物院事关文献，长此迁延，似非所以保存古物之道。兹根据从前暂行办法斟酌厘定，拟具故宫博物院管理委员会条例六条，呈请鉴核。”①

故宫博物院管理委员会条例

第一条 因管理故宫博物院各事项，设故宫博物院管理委员会。

第二条 管理委员会置委员长一人，副委员长二人，委员十二人，由国务总理呈请大元帅聘任，掌管理本会事务。

第三条 管理委员会置干事二十四人，由委员长经委员会之同意选派，分掌本会事务。

前项各干事之职掌，由委员长定之。

第四条 管理委员会置办事员，由委员长委派，助理本会事务。

办事员之员额及其职务，由委员长定之。

第五条 故宫博物院管理规则由委员会定之，但应函达国务院备案。

第六条 本条例自呈准日施行。

10 月 1 日聘定管理委员会委员。故宫博物院管理委员会以王士珍

① 《国务院拟具故宫博物院管理委员会条例致大元帅呈》，《中华民国史档案史料汇编》第三辑文化，江苏古籍出版社，1991 年，第 294 页。

为委员长，以王式通、袁金铠为副委员长①。委员为沈瑞麟、刘尚清、鲍贵卿、胡惟德、张学良、傅增湘、江庸、刘哲、赵椿年、陈兴亚、胡若愚、汤铁樵等 12 人。15 日，以农长刘尚清改任奉天省长而离京了，国务会议议决改聘新任农长莫德惠递补刘的遗缺委员。旧维持会委员之中，除江庸、汤铁樵外，其余众人皆未进入管理层。

10 月 21 日，故宫博物院管理委员会正副委员长及委员就职，并派出江庸、王式通、袁金铠、沈瑞麟四人为接收委员，来到故宫博物院，办理了接管手续，接管了维持会的工作。故宫博物院维持会至此结束。但 1927 年 10 月 26 日《故宫博物院管理委员会正副委员长及委员就职致内务部公函》中提及的故宫博物院管理委员会委员比前述 12 位多出顾维钧、范源廉二人②。

10 月 24 日，管理委员会发表 24 名干事：

马衡、俞同奎、彭济群、颜泽祺、恽宝惠、张玮、谭祖任、张鹤、梁玉书、许宝蘅、袁同礼、徐鸿宝、张允亮、沈兼士、陈庆龠、孙树棠、陈宝泉、杨策、张凌恩、瞿宣颖、李升培、许福奎、凌念京、伦明。

故宫博物院管理委员会主持工作期间，聘江庸、马衡为古物馆正、副馆长，傅增湘、袁同礼为图书馆正、副馆长，袁金铠兼总务处处长，恽宝惠为总务处副处长。由于材料挖掘不够，从未进入过研究，对于故宫博物院管理委员会开展的工作迄今不清楚。可以肯定的是，有安国军政府的强有力支持，没有外界的干扰，王士珍又是老成持重之人，故宫博物院的各项工作应该能够正常地得以开展。

四、《整理故宫办法》

维持会要处分金砂、银锭、食品等清宫物品受到张作霖制止之后，张作霖即派沈瑞麟、刘尚清两位总长来故宫检查工作。从 1927 年9 月 5

① 《申报》1927 年 9 月 21 日。

② 《故宫博物院管理委员会正副委员长及委员就职致内务部公函》，《中华民国史档案史料汇编》第三辑文化，江苏古籍出版社，1991 年，第 295 页。

日开始，沈、刘两总长于每星期一、三、五等日，率同两部随员各四员，“开始查勘内西路，由重华而储秀、长春、永寿、咸福各宫，以及雨花阁、养心殿、南库等处；次则中路由御花园而乾清、坤宁两宫，交泰、懋勤各殿，以及上书房、敬事房等处；又次内东路由斋宫而毓庆、景仁、承乾、永和、景阳、钟粹各宫，以及北五所、如意馆、寿药房、古董房，并缎库、茶库各处；最后，外东路自奉先殿、文渊阁、三所等处，以及乾隆花园、乐寿、庆寿两堂，宁寿、景福两宫，并景山之寿皇、大高两殿各处，历时四旬，一一履勘”，经过如此详查故宫，沈、刘两总长指出：

查前清故宫，地面宽阔，殿宇崇宏，所有陈列及存储各项物品，向系分散各处，漫无统纪。自清帝出宫，善后委员会成立以来，于十四年春间开始清理物品，分组点查。该会定章，每查一处，仅按物编列号码，记载品名、件数，而以不移故处为原则。迨十四年冬，改名故宫博物院，分设古物、图书两馆，筹设各项陈列室，略将各处珍贵物品选择陈列，而其未经提取陈列者，仍旧封存原处，迄未有分类集中计划。以致数年以来，各宫、各库物品之散漫如故，虽极偏僻处所，往往有极珍奇之器物，堆置尘土破簏之中。经瑞麟、尚清等查获发现者所在多有，且有一部分尚未点查编号者，因而觊觎盗窃之案，亦间有所闻。揆厥由来，良以物品繁多，既未预择坚固适宜之库房随时移置，尤未定有分别清理之计划挨次进行，是以时逾数载，费糜巨万，而于物品之保管庋藏，仍无整齐周密之设备，未免引为缺憾。至于宫殿屋宇之渗漏，瓦砾草茅之纵横，园林木石之颓圮，亦复因经费困难，未行修治。①

针对故宫这样的现状，沈、刘两总长拟订了一个《整理故宫办法》，从整修库房、分类庋藏、殿宇修葺、荆棘扫除、改进陈列五个方面提出了整改措施，并指出“权衡重轻，则造库归类最为要图，而酌量

① 《沈瑞麟、刘尚清拟订整理故宫办法致大元帅呈》，《中华民国史档案史料汇编》第三辑文化，江苏古籍出版社，1991 年，第 295－298 页。

缓急，则修葺扫除实为先务，至于陈列改良尤为不易之办法。现在管理委员会业经奉令将次成立，所有应行整理各事，自应责成该会兼顾统筹，依次举办”，将整理故宫的责任指明应由故宫博物院管理委员会负责。这份《整理故宫办法》，是北京政府时期中央政府对于故宫博物院切实负责的一份实实在在的答卷，是在深入调查现状的基础上提出的，颇有卓见、甚为难得的一份报告，也是张作霖政府对故宫负责的表现。在北京政府时期历届政权来说，段祺瑞、张作霖两位是对故宫博物院切切实实负起责任的两个时期，是要加以充分肯定的。可以肯定地说，王士珍执掌故宫博物院管理委员会后，是会按照这样的思路来管理故宫并积极改进的。只是由于对故宫博物院管理委员会时期的史料了解甚少，无法对该时期故宫博物院的运作情况作基本的阐述，只能留待今后对院史史料的进一步挖掘了。

五、所谓王士珍保护故宫宝物的努力

报纸有报道，1928 年 3 月 17 日，北京故宫博物院将开会，处分皮衣及珍贵食品。3 月 20 日，国民政府闻王士珍等拟将故宫博物院一部珍玩退还溥仪，甚为震怒，对王等将有严重表示。① 3 月 25 日，古物保管委员会在南京开成立会，电王士珍等慎重保管故宫。② 4 月 3 日，古物保管委员会因王士珍等筹创拍卖故宫古物分润溥仪及张作霖，特电王士珍等提出警告，文曰：“北京故宫博物院王士珍、袁金铠、王式通诸先生鉴：闻尊处分院物还诸溥仪，国宝沉沦，闻者咸愤。诸君职有专负，罪无旁逃，勿自绝弃，以免国诛。大学院古物保管委员会。”③ 这些报道，显然都是出于传闻，也说明故宫在国人心目中的地位，但显然所有关于王士珍要处分故宫物品的种种说法，都是子虚乌有的。1928 年，北伐胜利后，北平故宫接收代表等五人，为了保全故宫博物院，在接待蒋中正等国民政府领袖时，发揭帖，历数故宫建院以来种种，其中

① 《申报》1928 年 3 月 21 日。
② 《申报》1928 年 3 月 28 日。
③ 《申报》1928 年 4 月 4 日。

就说道："十六年十一月，奉方另组管理委员会，强欲接收。所幸委员长王聘聊先生，尚能继续保管。"① 至少还是比较客观的评价。由此也可知王士珍故宫博物院管理委员会的工作是到位的，不存在报纸上所说的种种情事。倒是1928年6月18日《申报》报道《故宫古物曾有遗失》："（北京）故宫宝物张未带走。惟去年江瀚时，宁磁遗失四十七件，官窑全失，柴窑存数件，哥窑少七八件，定窑少十余件，汝窑仅八个盘，未破案。当前年内务部所办警卫长曾偷金佛数件，后下狱，经张作霖特赦案内释放，仍在京。"② 说的不是王士珍故宫博物院管理委员会时期的事，而是江瀚故宫维持会时期的事，只是对此事没有研究，不知事实究竟如何了。

王毓超《北洋人士话沧桑》据李炳之回忆：

在安国军拟将军队全部撤往东北尚未公开之先的前几天，张作霖曾亲到王士珍家中拜望，我适在王处，因我以前曾随曹锟一起见过他，所以也作了一番寒暄，始行回避。事后王士珍对我说，在他俩人谈了一些时局问题后，"张突然问我，故宫的事现在由谁管？清廷遗留下来的那些东西我得带走，不能让蒋介石来了拿去卖给外国人，买枪买炮打我呀"。我说钥匙在我这里，您如需要可以拿去。不过我想大元帅为护法而来，如果那样办，岂不让人家说好像是为了那些东西进关的，恐于盛名有损吧？况且故宫里的东西经过这些年的人事变迁，也没有什么宝贵重要的了，钥匙是在我这里，请您要三思而行。张沉吟了一会儿就说，您老人家的话也有道理，那我就不动它啦。看来张雨亭这个人还知道爱惜名节。③

有人还因此说：王士珍保护故宫宝物的努力，后得到了国民政府的充分肯定。其实，这种说法类似稗官野史，确实是经不起推敲，是没有可信度的。张作霖离京前，1928年5月31日，"王士珍晤张作霖，赞

① 《故宫博物院开放三天接收委员函请维持该院原案》，《申报》1928年7月14日。

② 《故宫古物曾有遗失》，《申报》1928年6月18日。

③ 王毓超：《北洋人士话沧桑》，中国文史出版社，1993年，第183页。

成张收束军事。张甚谓然，但请王赞助北京治安”①。6 月 1 日，“张作霖以出关办法征王士珍意见，王语张主组顾阁过渡”②。6 月 2 日，“张定今夜二时行，军政府移津。张、杨亦决出京，京事完全托王士珍。王允组治安会”③。如果张作霖曾亲到王士珍家中拜望，媒体肯定是要报道的，但现在未见相关报道。故宫宝物从清室善后委员会接管以后，就被赋予了一种特殊的意义，只要是一个理性的统治者，都不会动故宫宝物的心思。李炳之的回忆貌似在情理之中，实际上应该是虚构的。

六、维持京师秩序、协助移交故宫博物院

由于北伐军的节节胜利，张作霖欲保持残余力量，退出京津，返回东三省。5 月 31 日午后 2 时，张作霖招王士珍入府，告以：“战局迫切，何时出关，殊难预计。故若我等撤退时，望仿前年之例，以元老资格当维持治安之冲。”王士珍和张作霖会商出府后，即与熊希龄、汪大燮等元老在总商会开会，决定仿前年成例，在张作霖离京后，组织治安维持会，以维持北京治安，并接洽国民革命军入京事宜。④ 6 月 4 日，京师临时治安维持会成立，王士珍又被公推为治安维持会会长。⑤

6 月 8 日，国民革命军第三集团军和平接收北京，治安维持会任务已毕，6 月 9 日宣告解散。⑥

6 月 11 日，京津卫戍总司令阎锡山入北京，担负国府所赋卫戍京津之责。阎氏感佩京内诸耆老维护地方之贡献，12 日，乃亲自分别拜访王士珍、汪大燮、熊希龄等，面致感谢维持北京治安之意。⑦ 6 月 21

① 《申报》1928 年 6 月 2 日。
② 《申报》1928 年 6 月 2 日。
③ 《奉张今晨二时出走》，《申报》1928 年 6 月 3 日。
④ 《东方社一日北京电》，《申报》1928 年 6 月 3 日。
⑤ 韩信夫、姜克夫主编：《中华民国史大事记》（第五卷），中华书局，2011 年，第 3073 页。《申报》1928 年 6 月 10 日发表治安维持会成立时的通电，但没有注明时间。
⑥ 《中央日报》（上海）1928 年 6 月 11 日，第 1 张，第 3 面。《革命文献》第 21 辑，总第 4007 页。
⑦ 《革命文献》第 21 辑，总第 4013 页。

日晨，蒋总司令访王士珍，称前次维持治安功劳。[①]

6月15日，国民政府委员会开第72次常会，讨论事项：中央执行委员会政治会议函开，本会议一四四次会议，准张委员人杰薛委员笃弼提议称清宫所藏金石书籍、与历史文化有关之器具法物，曾于1924年由李煜瀛易培基诸同志组织委员会，改清室宫殿为故宫博物院，人人观览。现奉军初退，该院负责无人，请特任易培基为故宫博物院院长，并将故宫博物院改为国民政府故宫博物院，直隶国民政府等语，当经议决：派易培基即往北京接收故宫博物院。该院名称及章程应如何修改，交内政部、大学院商议，提会讨论。[②]

6月15日，易培基电请马衡先行负责保管故宫[③]。6月19日，易培基派沈兼士、马衡、萧瑜、余同奎接收故宫[④]。故宫博物院管理委员会就此完成了历史使命，宣告结束。6月28日，北平故宫委员派沈兼士、萧瑜、马衡、余同奎、吴瀛接收清史馆完竣。[⑤]

6月21日，国民党中央政治会议第145次常务会议通过《故宫博物院组织法（草案）》和《故宫博物院理事会条例（草案）》，并任命故宫博物院理事27人。[⑥]

6月29日，国民政府第74次会议讨论通过了国府委员经亨颐提出废除故宫博物院案，将《故宫博物院组织法》《故宫博物院理事会条例》退回中央政治会议再行复议。[⑦] 这样一来，故宫博物院岌岌可危

① 《申报》1928年7月22日。

② 《国府会议纪要》，《申报》1928年6月16日。

③ 《申报》1928年6月16日。

④ 《申报》1928年6月20日。

⑤ 《申报》1928年6月29日。

⑥ 《中央政治会议记》，《申报》1928年6月21日。该文报道6月20日，中央政治会议开第145次会议，决议：《故宫博物院组织法（草案）》通过，送中央执行委员会，交国民政府公布；《故宫博物院理事会条例（草案）》通过，交国民政府公布；任命李煜瀛、易培基、汪精卫、黄郛、鹿钟麟、于右任、蔡元培、江瀚、薛笃弼、庄蕴宽、吴敬恒、谭延闿、李烈钧、张人杰、蒋中正、宋子文、冯玉祥、阎锡山、柯劭忞、何应钦、戴传贤、张继、马福祥、胡汉民、班禅额尔德尼、恩克巴图、赵戴文为故宫博物院理事。但其导语误写为“任定故宫博物院理事二十八人”。因经亨颐要求废除故宫博物院的提案，直到1928年10月5日，南京国民政府公布《故宫博物院组织法》，10月8日公布《故宫博物院理事会条例》，并发国民政府令，任命故宫博物院第一届理事会理事。

⑦ 《经亨颐提议废除故宫博物院》，《申报》1928年6月28日。

了。博物院领导人员积极行动，反对经亨颐的提案，首先由院理事张继以国府大学院古物保管委员会主席的名义，呈文中央政治会议，逐条反驳经亨颐提案①；其次是开放故宫，邀请党政军要人参观，以求得帮助和支持。故宫博物院自接收后，严密封锁，停止参观，顷闻中央方面，以现在党政军各界领袖，群集北平，该接收委员代表等得讯后，即约集院中人员，积极筹备，举行大规模之欢迎会，藉表庆祝，自7月9日起、接续开放三天、每日下午一时在该院绛雪轩备茶点迎候。9日所请者，为蒋介石、冯玉祥、阎锡山、李宗仁四司令，白崇禧、鹿钟麟、李品仙、朱培德、方振武诸将领，暨宋美龄、李德麟、吴稚晖、邵力子、张群、周震麟、田桐、沈尹点、段子均、石敬亭、何其巩诸同志，特别市长何成濬，暨军政机关要人。该院接收委员拟就一种说明，系陈述该院迭被摧残、几经奋斗、幸得继续保管以至今日，并请主持保全故宫博物院原案，万不能与逆产等量齐观各情由，于当场散布。② 中央政治会议第155次会议将经亨颐“动议”和张继“呈文”并案讨论，决议维持原案，并函请国民政府照原案公布③。故宫博物院得以延续。

1930年7月1日，王士珍患肝癌于北京逝世，享年70岁。④

王士珍是北洋军阀中的重要人物，他注重个人的修养，不大喜欢弄权，也不大愿意介入大规模的政争。虽然署理过三个月的国务总理，却多半是出于冯国璋的敦劝，以帮忙为意。其在入民国后行事低调，尽力远离政治漩涡，并为调节军阀间的战争出力颇多，曾两度勇挑维持北京治安重担，足见其悲天悯人的情怀。王士珍掌理故宫博物院的建树我们还不是很清楚，但从故宫接收委员的揭帖中可知做得还是不错的。有待我们继续研究。

---

① 《中央政治会议》，《申报》1928年9月20日。
② 《故宫博物院开放三天接收委员函请维持该院原案》，《申报》1928年7月14日。
③ 《中央政治会议》，《申报》1928年9月25日。
④ 《遗嘱希望和平统一》，《申报》1930年7月2日。

易培基生平新论
——由“出售金器违法案”到“故宫盗宝案”考

易培基是中华民国时期政治、文化领域的名流，经历了辛亥革命、五四运动，是毛泽东在湖南一师时的老师，与毛泽东有较密切的关系，也做过孙中山的私人顾问，做过国民党中央政治会议成员、南京国民政府农矿部部长，为国立北平故宫博物院首任院长。由于“故宫盗宝案”的缘故，最后身败名裂，不为世人所知。后来学界即便有人谈论易培基，往往一鳞半爪，甚至张冠李戴，错误百出。本文尽力爬梳历史史料，力图重新勾画易培基的生平经历，特别对由“出售金器违法案”到“故宫盗宝案”做了一番考述，希望对了解故宫博物院的历史、了解易培基有所帮助。

一、湖南五四新文化运动的健将

易培基（1880～1937年）字寅村，号鹿山，湖南省善化（今长沙市）人。出生于清末官宦之家，其父因得罪上司被罢黜而死。易培基在父去世后，前往武昌为父上诉申冤，时值湖广总督张之洞提倡新学新政，创办湖北方言学堂，易考入该校，毕业后留学日本，加入同盟会，回国后参与辛亥武昌起义。1912年担任中华民国副总统兼湖北都督黎元洪的秘书。1913年7月，孙中山发动“二次革命”，易培基不与依附袁世凯的黎元洪合作，弃职去沪，后回长沙执教。先后任湖南高等师范学堂、长沙师范学校以及湖南省立第一师范等校教员①，曾担任过毛泽

① 长沙市地方志办公室编：《长沙市志·第十六卷》，湖南人民出版社，2002年，第138页。

东所在的一师第八班的课程，教过毛泽东一年半语文，对毛泽东欣赏有加。易在政治上反对袁世凯的反动行径，文字学接近章太炎，经学颇近康有为，故易培基的讲课颇受毛泽东等青年的欢迎，关系亦颇融洽。易培基四弟易白沙曾在《新青年》发表《孔子平议》，是新文化运动中反对尊孔读经的第一人，在当时的思想界具有很大的影响，又著有揭露历代帝王反动、愚昧、荒淫的《帝王春秋》，孙中山为其题写书名。毛泽东在湖南长沙时期的主要活动都与易培基分不开。

1919 年五四运动时期，张敬尧查封《湘江评论》，解散湖南学生联合会。毛泽东领导被封闭而又重新组成的湖南学生联合会，借检查日货，以坚持反日爱国运动，与张敬尧对抗。12 月 2 日，长沙举行第二次焚毁日货示威大会，遭张敬尧武力镇压。4 日，省学生联合会在白沙井枫树亭易培基家开会，决定发动全省学生总罢课，联络省内外力量，正式开展驱逐张敬尧运动。组织驱张请愿代表团，分赴北京、上海、衡阳、常德等地开展请愿和宣传活动。湖南各界“驱张”总部设于周南女校，由何叔衡负责；联络点设于长沙白沙井枫树亭易培基家，推举易培基为绅商学界总代表。随即，毛泽东率驱张代表团离长沙赴北京。驻京“驱张”请愿团团长毛泽东多次写信给在长沙主持“驱张”工作的易培基、何叔衡，请他们亲自去衡阳，主持驻衡“驱张”请愿团工作①。1920 年 2 月 29 日易培基到衡阳，3 月 1 日何叔衡到衡阳，领导驻衡“驱张”请愿团，加强对直系军阀吴佩孚的工作，又前往郴州向谭延闿请愿。这应该是易培基与谭延闿关系的开始。6 月 11 日，张敬尧在各界人民联合驱逐和吴佩孚逼迫下，退出湖南。谭延闿率湘军进入长沙，谭延闿继任督军兼省长，宣布湖南自治。湖南教育界扬眉吐气，呈现一派新气象。为了使被张敬尧摧残的教育事业迅速恢复和发展，教育界名流杨树达等建议成立湖南教育委员会。由于谭延闿的器重，驱张总代表、第一师范国文教员易培基被任为教育委员会委员长。1920 年 7 月，易培基担任第一师范校长。1921 年易又担任了省长公署秘书长、

① 中共湖南省委党史研究室、新民学会成立会旧址管理处主编：《风华正茂的岁月——新民学会纪实》，湖南人民出版社，2008 年，第 94 页。

省立图书馆馆长，这也给他在湖南第一师范推行教育改革提供了一定的方便和条件。

易培基在担任一师校长的三年半内，在进步师生大力支持下，顺应新文化运动的历史潮流，采取了一些革新教育的措施，使一师在这一时期民主空气浓厚，学术思想活泼，呈现一派生气勃勃的景象，取得了显著的成绩，至今仍然被人们所称道。他首先撤换了原有的部分教职员，从北京、上海、杭州、武汉等地，先后延请一批参加过五四运动和受过五四运动影响的新人物，如匡日休、周谷城、熊梦飞、夏丏尊、沈仲九、徐特立、李达、李维汉、陈昌、田汉等到校任职。这些人大胆改革教学内容，废除以灌输封建道德教育为内容的“修身”课，国文也废弃了文言文，改用白话文，教材主要选自当时流行甚广的《新青年》等。教学方法上提倡启发式教育法。同时还延请中外名流，如美国的杜威，英国的罗素，国内的恽代英、章太炎、章士钊、蔡元培、张继等到一师讲学，开阔学生眼界。易培基还废除学监管理制度，组织学生自治会。创新开放女禁，实行男女同校，为抵制社会逆流，将自己女儿易漱平送入一师学习。

易培基改变旧学风，鼓励学生组织各种团体①，开展自由讨论，时一师除毛泽东等人组织的“新民学会”外，还有“马克思主义研究会”“崇新学社”“明社”“〇（阿）社”等各种学术团体。

为了在湖南传播马克思主义，开展新文化运动，毛泽东决定创办一个以推销新书报、介绍新思想为主要任务的新书社。这一设想得到易培基的赞同，易还自愿充当书社发起人，为书社捐资②。易培基等各界有声望人士的参与，使文化书社笼罩上了“合法”的光环。1920 年 8 月 22 日，易培基和毛泽东、何叔衡、姜济寰、方维夏、彭璜等在长沙县署召开俄罗斯研究会筹备会，易培基报告发起该会的宗旨和研究俄罗斯

① 长沙市地方志办公室编：《长沙市志·第十六卷》，湖南人民出版社，2002 年，第 138 页。
② 中国革命博物馆、湖南省博物馆编：《新民学会资料》，人民出版社，1980 年，第 256 页。中共湖南省委党史研究室、新民学会成立会旧址管理处主编：《风华正茂的岁月——新民学会纪实》，湖南人民出版社，2008 年，第 146 - 147 页。

的必要。9 月 15 日俄罗斯研究会在文化书社内成立。

易培基还解聘了原一师附属小学“主事”，聘任从一师毕业不久的他的学生毛泽东担任这一职务，全面主持附小的工作。这使毛泽东找到了一块进行早期革命活动的沃土。毛泽东在附小工作了一年半时间，后兼师范部 22 班国文教员。经过易培基批准，毛泽东聘请何叔衡、谢觉哉等到附小任教。附小学生任弼时、毛泽民、毛泽覃等，后来都成为著名革命家。毛泽东利用一师作根据地，进行共产主义运动。一师成为革命发祥之地。1921 年 8 月中旬，毛泽东参加中国共产党第一次代表大会后回到湖南，继续在一师任教，并继续从事建党工作。中共湘区委员会正式成立后，毛泽东担任书记，才辞去教职，走上了职业革命家的道路。

可以说毛泽东青年时期的一系列活动都和易培基密切相关，但是毛泽东后来几乎不谈易培基了。毛泽东 1936 年在延安与美国记者斯诺谈自己和中国革命历程的时候，曾经偶尔地提到了易培基，当时毛泽东对国民党统治区的一些情形只是有所了解而已，他通过斯诺，知道故宫盗宝案的主犯是萧瑜，而当时故宫博物院的院长是易培基，易也脱不了干系①。萧瑜是毛泽东在湖南一师时的同学，是当年一师的“四杰”之一，毛泽东对于萧瑜和自己走不同的道路是深为惋惜的。毛泽东虽然对故宫盗宝案情况不是很清楚，但知道不是空穴来风，从此以后毛泽东就闭口不谈易培基了。

1920 年 11 月，湖南政局发生变化，湖南陆军第一师师长赵恒惕乘机挤倒谭延闿，随后又逼走临时省长林友宇，登上了省长宝座，夺取驱张胜利果实，炮制省宪，自称省长，表面实行联省自治，骨子里仍是军人专政，残杀裕湘纱厂罢工领袖黄爱、庞人铨于雪地。易培基见赵在湖南倒行逆施，背叛孙中山，斥赵为无革命党人骨气的新军阀。易说：“湖南人真不幸，去了一个张屠夫，又来了个赵屠夫。”赵恒惕深感易培基任校长的第一师范“学风浮薄，士习嚣张，青年学子，多不以学课

① ［美］埃德加·斯诺著，李方准等译：《红星照耀中国》，河北人民出版社，1992 年，第 108 页及注释。

为重，而专为出位之图，每借题滋生事端”①，只是由于易在社会上有名气，在学校有威望，加上赵刚上台，根基不稳，想撤换易培基而未能执行。

1923 年，谭延闿在广州大元帅府任内务部长，得孙中山倚重，令谭回湘讨赵，任谭为湖南省省长兼湘军总司令，进驻衡阳。易培基在长沙秘密进行拥谭倒赵活动，赵视易为眼中钉，令爪牙监视易的行动。1924 年 1 月撤销易培基一师校长职务。易潜往衡阳。不久，陈炯明在广州叛变，孙中山急电谭回师救粤。赵军乘机进驻衡阳，下令捕易，易侥幸逃往广州，就任谭延闿湘军总司令部秘书长。因与谭部副官长岳森等不和，爰被委为谭延闿驻上海的私人代表。值孙中山图谋策动浙江都督卢永祥及奉系军阀张作霖，共同声讨北京直系军阀曹锟，谭延闿推荐易培基为孙中山代表，赴杭州，设办事处于杭州西湖曲园楼，从事联卢拥孙倒直活动。孙中山与段祺瑞、张作霖结成反直联盟后，易被任命为孙中山驻京全权代表，并受广东高师校长邹鲁之托，以孙方代表身份与苏联公使加拉罕谈判庚款分配问题。这就使他与新文化运动策源地北京学界和其他各界人士加强了联系，曾引荐北京著名学者赴广东任教，采购教材和图书至广东大学，还主持了国民党在华北地区的学生运动，接济、帮助过湖南等地学生留法勤工俭学活动，因而与北京大学教授、国民党中央监察委员李煜瀛建立了密切关系。

二、创建故宫博物院

1924 年第二次直奉战争爆发。10 月 23 日，直系将领冯玉祥发动“北京政变”。24 日，直系军阀政府被推翻，总统曹锟被囚禁于南海延庆楼，吴佩孚的势力被逐出北京。北京政变成功后，冯玉祥被推为国民军总司令。当时国民党在北京的领导人黄郛，在冯玉祥的支持下出面组织摄政内阁，黄郛邀请李煜瀛担任教育总长，但李煜瀛作为进德会丙种会员，坚守不作官原则，婉言拒绝，推荐易培基出任教育总长。

① 本书编写组编：《湖南第一师范校史》，上海教育出版社，1983 年，第 149 页。

根据《清室优待条件》，退位后的溥仪依然住在紫禁城保和殿后的“后廷”里，享有“大清皇帝”尊号，沿用宣统年号，享受中华民国对待外国君主之礼遇，有一批遗老旧臣顶戴补服跪拜称臣。溥仪在此接受了很好的满汉文教育，还聘请英人庄士敦做他的英文教师，生活奢华，享受着各种高科技，电灯电话、摄影网球、风琴自行车，溥仪在此从一个儿童成长为青年，并且对西方世界充满了向往。① 冯玉祥认为，1917年张勋复辟，破坏共和，捣乱虽在张逆，祸根实在清廷，不取消清室优待条件，不把逊帝请出宫，今后难免有人再搞复辟，今后共和政体势难安宁。因此，冯玉祥提出驱逐逊帝溥仪出故宫②。11 月 4 日晚，临时执政府摄政内阁会议议决《修正清室优待条件》，并令京畿警卫司令鹿钟麟、京师警察总监张璧负责执行溥仪移出宫禁。③

次日，鹿钟麟、张璧执行任务前，为避嫌，“乃用电话约李先生来天安门，告诉他请他作证的意思。李先生慨然应允，乃同入宫”。清内务府绍英等人和溥仪商议后，同意《修正清室优待条件》，“但迁往颐和园，需要修理，不是仓促所能办到的事，需容其三个月”。后表示“三个月搬家可以改为一个月”，再将一个月减十天，最后说“收拾物件需三天可以完毕，到彼时方才可以搬家”。这时李煜瀛说：“物品不必收拾，有关历史文化之物品，以不搬走为是，因系国宝，不宜归一人一姓，你们今天出去后，只将无职守的太监开去，各宫殿仍旧归原看守人看守，并加封条，以专责成。”④ 当时具体执行的鹿钟麟、张璧，始终注意令溥仪即日出宫，而未想到文物的处置。而李煜瀛长期在法国生活，对法国大革命后兴起的博物馆相当熟悉，才有了这样的插话。李煜瀛的这句话提醒了鹿钟麟他们，除了让溥仪出宫，还要考虑文物的处置。这是初次谈及文物，和后来的故宫博物院有很大的关系。下午 5 点来钟，“溥仪及他的后妃，后面跟随宫女太监多人，最后是绍

① ［英］庄士敦著，惠春琳等译：《紫禁城的黄昏》，紫禁城出版社，2010 年。爱新觉罗·溥仪：《我的前半生》，群众出版社，1964 年。

② 冯玉祥：《我的生活》，上海教育书店，1947 年，第 510 页。［美］薛立敦著，丘权政等译：《冯玉祥的一生》，浙江人民出版社，1988 年，第 183－184 页。

③ 沈亦云：《亦云回忆》，传记文学出版社，1980 年第 2 版，第 201－204 页。

④ 李宗侗撰：《李宗侗自传》，中华书局，2010 年，第 145－153 页。

英等四人，最后面是摄政王，步行由御花园而出"，乘坐国民军司令部为之预备的汽车，前往后海北岸的醇亲王府，永别了清室占据了280年的宫廷。

溥仪出宫当天，摄政内阁开会，专门研究溥仪出宫后的善后问题。

11月7日，发布"大总统令"："修正清室优待条件业经公布施行，著国务院组织善后委员会，会同清室近支人员协同清理公产私产，昭示大公。所有接收各公产，暂责成该委员会妥慎保管。俟全部结束，即将宫禁一律开放，备充国立图书馆、博物馆等项之用，藉彰文化，而垂永远。"①

11月14日，《政府公报》发布《办理清室善后委员会组织条例》②。国务总理聘请李煜瀛为委员会委员长，聘任汪兆铭（由易培基代）、蔡元培（由蒋梦麟代）、鹿钟麟、张璧、范源濂、俞同奎、陈垣、沈兼士、葛文濬、绍英、载润、耆龄、宝熙、罗振玉等十四人为委员。后五人为清室方面指定。另有监察员，有京师警察厅、高等检察厅、北京教育会是法定监察员外，特聘了吴敬恒、张继和庄蕴宽。③ 监察员是委员会名誉的重要保证，也是向各界昭示大公的见证。易培基作为清室善后委员会委员汪精卫的代表，也参与善后委员会的各项工作，并被善后会聘请为按照清室善后委员会组织条例成立的"图书博物馆筹备会"主任。

11月19日，北京8所高等学校的代表召开联席会议，赞成组织善后委员会，并希望成立一完全美满之图书馆、博物馆，由国家直接管理，并邀集各机关参加监视，期在公开保存，俾垂永远。摄政内阁教育总长易培基谈话，表示了顺应民意的态度：余意拟成立一国立图书馆和国立博物馆以保管之，地址即设在清宫中，唯组织须极完善，办法需极严密，以防古物意外损失。11月20日，清室善后委员会筹备就绪，宣告成立，李煜瀛就委员长职。④

---

① 《政府公报》1924年，第3099期，第2-5页。

② 《政府公报》1924年，第3104号，第4-5页。

③ 杨恺龄撰：《民国李石曾先生煜瀛年谱》，台湾商务印书馆，1980年，第43页。

④ 杨恺龄撰：《民国李石曾先生煜瀛年谱》，台湾商务印书馆，1980年，第43页。

溥仪出宫以后，清室遗老旧臣一直鼓噪不休，妄图恢复旧的“清室优待条件”，使溥仪重入故宫。1924 年 11 月 28 日，溥仪之“内务府”致函北京临时政府内务部，声明：“所有摄阁任意修正之五条件，清室依照法理不能认为有效。”并否认清室善后委员会。同日，溥仪函各国公使求援，并对《顺天时报》记者发表谈话称：“此次国民军之行动，以假冒国民之巡警团体，武力强迫余之签字，余决不如外间所传之欣然快诺。”①

1924 年 12 月 6 日，汪精卫、丁惟汾、邵元冲、张继、戴季陶、李煜瀛、孙科、马伯援、焦易堂、王用宾、王法勤共 11 人在天津张园举行会议，讨论北方政局诸问题，主张：清室问题“须依照摄政府修正优待条件，由清室善后委员会继续办理”②。

12 月 20 日，李煜瀛召开善后委员会第一次会议，通过《点查清宫物件规则十八条》，从登记、编号到物品挪动，建立了严格的监督机制和责任制。③ 24 日上午，点查工作正式从乾清宫、坤宁宫开始。虽然清室代表无人到会，但善后委员会还是立即着手点查宫内物品。其他宫殿的点查工作也随着开始了。

清宫物品点查过程中，李煜瀛等人考虑到故宫“关于历史文化者甚巨”，只有把这项“革命事业”渐进为“社会事业”，方不致“受政潮之波动”的影响④。李煜瀛早年“在赴法留学时，在巴黎见到法皇的狼宫，在法国大革命后改成罗浮博物院，也就是狼宫博物院。这引起了他的注意，想回国革命成功后，将清宫改为博物院”⑤。可以说，李煜瀛建立博物院的想法由来已久。11 月 7 日的“大总统令”已指出“将宫禁一律开放，备充国立图书馆、博物馆等项之用”，而善后会就是政府成立的，虽然不占编制，但是经内阁商定聘任、且政府负责相关费用，自然属于政府行为，善后会照章行事，得到现政府的积极支持与配合，

① 韩信夫、姜克夫主编：《中华民国史大事记》（第三卷），中华书局，2011 年，第 2095 页。
② 吴相湘编撰：《孙逸仙先生传》下册，远东图书公司，1982 年，第 1743 页。
③ 《清室善后委员会点查清宫物件规则（十三年十二月二十日议决）》，《故宫物品点查报告》第 1 卷第 1 期，1925 年，第 3 -4 页。
④ 《清室善后委员会宣言》，《申报》1925 年 8 月 17 日（6）。
⑤ 蒋复璁：《李石曾先生与国立故宫博物院》，《大成》，第 85 期。

段祺瑞不仅批准了善后会点查清宫物品，成立故宫博物院实际上也是段祺瑞批准和支持的，吴瀛记载“执政府会同清室善后委员会拟订了开幕典礼主席团名单”①，并确定开院典礼的相关议程。

1925年9月29日，李煜瀛召集清室善后委员会会议，讨论并通过了《故宫博物院临时组织大纲》及《故宫博物院临时董事会章程》《故宫博物院临时理事会章程》，决定成立故宫博物院，不许溥仪复宫，保护国宝安全；规定博物院设“古物”“图书”两馆，采取董事会监督制和理事会管理制，并对董事会、理事会的职权与义务作出了详细的规定②。经郑重遴选，讨论推定了第一届董事及理事名单。严修、卢永祥、蔡元培、熊希龄、张学良、张璧、庄蕴宽、鹿钟麟、许世英、梁士诒、薛笃弼、黄郛、范源濂、胡若愚、吴敬恒、李祖绅、李仲三、汪大燮、王正廷、于右任、李煜瀛等21人为董事，都是政界、军界、学术界的名流，在社会上有着显赫的地位和影响力，有的人（如严修）虽被推为董事，但本人并没有接受③，这可能是临时董事会没有召开，没有推举董事长的一个原因。李煜瀛、黄郛、鹿钟麟、易培基、陈垣、张继、马衡、沈兼士、袁同礼等9人为理事，李煜瀛为理事长。

1925年10月10日下午2时，故宫博物院在乾清宫前举行开幕典礼，庄严宣告故宫博物院成立。朝野各界要人出席了典礼。开院典礼由清室善后委员会监察员、故宫博物院临时董事会董事庄蕴宽担任主席，宣告“故宫博物院”成立。清室善后委员会委员长、故宫博物院董事、理事长李煜瀛首先报告了清室善后委员会工作与故宫博物院筹备情形。次由前摄政内阁总理、故宫博物院董事兼理事黄郛讲话，内中的一段话属对敌视故宫博物院者的严正警告：“今日开院，为双十节，此后是日为国庆与博物院之两层纪念，如有破坏博物院者，即为破坏民国之佳节，吾人宜共保卫之。”执政府外交总长、董事王正廷，京畿警备司令、

---

① 吴瀛：《故宫尘梦录》，紫禁城出版社，2005年，第89页。

② 《清室善后委员会议事录（1925年9月29日）》，故宫博物院档案，jfqggdatsl00003。《清室善后委员会重要会议》，《申报》1925年10月2日。

③ 严仁曾增编，王承礼辑注，张平宇参校：《严修先生自订年谱辑注》，《严修先生年谱》（版权页书名为《严修年谱》），齐鲁书社，1990年，第462页。

董事兼理事鹿钟麟，国民党中央执行委员、董事于右任，以及黄郛时期国务院秘书长、全国水利局总裁袁良等相继发言，阐述建立故宫博物院的深远意义，吁请各界支持。[①] 故宫博物院的创立，是中国文化史上的一个伟大业绩，它将紫禁城这座昔日皇帝居住的禁区，变为人民百姓自由参观的场所，是中国博物馆事业走上正轨的开端，对中国现代博物馆建设事业有着深远的意义。博物馆事业的出现与发展，是时代进步的表现，博物馆是建设现代中国的一个重要方面。1925 年故宫博物院成立时，就仿效西方的管理方法，将故宫博物院法人化，故宫工作规程正规化、现代化，建立董事会、理事会这样的现代组织机构和形式，是这一时期社会向现代化迈进的模范。蒋复璁说："在十六年（1927 年）国民革命军北伐未到达之前，这个故宫博物院象征着革命力量已经到达了北平。"[②] 李煜瀛功在首位。

1925 年，女师大发生学潮。李煜瀛积极参与女师大事件，还将风潮逐渐引向北大，甚至发展成为北京大学与教育部之间的对抗；易培基在女师大学生希望他长校的呼声下最终于 1926 年 1 月 13 日就任校长，从而宣告学潮结束。

1926 年 3 月 18 日，北京群众 2000 余人，徐谦主席，顾孟余演说，在天安门集会抗议，会后游行，到铁狮子胡同段祺瑞执政府国务院门前请愿，要求政府拒绝八国通牒。段祺瑞政府血腥镇压请愿群众，造成三一八惨案，学生在执政府门口被卫队枪杀 47 人，伤 132 人，引起了当时社会的不平。段政府商议处理办法，谓："近年以来，徐谦、李大钊、李石曾、易培基、顾兆熊等，假借共产学说，啸聚群众，屡肇事端。本日由徐谦以共产党执行委员会名义散布传单，率领暴徒数百人闯袭国务院，泼灌火油，抛掷炸弹，手枪木棍，丛击军警。……徐谦等并着京外一体严拿，尽法惩办，用儆效尤。"[③] 实际上李煜瀛和易培基根本不是共产党，而是国民党人。易培基在半月之前还是政府的教育总长。段祺

① 《故宫博物院开幕纪盛》，《兴华》第 22 卷第 41 期，1925 年。

② 蒋复璁：《李石曾先生与国立故宫博物院》，《大成》，第 85 期。

③ 韩信夫、姜克夫主编：《中华民国史大事记》（第四卷），中华书局，2011 年，第 2414－2415 页。孙敦恒、闻海选编：《三一八运动资料》，人民出版社，1984 年，第 69－77 页。

瑞趁着惨案的发生，不顾事实地借共产党之名，想置李煜瀛、易培基二人于死地。李煜瀛、易培基被迫避居东交民巷，暂时不能越雷池一步。以后两人陆续南下。

三、故宫博物院的接收及其存废之争

1927 年 4 月 12 日，蒋介石在上海发动反革命政变，原湖南一师教员匡互生乘机在上海江湾创办劳动大学，邀请李煜瀛、吴稚晖为董事，李煜瀛向国民政府推荐易培基任劳动大学校长。5 月，国民党中央政治会议决定设立劳动大学，任易培基等为筹备委员。9 月，易被推任劳动大学校长。1928 年 1 月 11 日，易培基任国民党中央政治会议委员，2 月 28 日任南京国民政府农矿部部长。

1928 年 6 月 13 日中央政治会议 144 次会议决议，并经 6 月 15 日国民政府委员会第 72 次常会议决：派易培基即往北平接收故宫博物院。该院名称及章程应如何修改，交内政部、大学院商议，提会讨论。

易培基因病一时不能北上，6 月 15 日，易培基电请马衡先行负责保管故宫。6 月 20 日《申报》报道：易培基派沈兼士、马衡、萧瑜、俞同奎接收故宫。故宫博物院管理委员会就此完成了历史使命，宣告结束。6 月 28 日《申报》报道：北平故宫委员派沈兼士、萧瑜、马衡、俞同奎、吴瀛接收清史馆完竣。

6 月 27 日，国民政府第 74 次会议讨论通过了国府委员经亨颐提出的“废除故宫博物院，分别拍卖或移置故宫一切物品”议案，并函请中央政治会议再行复议有关故宫博物院的决定及有关法令。这样一来，故宫博物院岌岌可危了。经亨颐的议案在今天看来确实很“荒唐”，但讨论这件事时，大家一定要与当时的革命形势相联系，不到一个月，7 月 25 日，国民政府任命经亨颐为中央处理逆产委员会主席。

博物院领导人员积极行动，反对经亨颐的提案。当时易培基正生病，遂由李宗侗写了一篇 2000 字的驳议，由国民政府立法院副院长张继以大学院古物保管委员会主席委员的名义，呈请维持故宫博物院组织法原案。其次是开放故宫，邀请党政军要人参观，以求得帮助和支持。

故宫博物院自接收后，严密封锁，停止参观，顷闻中央方面，以现在党政军各界领袖，群集北平，该接收委员代表等得讯后，即约集院中人员，积极筹备，举行大规模之欢迎会，藉表庆祝。自7月9日起，接续开放三天，每日下午1时在绛雪轩备茶点迎候。9日所请者，为蒋介石、冯玉祥、阎锡山、李宗仁四司令，白崇禧、鹿钟麟、李品仙、朱培德、方振武诸将领，暨宋美龄、李德麟、吴稚晖、邵力子、张群、周震麟、田桐、沈尹点、段子均、石敬亭、何其巩诸同志，特别市长何成濬，暨军政机关要人。该院接收委员拟就一种说明，系陈述该院迭被摧残、几经奋斗、幸得继续保管以至今日，并请主持保全故宫博物院原案，万不能与逆产等量齐观各情由，于当场散布。

9月19日，中央政治会议召开第155次会议，易培基出席，会议议决第八项："中执委会函称：故宫博物院组织法业经本会决议送国府公布，旋本会第一四九次常会准经委员亨颐提出废除故宫博物院之动议，经决议函国府暂勿公布，并送请再行审议。大学院古物保管委员会主席张继呈：故宫博物院组织条例前经钧会正式通过，阅报载有经委员亨颐废除故宫博物院、拍卖古物之提案，不胜惶骇，请仍照原议设立专院，以垂久远。又北平临时政治分会电呈，请仍维原案。决议：请中执委会维持原案。"又经9月24日中央政治会议169次中央常务会议讨论议决，函中执会维持原案，请函国府依故宫博物院组织法公布案。决议：函国府，照原案公布。

1928年10月，国民政府先后公布了《故宫博物院组织法》和《故宫博物院理事会组织条例》，明确故宫博物院"直隶于国民政府，掌理故宫及所属各处之建筑古物图书档案之保管开放及传布事宜"。《组织法》为故宫的保管开放及传布提供了最为可靠的保障，《组织法》各条款所确定的各部门的职责范围，基本上适应了博物馆的性质与工作规律，对于故宫及文物、图书、档案的保管、陈列、出版，都起到了有效的保障作用，在故宫博物院的发展历史中有着十分重要的意义。

政府任命了故宫博物院第一届理事会，共27人：李煜瀛、易培基、汪精卫、黄郛、鹿钟麟、于右任、蔡元培、江瀚、薛笃弼、庄蕴宽、吴敬恒、谭延闿、李烈钧、张人杰、蒋中正、宋子文、冯玉祥、阎锡山、柯劭忞、何应钦、戴传贤、张继、马福祥、胡汉民、班禅额尔德尼、恩克巴图、赵戴文。他们都是当时全国政界、军界、财界、宗教界、文化界的著名人士。理事会在南京开会，依照《理事会条例》第二条规定，又推举马衡、沈兼士、俞同奎、陈垣、李宗侗、张学良、胡若愚、熊希龄、张璧、王宠惠等 10 人为理事。公推李煜瀛为理事长，张继为常务理事，易培基为院长。

四、易培基院长任内故宫博物院的发展

1929 年 2 月，国民政府任命易培基为故宫博物院院长。博物院的下属机构，业务方面为古物、图书、文献三馆，事务方面设总务与秘书两处。1929 年 3 月 1 日，国府第 22 次国务会议决议，派易培基兼北平故宫博物院古物馆长、张继兼文献馆长、庄蕴宽兼图书馆长、马衡为古物馆副馆长、沈兼士为文献馆副馆长、袁同礼为图书馆副馆长。3 月 17 日，张继、马衡、沈兼士、袁同礼到故宫任职。4 月 11 日，总务处俞同奎处长就职。当时，易培基仍在南京农矿部，身兼三要职，没有到北平故宫博物院上班。

1930 年 9 月 24 日，易培基免去劳动大学校长兼职。12 月 4 日，农矿、工商两部合并为实业部，由孔祥熙担任部长。免去易培基农矿部部长，改任北平师范大学校长（1931 年 2 月 7 日免）。1931 年 3 月 18 日，易培基到北平，专办故宫博物院事，开始视故宫博物院为自己的终身事业。易为三一八关系者，故特于是日到平。1931 年 5 月 26 日，行政院定李宗侗为北平故宫博物院秘书长。易培基来到故宫，同秘书处、总务处的同仁在一起办公，全院同仁齐心协力，奋发工作，使故宫博物院的各项业务均获很大发展，故宫博物院进入了第一个发展时期。

（一）完成点查工作

1924 年溥仪出宫后成立的善后会，主要进行的工作是物品点查，登记造册。1925 年 10 月建院时未及清点的部分，原拟建院后继续进行，但自进入 1926 年，北京政局多变，故宫人事几经改组，以致点查工作时作时辍，一直未能竣事。

国立北平故宫博物院成立后，按《故宫博物院组织法》组成的古物馆、文献馆、图书馆及秘书处、总务处陆续开始工作后，才由秘书处联合各馆处人员，从 1929 年 3 月 4 日起，每天分两组或四组，继续清点尚未查到的清宫物品。

宫内物品，从 5 月起到 8 月止，先后点查完颐和轩东间的玉器、铜器，皇极殿的瓷器，盆库的瓷花盆。

宫外物品，从 9 月起开始点查，到 1930 年 3 月，先后点清了大高殿的瓷花盆、实录大库东库的起居注、西库的折档、銮仪卫和帘子库的物品。

点查清宫物品工作完成之后，随即制定了提取库藏文物制度。过去各部门提取库藏物品陈列或整理研究时，一般由馆处自行派员进库提取，制度不严，手续简单，往往出差错。新订制度，手续上虽稍繁，但责任清楚，便于事后稽考，从此成为院里各馆处一律遵行的制度。

古物、文献、图书三馆按照故宫博物院组织法规定的职掌范围都做了大量工作。

古物馆将藏品作了分类编目。清室善后委员会在清点各殿室藏品时，虽然进行了登记，但未做细致的分类。从此时开始，古物馆就一直坚持分类编目工作。此外还拓了一些文物图片、凹形拓片及铭文拓片，主要有散氏盘、大鼎、锡贝鼎、新嘉量、大舟卣、季姜匜、颂鼎、杞卣、芮公敦、父庚盉、服尊等几十种。

图书馆设立了善本书库，经部和史部书库，殿本书库，满蒙藏文书库，观海堂藏书书库；资政院藏书、聚珍版书籍、方志及普通图书，分类藏贮。从各殿集中过来的图书，同时做了版本审查、鉴定及编目工作。

文献馆在 1929 年底以前，陆续整理完军机处、南三所、内务府档案及文字狱史料。从宫内外其他各处接收过来的档案文书、实录也从次年起分类整理编目。

故宫博物院从社会上延请了大批的专家学者，成立各种专门的审查委员会，开始从文物的品质、名称、时代、真伪等方面对故宫的收藏进行系统的审核与鉴定，将分散在各个宫殿的文物集中存放，逐步建立起了严格周密的文物保管制度。

（二）展览开放

对外开放展览是国家博物馆的基本职能，故宫博物院开始进行有计划的陈列，宫内建筑修缮并增辟了大量的专门陈列室，各类展览日见丰富，开放参观大体仍沿用过去办法，分三路轮流开放，每周每路开放二天，每周二休息。之所以这样安排，主要是因为参观范围扩大，新增了一些陈列室，而院里职工及军警数量有限，无法照顾全院同时开放。

三条参观路线的陈列室布置是：

中路：包括后三宫（乾清宫、交泰殿、坤宁宫）、各殿两庑、神武门城楼。后三宫展出宫廷原状。各殿两庑及日精、月华两门南北两侧房屋作展览室。两庑展室规模较小，采用展品交替的方式展出，这里陈列过的展品有：清代名画、雕刻、文房四宝、陈设、郎世宁绘画作品、珐琅、法器、烟壶、如意、朝珠、碑帖、雕嵌、扇子、象牙、花盆、织绣、兵器、图书、药材等。神武门城楼，作銮驾仪仗陈列室。中路比以前更多地开设了专项陈列室，交替轮换，每周定星期日、四开放。

西路：包括西六宫、养心殿等清代帝后住所，均保存宫内陈设原状。慈宁花园经修葺也归入西路参观路线，同时开放。西路的藏品陈列室有咸福宫展出的乾隆皇帝御赏物品，抚辰殿和建福宫展出的木器家具，寿安宫展出的刻本佛经、清初画佛像、殿本书稿。每星期一、五开放。

东路：包括东六宫、斋宫、皇极殿、宁寿宫、养性殿、乐寿堂、颐和轩等。钟粹宫前后殿陈列宋、元、明书画，景阳宫及后院御书房陈列宋、元、明瓷器，承乾宫陈列清代瓷器，永和宫及后殿同顺斋陈列钟表，景仁宫陈列铜器，斋宫陈列玉器，皇极殿陈列历代名臣像、光绪大婚图，宁寿宫陈列乾隆南巡图、乾隆行乐图，阅是楼陈列戏衣、剧本，养性殿陈列奏折、档案、图书及金梁等复辟文件，乐寿堂为西太后陈列专室，同时陈列钱币、腰牌，颐和轩陈列盔甲、服饰。每星期三、六开放。

1930 年 5 月，神武门城楼及北侧城墙开放，御花园绛雪轩前花坛上的名花太平花盛开，又新辟了一些陈列室。故宫博物院于当月 20 日在御花园举办游园会，招待中西来宾。同年双十节为庆祝建院5周年，三路同时开放3天，并开始出售紫禁城环游券；招待中外专家学者观赏座谈。故宫博物院在发展的同时不断探索尝试多样化的开放形式，在有重要陈列展出时，都发请柬邀请专家学者及各界来宾参观，以期更好地实现服务公众的目的。

（三）文献整理出版

故宫博物院成立后的几年，古物、图书和文献三馆分别对古物、典籍和档案进行清点整理，并开辟展室，举办各种陈列。由于有了整理、研究的基础，编辑出版工作得以同时发展。设立了照相室与印刷所，拍摄、印刷出版了各种定期或者不定期的出版物，出版了大量的墨迹、画集、珍善本书目，以及各种档案史料汇编。

《故宫周刊》是国立北平故宫博物院成立后创办的第一份报纸，1929年10月10日发行第1期，至1936年4月一共出510期。每期4开4版，道林纸印刷，图文并重。其他《故宫月刊》《文献丛编》《史料旬刊》《故宫书画集》等刊物，都以刊发各类资料为己任，每期汇集数篇文献，内容具有原始性和新颖性，对博物馆界、学界及整个社会影响很大，居于早期刊物的主流地位。

文献馆整理档案文献，并公布出版发行了《清宣统朝中日交涉史料》《内阁大库残本书影》《文献丛编》《清代文字狱档》《清代外交史料》《太平天国文件》等。

图书馆印行了《故宫所藏殿本书目》《故宫殿本书库现存目》《清乾隆内府舆图》《故宫方志目》《影印善本书影》《影印明史本纪》《影印天禄琳琅丛书》，以及各种单行罕见书籍多种。

（四）古建管理维修

故宫的古建筑在清朝被推翻以后，大都未曾修缮，仅溥仪出宫前所用房屋尚属完好。建院初期虽进行一些整修，限于经费，也只是把开放路线上的主要建筑略加修葺、粉饰，大部分建筑未能顾及，大量的古建筑由于年久失修，存在不同程度的损坏，于是把古建维修列为一项重点工作。

当时维修费用利用社会捐款进行筹集。1928年7月9日，蒋介石与宋美龄到故宫参观，接收委员代表俞同奎、吴瀛陪同参观，两人趁机向蒋介石说出故宫古建筑须修葺抢救，而缺少资金的情况。蒋介石当时写了一条手谕，答应捐款6万元，作为抢修古建专款，令到国民党驻北平总司令行营领取。这是故宫博物院收到的第一笔捐款。此后，来故宫博物院参观的军政要人、各国公使、外宾等日益增多，也有不少捐款，供古建维修之用。德国公使、德国人 Davis 等都曾捐过款。

有了这些捐款，加上后来处理故宫物品、门票及发行《故宫周刊》等印刷品的收入，陆续修好一批急需修葺的殿顶、栏杆、宫墙，把院内外杂乱灰棚破屋进行了清理。其中工程量较大、用钱较多、全部翻建、油饰一新的有景仁宫、景阳宫、承乾宫。经过大修的有慈宁花园中的咸若馆、临溪亭、宝相楼、吉云楼、慈荫楼；御花园内的延晖阁、御景亭；宁寿宫区的乐寿堂、颐和轩、畅音阁、符望阁；西六宫的咸福宫；英华殿和英华门；神武门门楼，东、西、南三面城台马道及南面两角楼。景山上的五座亭子和山麓南坡上的绮望楼也进行了油饰，并将东侧山脚到西山脚的山道改砌成砖路。景山南门与神武门之间，原来只有一条东西向窄道，1929 年后，由故宫博物院与北平市政府工务局合作，把护城河北岸的一排房拆掉，展宽了马路。

易培基院长时期，故宫博物院还成立了消防队与警卫队，加强了博物院的管理。1930 年 10 月，提出“完整故宫保管计划”议案，古物陈列所与故宫博物院合并，将中华门以北各宫殿，直至景山、太庙、皇史宬、堂子、大高殿一并归入故宫博物院。该议案经国民政府行政院第 91 次会议核准，内政部通知了古物陈列所，并派廉泉委员协同钱桐主任会同各方办理接收点验事宜。由于爆发“九·一八”事变，时局不宁，合并未能实现。

五、故宫文物南迁

1931 年“九一八”事变，1932 年“一二八”淞沪之役，国难日深。故宫博物院为谋文物的安全，动议转移储存。经国民政府行政院核准，即积极整理文物，准备装箱。

1932 年 8 月 8 日，湖南石门市市民多奇云致函故宫博物院，称日本军队如果继续南下，北平就可能成为战场，建议故宫博物院未雨绸缪，采取措施，把文物运到安全地方。

但是，北平市民对于故宫古物南迁却是强烈反对。北平市的自治区、商会、工联会、工农会等团体共同组成“北平市民众保护故宫古物协会”，专事反对古物南迁。北京大学文学院院长胡适，故宫博物院代理理事长江瀚，“旅津名流”华世奎、王人文、齐燮元、孙传芳、汤芗铭等 29 人，故宫博物院全体职工会也全都反对古物南迁。反对的意见称：日人虽蛮横，亦不敢违反国际公例，破坏文化古物。如谓古物南迁系为保全之计，然则如上海如南京果真安全吗？如有抵抗之具体办法，则随处均无危险。值此外患紧张、人心惶恐之时，政府正宜安定人心，为土地人民谋安全，不应先运走古物。而且古物数量极巨，迁移颇非易事，一经迁移多少要受损失，责任谁负？古物一散不可复合，为免散失，坚决反对故宫文物运往他地保管。他们还建议在故宫择地建筑极坚固的地库以资保存，民众愿担负一部分费用。江瀚、刘复、徐炳昶、马衡等三十多位北平文教界人士认为，北平各文化机关所藏的许多珍贵文物是“表扬国光，寄附着国家命脉、国民精神的”，“是断断不可以牺牲的”。他们上书国民政府，建议从北平撤出军备，使其成为一个不设防的文化区域。

政府方面以为，平津可能会成为战场，古物一旦遭受毁损就永远消失，没有为求安抚人心，而任文化结晶毁灭的道理。敌人入侵，失掉土地还有收复的可能，唯有文物留在原地不动，只有受毁损的危险。民众留在北平可以协助政府抵御日寇，文物留在北平只有被掠夺和毁灭的可能。国亡还有复国之日，文化一亡，将永无补救！因而坚持原案，1932 年 8 月 23 日，北平故宫博物院停止办公，积极整理古物，拟装箱存库。易培基因奉电召，日内赴京商故宫古物问题。故宫古物南迁才开始进入议题。现在主流观点认为故宫出售物品是为文物南迁解决经费问题，1931 年怎会预料到 1932 年 8 月才因时产生之举，何况南迁经费自有政府负担，故宫处分物品实与文物南迁毫无关系。

1933 年 1 月，日军进扰华北，攻陷榆关，平津十分危急。故宫博物院各馆处因而加速文物装箱工作。定 1933 年 1 月 31 日起运，国民政府行政院并指令北平市政府及交通运输部门全力协助故宫运出古物。故宫文物南运因车辆不够分配和受到阻挠，延至 2 月 6 日才正式起运。之后，又经过约四个月时间，到 5 月 15 日，共运出五批文物到上海，共计19 557箱（其中第二批开始加入了古物陈列所、颐和园和国子监的文物6 066箱），贮藏在上海天主堂街和四川路法租界和英租界的仓库里。这是易培基在院长任上所做的又一件大事。故宫博物院感于典藏责任十分重大，乃会同上海其他单位，成立临时监察委员会，办理南运文物的监察事项。

故宫文物南迁是故宫博物院在特殊时期、艰苦环境中，以保护文物为职志，忠于职守，慎微戒惧、悉力保护的举措。南迁使故宫文物与中华民族的命运连在了一起，与民族独立、民族尊严连在了一起，培育和形成了故宫人“视国宝为生命”的典守精神。强烈的责任感、神圣的使命感，使建院以来逐渐建立的典守精神，在文物南迁中不断强化。

六、弹劾易培基出售金器违法案

故宫博物院在 1927 年维持会期间，就曾决定处理一批与历史文化无关的物品，用来弥补院里开支。因张作霖军政府下令缓办，没有实现。政府还派人侦缉故宫。

易培基出任院长后，又旧事重提。1929 年 4 月 10 日，故宫博物院在京开第二次理事会，议决：（一）通过故宫博物院处分无关文化历史之皮货、药材、食品、绸缎等物，及宫门外破屋材料；本院旧藏无关历史文化等物，处分得款，充作基金，以为建设之用。临时监察委员会规则。（二）处分物品移至一处点验登记后，公开展览两星期，再行布告标卖。具文呈请行政院鉴核准予备案。5 月 6 日行政院 144 号指令照准，交院执行。

但当时故宫忙于其他事务，没有着手办理。到 1931 年易培基来院后，才着手实施，组织处分物品临时监察委员会，6 月 7 日召开第一次会议，议决原则数项：

（一）处分物品，必遵理事会议决呈准原案，限与文史无关。

（二）处分物品售得价款，悉数充为基金，专作修建及印刷流传之需，不作别用。

（三）处分物品办法，暂定为投标、拍卖两种。其零售、公卖，视情形再定。

本院照议决案，凡关合于处分之物品，分批提出，分别编号造册，集中整理，由监察委员会审查，确系无关文化历史、且不能永久保存之物，然后分别售卖，或仍旧保存。计所处分物品为茶叶、药材、皮货、鼻烟、绸缎、火腿、残废金器、海菜、化妆品、蜂蜜等。当年 11 月开始公卖、零售，每星期日在故宫发售室进行。

故宫事大，稍有举措，外界就有强烈反应，故宫博物院出售古物问题，自然会惹起社会间严重注意。1931 年 11 月 29 日《申报》报道："故宫标卖各物价值三十万元，北平各团体呈行政院，主请悉数移助马占山部。"

就是在这样的社会背景下，故宫还是沿着既定的处分物品的道路往下走。

其残废金质器皿一批，于 1932 年 6 月 29 日召集第十四次监察委员会议，由各委员亲赴延禧宫库房查视该项残废金器，认为均属咸丰以后残废器皿，确是无关文化，决议准予处分。其稍有雕刻，或年号在咸丰以前者，概行剔去，不予处分。博物院旋即根据监委会决议，整理编号，分为数标。于 7 月 23 日第一次招标，开标结果，因各商所投成数太低，仅售出三标，得价 76 905 元 2 角 4 分。其余各标，复于 29 日第二次招标，开标结果，售出六标，得价 212 208 元 1 角 7 分。所余又复分成九标，于 8 月 12 日第三次招标，开标结果，全数售出，得价 99 027元 1 角 3 分。三次开标，均有地方法院检察处及北平市府监委到会在场监察，得标各商亦于当日经守门保安队检查后将各标领去，三次共得款 388 140 元 5 角 4 分，每次售物所得价款，随存银行，开立基金专户，备用于建设事业、宣扬流传事业及一切扩充事业，绝不得用于办公用费及薪金。

三次处分物品，导致了易培基被控盗卖国宝。

北平故宫博物院长易培基被人在北平政委会控告，有盗取古物嫌疑一案。1932 年 8 月 23 日，北平政委会例会，议题（四）市民控故宫博物院盗卖古物，易培基当场否认，并加解释。决派张继、张群、于学忠、蒋伯诚、宋哲元、庞炳勋、秦绍文等切实调查。易培基亦向政委会报告拍卖零物情形：前拍卖之草叶药品皮毛物，总计卖出 60 万元，存农工银行，备修理故宫一切建筑用。《华字报》谓北平政委会会议时、议将故宫某种易毁之物，如丝茶皮货等，售得现金以充保护该博物院经费云。中委张继由平来京，于 8 月 29 日中政会席间有所报告。谓因暴日虎视，平津形势严重。故宫所存古物，均系国粹中宝贵之品，为妥慎保存不致散失计，故特制库箱，悉藏于内，以期安全。乃北平人民竟疑期为从中窃盗，并有将运往他处之谣，不免误会。张继此解释不是太妥，回避了故宫的售卖物品之事，将人们的怀疑归因于故宫将物品装箱。

北平政委会推定之故宫视察委员会 8 月 31 日上午开会。易培基因赴京，派故宫博物院理事余星枢代表出席。某委质问故宫金器有私行出售事，余答：所售金器，现共售得 31 万元，皆系不关文化者，系理事会决定，并呈准中央，平津当局均悉此事云。于学忠、王树常均称事前毫无闻知。各委员当时请该代表将以上所述签字，该代表表示不能负责签字，全场大哗，竟有质询其既为故宫理事，且为院长代表，何能对所言不负责任？该代表当要求退席，未允。最后各委决定：（一）请政委会令故宫博物院即日停止拍卖各项古物；（二）令故宫博物院将该院理事会名单、议决出售古物历次开会纪录、呈报中央及中央批准之各项文电，以及出售古物之账目等，呈报北平政委会，于下星期二日（六日）政委会列会中讨论；（三）即日赴故宫视察。因时间不及，改明后日（即九月一二日）前往。

易培基因被控有盗窃北平故宫博物院古物之嫌疑，8 月 31 日由平抵京，即赴中央党部，于中政会开会时，列席报告经过详情，并加以解释。暨对于移地保管问题有所商讨。易培基语往访者：故宫古物均有点查报告可考，决无短少，此次于时局不靖，择要移入库房保藏，致启外间误会，实则故宫门禁极严，而保管人员亦多学术专家，外间所传，均为事实上绝对不可能者。本人此来，系报告各种情况，并计议妥慎保存方法，至今后如何办理，悉听中央主持云。

9月1日，上海各大学教授抗日救国会致电北平教育界，请就近调查出卖故宫古物真相，并致电故宫博物院院长易培基请宣布真相。9月4日，易培基函复上海各大学教授会，否认处分古物，谓处理故宫物品，系遵照政府命令办理，“确系无关文化历史，且不能永久保存之物，院中有案可查，并无丝毫古物”。可见，这样的反应远在张继、崔振华控告易培基舞弊案之前，而且反响那么强烈，只是没有上升到法律高度而已。

9月1日，顾颉刚、陈寅恪、洪业、吴其昌等为反对故宫博物院古物迁移抵押，特上书党国要人，要求允许全国合法团体、随时有调查实存古物之权。故宫博物院为处分金器疑问及传闻抵押古物事，9月6日发表声明书，并答清华教授洪业、陈寅恪、顾颉刚、吴其昌诸人，历述保存古物之苦心，迁移抵押说尽属无稽。

9月8日报载，迩来国内对于北平故宫博物院处理金器等古物每多谣传，该院院长易培基经一再声明该馆古物保护严密，绝无变卖情事，即处分金器亦奉有行政院明令，并会同北平各机关组织临时监察委员会逐件审查云云。

9月8日，于学忠对故宫关于售卖金属器皿之声明，函各报声述云：该院函聘敝人为顾问，当经函辞。旋该院函聘为监委，认为普通应酬文武机关作用，搁置未理。所谓临时监委会召集会议至十四次之多，鄙人从未一次到会。此次处分金器，既未亲往，亦无代表前去。该院既报据监委会决议，当有该院监察会决议录、签名可证。鄙人将去任，不得不将经过事实披露以明责任云。

此时，监察院行动了。监察院是南京国民政府遵照孙中山“权能分治”“五权分立”遗愿成立的，为国民政府最高监察机关，依法行使弹劾权、审计权，可以弹劾总统、副总统，中央及地方公务人员。于右任院长表示：“一个蚊虫，一个苍蝇，一个老虎，只要他有害于人，监察院都给他以平等待遇，并不是专打掉小的，而忘了大的，也不是专管大的而不管小的。”1931年弹劾外交部部长王正廷，1932年弹劾行政院院长汪精卫，1932 年、1933 年弹劾东北边防司令张学良，1933 年弹劾鲁涤平、熊式辉、张难先、汤玉麟、顾祝同、金树仁 6 名省主席，1934 年弹劾铁道部部长顾孟余，可以说是无官不敢弹。

监察院以北平故宫古物院盗卖古器案真相不甚明了，10 月即派监察委员周利生、高鲁到北平调查其事。周利生、高鲁于 11 月 1 日来平，彻查故宫博物院出售古物，负两使命：（一）故宫变卖物品手续是否合法？（二）变卖时是否舞弊？倘不合法，或舞弊，即实施弹劾；否则亦将调查事实真相，公布社会，以释群疑，并征询各方意见，向中央建议保管古物妥善办法。

监委高鲁、周利生来平调查故宫出售物品案，历时三星期（从自然日期算应是四周），因本案头绪纷繁，故分内外两部进行。内部调查，即调阅各种关系文件，举凡理事会及监委会决议案、该院售卖物品时呈行政院文及行政院批文、售卖各种物品及金器之账目等，或提现原卷，或择要抄录，携呈监察院。关于该院售物手续环节，已全然彻查清楚。关于现存古物之数目一节，因古物数类浩繁，无法一一查点，已用抽查方法查毕。惟关于现存古物真伪问题，因审查真伪事涉专门，本人等无法进行，故未入手审察。关于外部调查，已分向该院监委、平津卫戍部、平市政府及北平地方法院接洽，唯卫戍部方面，故宫虽认于孝侯（学忠）为该院监委，但于氏本人力加否认。另对该院各理事及政委会委员刘哲、王树翰等晤谈，并向曾收卖该院物品之古玩商金店等一一调查，均有相当结果。总括此次调查结果：（一）该院售物手续多有欠缺；（二）外间种种传言鲜能举出证据。

监委周利生以故宫此次出卖金器于法律情理均有未合，特向监察院提出弹劾。经萧萱、于洪起、高一涵三委审查通过，业由监察院呈请国府将故宫博物院院长易培基移付惩戒弹劾。弹劾文 1933 年 1 月 31 日公布。弹劾中说：

关于盗卖古物一层，虽未查有确切证据，而出售金器一项，殊有违背法令之嫌。

我们无须讨论弹劾中所说的“违法”问题，处分清宫物品不按规则行事，易培基已经犯了程序性原则错误，留下了图利渎职为人攻击的靶子。舆论哗然，国内外对此都十分关注，易培基遂决定提出申辩，要澄清真相。

易培基1933年2月5日在报纸上发表文章，指出周利生、高鲁报告书中既于第一节证明保管限制之极为严密、盗卖掉换之断定不确，第二节下段证明处分款项外传移作薪资之尚无其事，第三节盛称院务于经费困难之秋，工作努力，事业进展，并推崇当局领导得力之功，则已于外周浮议主要之点业已去灵雾而见青天矣。乃又于第二第三两节后段指摘多点，则类皆不明事理、有意周纳之谈，甚至涉及培基个人自由，错综矛盾，尤足疑骇。以培基个人而言，内省不疚，原可置诸不议不论之列，而故宫博物院地位实为中外所瞩目，年来国际人士捐款修建、努力协助者日多，其重视且胜于国人，此而不辩，诚恐有伤政府用人之明，致随国内外信用而影响本院事业前途者甚巨。对报告书中所云处分金器未经议决及私造账目、嗜好古董等六点均有声辩。

3月26日，易培基应政务官惩戒委员会函促提出书面申辩，寄出了申辩书，指责周利生等的弹劾“多违反事实”“原弹劾理由绝无立足之点”“所弹劾各节，实属故入人罪，毫无意义”。

5月，南京最高法院派检察官来平调查故宫博物院长易培基舞弊案。

6月22日，易培基辞故宫博物院长职，中央仍慰留中，现该院长事务由江瀚代行。7月15日，故宫博物院理事会议，院长易培基因病辞职照准，并去电慰问，请安心疗养，并以理事兼古物馆长马衡代理。

最高法院调查易培基舞弊案已有相当证据。而易培基自故宫古物第一批运往上海后不久即南下，在京沪一带会商古物保存办法。现易因辞职留沪，平地方法院因办理进行诉讼困难，7月3日由最高法院电令调该项案卷至南京地方法院解决，对易决严格惩办。故宫博物院院长易培基舞弊案经最高法院指定宁地方法院审理后，该院即掣发传票、饬传有关系之易培基、李宗侗、俞同奎等七人到案，而易等匿避。不出庭就意味自动放弃申辩，错失了自清的机会，客观上给外界以理屈心亏、做贼心虚的印象。避匿不出庭遭通缉是自掘坟墓。

《申报》1933 年 8 月 20 日发表张继谈话：故宫舞弊案正由法院侦察办理中，马衡二三日内来平接收。故宫基金账上虽存九十余万元，但已经易培基支剩七万元（此事未见核实）。该款原为发展故宫用，易竟任意挪用，殊属不对。中国古物存沪租界，赖外人保护，予认为奇耻大辱，为亡国之兆。

1933 年 10 月 17 日，易培基具呈国民党中央监察委员会、行政院院长、司法行政部长，反诉张继夫人崔振华与最高法院检察署检察长郑烈通同舞弊，“假借司法独立之权威，朋比勾串，贿买人证，蓄意构陷”，他说，在这种情况下面，他势难应审，也无法处理政务，因此提出辞职。他要求若请政府将郑烈亦暂时解职，能与崔振华同至地院对质者，培基必立时遵传到案。10 月 21 日，易培基再呈行政院、司法行政部，请依法罢免郑职归案讯办。

易培基又连续于 10 月 19 日、20 日、23 日及 11 月 22 日、23 日在报上刊登启事或者发表文章，斥责郑氏。他还编印了一册《故宫讼案写真》来散发。但是他的种种努力犹如石沉大海，并没有得到反应。

12 月 5 日，京监院弹劾易培基案，由何辑五、杨千里等审查，已通过监院，即呈国府，送惩戒委员会。

故宫舞弊案自提起公诉，易培基避不到案。最高法院经屡次传讯及发出拘票，易均避匿不见。最高法院检察署以易培基屡传不到，特依刑事诉讼法规定，1933 年 12 月 31 日训令各省高法院首席检察官，转饬所属一体严缉，务获归案。1934 年 2 月 1 日，以与故宫舞弊案有嫌疑，通缉李宗侗。

七、“故宫盗宝案”

1934 年 10 月 13 日，哄传全国之故宫盗宝舞弊案由江宁地方法院检察官孙伟对易培基、李宗侗、陈郁、萧瑜、崔燮邦、晏怀远、秦汉功、董琳、张淅等 9 人提起公诉，起诉重点在盗卖古物。犯罪的事实列了 6 个部分，指责易培基、李宗侗调换珠宝，侵占入己，自 1929 年起，“陆续将保管之珠宝部分盗取真珠1 319粒、宝石 526 颗，以假珠调换真珠者9 606颗，以假宝石调换真宝石3 251颗，其余将原件内拆去珠宝配件者1 496处……为数甚巨，均一律占为己有……”；其余起诉的罪状，除了指控易培基多次在报刊登启事“妨害公务”以及“破坏名誉”之外，还有三款是牵连易培基在农矿部长任内侵占公款的罪嫌。

11 月 29 日，易培基案开审。案件已成为“故宫盗宝案”。当天开审的是尹起文控告易培基、秦汉功等毁谤名誉案。尹称最高法院侦查故宫舞弊案时，本人因系故宫博物院职员之一，曾具实言答后，因是触怒易等，即串通秦汉功等，散布文字，毁谤本人。请庭长依法办理，保障个人名誉，维护国家法律。毁谤名誉罪待传到被告再行审判。旋庭长以尹起文乃故宫舞弊案中证人之一、爰特附带询问。易没有到庭，失去了说明真相的机会，也失去了民众对他的信心。自动放弃申辩客观上给外界以心亏理屈的印象，各报纸均登载了易未出庭的消息。人们纷纷推测，看来易确有把柄，无颜以对法庭。

关于盗换故宫古物案提起公诉后，行政院二次例会，作出决议，委主管机关从严彻查处办。监察院全体委员以古物关系国家文化重大，特联名签呈于右任院长，提交中央政治会议讨论。国民党中央政治会议议决：盗窃及偷运故宫古物案，交该管机关严厉究办。

中央以易培基等盗换故宫珠宝实属不法已极，爰令主管机关严查法办。经行政院令饬中央古物保管委员会查办后，该会除对马赛盗运古物部分另案呈请核示外，12 月 14 日特将查办故宫盗换珠宝案之经过情形呈报行政院，请呈国府责成司法机关依法办理，以维护国家威信。易培基抗不到案请依法严办。

法院通缉易培基、李宗侗，易、李匿避上海租界，报纸上宣传“易、李已畏罪逃往外国，农业部次长萧瑜代易培基盗运宝物往法国，在马赛被法国海关查出扣留”等新闻，从而“故宫盗宝案”哄动全国，成为街谈巷议的话题。起诉书的全文在 11 月 4 日国内各大报纸上都发表出来，当时在国内外引起了强烈反响，报纸也作了大量的报道。当时起诉期间，主要关系人易培基、李宗侗一直分别住在上海的法租界，所以他们都无法到厅受审，也没有通缉到他们。易培基在北平、南京、上海的其他住所都被查封，财产也被没收，只有两名故宫博物院的小职员萧襄沛、刘光锷无处可躲，受到法院拘讯，确认萧、刘犯有侵占毁损罪，处萧徒刑一年四月、刘徒刑八月。易培基在农矿部长任时侵占公款案牵涉农矿部次长、现任实业部参事陈郁，经法院数次调查，认陈郁犯罪嫌疑不能成立，宣告无罪。

1937 年 9 月 30 日，江宁地方法院检察官叶峨又对易培基、李宗侗、吴瀛三人提起公诉。这次起诉的重点是书画、铜器方面的问题。法院请画家黄宾虹来鉴定书画，把黄宾虹认定是赝品、伪作的文物全部都作为易培基盗宝的罪证封存了起来，在上海方面封了 11 箱书画和文物，北平方面，把认为有疑问的铜器以及书画装了 51 箱，封存在延禧宫库房以及太庙等处。在起诉书中，指控易培基以赝品换掉的书画多达 594 件，铜器 218 件，铜佛 101 尊，玉佛 1 尊。检察官认定的依据是：清宫古物，乾隆及以后多已品定，不应再有赝品；况且清室善后委员会成立后，请专家点查鉴定过，更不应有伪作。如果现存古物当中有赝品以及伪作，就是后来故宫博物院主管文物的人以假易真；如果数量上有短缺，就是被主管人盗走了。那么兼任古物馆馆长的就是故宫博物院的院长易培基。所以认为易培基“犯罪嫌疑实为重大”，但是他也没有证实易培基盗卖、盗换文物的真凭实据。

这次起诉不久，上海抗日战争败势已定，南京告急，国民政府各机关纷纷西迁武汉或重庆，司法行政部门已顾不上审理这个案子了。

八、余论

避匿不出庭遭通缉后，易培基再想申辩已是无门，精神上压抑难忍，心中积愤无处宣泄，因肺病加剧，健康状况急剧恶化，终于 1937 年 9 月在上海含恨离世，终年 58 岁。他在临终前写过一份遗呈，请吴稚晖转呈国府主席及行政院院长，遗呈最后说：“唯是故宫一案，培基个人被诬事小，而所关于国内外之观听者匪细。仰恳特赐查明昭雪，则九幽衔感，曷有既极！垂死之言，伏乞鉴察！”而此时离易培基去世也十有二年，盖棺而未有定论，只能含冤于九泉之下。任务只能留给后来的历史学家了。

1947 年 11 月 20 日《申报》报道：

易培基通缉令其子呈请取消 在沪逝世已历十年 首都地院咨请查覆

［本报讯］前北平故宫存物保管委员会主任委员易培基侵占故宫名贵古董大宗潜逃，经国府通缉有案。后因战事，本案遂告搁置。近闻易子漱龄在京向首都地方法院呈状声称，易培基已于民廿六年中病逝沪滨，卜葬于万国公墓，有党国元老吴稚晖氏及易氏逝世时在侧之医师乐安煦二人证明，依法应请取消通缉令，首都地院院长汪兆彭氏以该案颇为重要，特于昨日咨请本市地院嘱托代为调查后答覆。

1947 年 12 月 10 日《申报》报道：

易鹿山是否易培基 地院大臣难作肯定 据情函覆首都法院

［本报讯］前中委易培基，因盗卖故宫古物，经政府通缉在案，近因易之家属向首都地院声清，称易已死亡，请予撤销通缉。首都地院托本市地院调查，地院派法警至虹桥公墓调查，仅有五五八号易鹿山墓地一方，墓前有碑，上三十年八月八日立，下款属妻杨簿村、女淑平。此墓是否即系易培基之墓，尚不可知。昨地院已据情函覆首都地院。

1948 年 1 月 9 日，南京四开小报《南京人报》上登出了一条很短的新闻，标题是“易培基案不予受理”，内容则说：

易培基等检察官提起公诉，（原文如此）该刑庭已宣告判决之侵占案，由地院对被告易培基、李宗侗、吴瀛之判决主文称：“李宗侗、吴瀛免诉；易培基部分不受理。”判决理由两部说明：一、李宗侗、吴瀛部分，查该被告等于 1929 年分任北平故宫博物院秘书长及简任秘书时，共同将职务上保管之故宫古物陆续侵占入己，经公诉在案。惟犯罪在二十六年以前，依刑法第二条第一项，自无惩治贪污条例之适用，应按刑法治以侵占之罪。但三十六年一月一日业已赦免。二、易培基部分，被告死亡，应谕知不受理，刑事诉讼法第二百九十五条五款有所规定，并经中央监察委员吴敬恒（稚晖）证明，上海地检处查明在案。

从1932年易案发生到1948年《南京人报》的这则消息，一个历时16年、闹得沸沸扬扬的案子，就这样糊里糊涂收场了。

易培基曾云："国家欲增进新进之文明，非发扬其固有之文明不可，尤非以其固有之文化灌输于一般民众不可。"他始终希冀于故宫博物院成为保藏、传播中华伟大文化的中心；希望文化能普及于民众，国家能昌盛、民族能复兴。然而在那一时代，这些希冀不过是墨写的文字、空幻的想象而已。

易培基从受聘担任清室善后委员会图书博物馆筹备会主任开始，即投入参与筹建故宫博物院的工作，并付出了大量心血，在担任院长期间，更是筚路蓝缕，多所创建。他按《故宫博物院组织法》的规定，调整了博物院的职能机构，成立各种专门委员会，延聘著名专家学者到院工作，进一步整理院藏文物；首次提出《完整故宫保护计划》，并筹措专款整修破损严重的宫殿建筑；增辟陈列展室，组织安排古物、图书、文献资料的陈列展览；创办《故宫周刊》，对外宣传介绍院藏古物、图书、文献以及宫殿建筑。在此期间，还筹组建立了警卫队和守护队，为故宫博物院建立了专门的安全保护机构和专职的安全工作队伍。他不仅是故宫博物院的创建人之一，而且为故宫博物院各项事业的发展作出了贡献。在故宫博物院各项事业蓬勃发展的今天，人们不会忘记易培基院长的功绩。

郑欣淼与故宫博物院

郑欣淼2002年9月出任故宫博物院院长，2011年离任，虽然不是主事时间最长的一位院长，但比起之前的诸位院长，却是取得成就最丰的一位，创造了故宫博物院历史的辉煌。

一、故宫百年大修

郑欣淼执掌故宫，正逢党中央国务院决定对故宫开始大规模维修之时，他到故宫博物院后首先要抓的工作就是确保故宫大修顺利进行。

故宫是明清紫禁城，从永乐建成，至今已有将近600年的历史。中间经历过不断地重建、整修、维护，像清代康乾年间，经济发展，社会稳定，在紫禁城修建和维护方面投入也肯定相对于衰败的年份要多得多，因而自然有着一种盛世的气象。据《钦定总管内务府现行则例》：营造司承办宫内及各处咨修工程，所需银两每年约用三万①。到清朝末年，国力衰落，自然没有精力和金钱去维护这片庞大的建筑，许多建筑坍塌倒闭，院落破败不堪，典型的例子就是档案库的漏雨坍塌，才有后来一波三折的“八千麻袋事件”。民国初年，无论是收归民国的紫禁城前三殿，还是逊帝溥仪暂居的后三宫，都没有可能进行修缮。1925年故宫博物院成立后，曾对部分殿堂有所修缮，但由于时局动荡、故宫博物院本身也不稳定，加上经费有限，显然不可能开展大规模的维修。新中国成立以来，故宫每年都有维修项目，只是国力所限，维修经费也不多，20世纪50～

---

① 章乃炜等：《清宫述闻》，紫禁城出版社，1990年，第13页。

70 年代，每年维修费在 100 ~200 万元之间；80 年代每年达到400 万元；90 年代则增至800 万元；2001 年跃升为1 200万元。但对于偌大的故宫来说，这样的一笔经费显然不可能开展大规模的整修维护，只能做一些小修小补。由于没有得到足够的维护机会，很多自然力和人为造成的问题积累了下来，使得这座雄伟瑰丽的古代建筑典范，只能徒有雄姿，无法展现昔日的金碧辉煌。其中有的建筑物处于危殆状况，潜伏着隐患，严重影响故宫的历史完整性，威胁故宫历史真实性的保存和延续，影响发挥故宫对当代社会的作用，与故宫的价值和地位极不相称。

2001 年 11 月，国务院召开了“关于研究故宫古建筑维修和文物保护有关问题”的会议，决定整体维修故宫。这一次保护维修的原则是“完整保护，整体维修”。保护工程有五大任务：保护故宫整体布局，彻底整治故宫的内外环境；保护故宫的文物建筑，通过合理和恰当的技术手段，全面保护其蕴含的文物价值；系统改善和配置基础设施；合理利用并发挥文物建筑的功能；改善文物展陈、保存环境，提高展陈质量。国务院作出修缮故宫的决策有着标志性的意义，它是国家综合实力发展水平的反映，也是对故宫按照世界遗产保护要求，依据我国《文物保护法》进行全面维修的重大举措，是国家对文化遗产保护工作空前重视的表现。

2002 年 10 月 17 日，故宫开始了百年来最大规模的修缮，它要投资 19 亿、为期 19 年，投入资金之多、花费时间之长，都是前所未有的。这时，郑欣淼刚到故宫一个月。可以说，郑欣淼就是上级为了加强故宫大修的领导而被派到故宫来的。郑欣淼曾任中央政策研究室文化组组长、青海省副省长、国家文物局副局长、文化部副部长，对我国文化、文物工作有高屋建瓴般的卓识，又有丰富的行政领导经验，具备做好这项工作的能力和底蕴，在当时是故宫博物院院长的不二之选。

郑欣淼到故宫后，确实不负众望。正是他长期在文化政策研究岗位和文化口领导岗位的经历，敏锐地认识到在故宫保护中要不断提升文物保护意识与理念，深层次挖掘故宫的价值、性质与功能定位，进一步认清故宫博物院的内涵，确认故宫与其文物藏品具有不可分割的统一性，故宫和故宫博物院是故宫文化的统一载体。正是这种理论上的深刻揭示，为故宫博物院找到了准确的定位，“首先，故宫博物院是建立在明清两代皇宫的基础上，兼容建筑、藏品与蕴含其中的丰富的宫廷历史文化为一体的中国最大的博物馆，也是世界上极少数同时具备艺术博物馆、建筑博物馆、历史博物馆、宫廷文化博物馆等特色，并且符合国际公认的‘原址保护’‘原状陈列’基本原则的博物馆和文化遗产。这一特殊地位，使故宫成为最有代表性的中华文明的象征。其次，故宫及其藏品的最大特色，是反映中国古代王朝的宫廷典章制度及日常活动的宫廷历史文化。其三，故宫博物院负有让人们更好地了解故宫以及故宫藏品的责任：既要在认真保护的基础上，使故宫有计划地扩大开放，让更多的人更深入地了解故宫的内涵，还要充分展示故宫收藏的古代艺术精品以及宫廷历史文化”①。从而确定了郑欣淼主政十年故宫博物院发展的正确走向。

为了具体落实国务院整体维修故宫的决定，故宫博物院首先组织制定《故宫保护总体规划大纲》。经过对故宫保护和管理情况的调查研究，作出评估结论，针对评估结论中发现的问题，提出保护原则、对策和工程的方针，以此作为修缮工程计划安排的具体依据。《大纲》为实现对故宫的全面、长期保护，从调整规范保护区划、编制功能区划、规定保护措施、策划保护工程、整治环境、调整交通组织、提出基础设施规划要求、管理要求等 8 个方面提出规划目标和规划要求。国家文物局根据国务院办公厅要求，批复了《大纲》。

按照《故宫保护总体规划大纲》，故宫修缮工程将持续 18 年，到 2020 年结束。工程共分三期，2003～2008 年为第一期，2009～2014 年为第二期，2015～2020 年为第三期。其中第一期又以 2005 年 10 月为界，分为前后两个阶段。到 2005 年故宫建院 80 周年，基本完成中轴线上古建筑的保护；到 2008 年北京奥运会前夕，完成故宫重点古建筑的全面维修保护任务，开放面积由现在的 43 万平方米扩大到 57 万平方米；到 2020 年故宫建成 600 周年时，全面完成古建筑的内外环境整治和整体保护，使其常规维修全面进入良性循环。故宫维修工程按照《故宫保护总体规划大纲》规定的原则和目标制定年度计划并实施。这是故

① 郑欣淼：《故宫博物院 80 年》，《故宫博物院院刊》2005 年第 6 期。

宫百年来规模最大、持续时间最长、投入经费最多的一次维修工程。

故宫维修是个宏大的工程，复杂、艰巨，而且为时又长，工程质量、施工安全、资金使用，甚至是防止舞弊，郑欣淼可说是殚精竭虑。故宫博物院建立了一套严格的管理制度和程序，如落实有关基础设施等前期工作的调查研究，对所需建材实行统一采购定制，按国家要求工程实行招投标，为这一任务的完成提供了必要的保障条件。同时，确定了故宫维修必须遵循的原则，就是最少干预、尽最大可能保存原构件亦即尽可能多地保留原有建筑历史信息，保持文物的真实性和完整性，以达到祛病延年的目的；对紫禁城来说，就是恢复其庄严、肃穆、辉煌的原有状态。因而对于每一座建筑物的修缮，故宫都要仔细地、审慎地研究，从而决定维修方案；在修缮过程中，与文物“原状”关系最大的木结构材料、琉璃瓦与建筑彩画三个方面，故宫都进行了认真的探索与实践，较好地解决了碰到的问题，积累了经验。在做好试点的武英殿工程之后，稳步推进：午门城楼及中轴线东西两庑先后开工，恢复原有格局；钦安殿维修，恢复了抱厦；故宫中轴线核心建筑太和殿及太和门维修，是故宫中体量最大、规格最高、技术要求最严格的修缮工程。还有海外捐助的建福宫花园复建工程、倦勤斋内装修工程等。

故宫维修是国家的大事，备受海内外瞩目。从大修开始，围绕“该让它维持原状”还是“恢复其康乾盛世的风貌”，社会上就有激烈的争论，如维修以什么时代的原状为准？修得是否过于新了？能否再现故宫辉煌时期的工艺技术水平？等等。国际社会对世界文化遗产地故宫的大规模修缮也颇为关注，自 2003 年第 27 届大会以来，世界遗产委员会连续三年对故宫保护现状进行审议，主要原因是担心城市发展对故宫及周边环境的保护造成压力。在立陶宛维尔纽斯举行的世界遗产委员会第 30 届会议，特别关注到关于当时在北京故宫、天坛和颐和园正在进行的修复工程的报告，报告称，这些修复工程“仓促进行，缺乏文献依据和清晰的原则以指导修复工作”①。如果真的像世界遗产委员会报告中

① 《关于北京世界遗产地保护与修复的评价与建议》，《中国紫禁城学会论文集》第六辑，紫禁城出版社，2009 年。

所质疑的那样，故宫维修工程就存在着严重的问题，甚至是修坏了。正是在这样的背景下，2007 年 5 月 24～28 日，中国国家文物局、国际文化财产保护与修复研究中心、国际古迹遗址理事会和联合国教科文组织世界遗产中心在北京联合举办了“东亚地区文物建筑保护理念与实践国际研讨会”。故宫博物院具体承办了这次会议。此次会议针对世界遗产委员会第 30 届大会（维尔纽斯）就北京故宫、天坛和颐和园当时的修复工作所提出的关切与建议进行了研讨。此次会议也是针对遗产保护原则和实践所产生的争议展开的一次后续行动，而这些遗产体现出不同的文化与传统。会议最后通过的作为《北京文件》附件的《关于北京世界遗产地保护与修复的评价与建议》，通过对故宫等三处世界遗产地维修工程的考察，澄清了事实，消除了疑虑，不仅统一了国际社会对故宫等三处世界遗产维修状况的认识，而且在此基础上产生了更为重要的成果，这个文件所强调与阐述的原则与精神，不仅有助于故宫等世界遗产地的进一步保护，而且为地区合作奠定了基础，从而更好地制定针对东亚地区其他古迹遗址保护与管理的理论和实践指导原则。《北京文件》的形成，也反映了中国文化遗产保护事业的发展水平，标志着有中国特色的文化遗产保护理论的日渐成熟。

郑欣淼坚持“故宫大修不仅仅是对古建筑的维修，也为后世提供了古建筑保护上的范本，是对文化的传承”，在其任内，故宫按照《故宫保护总体规划大纲》的计划分期维修，工程进展顺利，达到了预期目标，不仅使故宫恢复着庄严、肃穆、辉煌的历史面貌，整体色彩与外观相协调，而且是中国官式古建筑营造技艺的一次大力传承，维修的实践与探索也丰富了国际文化遗产保护的理论，成效彰著，揭开了故宫保护史上新的一页。

二、故宫文物七年清点

郑欣淼在故宫做的第二件大举措，是进行七年文物藏品大清点。故宫文物的清理、点查，从 1924 年冯玉祥驱逐逊帝溥仪出宫、成立清室善后委员会以来，就一直没有停止过。清室善后委员会从1924年12月24日开始清宫物品点查，为1925年10月故宫博物院成立奠定了基础。后由博物院继续主持清点，到1930年3月基本结束。其间公开刊行《故宫物品点查报告》6编28册，共统计物品9.4万余号、117万余件。故宫文物在南迁存沪期间，进行了一次逐件点收，详细登记，油印了《存沪文物点收清册》，作为南迁文物的原始清册。故宫北平本院从1934年至1943年2月期间曾对留院文物进行了一次点收，总数达9.37万号、118.9万件，并对以前未经点收的各宫殿庭院的陈设品编号登记，1945年有《留院文物点收清册》问世。1954年，故宫博物院制定了以清理文物、处理非文物、紧缩库房、建立专库为主要内容的《整理历史积压库存物品方案》以及《清理非文物物资暂行办法》，开始了全面整理工作，先后处理各种“非文物物资”70万件又34万斤；又按照《以科学整理工作为中心》的规定，对藏品进一步鉴别划级，建立全院的文物总登记账，并核实各文物专库的分类文物登记账。制定了文物分类标准，将文物划分为三级，编制了《院藏一级品简目》。经过几年的核对，基本做到物账相符，建立了故宫博物院藏品总登记账，制定了有关保管工作的规定和办法，使故宫的文物管理工作走上了正轨。1978年，恢复保管部建制，重新制定了《库藏文物进一步整理七年规划》和《修缮库房的五年规划》，先后用了10年完成大部分分类库房的整理，并通过了保管验收组的验收。到90年代两期地下库房先后建成，10年间，院藏文物的60%从地面库房搬向地下库房。地面库房的大迁移和大的调整，几乎移动了所有文物。故宫先后制定并修订了《故宫博物院文物出院出库管理制度》《故宫博物院藏品管理条例》和《故宫博物院地下藏品库房管理细则》，提出并实施了“对移入地下库房的藏品进行分类验收和更换院内在陈文物提单”的工作，核查文物数字，登录文物信息。经过几代故宫人的整理、鉴别、分类、建库，基本上做到账目比较清楚、管理制度逐步健全。但是，由于宫廷藏品及遗物数量巨大、种类繁多、存贮分散，以及过去对文物认识的局限性等原因，虽进行过多次清理，仍存在某些文物账物不相符合、许多重要的宫廷藏品未列为文物、一些库房尚待进一步清理等问题，像院藏文物到底有多少，一直没有一个确切的数字。

郑欣淼到故宫博物院后，在大规模修缮的同时，就把认真清理文物藏品，真正摸清家底，作为自己主政故宫的又一项大事。“弄清了故宫博物院藏品的种类和确切数量，才能有效地实施保护，才能对它的内涵、特点以及价值有更为全面、准确的认识，也才会对它进行更为深入的研究和挖掘。这是博物馆的基础工作，是科学管理的前提，是向世界一流博物馆大步迈进的故宫博物院首要的而且务必搞好的一项工作。还应看到，故宫的丰富藏品是中华民族珍贵的文化财产，故宫博物院代表国家进行保管，弄清这些财产的底数并认真妥善地加以保管，是对国家对民族负责任的表现，是不容许有半点疏忽与懈怠的。”① 这是郑欣淼对于文物的理念，也是故宫人的文物观念。这一共识成为故宫博物院这次文物藏品清理工作的重要的思想基础。为此，制订了《故宫博物院 2004 ~2010 年藏品清理工作规划》，清理从文物账、卡、物的“三核对”开始，包括点核、整理、鉴定、评级等一系列工作，经过文物经管部门七年认真辛苦的文物藏品清理工作，故宫弄清了家底，并建立了以文物管理和古建信息管理两个核心数据库为中心的办公自动化工作平台，既能切实发挥信息系统的效益，又将全面提升故宫业务管理工作的水平。故宫博物院文物藏品的清理，不只是要做到家底清楚、账物相符，而且要与加强文物的科学管理、安全管理等工作结合起来，使文物管理水平不断得到提高。故宫博物院还适时地对外公布了文物藏品总量为1 807 558件（套），其中珍贵文物93.2%，占全国公藏珍贵文物总量的41.98%。现在，《故宫文物藏品总目》已向社会公开，卷帙浩繁的《故宫博物院藏品大系》也已陆续编辑出版，把国家委托管理的家底透明公开，既便于世人更好地了解故宫藏品的奥妙，也利于社会对博物院文物保存工作的监督。这也可以说是故宫人的胸襟。

① 郑欣淼：《故宫宝藏：80 载学术研究与文化整理》（采访者：《光明日报》记者薄洁萍），《光明日报》2005 年 8 月 30 日。收入紫禁城出版社编《守望经典：郑欣淼谈故宫》，紫禁城出版社，2008 年。

故宫这次文物清理工作又与提高文物管理的信息化水平，进行抢救与修复，以及文物定级等工作结合在一起，从先进的文物保护理念出发，拓展了文物的概念，认识到文物不只是经济价值大的或者稀有的宝物，还包括一切反映人类历史文化的遗存。同样，博物馆不只是“藏珍”之所，而是要收藏“人类和人类环境的见证物”，在收集、保护、研究、传播和展览上下功夫，为社会和社会发展服务。

三、重视保护无形文化遗产

郑欣淼对无形文化遗产保护与传承有一种自觉，这不能不说是他恰逢其时，赶上了非物质文化遗产保护的热潮。非物质文化遗产是一个新的概念，是人们在文化遗产保护观念上的一大发展，郑欣淼凭着他对政治文化的敏锐观察力和长期文物文化口的领导经历，很快就把非物质文化遗产观念和故宫博物院实际紧密结合起来。他首先深化了对故宫的价值认识，从传统的古物概念扩展到保护文化遗产，在文化遗产中区分有形文化遗产与无形文化遗产，提出不仅要保护有形的文化遗产，而且要高度重视、努力抓紧保护无形的文化遗产，自觉承担起无形文化遗产传承职责，包括古代官式建筑技术、艺术的传承，文物保护技艺的传承等。非物质文化遗产是故宫遗产的重要组成部分，需要认真研究、发掘、保护和传承。

过去故宫博物院从自身工作任务出发，对传统工艺、技术等方面还是重视的，例如古建筑的工艺、技术，文物修复、装裱的传统技艺等，都有专门机构与专业人才，做得还是比较好的，但由于没有从非物质遗产的高度来看待，因此视野不开阔，思路不广，自觉性也就不高，有些应该保护的尚缺乏认识，有的则在传承上还存在困难。非物质文化遗产保护给故宫博物院带来了新的机遇，拓宽了文物保护的新天地，对博物院自身的功能完善和组织结构调整起到了积极的促进作用。

紫禁城作为古代宫殿发展的集大成者，代表了所处时代建筑技术和建筑艺术的最高标准，是研究古代官式建筑技术的最好范例。传承古代建筑技术是故宫义不容辞的责任，故宫保存有大量的历史资料文档，而且长期以来一直有专门的维修管理机构和施工队伍，更在保护的实践领域涌现出了一批工艺人才。这次故宫维修，在传统材料生产技术、传统瓦木石土油漆彩画技术、传统内装修材料、工艺和技术等方面，既坚持传统工艺技术对于质量的要求，同时还认真抓传承，有的则属于抢救，如在倦勤斋内装修的修复中，从南方民间找到了面临失传的内墙与顶棚的裱糊材料——桑皮纸的生产技术。为了传承，在维修的全过程实行跟踪影像记录，实行师傅带徒弟的办法，编写、出版记录传统工艺和技术的工程报告等。

故宫文物藏品丰富、门类繁多，从 1931 年就开始进行保护维修，出现了不少各具特长、身怀绝技的专门人才，他们曾在许多方面独冠一时，饮誉全国。郑欣淼到故宫后，意识到文物保护传统技艺的传承是个紧迫的问题，故宫要抓好这方面工作，使“绝活”不绝，后继有人，为此做了许多切实的工作，还由资信中心与文保科技部合作，拍摄《故宫绝活》。

故宫有些文物与非物质文化遗产有密切关系，但过去只看到它是“物”，看不到它与无形的文化遗产的关系。例如 2003 年，中国的传统音乐——古琴艺术被联合国教科文组织宣布为“人类口头和非物质遗产代表作”，引起极大反响，使这一日渐式微的古老艺术又为世人所关注。故宫博物院收藏古琴 46 张，数量上在全国博物馆中居于首位，而且属于唐、宋、元三代的典型器就占藏琴的 1/3，在质量上也是最好的。过去认为只要把古琴保护好就行了，现在则认识到，与古琴有关的古琴艺术同样是要很好保护的，它的保护方式主要是传承。全国被确认的 52 位古琴传承人，故宫就有 1 位。有这么多、这么好的古琴，故宫有理由在古琴艺术传承上做出更大贡献。

郑欣淼还特别重视故宫博物院自身走过历程中形成的“故宫人精神”，并在全院开展了“故宫人精神”大讨论，认为这是一种对祖先遗留文物无比珍视和舍命坚守，对民族优秀文化遗产和博物院事业发展的无比自豪和敬业精神。“故宫人精神”现在仍然在形成和发展，并汇流到社会主义主流文化之中。

郑欣淼在任上还进一步推进加快“数字故宫”建设步伐，加强文物保护与利用的力度。“数字故宫”是为更好地保护和利用故宫博物院的丰富的文化资源而提出的全新理念。将各种文物、古建筑乃至蕴含其中的历史文化资源，通过多种形式的数字化采集、加工管理、存储、发布手段，使之能在文物资产管理、展览陈列、科学研究、观众服务等诸多方面得到充分利用，从而实现故宫文物总体上抢救的及时化、保护的科学化、利用的合理化以及价值利用的社会化。

四、故宫“走出去”与两岸故宫握手

故宫博物院是世界上极少数同时具备艺术博物馆、建筑博物馆、历史博物馆、宫廷文化博物馆等特色且符合国际公认的“原址保护”“原状陈列”基本原则的博物馆和文化遗产，是一座博大精深的中国历史文化宝库。但由于种种原因，故宫博物院在国际上却没有多大的影响力，外人往往只知道故宫，并不知道还有一个故宫博物院。

郑欣淼到故宫后，把建成国内领先、世界一流的现代化博物馆定位为故宫的目标。从故宫博物院的实际出发，制定发展的总体规划：加强基础工作，提高综合管理水平，重现故宫在康乾盛世时的风貌，重铸故宫博物院当年人才济济、成果斐然的盛况。经过多年的努力，故宫在向世界一流大型博物馆的迈进中取得了巨大的成绩，故宫的对外交流也蒸蒸日上。2005 年以来，故宫博物院积极与国（境）外博物馆建立战略合作关系，打造长期交流机制，如举办和参加各类形式的涉外展览，扩大了对外交流空间；开展并深化项目交流与合作，拓宽了国际视野和交流平台；充分利用各种平台开展多层次学术交流，开展有针对性的出访活动；建立了与国（境）外博物馆的沟通联系；完成多项国宾接待任务；接收海外和港澳实习生等。故宫博物院已与美国大都会博物馆、法国卢浮宫博物馆、英国大英博物馆、德国德累斯顿艺术品收藏馆、俄罗斯埃尔米塔什博物馆、日本东京国立博物馆、加拿大皇家安大略博物馆、美国弗吉尼亚美术馆、英国维多利亚与阿尔伯特博物馆以及伊朗国家博物馆等世界著名博物馆签署了战略合作框架协议，并与上述各馆实施了互换展览、人员互访以及专业交流等活动，故宫博物院的影响力在快速上升，2013年，国际博协将它唯一一个巴黎之外的培训中心设在了故宫博物院，当然有着各种因素，其中无疑也有故宫博物院的因素。有一种说法，在世界政治格局中，联合国有五大常任理事国，正好对应着在国际博物馆界，有着第一流的五大博物馆。于此可见故宫博物院的地位及其“走出去”的成效。

基于虽有两个故宫博物院但故宫只有一个的中华民族文化认同感，基于台北故宫博物院在台湾地区备受重视的特殊地位以及两个博物院收藏的文物根出一源的事实，郑欣淼特别重视两岸两院的关系，积极推动两岸故宫的文化学术交流，发挥故宫在两岸关系中的特殊作用。2005年为庆祝故宫博物院80年诞辰，《光明日报》发表《北京、台北喜迎故宫博物院八十大庆——郑欣淼与石守谦共话两岸故宫发展大计》。2009年2月14～17日，台北故宫博物院周功鑫院长60年来首次率团访问北京故宫，实现了两院院长的首次聚首；随后，郑欣淼院长率团于3月1～4日赴台回访了台北故宫博物院。两院同仁经过真诚的会谈和协商，达成了两岸故宫合作交流的八点共识：（一）落实双方合作机制；（二）使用文物影像互惠机制；（三）建立展览交流机制；（四）建立两院人员互访机制；（五）出版品互赠机制；（六）信息与教育推广交流机制；（七）学术研讨会交流机制；（八）文化创意产品交流机制。基于所达成的“八点共识”精神，两岸故宫同仁开展了一系列真诚合作活动，如两岸故宫视频会议，达成了“两岸故宫未来合作计划”；两岸故宫的展览交流：举办“雍正——清世宗文物大展”（2009年10月6日～2010年1月10日）、“山水合璧——黄公望与富春山居图特展”（2011年6月～9月）、“康熙大帝与太阳王路易十四特展”（2011年10月）等展览；学术研讨会交流：2009年11月4日在台北故宫博物院举办的两岸故宫第一届学术研讨会“为君难——雍正其人、其事及其时代”、2010年11月18～19日在北京故宫博物院举办的“永宣时代及其影响——两岸故宫第二届学术研讨会”、2011年11月15～17日在台北故宫博物院举办的“康熙大帝与太阳王路易十四：17、18世纪中西文化交流——两岸故宫第三届学术研讨会”、2013年11月9～10日在北京故宫博物院举办的“乾隆皇帝的艺术品味——两岸故宫第四届学术研讨会”

等。两岸故宫重走文物南迁路（2010 年 6 月 3 ~ 18 日），共同追寻前辈足迹，体验故宫文物大迁移的艰难历程，缅怀前辈为保护文化遗产无私奉献的伟大精神，以及设立长期交流固定“窗口”，开展文化产品交流等。两岸故宫关系趋于正常，越来越密切，其意义已远远超出了故宫本身。

2013 年，郑欣淼在《紫禁城》杂志发表连载文章《我所经历过的两岸故宫交流》说：“两岸故宫博物院的交流在两岸文化文物交流中占有特殊地位，亦为海内外所注目。我在故宫工作近十年中，既拜机遇眷顾之赐，也庆幸抓住了机遇，而众人的智慧与努力又化解了许多困难。回顾往事，时代大波，人生细浪，因缘际会，感慨良多。”确实是发自内心的感慨。其机遇、其意义，历史不会忘记。

五、“故宫学”的提出与开拓

郑欣淼任职故宫博物院以后，首先做的工作是对故宫与故宫博物院进行定位。2003 年 3 月在上海博物馆举办的国际博物馆馆长高层论坛上的讲演《故宫的价值和故宫博物院的内涵》①，决定了故宫博物院的发展方向及学术研究的重点，并逐渐形成了故宫学的思路及对故宫学内涵的认识。郑欣淼通过对文物认识的深化、对古建筑的重视、对宫廷历史文化的挖掘、对无形文化遗产传承等四个方面的探讨，认识到故宫不只是“中国最大的文化艺术博物馆”，而且是世界上极少数同时具备艺术博物馆、建筑博物馆、历史博物馆、宫廷博物馆等特色，且符合国际公认的“原址保护”“原状陈列”基本原则的博物馆和文化遗产，是一座博大精深的中国历史文化宝库。2003 年 10 月，在庆祝南京博物院成立 70 周年举办的“博物馆馆长论坛”上，郑欣淼提出要建立故宫学。故宫学思路的提出和形成，是立足于对故宫及故宫博物院的认识和定位、对故宫学术研究的现状以及 80 余年来故宫研究历史的调查与考察。后来，郑欣淼在《故宫学刊》第一辑发表了长达38 000字的《故宫学述

① 郑欣淼：《故宫的价值和故宫博物院的内涵》，《故宫博物院院刊》2003 年第 4 期。

略》①，第一次对故宫学作了全面系统而深入的论述。以后，郑欣淼又连续发表论文，从不同的方面来论证故宫学的成立，结集出版了《故宫与故宫学》，从故宫学视野看待故宫，不仅认识到故宫古建筑、宫廷文物珍藏的重要价值，而且看到历史遗存有着同样重要的意义；认识到古建筑、文物藏品、历史遗存以及在此发生过的人和事，是一个不可分割的文化整体。这一认识是故宫学得以产生的重要依据，也有利于进一步挖掘故宫的历史文化内涵。故宫文化的这一整体性，也使流散在院外、海外、国外的清宫旧藏文物、档案文献有了一个学术上的归宿。

郑欣淼在提出“故宫学”概念之后，持之以恒，锲而不舍，长期坚持研究故宫学，先后解决了一系列重大课题，提出了许多真知灼见，如紫禁城与故宫学的关系问题，郑欣淼谈及了紫禁城研究在故宫学中的地位，也讲了不赞同用“紫禁城学”代替“故宫学”。紫禁城研究是故宫学研究的核心，但是故宫学在研究范畴和地位上不能等同于紫禁城学。最后明确故宫博物院在故宫学研究中所肩负的责任。② 郑欣淼明确指出：“没有长达80年的故宫研究的实践和成果，就不可能准确提出故宫学概念，而故宫学的提出并确立将使故宫学研究进入自觉阶段，将从整体上提高故宫研究的水平。”③ 指出故宫的价值是客观存在的，但人们对它的认识是一个不断深入研究的过程。80多年来，人们对故宫价值的认识经历了四个阶段：1911年以前是作为皇宫的故宫，1925年以后是作为博物院的故宫，1987年以后是作为世界文化遗产的故宫，2003年以来是故宫学视野下的故宫。从故宫学的视野来看故宫，是人们对于故宫价值认识进入新的更高阶段的表现。郑欣淼强调：故宫学体现出的是故宫博物院对传承弘扬中华文明的强烈责任感、使命感和自觉性，它倡导的“故宫在中国，故宫学在世界”理念所蕴含的开放的工作思路、自觉的创新意识，不仅引领着故宫学术研究从自发走向自觉、积极规划故宫的学术前景、提高故宫的学术影响力和学术地位，更为故

① 郑欣淼：《故宫学述略》，《故宫学刊》第1辑，紫禁城出版社，2005年。

② 郑欣淼：《紫禁城与故宫学》，《故宫博物院院刊》2004年第5期。

③ 郑欣淼：《故宫学述略》，《故宫学刊》第1辑，紫禁城出版社，2005年。

宫保护和博物馆建设事业提供了理论的指导。[①]

故宫只有一个，故宫博物院却有两个（沈阳故宫是另一个意义上的）。北京故宫博物院过去对藏品的整体整理、研究不够，尤其是宣传不够，致使一般人不明白内里的真相。郑欣淼著《天府永藏——两岸故宫博物院文物藏品概述》[②]，对故宫文物的聚合、流散和回归作了清晰的叙述，理清了两座故宫博物院皇家旧藏的来龙去脉与现状，全面论述了两岸故宫博物院文物来源、构成、流播、现状、分类、数量及相关史实。分述两岸两院藏品的动态，把两院藏品分为12个类别，清点比较各自的来龙去脉、特点特色、多少有无，将同源分流、庞大繁杂的故宫文物梳理得清清楚楚。北京故宫博物院藏品的85%和台北故宫博物院藏品的92%来自原清宫旧藏，这正是两岸故宫博物院同名的根源；北京故宫博物院在藏品总量上大大多于台北故宫博物院，而且文物精品从总体上也大大多于台北故宫博物院，并非像有些人以为的“文物南迁已经把北京故宫搬空了”；在类型上，虽然北京故宫博物院更为丰富，但两岸故宫的藏品都涵盖了我国古代各种艺术瑰宝，同为世界上最重要的中华文化艺术宝库。作者并未计较两座故宫博物院的收藏孰胜，而是把故宫作为一种整体文化来看待，客观地把本属于故宫文物却由于上述原因而分别庋藏于两处博物院的藏品一并加以整理介绍，以求这份文化遗产首先在故宫学的理论框架内进行介绍和探讨。最后，作者对故宫及其藏品的价值从历史、科学、艺术等角度进行分析，指出当代人对故宫及其藏品作为人类宝贵的文化遗产的典守职责，提出通过各方携手开展对紫禁城建筑、文物典藏、宫廷历史文化遗存、明清档案、清宫典籍、故宫博物院历史等的系统研究，对以故宫为代表，以皇帝、皇权、皇宫为核心的皇家文化的系统研究，建立故宫学，并希望以故宫学统筹和推动故宫及其藏品的管理、科研、交流、展示、弘扬等工作上升到一个新的更加自觉的高度。郑欣淼希望故宫学的确立能让故宫学者们将故宫作为一个“大文物”来看待，帮助他们在学术视野上解决点和面及面和体

---

① 郑欣淼：《故宫的价值与地位》，《光明日报》2008年4月24日。

② 郑欣淼：《天府永藏——两岸故宫博物院文物藏品概述》，紫禁城出版社，2008年。

的关系。

郑欣淼研究故宫学，视野开阔，心态平和，客观、科学、开放，对故宫学研究有着典范意义。郑欣淼时代的故宫博物院，做出了巨大的成绩，创造了故宫博物院历史的辉煌，故宫的前景让人充满憧憬。

故宫文物南迁与典守精神

——《故宫国宝南迁纪事》序言

文物是国家历史的见证，是民族记忆的载体，是联系历史与现实的文化纽带。抗战期间，故宫文物南迁华东，避地西南，行程数万公里，历时十多年，为存续文脉谱写了一曲文化抗战的壮歌。在艰苦卓绝的抗日战争环境中，故宫文物随着国家命运跌宕起伏，承载着一段深刻隽永的民族记忆。

1931 年“九一八”事变，1932 年“一二八”淞沪之役，国难日深。故宫博物院为谋文物的安全，动议转移储存，遂有南迁计划。经国民政府行政院核准，即积极整理文物，准备装箱。1933 年 1 月，日军进扰华北，攻陷榆关，平津十分危急。故宫博物院各馆处因而加速文物装箱工作。

1932 年 8 月 8 日，湖南石门市市民多奇云致函故宫博物院，称日本军队如果继续南下，北平就可能成为战场，建议故宫博物院未雨绸缪，采取措施，把文物运到安全地方。

但是，北平市民对于故宫古物南迁却是强烈反对。北平市的自治区、商会、工联会、工农会等团体共同组成“北平市民众保护故宫古物协会”，专事反对古物南迁。北京大学文学院院长胡适，故宫博物院代理理事长江瀚，“旅津名流”华世奎、王人文、齐燮元、孙传芳、汤芗铭等 29 人，故宫博物院全体职工会也全都反对古物南迁。反对的意见称：日人虽蛮横，亦不敢违反国际公例，破坏文化古物。如谓古物南迁系为保全之计，然则如上海如南京果真安全吗？如有抵抗之具体办法，则随处均无危险。直此外患紧张、人心惶恐之时，政府正宜安定人心，为土地人民谋安全，不应先运走古物。而且古物数量极巨，迁移颇非易事，一经迁移多少要受损失，责任谁负？古物一散不可复合，为免散失，坚决反对故宫文物运往他地保管。他们还建议在故宫择地建筑极坚固的地库以资保存，人民愿担负一部分费用。江瀚、刘复、徐炳昶、马衡等三十多位北平文教界人士认为，北平各文化机关所藏的许多珍贵文物是“表扬国光，寄附着国家命脉、国民精神的”，“是断断不可以牺牲的”。他们上书国民政府，建议从北平撤出军备，使其成为一个不设防的文化区域。

政府方面以为，平津可能会成为战场，古物一旦遭受毁损就永远消失，没有为求安抚人心，而任文化结晶毁灭的道理。敌人入侵，失掉土地还有收复的可能，唯有文物留在原地不动，只有受毁损的危险。人民留在北平可以协助政府抵御日寇，文物留在北平只有被掠夺和毁灭的可能。国亡还有复国之日，文化一亡，将永无补救！因而坚持原案，定1933 年 1 月 31 日起运。国民政府行政院并指令北平市政府及交通运输部门全力协助故宫运出古物。

故宫文物南运因车辆不够分配和受到阻挠，延至 2 月 6 日才正式起运。之后，又经过约四个月时间，共运出五批文物到上海，共计 19557 箱（其中第二批开始加入了古物陈列所、颐和园和国子监的文物6 066 箱），贮藏在法租界和英租界的仓库里。故宫博物院感于典藏责任十分重大，乃会同上海其他单位，成立临时监察委员会，办理南运文物的监察事项。马衡继任院长后，为清责任，在 1934 年 7 月设立文物点收委员会，11 月开始正式在沪点收南运文物。

第五批文物运抵上海两个月后，故宫博物院理事会通过在南京建筑分院及文物保存库的议案。1936 年 3 月 8 日开始动工，将朝天宫旧址修缮改建为博物馆，同时建立三层保存库和防空密库各一座。12 月投入使用，存于上海的文物分批转运到南京新库房储存。

1937 年 1 月 1 日，故宫博物院南京分院成立，准备修葺朝天宫（原为文庙）大成殿、崇圣殿等处为陈列室，并计划添置陈列柜，进行藏品编目等工作，但都未及实施，“七七事变”爆发。8 月 13 日，日军大举进攻上海，南京情势日趋危急。刚刚转迁到南京库房的文物，根据行政院命令，分三路向后方疏散。这些国宝不得不再次奔波，开始长达

10年的漂泊。

南路。1937年8月14日，80箱文物在南京浦口码头装船起运，运送到汉口，然后转陆路运到长沙，存放在湖南大学新建的图书馆内，准备在岳麓山下的“爱晚亭”附近开凿山洞存贮。长沙遭到轰炸后，1938年1月12日，这批国宝不得不再次起运，经桂林、柳州运到贵阳。因贵阳频遭空袭，1939年1月，文物转移到贵阳以西95公里的安顺县，贮存在南门外的华岩洞内。华岩洞是天然岩洞，距县城约一公里。1943年12月5日，这批文物第四次迁移，用15辆卡车于12月18日运抵四川巴县境飞仙岩临时仓库。

中路。1937年11月19日，中路文物由水路起运，开始运往汉口，渐渐上移，运到了宜昌，以后又运到重庆。为躲避轰炸，实行疏散保存，文物抢运到宜宾，然后由宜宾换运到乐山安乐乡，择定一寺（大佛寺）六祠（宋氏祠堂、王氏祠堂、赵氏祠堂、易氏祠堂、陈氏祠堂、梁氏祠堂）为存储仓库。中路疏散的文物共9 331箱。

北路。1937年12月3日，北路文物沿津浦路北上，由徐州转陇海路到达陕西宝鸡，存放在西安行营的一个军火库内。潼关告急，北路文物在宝鸡停留不足3个月，只好再次迁往汉中，后来又迁到四川峨眉。1939年6月17日，全部运抵峨眉，分别存在峨眉县城东门外的大佛寺和西门外的武庙。北路疏散的文物共计7287箱。1942年冬天将藏于大佛寺的文物转移到峨眉城南4公里的许氏宗祠和土主祠（均在符汶乡大楠村）。

文物西迁转移以后，随同西迁文物到后方的工作人员，分散在贵州安顺，四川重庆、乐山、峨眉等四处。重庆设立总办事处，由院长马衡率领一部分人驻守；文物的日常保管与维护工作，则由安顺、乐山、峨眉三个办事处的工作人员分别负责。1944年12月，安顺办事处所管文物运到四川巴县境内储存，同时设立故宫博物院巴县办事处，撤销安顺办事处。

抗战八年，西迁文物万里关山，多次险遭灭顶之灾，如九千多箱由重庆运出，寄存宜宾，分批往乐山运的时候，上游乐山及下游泸县皆受到敌机狂轰滥炸，独有处于中间地带的宜宾幸免；长沙湖南大学图书馆，自文物搬出后不到4个月即被炸毁；重庆的几个仓库，在文物搬出不到一个月，空房也被炸了；从陕西南郑运往成都时，将存在南郑文庙的文物抢运出才12天，那文庙在一天里就落了七个炸弹，又炸的是空房。像这一类的奇迹，简直无法解释，只有归功于国家的福命。文物搬迁途中发生多次翻车事件，所幸都是有惊无险，文物未有损失。也许真的是古物有灵，炸不到，摔不碎。

在后方，文物的保存也是颇伤脑筋的问题。为了确保文物安全，西迁期间的存藏，都有一定的工作程序，坚持有关规则制度。为使工作有所遵循，故宫博物院于1939年岁暮公布各项章则，如本院附属办事处办事细则、库房管理暂行规则、开箱工作暂行办法、库房警卫暂行规则、接受委托保管及寄存公私文物暂行办法、库房招待参观暂行规则等，又于1940年4月制定南迁文物点收清册记载订误暂行办法。关于文物的防护设备，则有防潮、防蛀、防险三项。严格的制度，细致的管理，确保了文物管理未出差错。

四川的房子，多半是竹木的建筑，一遇火警，往往延烧数百家。因而库房就选择不和民居毗连的大庙或祠堂，绝对禁止烟火，购备消防工具及灭火器，并且不时演习。有一次峨眉大火，烧去半个城，故宫库房不但未遭波及，并且调集员工士兵，帮助救火。四川潮湿多雨，为防止文物受潮霉损，每逢晴天常常出库翻晒，终年检查，周而复始，从不间断。正由于有了如此严密的制度、严谨的作风以及严格地执行，才保证了以故宫为主的西迁文物的安全，也不断强化着故宫人认真细致、一丝不苟的工作作风。

1945年8月15日，日本无条件投降，宣告了世界反法西斯战争的最后胜利。抗战胜利后，三路故宫文物先后集中于重庆，于1947年12月全部运回南京朝天宫文物保存库。三批古物历经战火威胁及长途颠簸，没有一件严重破损或丢失，真可说是“天佑国宝”。这既有技术的因素，如包装高明，装箱坚持“装紧”“隔离”等，更有人的作用，判断正确、命令果决、执行得力、配合到位。国民政府中枢如委员长蒋介石、行政院代院长宋子文给予了有力支持，三路西迁，多次转迁，每次转迁的命令都是行政院下达的。在文物途经或存放有关省市时，都得到当地军政负责人及相关机关如铁道、公路等部门的支持。在文物迁移途中与存放地，都有军人押送和守卫，起了安全保障作用。而没有文物存藏地民众的协力保护，要保护好这些文物是不可能的。当然，故宫职员认真负责的呵护更是职责所在。故宫文物南迁具有保护民族文化命脉的意义，对它的保护是社会各有关方面共同努力的结果。

故宫文物南迁是故宫博物院发展的特殊时期，在艰苦的环境中，故宫同仁以保护文物为职志，备尝艰难，险象环生，有人为之献出了宝贵的生命，但故宫人无怨无悔，忠于职守，慎微戒惧、悉力保护。强烈的责任感、神圣的使命感，使建院以来逐渐建立的典守精神，在文物南迁中不断强化。故宫人把故宫文物与中华民族的命运连在了一起，与民族独立、民族尊严连在了一起，深刻地认识到所保护的文物是“国家的福命”，培育和形成了故宫人“视国宝为生命”的典守精神。

故宫文物南迁是中国抗日战争的有机组成部分。抗日战争极大地提高了国人的民族自尊心和民族责任感，增强了中华民族的凝聚力，促进了中国各民族、各阶级、各政党空前的团结，联合起来共同抗击日本侵略。故宫文物是源远流长且从未中断的中华文明的载体与见证，是中华民族重要的文化根脉。故宫文物的保护过程，对于抗战精神的形成、民族认同感的增强起到了积极的作用。

正因为如此，抗战胜利后，从马衡院长《抗战时期故宫文物之保管》的讲演，到那志良、欧阳道达等故宫文物南迁亲历者的回忆记述，故宫文物南迁一直萦绕在故宫人的心头，《典守故宫国宝七十年》《故宫文物避寇记》等著作的写作、出版就是明证。杭立武《中华文物播迁记》则详细记叙了 1937 年七七事变后故宫文物分三批向西南疏散的决策及实施过程以及 1948 年至 1949 年三批文物迁台的情形。章剑华的《承载》更是用文学的体裁来记载故宫文物在抗日战争中的万里大流迁。此外，相关的回忆和文章也时见报刊。可以说，故宫文物的避寇南迁一直为世人关注。

但在研究层面，有分量的论文还不多，郑欣淼《故宫文物南迁及其意义》将故宫文物南迁置于世界反法西斯战争、中国抗日战争、中国文化教育西迁以及博物馆事业发展的历史背景中，深入探讨其所具有的独特的历史与现实意义，是对故宫文物南迁意义挖掘最为深刻的论文。研究的基础工作还有待加强，史实的挖掘、史料的编集、细节的考辨，在在都有待深入。徐婉玲编纂的《故宫文物南迁史料长编》就是从基础做起，编集故宫博物院藏档案史料，为故宫文物南迁的进一步研究打下了基础。

在当前故宫文物南迁研究的队伍中，魏奕雄先生无疑是一位出色的工作者。魏先生早年毕业于北京大学历史系，接受过很好的史学科班学习与训练，长期生活在四川乐山，担任乐山故宫文物南迁研究会副会长，作为地方史家研究地方历史，有着极为显明的优势，对地方文献熟悉，尤其对档案材料的挖掘和利用在本书中可为一大特色，如他从乐山市档案馆的民国教育卷宗中，找到了四川省政府和乐山专署关于做好故宫文物保卫工作等文件 8 件 11 页；从峨眉山市档案馆找到文物库房平面图、警卫连长在护送途中翻车牺牲等文件 7 件 15 页。故宫文物南迁的档案非常多，但地方政府所发的保护故宫文物的文电、库房平面图和警卫连长殉职的书信，都是第一次发现。这些档案如果不是当地学者是很难会关注寻找的。而且魏先生还经常走访当事人，充分利用口述史料，他采访当地参加保管故宫文物的健在老人的口述等在书中经常可以见到，这是本书史料采择上的又一鲜明特点。魏先生同时寻访南迁相关文物（如“功侔鲁壁”匾），时有所获，还积极帮助当地办乐山故宫文物南迁纪念馆，办《故宫文物南迁研究》刊物。所有的这些，都为他的故宫文物南迁研究打下了深厚的基础。魏先生不人云亦云，书中对“徐森玉以子为人质”“林森决定中路文物存安谷”“北路文物过郑州险遭日机轰炸”的辨误，指出《承载》一书关于乐山方面的差错与虚构，力求信史，存真，这也是本书的又一鲜明特色。

关于故宫文物南迁，近年来一批相关档案、当事人诗文题跋以及口述史料的公布和整理，为这段历史增补了极为难得的史料，对于研究的进一步开展会有积极的推动作用。而魏奕雄先生这本《故宫国宝南迁纪事》的出版无疑是相关研究推进中的重要成果，对于研究的进一步深入也会起到积极的作用。

期待魏奕雄先生新的学术成果不断问世。

民国时期故宫博物院出版事业的发展及其评价

博物馆在民国时期是个新生事物，博物馆的运作本来就无先例可循，更何况出版了。因而博物馆的出版事业不为学界关注自在情理之中。1996年，邱崇丙、子钊在《民国时期北京的出版机构》中说到故宫博物院在民国时期出书近50种。①

随着学界对故宫博物院史的关注，自2005年开始，故宫博物院出版的历程也逐渐进入了学者的视野，朱赛虹、章宏伟《学术研究与编辑出版》②，朱赛虹《故宫博物院民国时期明清档案整理、研究与出版》③，朱赛虹《故宫早期刊物的特色及其历史意义》④，朱赛虹《故宫博物院出版事业的首度辉煌——民国时期出版综论》⑤，张露《〈故宫周刊〉的创办与价值》⑥，郑欣淼《从武英殿修书处到故宫出版社——故宫文化传播的历史使命》⑦，张小李《民国时期故宫博物院出版事业的

---

① 邱崇丙、子钊《民国时期北京的出版机构》：“出书年代和范围以所见书为据，出版量统计有少量遗漏，故按等级标注，仅供参考。即：A（100种以上）、B（50种以上）、C（10种以上）、D（5种以上），4种以下不标注。凡注两种等级者，估计有可能高一级。”其中所列16个图书馆、博物馆的出书状况为9个不标注，2个列为D，3个列为C，仅北平图书馆列为BA，故宫博物院列为CB。《北京出版史料》（第八辑），北京出版社，1996年。

② 朱赛虹、章宏伟：《学术研究与编辑出版》，故宫博物院编《故宫博物院八十年》，紫禁城出版社，2005年，第256－265页。该文的民国时期部分由朱赛虹撰写。

③ 朱赛虹：《故宫博物院民国时期明清档案整理、研究与出版》，故宫博物院：《故宫博物院八十华诞暨国际清史学术研讨会论文集》，紫禁城出版社，2006年，第531－539页。

④ 朱赛虹：《故宫早期刊物的特色及其历史意义》，《故宫博物院院刊》2009年第5期。

⑤ 朱赛虹：《故宫博物院出版事业的首度辉煌——民国时期出版综论》，《故宫博物院院刊》2011年第1期。

⑥ 张露：《〈故宫周刊〉的创办与价值》，《故宫学刊》2012年总第8辑，故宫出版社，2012年，第323－340页。

⑦ 郑欣淼：《从武英殿修书处到故宫出版社——故宫文化传播的历史使命》，《紫禁城》2015年第8期学术增刊。该文第一节为“民国时期故宫博物院朝气蓬勃的出版事业”。

变迁》[1]，张小李《民国时期故宫博物院出版事业运作机制浅探——以故宫博物院藏民国档案为论述中心》[2] 等论文先后发表，《紫禁城》2016年第5期“秘藏梓行——民国故宫的出版”专栏，发表了朱赛虹《字里行间的早期院史》[3]、陈秋速《振导中国固有文化之助者——民国故宫的出版事业》[4]、张小李《弘扬文化之先行——民国故宫出版事业先贤》[5]、何媛《〈故宫物品点查报告〉出版始末》[6]、张小李《化宫廷秘藏为天下公器——故宫博物院早期出版物展》[7] 五篇文章。2016年5月故宫出版社出版了张小李主编的《秘藏印行——故宫博物院早期（1925－1949）出版物展》图录。故宫博物院民国时期出版的情况，因为时间不长，品种也不是很多，因而并不复杂，朱赛虹、张小李等已经做了很好的梳理。这些论文通过爬梳故宫博物院藏民国档案和实物，探讨了民国时期故宫博物院出版事业的发展历程及其运作机制，用力颇勤，多发人所未言，有相当的价值。但由于对民国时期故宫博物院发展历史认知的不完整，有些囿于既往的观点甚至是错误的，这就使得有的论文存在颇多的错误，为免一错再错，特撰本文与诸位同志商榷，希望能推进本问题的深入研究。不敢自以为是，希望得到批评指正。

由于有的研究者对民国时期故宫博物院史没有比较深入的研究，只是沿袭既往比较粗疏，甚至错误的观点，直接影响到了关于此时期故宫博物院出版发展脉络的认识。民国时期故宫博物院为时虽然只有短短的24年，却经过了多个发展阶段，无法也不可能用一个阶段的情况来概括整个民国时期，而张小李《民国时期故宫博物院出版事业运作机制浅探——以故宫博物院藏民国档案为论述中心》把民国时期的故宫博物院看成一个单位的一个阶段，一个统一体，论文标题就存在很大的问题。

① 张小李：《民国时期故宫博物院出版事业的变迁》，《故宫学刊》2015年总第15辑，故宫出版社，2015年，第44－71页。

② 张小李：《民国时期故宫博物院出版事业运作机制浅探——以故宫博物院藏民国档案为论述中心》，《中国出版史研究》2016年第2期。

③ 朱赛虹：《字里行间的早期院史》，《紫禁城》2016年第5期。

④ 陈秋速：《振导中国固有文化之助者——民国故宫的出版事业》，《紫禁城》2016年第5期。

⑤ 张小李：《弘扬文化之先行——民国故宫出版事业先贤》，《紫禁城》2016年第5期。

⑥ 何媛：《〈故宫物品点查报告〉出版始末》，《紫禁城》2016年第5期。

⑦ 张小李：《化宫廷秘藏为天下公器——故宫博物院早期出版物展》，《紫禁城》2016年第5期。

该文还以偏概全，主要以易培基院长任上的国立北平故宫博物院做法来代替整个民国时期故宫的做法；对于编纂机构的叙述，以南京国民政府接管故宫、颁布《组织法》以后的易培基、马衡时期（主要是易培基时期）为叙述对象，虽然也有追溯，但对于不同时期的内设机构来说，其实并非简单的延续。文中叙述的实际是国立北平故宫博物院内的机构及编纂活动。无论是谈机构还是后面谈出版资源，“民国故宫出版对象为本院秘书处及古物、图书、文献三馆所保管的院藏物品”（142 页），都如此；印刷也还是谈的国立北平故宫博物院，主要用南京国民政府时期国立北平故宫博物院的情况来代表整个民国时期故宫博物院，这是极为不妥当的，文章标题或宜改为“国立北平故宫博物院出版事业运作机制浅探”。论文中虽然也写到了其他时期的情况，但必须置之于当时的历史场景中才符合历史实际。朱赛虹《字里行间的早期院史》① 在叙述故宫院史时，有时序错乱情况，如说：“1925 年故宫博物院成立，履行其新式博物馆所赋予的各项职责。虽然政局不稳，经费困难，初创的故宫博物院常常处于紧张与动荡之中，但在临时董事会与临时理事会的主持与推动下，院属各馆处的职责和分工渐趋固定，古物馆、图书馆、文献馆和总务处等相继整理出版了一大批学术成果，《故宫物品点查报告》《故宫周刊》《故宫书画集》《故宫善本书目》《文献丛编》等等……”临时董事会与临时理事会是 1925 年成立故宫博物院时的领导机构，当时临时理事会下属古物馆与图书馆两馆，而古物馆、图书馆、文献馆和总务处等三馆两处是 1928 年《国立北平故宫博物院组织法》确定的国立北平故宫博物院内设机构，而且所叙述的书刊也是跨时段的。显然文章的叙述是错误的。朱赛虹《故宫博物院出版事业的首度辉煌——民国时期出版综论》说“1925 年故宫博物院成立后，积极筹建‘两馆一处’”，这样的说法是不符合事实的。1925 年故宫博物院成立时，只有古物馆、图书馆两馆。三馆（古物馆、图书馆、文献馆）两处（秘书处、总务处）是国立北平故宫博物院易培基院长任内的机构设置，在易培基院长之前不是这样，易培基辞职后也不是这样。张小李

① 朱赛虹：《字里行间的早期院史》，《紫禁城》2016 年第 5 期。

《民国时期故宫博物院出版事业的变迁》① 在民国故宫博物院历史分期中列出一个抗日战争时期，其实论文中述说的都是沦陷时期的北平故宫博物院，应改为沦陷时期。沦陷时期处于疏散状态的故宫办事处几乎没有出版活动，1944 年在蓉、在筑书画展时，出过展览图录。沦陷时期的北平故宫博物院本院继续运行，也有不少出版活动。但沦陷时期北平故宫博物院本部，虽然依然是原来国立北平故宫博物院的一些老员工在留守，但性质迥然不同，已不是国民政府统治下故宫的一部分，已经与南迁后的故宫各支毫无交集，不应与向西南疏散的办事处相提并论，它属于日伪政权下的机构，根本不应纳入民国体制来叙述。北平沦陷时期的故宫博物院是个特殊时期，不可与其他时期混为一谈。北平 1949 年 1 月 31 日和平解放，1949 年 2 月 19 日北平市军管会文化接管委员会派钱俊瑞等来故宫博物院办理接管事宜，3 月 6 日正式接管故宫博物院。4 月 23 日解放军先遣部队进入南京，24 日红旗插上总统府，故宫博物院南京分院也回到人民手中。因此，民国故宫博物院的历史并不是止于中华人民共和国成立的 1949 年 10 月 1 日。还有，对吴瀛个人地位的夸大拔高，如说："吴瀛与李宗侗一起规划了故宫出版格局，并领导了专司出版的故宫博物院非正式机构——出版处。"②

诸如此类的错误还有不少，这里就不再一一列举，将在下面叙述中

① 张小李：《民国时期故宫博物院出版事业的变迁》，《故宫学刊》2015 年总第 15 辑，故宫出版社，2015 年，第 44 – 71 页。

② 张小李：《弘扬文化之先行——民国故宫出版事业先贤》，《紫禁城》2016 年第 5 期。出版处是故宫博物院为适应出版事业发展需要，于 1931 年成立，由秘书长李宗侗兼处长，同时兼任编辑组主任，吴瀛任印刷组主任，程星龄任发行组主任，杨心德任摄影组主任。出版处如此架构，应是秘书处的副牌。印刷管理机构也应是秘书处，而非总务处。国立北平故宫博物院属于国家机关，直属于国民政府，其组织架构是由《组织法》规定的，怎么能在《组织法》规定之外，凭空自己再设一个"出版处"？故宫博物院档案室保存了出版处的相关档案，1932 年 5 月 4 日制定的《改组发售室试行办法》，秘书长李宗侗及秘书吴瀛分别签字［故宫博物院：《通知改组发售室试行办法》（1932 年 5 月 4 日），故宫博物院档案室藏：《故宫博物院 · 领导指导类》第 37 卷，第 1 – 2 页］。1932 年 10 月《故宫博物院古物馆概览》有"以上二表所列流传刊物，均归本院出版处发行所发售"（故宫博物院：《故宫博物院古物馆概览》，北平：故宫博物院 1932 年版，第 21 页）。这是由于关于故宫博物院出版处情况不明造成的，确实需要认真探讨。但确实有对吴瀛在故宫博物院历史上的地位刻意夸大拔高的问题，最集中的论文是：王凡《吴瀛与故宫博物院》，《故宫学刊》2015 年总第 15 辑，故宫出版社，2015 年，第 16 – 35 页。

在适当地方予以更正，且不再指出错误。

为统一讨论的口径，本文先做几个设定或规定：

（1）将清室善后委员会作为故宫博物院的前身，在言及《故宫物品点查报告》等出版时与故宫博物院视为一体，不再分拆。

（2）古物陈列所虽然1947年9月1日开始并入故宫博物院（1949年3月完成整个接交工作），但本文的讨论将之摒弃在外，不予涉及。

（3）类似《国立北平故宫博物院工作报告》[①]《国立北平故宫博物院职员录》[②]《国立北平故宫博物院章制汇编》[③]《故宫博物院南京分院保存库落成纪念册》[④]《国立北平故宫博物院古物馆工作报告（廿六年五月份）》等工作总结、工作记录，都是内部工作使用的印刷品。故宫博物院发行所1936年编印的《国立北平故宫博物院出版物总目》、1937年编印的 *SELECT LIST OF ART PUBLICATIONS OF THE NATIONAL PALACE MUSEUM*（《国立故宫博物院出版物选目》），列出所售各书的中英文书名，内容简介及价格，不是今天意义上的出版物，本文坚持这个标准，不将这些印刷品视为出版物。对于为了说明某个问题而对外公开散发（包括出版发行）的《故宫博物院处分无关文史物品经过概况》《故宫博物院三次标卖残废金质器皿经过情形》《故宫博物院处分皮货售出清单》等，则视作出版物。

（4）对于刊物和报纸使用学界统一的界定，不因为类似《故宫周刊》《故宫旬刊》用了“刊”名就认定为期刊，这是报纸。《故宫周刊》与《北京大学日刊》同为报纸的性质是相同的。但对于《故宫周刊》的合订本按出版物对待。刊物作为出版物本文统一加以论述。

（5）1933年故宫古物南迁上海后，9月，中央图书馆筹备处委托商务印书馆借印故宫博物院收藏的《四库全书》。次年影印结束，《四

① 《国立北平故宫博物院工作报告》，据笔者知见有如下三类：一年一编的较多，多年一编的如《国立北平故宫博物院北平本院八年工作报告（1937年7月至1945年9月），还有院内各部门的如《故宫博物院图书馆工作报告》《故宫博物院文献馆工作报告》等，年份不全。三类均为铅字排版，字体、装式皆相同。笔者未见年份及品种，还望知情人士提供线索。

② 《国立北平故宫博物院职员录》，民国二十六年（1937年）故宫博物院编辑出版。

③ 《国立北平故宫博物院章制汇编》，民国二十五年（1936年）故宫博物院编辑出版。

④ 《故宫博物院南京分院保存库落成纪念册》，故宫博物院编辑出版。

库全书》珍本共影印231种，另《影印四库全书四种》装潢等仿《四库全书》原本，可以此管窥《四库全书》原貌。又如1935年委托商务印书馆影印出版《选印宛委别藏四十种》。这些书都不是本院出版的，不在本文讨论范围之内。

（6）故宫出版的研究性期刊大概从一开始就有抽印本，如1936年10月院庆十一周年纪念出版的《文献论丛》，有本院专门委员及各专家来稿10篇、本院同仁研究报告14篇，现见到的有黄鹏霄、曹宗儒、张德泽等论文的抽印本。抽印本是期刊的有机组成部分，不应该作为单独的出版物来计数。

一、故宫博物院出版事业的开端

故宫博物院的成立起因于1924年冯玉祥北京政变后驱逐溥仪出宫，当时的摄政内阁为了解决溥仪出宫后的善后问题，于1924年11月20日成立清室善后委员会，12月20日善后会第一次会议通过《点查清宫物件规则》，12月24日开始清宫物品点查。① 为了让社会了解点查情况，清室善后委员会及时公布清宫物品点查清册，将《故宫物品点查报告》作为“故宫丛刊之一”公开出版，1925年3月1日出版第一编第一册（乾清宫）。同年3月15日、3月20日、3月20日、4月1日出版第一编第二、三、四、五册，之后第二编九册、第三编五册、第四编五册，以及1925年12月25日出版的第五编第一册，均署“清室善后委员会刊行”。此时，故宫博物院已在1925年10月10日举办开院典礼，正式成立了。1926年三一八惨案以后，北京社会动荡，政府变动频繁，故宫博物院领导层也不断更换，清宫物品点查时断时续，直到1927年12月1日才得以出版《故宫物品点查报告》第五编第二册，出版者已改署“故宫博物院刊行”。清宫物品点查至1930年3月基本结束，共出版《清宫物品点查报告》6编28册。报告按中路、内东路、内西路、外东路、外西路、宫外各处分为六编，每编之下再以宫、殿、堂、园等

① 章宏伟：《紫禁城：从皇宫到博物院》，《江南大学学报》2016年第2期。

为单位分册，较大殿堂一处一册，较小殿堂多处合为一册，记录了点查物品名称、件数、年代、残缺、包装等项，并冠以编号，自乾清宫始，至清堂子止，总计28册、94万余个编号、117万余件文物。各册卷首有凡例、清室善后委员会点查清宫物件规则、点查情形，卷首或卷末附封锁情形，卷末附点查人员统计表。清宫物品点查为紫禁城从皇宫向博物馆的转变奠定了基础，起到了积极的推动作用。

1925年7月31日在点查溥仪寝宫养心殿时，发现了溥仪与社会上复辟势力相勾结、密谋复辟的信件，包括《康有为请庄士敦代奏游说经过函》《镶红旗蒙古副都统金梁条陈三事折》等9件，清室善后委员会将其编为《甲子清室密谋复辟文证》，后附善后会就清室复辟问题向京师地方检察厅、京师高等检察厅报案，并请求外交部驱逐英人庄士敦的往来信函8通，作为“故宫丛刊之二”，1925年9月1日出版。

在点查物品的同时，根据《点查清宫物件规则》，要有摄影师随同出组，当时拍摄了不少相片，后来专门以“故宫丛刊之三”来出版《故宫摄影集》，1925年10月10日出版第一编第一册（乾清宫），1925年11月5日出版第一编第二册（交泰殿坤宁宫），均署“清室善后委员会刊行”。或许该摄影集是配合《故宫物品点查报告》出版，遗憾的是现在能见到的只有3册，还有1928年“故宫博物院工程科刊行”的一册。

1925年，出版了《隋展子虔授经图》。

1926年6月2日，清室善后委员会刊行《故宫已佚书画目录三种》（故宫丛刊之四），汇集点查文物时发现的《赏溥杰单》《收到单》《诸位大臣借去书籍字画玩物等糙账》。

1926年三一八惨案以后，李煜瀛遭通缉，清室善后委员会选举卢永祥、庄蕴宽为善后会正副委员长，维持故宫博物院局面。卢永祥没有到任，由庄蕴宽独力维持。庄蕴宽组织人力传拓《金薤留珍》古铜印谱24部，历时三个月，9月完成钤拓，并对外发行。是谱收录清乾隆朝搜集的秦汉铜印1 291方。

毓庆宫藏汉铜印100方，可能是乾隆朝收集来用以补充《金薤留珍》印谱的，大都未见著录，数量虽少，价值却大，1927年，古物馆编目传拓，并名之为《毓庆宫藏汉铜印》。

由于宫中所藏档案文献一向密不示人，所以不久便发现大量珍贵史料，收获极大。1926 年 1 月，与国务院交涉，收回清代军机处档案，移至大高殿整理编目。同时整理、编辑、出版宫内各处旧存档案。

王士珍故宫管理委员会时，图书馆掌故部本来计划将所藏宫内档案、军机处内务府档案“辑为长编，以存一朝文献”，由于该项工作过于庞大，于是决定每月编印《掌故丛编》一册，“先就清厘所得，随时刊布”，在内容上“皆就原文抄录”，在排列上“略以类从”。《掌故丛编》是故宫博物院最早编辑出版的一种期刊，当时“由美款中拨付伍佰元为开办费”①，1928 年 2 月出版第一辑，计划每月赓续编印，但也有“校印不及，以致迟缓”，直到 1929 年 11 月，《掌故丛编》才出版了 10 辑。每辑按专题刊发，内容选自清宫中档案、内务府档案、内阁大库档案及军机处档案等。计有清帝谕旨、《钦定宫中现行则例》、仁宗遇刺案、年羹尧、鄂尔泰奏折、英使马嘎尔尼来华案，以及王锡侯字贯案、王沅爱竹轩诗案、太平天国文件、禁书目录、西征随笔等。

由以上的叙述可以看出，故宫博物院在北京政府时期，由于草创伊始，社会动荡，领导层更换频仍，在开放之余，主要工作围绕物品点查来开展，出版只是取信于社会的一种手段，没有计划，也没有多少成果。或许可以将《掌故丛编》的创办看作是故宫博物院出版自觉的一种积极举措。

1928 年，据清内府刻本排印清汪景琪撰《读书堂西征随笔》②。汪景祺，原名日祺，字无己。浙江钱塘人，康熙五十三年举人，雍正二年（1724 年）初曾随年羹尧西征。此书即以其西征途中按日所记的见闻笔记整理而成。不分卷，杂记清初政治、军事等方面的史事，如年羹尧击败罗卜藏丹金的功绩，康熙年间西北吏治的腐败，青陕地区的民变、熊赐履修《明史》的经过及清初某些官吏的事迹等，也述及一些地方的

---

① 《掌故丛编》创刊档案，1928 年 1 月 13 日。美款指美国退还的“庚子赔偿”，由中华教育文化基金董事会管理。

② （清）汪景琪：《读书堂西征随笔》，1928 年，故宫博物院据清咸丰年内府刻本排印本。

风土人情及异闻。由于书中夹有讥讽清统治者的语句，所以此书当时即在“悖谬狂乱”的罪名下被列为禁书，作者也因此遭杀身之祸。

二、国立北平故宫博物院出版事业的繁荣

1928 年 6 月，南京国民政府接管故宫博物院，经过经亨颐“废除故宫博物院案”的周折，南京国民政府终于在 10 月颁布了《故宫博物院组织法》，明确了故宫博物院的地位与任务。《故宫博物院组织法》第一条规定：“中华民国故宫博物院直隶于国民政府，掌理故宫及所属各处之建筑物、古物、图书档案之保管开放及传布事宜。”“传布”就是故宫文化的播扬流传，故宫文化的传播成为故宫博物院的重要使命。组织法还明确规定各馆处的任务，古物馆有传拓摄影、图书馆有善本图书影印、文献馆有清代史料之编印等任务事项。总务处的十项“执掌”中的第三项是“关于征集统计材料及刊行出版的事项”。故宫博物院的工作走上正轨，工作重点从前期的点查转入整理、保管、开放与传布，并且把整理、刊印、传播故宫文化作为一项自觉使命，通过各类出版物，介绍故宫的文物藏品、明清档案以及紫禁城宫殿建筑，在学术界、文化界乃至全社会都产生了重大影响。还有办理清室善后委员会作为出版单位继续存在。

1929 年 2 月，国民政府任命易培基为故宫博物院院长。博物院的下属机构，业务方面为古物、图书、文献三馆，事务方面设总务与秘书两处。1929 年 3 月 1 日，国府第 22 次国务会议决议，派易培基兼北平故宫博物院古物馆长、张继兼文献馆长、庄蕴宽兼图书馆长、马衡为古物馆副馆长、沈兼士为文献馆副馆长、袁同礼为图书馆副馆长。3 月 17 日，张继、马衡、沈兼士、袁同礼到故宫任职。4 月 11 日，总务处俞同奎处长就职。随着各馆处领导的到任，故宫博物院迈入了一个新的时代，各项事业全面开展起来。

在出版方面，最先动起来的是文献馆。文献馆由原图书馆掌故部分列出来，继续整理、编目宫内各处旧存档案。这方面应该说是基础最好，档案整理工作从 1926 年以来，一直持续不断地在进行着，故宫管

理委员会时就编印《掌故丛编》。文献馆成立后，开始影印出版《筹办夷务始末》，这是晚清官方编修的大型外交档案汇编，自道光十六年（1836 年）议禁鸦片开始至同治十三年（1874 年）止，计道光朝八十卷、咸丰朝八十卷、同治朝一百卷，1929～1930 年刊行，俾全国人士明了清末外交事件始末，及早实现废除不平等条约。1929 年，文献馆又将《交泰殿宝谱》石印出版，由易培基题书名。乾隆十一年（1746 年）对交泰殿所藏前代三十九方皇帝御宝重新考证排列，确定御宝总数为二十五方，并制成宝谱，对皇帝行使最高权力标志的国家御宝的宝文、形制、保管、使用等作了基本规定，“盖天子所重，以治宇宙，申经纶，莫重于国宝”。1925 年驱逐溥仪出宫，鹿钟麟也是先接收两方国宝送到国务院。文献馆还从景山寿皇殿与宫内所藏清代帝后画像及行乐图中，选编了 120 幅，辑为 4 册，为《清代帝后像》，1929～1933 年出版。

绘画集有《历代帝后像》①《清代帝后像》②，系搜集景山寿皇殿及宫内藏本，以珂罗版影印而成，供研究掌故者参考。除帝后画像外，尚有“行乐图”多件，亦一并列入。

1929 年，图书馆编印了《故宫善本书影初编》，收录书影 41 种，计经部宋本 9，影宋本 2，元本 5，影元本 1，共 17 种；史部收宋本 5，元本 2，共 7 种；子部收宋本 1，影宋本 1，元本 3，共 5 种；集部收宋本 6，元本 6，共 12 种。书前的解题目录出自本院专门委员张允亮。

古物馆则创办了综合性的艺术类刊物《故宫》（月刊），以“荟萃普及”为宗旨，“分建筑、雕刻、书画、铜磁器、史迹各类，凡具有艺术及历史价值者均在网罗之列”，每期收录 20 件，宣纸珂罗版精印，大本线装，月终发行。自 1929 年 9 月开始，至 1936 年共出版了 44 期。创刊时古物馆馆长易培基还未到任，吴瀛说是总务处长俞同奎在主办。而第一期创刊缘起为秘书处秘书长李宗侗所写。

1929 年 10 月 10 日创办的《故宫周刊》，其实是一张报纸，不应算

① 《历代帝后像》1－4 期，1929～1931，故宫博物院编辑、出版。
② 《清代帝后像》1－4 期，1929～1931，故宫博物院编辑、出版。

作期刊。这是我们讨论问题时必须有的一个共同认定的定义。这张 8 开小报（每期 4 版或 8 版）由秘书处秘书吴瀛主编。《故宫周刊》自创办后连续出版 510 期后，改为《故宫旬刊》，出了 32 期，因为抗日战争全面爆发而停刊。合订本共装 21 册，如第 1 –26 期合订为第 1 册，1930 年 4 月发行。

1929 年故宫的出版主要仰赖中华教育文化基金董事会的经费补助，中华教育文化基金董事会管理的是美国庚子退款。截至 6 月，出版方面支出，计有点查报告 656. 075 元、掌故丛编 519. 8 元、善本影印 786. 4 元、故宫月刊 300 元、夷务始末样本 45 元、影印宝谱 200 元，还有建筑明信片2 574元①，现在没有见到的，从支出金额来看，数量不少。从这份档案来看，1929 年度的出版实际是延续的去年的工作。当年 8 月 29 日故宫博物院制定了领受中华教育文化基金会董事会补助费收支办法八条："第一条，本院领受中华教育文化基金会董事会补助费，由总务处会计科依照该会补助费登记及稽核办法，另立工簿据保管收支。第二条，收领该款时，由会长或副会长发据收条领收储存指定之银行，提用时用支票支领。支票印鉴由会长或副会长签署。第三条，各馆支用该款须按照原定预算科目金额开支，由该馆馆长或副馆长及各该处主管委员签具请款单，附同商号账单，请会长或副会长核准知照总务处交由会计科登记支发。请款单须与商号账单收据相符，每一单据只可填写一科目之账目。第四条，各馆处预算科目所定金额如不能按目分支可先后举办，但所支项目不得超过各该馆处本期应分得之数。第五条，各馆处科目中的出版物文由发售室出售。第六条，各馆处出版物之售价应划归各该馆处收支费下，为该馆之费，不得移作别用。但遇必要时得依各该馆处之同意下办理。第七条，各馆处领用该款细账由各馆处主管人员负责查核，每月终由会计科将所有收支账目分别核给，一次报告公布之。第八条，本办法自核定公布日施行。"② 依据领受中华教育文化基金会董

① "造送一九二八年度收支报告表及支出结算表案由"，故宫博物院档案室藏财务档案，编号：jfqggcw100038。

② "公布本院领受中教文基委会补助费收支办法由"，故宫博物院档案室藏财务档案，编号：jfqggcwl00016。

事会补助费收支办法，故宫自然十分重视出版物的发行出售回款。5 月 31 日，修理了北平本院出版物发售室，11 月，将出版物发售室分为文书部、会计部、发售部、代订部共四个部门，派专员负责，改良管理办法，四部分工合作，各尽其责。

1930 年 1 月 1 日，故宫博物院刊行《故宫已佚古物目录二种》（故宫丛刊之五），含《清室内务府与北京盐业银行合同三件》（附抵押品清单两件，由内务府档案查出）、《清内务府招商标卖瓷器、玉器、古铜估价单》两份目录。

1930 年古物馆创办了月刊《故宫书画集》，以玻璃版精印书画名迹，按月发行，以补《故宫》及《故宫周刊》之不足，“俾尽量介绍吾国书画艺术于世界，使一洗珍秘之习焉”。每期收录书画作品 20 件，每幅图后附有著录，略述名家款识印记、绘事传承，宣纸珂罗版精印，大本线装，到 1936 年共出版了 47 期，先后发表 940 幅作品，具有较高的艺术鉴赏价值。多次再版重印。

国立北平故宫博物院的组织架构为三馆两处，文献馆从图书馆掌故部独立出来。1930 年 3 月起，原有的《掌故丛编》改为《文献丛编》出版第一辑，先后整理发表的史料有苏州织造李煦奏折、康熙朱笔谕旨、康熙与罗马使节文书、雍正朝关税史料、雍正朝文字狱、圆明园史料、修建京师大学堂史料、俄罗斯档、乾隆朝文字狱、乾隆朝天主教流传中国史料、荷兰国交聘案、英吉利交聘案、鸦片战争之中英交涉史料、英法联军战役之中英和中法交涉事件、太平天国史料、教案史料、徐锡麟革命史料、秋瑾女士亲笔告国人书、台湾风俗图等。即便 1937 年北平沦陷，《文献丛编》仍然继续出刊，直到 1943 年，共出版了 46 辑。

因“本院文献馆所藏各种档案，多属有清一代之重要史料。其中凡可以单行成书，或类聚多数文件加以系统整理者，已就其性质类别分别编印《文献丛编》及《丛书》行世。惟是贮藏浩繁，整理需时，倘仅恃《丛编》《丛书》两种刊物发表，惟恐时日稽迟，数量微少，不足以餍海内学者之渴望，兹特加出《史料旬刊》一种，以辅《丛编》之不及。凡属有关文献可供考征者，随时发见，即行刊布，片鳞只爪，兼容并纳”。“虽与《文献丛编》并行，而体裁各异”。① 从1930年6月1日起到1931年，《史料旬刊》② 出版了40期，先后选编发表的档案有俄罗斯国喇嘛学生案、雍正安南勘界案、道光十一年查禁鸦片烟案、乾隆二十四年英吉利通商案、道光朝外洋通商案、乾隆朝外洋通商案、咸丰十年英法兵入京焚毁圆明园案、割辫案、朱三太子案、嘉庆诛和珅案、台湾黄教案、河南青阳教案、道光朝关税案、道光朝留中密奏等。

清代军机处成立后，内外奏章由内奏事处送皇帝批阅，再交军机处抄录副本，将原件发还，所抄副本存方略馆，即为军机处档案。1914年，国务院将这批档案移置国务院集灵囿。1926年，经陈垣等争取，国务院将这批军机处档案移交故宫博物院。所有档册折包共庋49架，凡档册7 969本、折包3 535包，80余万件。③ 故宫一直在整理这批档案，经多年坚持不懈地努力，终将各档名称件数按年编为简目，1930年，出版《清军机处档案目录》。

雍正帝在生前曾将历年朱批奏折分别选刊颁赐廷臣，乾隆三年（1738年）又将雍正帝检录的朱批谕旨刊印。雍正朝奏折散存故宫各档箱中，凡已刊者原包标书“已录奏折”，未刊者书“不录奏折”。文献馆整理此项档案时，将没有刊印的1 000余件档案，按其内容摘取略由编为总目，包括包号、人名、案件、略由、件数、备考各项，1930年出版《雍正朱批谕旨不录奏折总目》。

由1930年文献馆的出版物，可见文献馆职工一直以来工作的勤勉，成果的丰硕。

本年，图书馆的出版物主要是影印、排印典籍，影印的有宋刻本《淮海居士长短句》、明刻本《柳贯上京纪行诗一卷》、明金粟园刻本

① 《故宫博物院史料旬刊发刊前记》，《史料旬刊》第1期，第1页，1930年6月1日。

② 张小李主编：《秘藏印行——故宫博物院早期（1925－1949）出版物展》“《史料旬刊》”条下的知识链接，引朱家溍的回忆“加紧出版《史料旬刊》”，说：“抗日战争，古物南迁，也包括历史档案，他们预料这个旬刊(《史料旬刊》)将要中断。为了加紧出版旬刊，必须缩短周期……”（故宫出版社，2016年，第162页。）朱家溍的说法有误。《史料旬刊》1931年就中止了出版，此时谁都不知道后面中日关系的发展，谁都不可能想到故宫会有古物南迁，如何预料？编者选这段话作知识链接，误甚。

③ 故宫博物院文献馆编：《清军机处档案目录》，故宫博物院，1930年。

《太平清调迦陵音一卷》、明刻本《李孝美墨谱三卷　明潘膺祉墨评》。排印的有《射阳先生存稿》《殊域周咨录二十四卷》。

影印《宋四家墨宝》，收录苏、黄、米、蔡作品 16 件，册后附说明、释文及收传印记考。

1930 年出版《定武兰亭真本》，此本元柯九思旧藏，清经训堂毕秋帆得之；嘉庆间，毕氏籍没，入清内府，编目于《石渠宝笈三编》。影印本大多有说明、作者小传及收传印记考，有宣纸和高丽纸本两种印本。1932 年 1 月出版的《唐明皇鹡鸰颂》的版权页上可售书广告中有《柯九思家藏定武兰亭真本》，定价大洋一元五角。但 1932 年 2 月出版的《王原祁仿古山水册》版权页出书广告有《柯九思珍集定武兰亭正本》，但标为“印刷中”，该书应该就是《柯九思家藏定武兰亭真本》，已经出版了，不知为什么还出现异名？异名当是印刷错误，“印刷中”应是重印。

1930 年，出版《宋人法书》（1－4 册，第 1 册分上、下卷），收录原藏于乾清宫的《宋徽宗欲借风霜二诗帖》等 95 人作品 98 件。出版《名画琳琅》（宋元明名人真迹十二），作品原贮乾清宫，《石渠宝笈续编》著录，包括宋范宽《群峰雪霁》、梁楷《泼墨仙人》等作品 12 幅，每幅之后都有详细的文字说明，包括质地、尺寸、款识、作者小传等。

1930 年，故宫将明信片汇辑为《故宫书画信片》出版，磁青布匣装，每辑一匣，每匣 100 张。内容类别有历代名画、法书、名人画扇、玉玺印、扇面、瓷器、铜器等。到 1934 年，共出版了 15 辑。

1930 年，故宫博物院还拟出版多种外文的图籍古器，以广流传，但因时局变化，文物南迁，此一计划，未能实现，但从所设想的项目，也可见当是故宫人传播中华文化的使命感。当时之计划如下①：

（一）建筑图绘。故宫殿廷之彩画雕刻，在在均有美术价值。日本伊东忠太博士及瑞典 Professor Osowald Siren 对此均有著作。惟彼等之书，对于清宫内廷，因当时进内不便，所获材料甚少，殊非完璧。不知

① 《民国十九年本院全年工作报告》，故宫博物院档案。

中国建筑之最富有美术者，厥维宫殿，而精华所萃，又在宫殿中之所谓内廷。现由本院搜罗材料，拟将各处最精美之图案，或用照相法照出，或觅有经验之油画匠，照原来之彩色依样绘画。汇集精印，加以各国文字之说明，以飨世界学者。

（二）古代瓷器图说。中国古瓷，声闻于世已久。而古瓷种类之完备，及数量之多，尤推故宫所收藏者为第一。然以如许之宝物，不使其图像及其艺术之特长处，使世界学者均有机会流览，殊属可惜。故本院拟编出一种古瓷谱，将其图像分类精印，并请专家加以考证说明，以各国文字宣传之。

（三）古代铜器图说。中国古代铜器，远由四五千年前流传至今。为研究中国古代文化者必需之参考品。宫中收藏精美完整铜器千余件。亦拟照出图像，以原来色彩精印之。并加各国文字之说明。

（四）书画专集。中国画，以写意为特长。故各种之画，愈经研究愈觉意味深长。诚如文学家所作之古文诗歌，百读不厌也。近来欧美人士，研究中国画者亦不少。兹为便利介绍于世界起见，院中拟择古代最有名之画，精印中西文专集，或月出一册，以飨研究中国美术之人士。

（五）翻印书籍。宫中藏书，有关于中国掌故历史或文学艺术者极多。皆为研究东方文化者所必读之书。而海内只此孤本，外间搜求不易，现拟择要复印百余种，藉供中外图书馆之需求。

1931 年 3 月 18 日，易培基到北平，专办故宫博物院事，开始视故宫博物院为自己的终身事业。易为三一八关系者，故特于是日到平。1931 年 5 月 26 日，行政院定李宗侗为北平故宫博物院秘书长。易培基来到故宫，同秘书处、总务处的同仁在一起办公，全院同仁齐心协力，奋发工作，使故宫博物院的各项业务均获很大发展，故宫博物院进入了蓬勃发展的时期。“前二年（1929、1930 年）本院之工作，为草创的，为普及的，不论何事，随手举办。办事成绩，虽似较多，但其缺点，则在无统系，无一定目标。本年度则渐由草创工作，进为有趋向之工作，其最大目标，一面倾向于整理保管方面。一面倾向于流传方面。此两种工作，为本年度就财力所及，而尽量发展之趋向。”① 1931 年，故宫博物院为加强出版，做出了两项重大举措：一是成立出版处，统筹管理故宫的出版事业。由秘书长李宗侗兼处长，同时兼任编辑组主任，吴瀛任印刷组主任，程星龄任发行组主任，杨心德任摄影组主任。二是成立故宫印刷所。特由本院呈准行政院，与杨心德私人创办之印刷工厂，合资另组故宫印刷所，于 1931 年 3 月 10 日正式成立，其性质为官商合办。有学者说：“这一专门机构的组织和技术保障，更直接促进了故宫博物院出版事业走向‘辉煌’。”② 从以下年份的出版物来看，故宫印刷所并没有表现出多么强劲的推动力。

1931 年 5 月，北平故宫博物院文献馆编的《清代文字狱档》（第一辑）出版，全书共分九辑，1934 年出齐，辑录了雍正朝文字狱一起、乾隆朝文字狱 64 起，所辑内容取之于军机处档、宫中所存缴回朱批奏折、实录。“各案著录之顺序，以发现之先后为次。每一案中文件排列之顺序，用纪事本末体以年月为次。”

文献馆在整理清内阁实录库档案时发见康熙年间三藩事件的文书千余件，有各将军府文档、札付令牌及印记、各部院钞送内阁典籍厅之题本、方略馆编辑平定三逆方略之钞档及稿本、各司致内阁典籍厅之手本等，1931 ~ 1932 年，辑为《清三藩史料》（一至六辑），以《文献丛编增刊》名义出版。

1931 年，影印清乾隆年武英殿刻本《钦定河源纪略三十六卷》。《河源纪略》为纪昀等奉敕撰，内分七类，依次为图说、列表、质实、证古、辨讹、纪事、杂录，卷首一卷为御制诗文。书后有卢弼撰《河源纪略跋》。

1931 年 8 月，故宫博物院图书馆编辑出版《故宫方志目》，收录自明正德年间至民国初年的地方志 1700 余种，著录书名、卷数、编者、版本、册数，正文列刻本，按省份排列，顺序依次为直隶、盛京、吉林、热河、山东、河南、山西、江苏、安徽、江西、福建、浙江、湖

① 《民国二十年本院全年工作报告》，故宫博物院档案。

② 朱赛虹：《故宫博物院出版事业的首度辉煌——民国时期出版综论》，《故宫博物院院刊》2011 年第 1 期。

北、湖南、陕西、甘肃、新疆、四川、广东、广西、云南、贵州。附录列活字本。册末为“方志目索引”，按笔画排列。书前有江瀚序，略述成书背景。

1931～1935 年，《郎世宁画》一至五集出版。

故宫博物院在印行《金薤留珍》和《毓庆宫藏汉铜印》之后，又发现了两箧印，一箧计官私印 244 方，一箧计官印 10 方，均以佩文诗韵为序排列。这两箧印于乾隆时收入内府，因原谱钤有“避暑山庄”玺，故命名为《避暑山庄藏汉铜印》，古物馆 1931 年编印出版，系拓印本。

1931 年，《虞集澄泉结翠研文印谱用本》。

1931 年 10 月，袁同礼《北平故宫博物院图书馆概况》出版（1936 年再版），这是故宫博物院各馆介绍最先出版的一种。《北平故宫博物院文献馆一览》《故宫博物院古物馆概览》先后于 1932 年 1 月、10 月印行。

1931 年，介绍导引类图书，出版有英文本 *The Palace Museum of Peiping*。

故宫博物院从 1931 年 12 月出版《印谱日历》起①，几乎就掀起了日历出版的故宫特色。《印谱日历》为活页悬挂式，从《金薤留珍》谱内精选秦汉私印 732 方冠于日历上首，随时序渐次变更印章，日期等文字为铅印字体，背面为“本日记事”。1932～1936 年出版的是《故宫日历》，曾选用汉魏碑帖集字表现日期，并配以器物、书画的图像，十分典雅。

1932 年，吴瀛著《故宫博物院五年经过记》出版。内容包括记溥仪出宫、办理清室善后委员会、故宫博物院之草创和维持时期、奉方管理委员会、南北统一接收时期、国府颁布院法正式组织等。本书是第一部故宫博物院史著作，曾在《故宫周刊》连载。

---

① 现有对故宫日历出版时间的叙述，无论是论文还是《秘藏印行——故宫博物院早期（1925－1949）出版物展》图录，都忽略了日历出版在时间上要在头年的特点，因而叙述都是错误的。

1932 年，图书馆影印出版《天禄琳琅丛书》第一集[①]（第二集未付印），包括《论语集解》《孟子赵注》《尔雅郭注》等 15 种。乾隆九年（1744 年），下令内廷翰林检点内府善本，择其优者移藏于昭仁殿，御笔亲题匾联“天禄琳琅”，悬于殿内。“天禄”取汉朝天禄阁藏书旧事，“琳琅”乃美玉之称，意谓内府藏书琳琅满目，价值非凡。嘉庆二年（1797 年）内廷交泰殿火灾波及昭仁殿，所有秘本尽化为灰烬。同年嘉庆帝敕命重修昭仁殿，并命先将御花园内各殿所藏秘笈宝简移置殿中，同时又从各地陆续征集的许多善本图书中择优入藏其中，于是昭仁殿又复旧观。天禄琳琅藏书荟萃了宫中藏书的精华，在清宫丰富的藏书中最具价值，有不少是流传有绪极为罕见的古籍，孤本秘笈为世重宝，各书校勘精审、刻印精良、装潢讲究。

1932 年 4 月，影印出版乾隆四十二年武英殿刻本《明史本纪》二十四卷，附校刊原本补本异同录。4 月，据清嘉庆抄本排印了《清宫史续编》一百卷。

何澄一编《故宫所藏观海堂书目》四卷，1932 年出版，著录 1926 年拨交本院保管、曾辟专室庋藏阅览的杨守敬“观海堂”藏书3 100余种。

1932～1933 年，出版《故宫名扇集》1－10 期，每期收录 20 件作品，画家有明文徵明、董其昌、文彭、文嘉、文伯仁、文从简、文从昌、文从先、文震孟、文俶、文枏等，清人有恽寿平、王时敏、王鉴、王原祁、王翚等。

1932 年出版的《王右军三帖墨迹》收晋王羲之书《平安帖》《何如帖》《奉橘帖》。

1932 年，出版《北宋朱锐赤壁图，附金赵秉文书和东坡词卷》。

1932 年 1 月，石印出版唐玄宗李隆基撰并书的《唐明皇鹡鸰颂》。从该书版权页上可见，已出版的还有《朱子尺牍真迹》《宋四家墨宝》《沈石田山水册》《柯九思家藏定武兰亭真本》《名画琳琅》《宋元集

① 该书函套封面署书名“天禄琳琅丛书第一辑”，但书中《叙目》前署书名“天禄琳琅丛书第一集”。

绘》《明人书札》《唐吴彩鸾唐韵》《王麓台仿古册》《恽南田山水册》。

1932 年 2 月，珂罗版影印《王原祁仿古山水册》，收画 12 对幅。该书版权页上在售书目有《夏珪长江万里图》《宋人法书第一册（上下卷）》《宋人法书第二册》《宋人法书第三册》《宋人法书第四册》《恽寿平山水画册》《恽南田山水册》《名画琳琅》《朱子尺牍真迹》《宋四家墨宝》《沈石田山水册》《赵孟頫书急就章》（从此以下为印刷中，故下本书名有异）、《柯九思珍集定武兰亭正本》（《柯九思家藏定武兰亭真本》）、《宋元集绘》《历代名绘》《明人书札》《唐吴彩鸾书唐韵》（《唐吴彩鸾唐韵》）。说明故宫出版，书名在正式出版前有个调整过程。

1932 年，珂罗版影印《赵幹江行初雪图》，这是现存最可信的五代南唐画迹之一。《历朝画幅集册》，收李成《瑶峰琪树》、惠崇《秋浦双鸳》等作品 6 幅。《宋元画萃》，花鸟、山水各一册，仅有图版，无著录文字。该书两册版权页上均印有“本院出版物简要目录”。出版《晋王羲之快雪时晴帖墨迹》《宋贤笺牍》《宋贤遗翰》。

1932 年将旧藏造办处的铜制《皇舆全图》提存馆中整理并就原版付印。此图系乾隆年间何国宗、明安图等测绘，法国人蒋友仁制作，共分 13 排，104 方，出版时更名为《清乾隆舆地全图》。

故宫博物院在整理内阁大库档案时发现“朝鲜迎接都监都厅仪轨”二册，一为明万历三十六年（1608 年）朝鲜王李昖卒，中国遣使赐祭事；一为天启元年（1621 年）熹宗登极颁诏朝鲜事。因赐祭仪轨已分期发表于《文献丛编》，1932 年遂将颁诏仪轨刊行专册《朝鲜迎接都监都厅仪轨》。

《康熙与罗马使节关系文书》系清康熙四十四年（1705 年）、五十九年（1720 年）罗马教宗格勒门第十一两次派使节来华交涉的汉文文书，共 14 通，其中多有康熙朱笔批改之处，反映出康熙对西方天主教及传教士由宽容到禁止的态度转变。1930 年出版的《文献丛编》第六辑曾照康熙改稿排印一次，阅者以未见原稿为憾，1932 年复照原稿影印出版，题名为《康熙与罗马使节关系文书影印本》，其中 9 件未具时间者由陈垣考订了有关文书年代的次第。

本院在整理内阁实录库档案时，先发现乾隆四年纂修本《太祖高皇帝实录》，当即排印出版。继又发现《清太祖武皇帝努儿哈奇实录》十卷，未署著者名氏及纂修时间。该实录自崇德成书后，在顺治、康熙、雍正、乾隆四朝屡有修改，史实被删改歪曲，此实录据方甦生考证是顺治年间重修本，行文质朴，保留有很多其他版本未载的史实，可信度较高。1932 年排印出版。

因《筹办夷务始末》记事起自道光十六年（1836 年），而清代与各国的交通实不始于此，为了弥补其不足，本院从军机处存档中继续搜辑嘉庆朝、道光元年至十五年，有关各国交聘、通商、传教、边防等的上谕、奏折、照会、书札等文书，编年系月，按日详载，编为《清代外交史料》（嘉庆朝）和《清代外交史料》（道光朝），1932～1933 年出版。

本院文献馆从清代军机处档案、档册和折包中取材，1932 年 3 月编辑出版了《清光绪朝中日交涉史料》，系统地记录了光绪朝中日关系及有关交涉事宜，包括日本侵占琉球、侵犯台湾、胁迫朝鲜签订《江华条约》、中日甲午战争等。同类出版物还有《清宣统朝中日交涉史料》《清光绪朝中法交涉史料》等。

1931 年易培基来院后，组织处分物品临时监察委员会，着手实施处分无关文化历史之皮货、药材、食品、绸缎等物。三次处分物品，惹起社会间严重注意。为了澄清自己，公布实情，故宫博物院 1932 年出版了《故宫博物院处分无关文史物品经过概况》① 《故宫博物院三次标卖残废金质器皿经过情形》和《故宫博物院处分皮货售出清单》等小册子。但最终还是没能扭转局势的发展，1932 年 10 月，监察院以北平故宫古物院盗卖古器案真相不甚明了，派监察委员周利生、高鲁到北平调查其事，结果是呈请国府将故宫博物院院长易培基移付惩戒弹劾。1933 年 6 月 22 日，易培基辞故宫博物院长职。7 月 15 日，故宫博物院理事会议，院长易培基因病辞职照准，并去电慰问，请安心疗养，并以理事兼古物馆长马衡代理。

1933 年 1 月，日军进扰华北，攻陷榆关，平津十分危急。故宫博

① 《故宫博物院处分无关文史物品经过概况》是此时的出版物，朱赛虹等误为 1924 年。

物院各馆处因而加速文物装箱工作。1933 年 2 月 6 日，故宫古物正式起运。到 5 月 15 日，共运出五批文物到上海，共计19 557箱（其中第二批开始加入了古物陈列所、颐和园和国子监的文物6 066箱），贮藏在上海天主堂街和四川路法租界和英租界的仓库里。当年，故宫刊印了《北平故宫博物院古物馆南迁物品清册》《北平故宫博物院图书馆南迁图书清册》《北平故宫博物院文献馆南迁档案文物清册》。

1933 年出版《（崇德七、八年分）朝鲜国王来书》，书前有 1932 年故宫博物院文献馆《叙言》。

1933 年出版的《重整内阁大库残本书影》，系由内阁大库残存书籍中选定宋元以来旧椠《春秋谷梁传》《礼书》等及明清写本《尚书白文》《孝经总类》等共 38 种、57 页，悉照原本影印。

1933 年出版的《太平天国文书》，收录太平天国文书谕、呈、尺牍、职凭等 12 件，有的还有封套和钤印，由于均以原件影印，保留了文献的历史面貌。

1933 年 3 月，图书馆编印《故宫所藏殿板书目》，书扉在书名后并有“此册便检点之用，尚有殿本书库现存目二卷嗣出”字样。书目分为经、史、子、集及聚珍版、古香斋五卷，分别注记撰者、版本、册数、有无御制序等项，数量为 280 余种。1933 年 5 月出版的《故宫殿本书库现存目》是前目的姊妹书，内容为南迁后殿本书库目录的重编本。其收录范围，“至御制、钦定以及呈览诸书，凡刻本、写本、抄本、铜版、聚珍、石印、铅印等（石印、铅印除官书外，均以奏准为限），但与内廷有关者，均归之为殿本书库，即武英殿库之遗意也，编兹书目，一以殿本书库之有无为断，名曰《故宫殿本书库现存目》，以备览者参稽”①。书目收录的并不是严格意义上的殿本，而是广泛意义上的内府的版本。收录品种约 490 种。

1933 年 6 月，李德启编、于道泉校的《国立北平图书馆、故宫博物院图书馆满文书籍联合目录》由北平图书馆及故宫博物院图书馆合印出版。这是第一部满文图书目录。

① 陶湘编:《故宫殿本书库现存目》，序（陶湘），故宫博物院图书馆，1933 年。

1933 年出版的《天禄琳琅　四库荟要排架图》，将两种清宫陈设档案缩印为一书，以表格的形式记录了各书列架分层顺序摆放的情形。前半部为《天禄琳琅排架图》，前层十五架，后层二十架，共 663 部计 1 828函。宋、辽、金、元、明各序时代，仍分经、史、子、集；后半部为《四库荟要排架图》，计经部 6 架，史部 10 架，子部 6 架，集部 10 架。纵横有致，形象地反映了当年的陈设实况。同年校印出版了清于敏中、王际华等奉敕编的《摛藻堂四库全书荟要目录》。

1933 年出版 Simon Harcourt-Smith 著 *A Catalogue of Various Clocks, Watches, Automata, and Other Miscellaneous Objects of European Workmanship Dating from the XVIIIth and the Early XIXth Centuries, in the Palace Museum and the Wu Ying Tien, Peiping*(《故宫钟表目录》)，收录故宫博物院和古物陈列所武英殿收藏的 18 世纪和 19 世纪早期由欧洲生产的各种钟表 115 件。

1933 年出版了套色石印本《黄庭坚书松风阁诗》。

1933 年，《宋诸名家墨宝》。

1933 年，《陆柬之书文赋真迹》《唐僧怀素自叙真迹》等，知见者有 50 余种。如据明林有麟原刻本重印其所撰《素园石谱四卷》、原藏延春阁的《宋拓定武兰亭序》《宋拓道因碑》《宋拓岳麓寺碑》等。

1933 年 3 月出版《故宫名画竹集》第一集，收录作品 20 件。《故宫名画竹集》第二集 1936 年 11 月出版，第一集同期再版。

1933 ~ 1935 年，出版过系列《故宫信片》。今见者有 15 辑，每辑一类，计有名画、画扇、法书、扇面、青铜器、瓷器、清代宝玺、台湾风俗图等，有的专辑还分甲、乙等若干编，每辑 100 张。

1934 年，影印《广西沿边各营驻防中越交界对汛法屯距界远近图》。

1934 年，出版《故宫已佚书籍书画目录四种》，册前“弁言”述及缘由：“民国十四年三月十九日点查毓庆宫，至余字九六四号五四时发见题名《诸位大人借去书籍字画玩物等糙账》一册，内有‘宣统庚申年三月记’等字样，当时颇讶其可随意借取，继又于是年七月三十一日点查养心殿至吕字五二四号更发见‘赏溥杰单’一束，又‘收到单’

一束，二者大体符合，内计宋、元、明版书籍约200余种，唐、宋、元、明、清五朝字画1 000余件，皆属琳琅秘籍、缥缃精品，《天禄》书目所载、《宝笈》三编所收，择其精华大都移运宫外，国宝散失，至堪痛惜，兹将三种目录印行，用告海内关心国粹文化之人。该书原稿计有四种：一、赏溥杰书目；二、（溥杰）收到书画目录；三、诸位大人借去书籍字画、玩物等糙账；四、外借字画浮记簿。其中三、四两种性质大致相同，初版时混而为一，今改称四种，并于四种中各影印原稿一幅，用示本来面目。”每种皆列细目，注卷数、册数或函数。

1934年，图书馆编辑出版《故宫善本书目》三卷，内分三编：一为“天禄琳琅”现存书目；二为“天禄琳琅”录外书目，录《天禄琳琅书目》后编未录或《后编》既成而后续进宫的书；三为《宛委别藏》书目，为阮元所进《四库》未收之书。书前有本院专门委员、版本目录学家张允亮所撰识语。

图书馆在将所藏善本、殿本、方志等各编书目后，再将所遗之书9 400余种，编录为《故宫普通书目》，于1934年出版，卷前有图书馆馆长江瀚所撰序言。

1934年，由张国瑞编纂的《故宫博物院文献馆现存清代实录总目》出版。按清制，《实录》例有正、副本五份，每份汉、满、蒙文各一部，书皮分饰大、小红绫及小黄绫，分贮内府各处。此目以列表形式著录，首载《清各朝实录总表》《清太祖太宗世祖三朝实录初纂本》，分列朝代、起讫年月、函数、卷数、纂修年月、告成年月、监修总裁名氏诸项。以下依次为《乾清宫实录》《皇史宬实录》《实录库实录》《清史馆实录稿本》诸目录。各目又按汉文、满文、蒙文分别列表，说明存佚内容及卷数。对各种《实录》的修纂经过、收藏处所及装帧情况叙述甚详。

《宋徽宗池塘秋晚图》1934年用珂罗版并套色石印出版。

1934年出版英文本故宫说明书 *Guide to the Palace Museum Peiping, China*。

1935年，本院出版了伦敦中国艺术国际展览会筹备委员会编的《参加伦敦中国艺术国际展览会出品目录》。故宫博物院共有735件艺术品入选展览，占伦敦中国艺术国际展览会展品总数的77%。

1935年，据宋椠袁州本影印《昭德先生郡斋读书志》。

1935年，影印罕见之本《碎金》。

1935年，据清乾隆四十二年武英殿刻本排印清王筠撰《史记校二卷》。

1935年1月，张德泽编辑的《清季各国照会目录》（第一册）出版。文献馆在整理清军机处档案时，清厘出道、咸、同、光四朝各国照会3 872件，计有英、法、美、俄、日、德、意、和、比、丹、布、奥、巴西、大西洋、秘鲁等十数国，多为《筹办夷务始末》及《清季外交史料》所不载，与近代外交史关系密切，因按国编年，逐件摘由，编制详目，每国之后，各附照会具名官员表及要件索引。表格形式为朝代、年、月、日，具照会人、事由、字号，以便检索。共成4册，1936年出齐。

文献馆在整理内阁大库各项档册时，发现不同时代的红本、书籍表章、实录、记注、史书及杂项等文件百余册，为研究两库档案书籍之来源、历年增损、现在存佚等问题的重要参考资料，由方甦生分类编辑为《清内阁库贮旧档辑刊》（6册），于1935年出版。

1935年，为纪念故宫博物院成立10周年文献馆出版了《文献特刊》。内容分为四部分：第一部分为图版，有皇极殿、九龙壁等建筑图和档案原件，共16件；第二部分为论述，有陈垣《记吕晚村子孙》，孟森《史与史料》，余嘉锡《书册制度补考》等三篇论文，孟森《中国历代史料之来源并拟现代可以收集之方法》、蒋廷黻《欧洲几个档案库》和姚从吾《档案馆与现代历史学的关系》等三篇讲稿，共6篇；第三部分是报告，有文献馆馆长沈兼士《文献馆整理档案报告》等7篇；第四部分为文献馆陈列室文物总目，有宫中、内务府、内阁和军机处档案中的原档陈列细目和重要文物清单。

1935年，出版清人宝恒编《升平署岔曲》。岔曲是我国北方曲艺八角鼓、单弦的主要曲调，盛行于清代乾隆年间，传说为乾隆时阿桂攻金川时军队中所唱的歌曲，由宝小岔（名恒）所编而得名，又称“得胜歌辞”。曲中以描景写情者最多，词句雅训、简洁，后传入宫中，高宗喜其腔调，命张照等另编词句，由南府太监演唱。曲词内容多样，或写景抒怀，或述古谈今，或改编诗文名篇，或歌功颂德，字里行间多粉饰之字句。

文献馆在整理档案时发现26支满洲木牌，为崇德元年（1636年）的军中报捷。木牌字体为老满文与加圈点满文两种，内容系记载战地杀敌、俘虏及掠获战利品等事。李德启遵沈兼士馆长之嘱加以编译，并略考其内容与时代，1935年以《阿济格略明事件之满文木牌》书名出版。

1935年，故宫博物院文献馆将从懋勤殿档箱中发现的清乾隆四十二年武英殿刻本《名教罪人》，列为《文献丛书》第二种出版。

同年，将宝应刘氏藏本《多尔衮摄政日记》和《司道职名册》合刊，列为《文献丛书》第十五种排印出版。

1935年影印出版的《历代功臣像》，原藏清宫外朝之茶库，民国初年划外朝之部为古物陈列所，则此图始移贮内廷，本院点查文物时，于斋宫发见上述图像，共21轴。图像次序依《国朝宫史续编》编次，以张良为首。

单幅作品有唐、五代、宋、元、明、清等诸家，如《隋郑法士观碑图》《唐贯休十六应真像》《刁光胤写生花卉册》《明宣宗子母鸡图》等，清《清金廷标秋山行旅图》《清香妃戎装像》《王原祁仿古山水》等，今知有百数十种。有些单幅作品还印行纸、绢、照片三种质地出售，无说明文字。

1935年，故宫博物院印行“出版物目录”，将院中所有出版物分为20大类：计有月刊(《故宫》及《故宫书画集》)、周刊(《故宫周刊》合订本21册及目录等)、书翰（29种）、名画（54种）、书画合璧（2种）、影印金石（7种）、印谱（影印《交泰殿宝谱》)、信片（13种）、地图（1种）、图像（2种）、书影（1种）、目录（15种）、史籍（9种）、史料（13种）、谱录（1种）、诗文集（5种）、杂著（9种）、特价刊物（10种）、最近出版刊物类（10种）、金石拓片（111种）、信笺、信封、请客柬（11种）。

1936年3月编印的《国立北平故宫博物院章制汇编》，收录本院29

项规章制度，基本确立了故宫博物院的组织结构和工作原则。该汇编应该只是内部使用并不对外销售，因而不应计入出版物中。

1936 年 4 月，文献馆编《内阁大库现存清代汉文黄册目录》出版。书中将顺治朝至光绪朝清代各部院衙门及臣工关于报销或例应造报的黄册6 600余册，参照会典，依各册之性质，别为吏、户、礼、兵、刑、工六部，与在京各衙门黄册合并分类。各类之下，再分子目，按年排比，共有 51 类、124 目。书前有文献馆《弁言》《凡例》，附录《整理内阁大库清代汉文黄册之经过》。

1936 年 6 月，文献馆编《整理档案规程》出版。该书归纳了明清文献档案的整理方法与原则，“档案整理八法”“秤不离砣”的档案整理守则等，对中国历史档案的整理研究产生了深远影响。7 月间提交博物馆协会年会讨论，均无异议。同年 11 月再版时改名《整理档案规则》，本院向行政院行文，要求各机关整理档案时参考该书。

《国立北平故宫博物院年刊》1936 年 7 月创刊，第一期有图版 16 幅，论文有唐兰《周王㝬钟考》、马衡《新嘉量考释》、励乃骥《释庛》、孟森《清太祖起兵为父祖复仇详考》、方甦生《整理档案方法的初步研究》等 5 篇，附录有庄尚严《赴英参加伦敦中国艺术国际展览会记》、傅振伦《中国艺术国际展览会参观记》2 篇。年刊有抽印本，如马衡《新嘉量考释》，有的将之视为“出版马衡论著《新嘉量考释》单行本”，表述并不准确。第一期“编辑略例”谈及办刊宗旨、作者对象、文稿要求与报酬，显然《年刊》是计划长期办下去，遗憾的是明年抗日战争全面爆发，国将不国，进入战时避难，《年刊》的第一期不得不成为了终刊。

1936 年 10 月，院庆十一周年纪念出版《文献论丛》，包括插图、论述及附录。论述一为本院专门委员及各专家来稿，有蔡元培、陈垣、孟森、福开森、吴廷燮（2 篇）、朱希祖、刘厚滋、刘文兴、顾颉刚等 10 篇；论述二为本院同仁研究报告，有傅振伦、黄鹏霄、曹宗儒、单士元、单士魁、王梅庄、吴志勤等 14 篇，附录有《文献馆大事表》。这辑《文献论丛》有抽印本，现见到的有黄鹏霄、曹宗儒、张德泽等的论文。

清内阁蒙古堂所存清代康熙九年至乾隆二十五年（1670～1760年）俄方来文，内容涉及遣使、通商、征税、越界、欠债、逃亡、损害要偿、犯人交付诸方面，所用多为斯拉夫文，部分附有拉丁文和满文译文。文献馆1935年在整理内阁大库档案时发现，由王之相、刘泽荣负责整理鉴定，并将其转抄为现代俄文，加以翻译，当时译出23件，合原抄件影印，1936年10月出版《故宫俄文史料——清康乾间俄国来文原档》。

1936年，《故宫博物院图书馆概况　附太庙图书分馆概况》出版，这是1931年版《北平故宫博物院图书馆概况》的修订本，附“太庙图书分馆概况”。

1936年，出版《明宣宗书画合璧》。

1936年，出版《明文伯仁诗意图》。

1936年，《故宫名画梅集》出版了二集，每集收录作品20件。1942年12月，北平本院珂罗版影印出版《故宫名画梅集》第二版。

1936年，专门编发了《〈故宫周刊〉总索引》，以供分类检索。

1936年，编印舆图目录《清内务府造办处舆图房图目初编》。分类大致参照《萝图荟萃》旧目略加损益，别为舆地、都城宫苑、风土、江海、河渠、武功、巡幸、名胜、瑞应、效贡、寺庙、山陵、风水等十二类，并附图目一类于后。

为已刊档案集编制的索引有《史料旬刊目录索引》，但仅编至24期，且只能从单一角度检索。

1936年，《升平署月令承应戏》出版。所选承应戏有元旦、立春、上元、燕九、花朝、浴佛、端阳、七夕、中元、中秋、重阳、颁朔、冬至、腊日、祀灶、除夕承应共16种、27册。册中词句圈点仍照原式，谱板则以排印不便而从略。

另有张国瑞《太庙考略》。太庙建于明永乐十八年，为供奉列圣功臣之所，清代仍之，列为大祀。民国改元后归清室，民国十三年由清室善后委员会接收，十五年曾一度开放，十七年改归内政部，二十年由故宫博物院接收，二十一年八月开放。本书将该处形势沿革据《清宫史》

《大清会典》《国朝耆献类征》等书加以说明。①

1936年，据清咸丰年内府刻本校印了清邹漪撰《启祯野乘十六卷》。

因寿安宫距故宫大门较远，而图书馆所藏复本甚多，为便利阅览起见，1935年在太庙设立分馆，阅览室同时可容纳60人阅览。1937年，出版《国立北平故宫博物院太庙图书分馆书目初编》。

1937年，出版黄鹏霄编《故宫清钱谱》，将本馆所存清代各朝钱币计719个，内分京局刻进之祖钱、颁发省局之母钱及省局铸进之样钱三种，均经整理编目，共编181号，并有进呈钱式样等照片。

《故宫博物院藏砚谱说明》，共6册，每册10件，有晋玉兰堂砚说、宋苏轼东井砚说等，每件著录尺寸、形状、纹饰、御题、钤宝、匣盖等。

1937年，《伦敦中国艺术国际展览会国外藏品照片展览目录》，属非卖品。展览日期是1937年2月25日至3月3日，地点在景山绮望楼。展品种类包括青铜器、玉器、玛瑙等，石刻、铜石等造像，陶瓷明器、瓷器、书画、织绣、西北文物杂类。

1937年，出版《故宫图说》1－3编（中路、内东路；内西路及外西路；外东路）、《增订故宫图说》《故宫导游》等。编译、出版英文本*Guide to the National Palace Museum Peiping*，*China*。

1937年抗战全面发生，南迁文物又向西疏散，出版遂告停顿。

三、沦陷时期北平故宫博物院的出版

整个抗日战争时期，处于疏散阶段的故宫办事处几乎没有出版活动，1944年在蓉、在筑书画展时，出过展览图录。

笔者推测，日本侵华之前，关于故宫及其故宫珍藏文物，应该有一个基本决策，就是要在国际上树立一个保护、不骚扰的政策。沦陷的北

① 参见《太庙考略》书前张国瑞《识语》。

平故宫博物院本院继续运行，继续进行内阁大库档案的整理与编目工作、院藏图书的《图书总目》的编纂，仍有不少出版活动。但沦陷时期北平故宫博物院本部留守，已不是国民政府统治下故宫的一部分，虽然人员还是老人，但性质迥然不同。不应与向西南疏散的办事处相提并论。北平本院的出版经费，曾向伪财务总署、中联银行借款，出版物售卖后每月还款。1940 年 11 月 11 日，故宫函财务总署“本院由贵署垫款项下刊印之出版物十月份售价现已结算完毕，计收支款一百七十五元三角五分”，故宫填具解款凭单及出版物发售表各一件，连同款项缴送到伪财务总署①。1941 年 4 月 10 日，发行所将该年一二月份印品收入汇总，总务处长张庭济在批示中要求将美款、院款分列②。北平沦陷，怎么可能有美款？这个时期是特殊时期，与民国政府毫无关系。“出版物发行所改回院办出版物发行室”，1943 年 6 月收归院办，有处分物品发交该室出售，发售室自在沦陷的北平。讲北平本院的出版经费，说“抗战时期，经费异常困难”，“本院抗战期间的中流砥柱总务处制定了办事细则”，立场有问题，说法是不对的。

《文献丛编》一直出到 1943 年，共出版了 46 辑。

1937 年，据清咸丰年内府刻本铅印清裕诚、文璧等续纂《总管内务府现行则例二十卷》。

1937 年编印出版的《苏州织造李煦奏折》。为雍正帝即位后缴回的先帝朱批李煦奏折，起康熙三十二年迄六十一年（1693 ~ 1722 年），旧藏宫中懋勤殿，凡 598 件。李氏以内务府员司，出任织造，所奏之事多有关地方政务，旁及晴雨粮价，社会风俗等，不尽属职权之内事。李煦是《红楼梦》作者曹雪芹祖父曹寅的妻兄，其奏折反映了康熙时期江南地区政治、经济与统治阶级内部斗争，还可作为曹雪芹家世的参考资料。所收各件先由《文献丛编》陆续发表，拟汇印为专刊二册，实际

① 故宫博物院：《本院解款清单出版物发售表一件送财务总署》（1940 年 11 月 11 日），故宫博物院档案室藏：《故宫博物院 · 财务类》第 94 卷，第 32 页。

② 故宫博物院：《发行所呈送本年一二月份美院款印品收入月报总表名一份请鉴核备案由》（1941 年 4 月 10 日），故宫博物院档案室藏：《故宫博物院 · 财务类》第 260 卷，第 8 – 10 页。

只出版第一册。

1937年，影印了清咸丰元年内阁学士载龄、内阁中书文启合撰的《批本处现行事宜》。

《清季教案史料》取材于清军机处各国所来照会，其中有关教案者甚多，清季民教相仇及我国外交上种种失策皆可窥见一斑。虽文中多属一面辩论之辞未必皆案情真相，然仍不失为研究教案的最好资料。《筹办夷务始末》及《清季外交史料》所载者，为清廷方面之折谕等件，此项照会亦多所不录，特辑印专集，以供参考。所辑各国案件，照《清季各国照会目录》次第排比。1937年编印出版了第1辑。

1937年，出版《宋贤书翰》，集《石渠宝笈三编》著录宋人尺牍诗帖20种，附本院古物馆编说明、小传、收传印记考。

1938年，《唐褚遂良临兰亭帖》。

1940年，原藏永寿宫的唐颜真卿书《宋拓中兴颂》珂罗版影印出版，附本院古物馆编说明、小传、收传印记考。

1940年，《宋拓藏真律公帖》。

《京城全图》是我国现存古代城市地图中绝无仅有的杰作。该图由51帧拼合而成，总长14.01米、宽13.03米，系据实地测绘，按1比650的比例以墨绘渲染而成，绘艺精湛，主要建筑物均标注名称，翔实而精确地反映了北京城的整体格局。《京城全图》系大内珍藏秘本，外人无从得见。1935年清理内务府造办处舆房藏图时被发现。1940年，日本占领者的兴亚院华北联络部政务局调查所借故宫博物院藏图，以17册册页装订，总成一函，命名为《乾隆京城全图》，比例尺约为1比2 600（与北京城实际尺度相比，下同）。故宫博物院也缩印出版，散页装为一函，命名为《清内务府藏京城全图》，比例尺约为1比2 400。

1940年，珂罗版影印《明蓝瑛仿古山水》，附本院古物馆编说明及人物小传。

1941年，珂罗版影印《赵孟頫集册》，附古物馆编说明、收传印记。

1941年，珂罗版影印《明卞文瑜摹古山水》，附本院古物馆编说明、人物小传、收传印记。

1941年，珂罗版影印第二版《米芾诗牍》，附本院古物馆编说明、收传印记考、人物小传。

1941年5月，出版章乃炜编著《清宫述闻》，1925年紫禁城对外开放，却缺少一赅雅的指南。作者博采宫内秘籍，并搜剔前贤集记及外国使臣记录，择其亲切而可征信者，以官书为纲随文附入。

1941年出版《国立北平故宫博物院三十年工作报告》。沦陷北平本院出版，居然还用“国立北平故宫博物院”名。

1943年，北平本院《宋拓定武兰亭叙》珂罗版影印第三版。

1943年，日文本《故宫游览指南》(《故宫游览案内》)。

1943年，《国立北平故宫博物院书画展览会展品目录》。

1944年，北平本院出版《故宫导游》，祝书元题签书名。书前刊“参观人须知”“各处开放日期及售票时间”。后按开放路线次第，标注内东路及外东路、中路及西路、景山、太庙等路线图，并对各宫殿处所的历史沿革及掌故做择要介绍。选配重要宫殿插图若干幅。

1944年文献馆编《文献专刊——故宫博物院十九周年纪念》，正文分为论述和杂俎两部分：论述有单士魁《清代制诏诰敕题奏表笺说略》、张德泽《军机处所藏清册之分类》、张玉全《俄罗斯馆始末记》、王善端《雍正朱批奏折述略》、王声和与魏世培《清宫内廷戏台考略》、侯甲峰《清同治间重修圆明园史料之搜集》等6篇；杂俎主要介绍零星的新鲜史料和宫中文物，有赵连珍《皇极殿铜壶滴漏》，梁仪衡《各典礼皇后穿戴之一斑》、周启芬《划一腰牌》、杨学文《阉割酷刑》、侯甲峰《太后宫之妈妈女子》《后妃姊妹侄备挑宫女》《慈禧太后祭祖》《隆裕太后册文》等8篇，“所述自有裨于掌故，次亦能揭史料之一鳞一爪，用表珍闻，盖皆研究整理之所得，足供参考者也”①。

① 《文献专刊》祝书元序。

四、抗战胜利后故宫博物院的出版

1945 年出版《国立北平故宫博物院北平本院八年工作报告（二十六年七月至三十四年九月）》，择要概述了在沦陷期间，虽遭受种种压迫与困难，院务并未停顿，各馆处工作仍于可能范围内继续进行。

1945 年出版《故宫博物院对于平市历次收集铜铁应付情形始末记》，为本院对 1944 至 1945 年间日军征缴铜铁制品历次办理情况的概述。

1945 年，文献馆编《文献专刊——国立北平故宫博物院成立二十周年纪念》出版。收录论文 5 篇，有张德泽《整理档案问题》、李德启《清季内务府经费问题》、单士魁《清内阁满票签部、通本式样之介绍》、张国桢《大高玄殿》和程文翰《寿皇殿之供奉及供献》。还有介绍清代档案史料的文章 3 篇：张玉全选译《关于清三藩事件之满文史料》、张德泽编选《清末四川铁路案》和赵德洵择录的《清孝钦后陵寝史料》。

1946 年，编辑出版《故宫书画在蓉展览目录》。

文献馆曾计划于 1947 年继续出版刊物三种，拟新出刊物七种。其中的《文献丛编》，“已出至四十六期，先拟复刊，每月出一期”。但到 1947 年 5 月 30 日，文献馆举行关于编辑事项的谈话会，关于《文献丛编》，“决议：不再继续。重要史料，择尤编印单行本，在双十节前至少出版两种”。《文献丛编》为文献馆的招牌刊物，放弃复刊，反映当时故宫的经费短缺，已不能支撑期刊的出版工作。

1947 年，珂罗版影印《邓文原章草真迹》。

1947 年，珂罗版影印《唐写本王仁昫刊谬补缺切韵》。是书底本原藏御书房，溥仪赏溥杰名义带到宫外，“近经收购，始归院有”。共 24 幅，装潢为龙鳞装，具有重要的版本学价值。

1947 年，《唐孙过庭书谱》。

故宫博物院文献馆、北京大学文科研究所、中央研究院历史语言研究所编辑的《清内阁旧藏汉文黄册联合目录》，蔡元培在 1936 年 2 月 1 日就已写就《序》，1937 年校印将次竣事，因抗战全面爆发而暂停，1947 年终于出版。收录汉文黄册共17 000余册，其中，故宫博物院文献馆7 000余册，北京大学7 000余册，历史语言研究所2 000余册。

1947 年，图书馆以《詹东图玄览编》世鲜刻本，于是以古物馆藏写本录副，并用中央研究院北平办事处所藏明写本校勘讹谬，出版该书。

古物南迁后，在北平沦陷时期留守故宫的同仁已经编就《故宫方志目续编》，1945 年 6 月 8 日，因图书馆自修书处提集的宋、元、明版书籍多受潮霉毁损，图书馆向总务处发函，请求雇工修书，并顺带请求印刷《故宫方志目续编》。1948 年 1 月，《故宫方志目续编》出版。1948 年出版《清季教案史料》第 2 辑。

1948 年出版的《文献论丛——沈兼士先生纪念刊》，书前有马衡序和文献馆仝人《纪念馆长沈兼士先生》，收录王之相《中俄陆路通商关系之历史上的变迁》、单士魁《清代黄册与赋役问题》等共 13 篇。

1948 年，影印出版《法书大观》，收录未见于《石渠宝笈》著录的晋至元代作品王献之《东山帖》、欧阳询《卜商读书帖》等 12 件。

1948 年，决定国共胜败的三大战役已经打响（辽沈战役时间是 1948 年 9 月 12 日至 11 月 2 日，平津战役的时间是 1948 年 11 月 29 日至 1949 年 1 月 31 日，淮海战役的时间是 1948 年 11 月 6 日至 1949 年 1 月 10 日），政治军事形势发生了翻天覆地的变化，故宫博物院各项工作只能维持而已。在出版方面，只是维持发售旧存的出版物。

五、关于民国时期故宫博物院出版成就的评价

现在研究者有一个通病，对研究对象往往无限拔高。关于民国时期故宫博物院出版事业的成绩，就有“出版成就斐然，主持出版的出版物种类繁多，数量可观”“出版事业硕果累累”等过于夸大的评价。故宫博物院在民国时期的出版活动主要集中在 20 世纪 30 年代抗日战争全面爆发

以前，虽然作为一个单位出版成绩相当可观，但着实达不到也不可能达到“成就斐然”的境界，在民国出版史上只能说是比较有特色而已。

（一）从经济角度来考察

（1）出版经费。故宫博物院在民国年间经费基本得到保证，但员工薪酬占了大头，真正能够用于出版的经费，还是相当有限的，因而民国年间故宫要出版的大部头项目，还是不得不仰赖商务印书馆。政府给予故宫的基本支出经费，如故宫博物院 1934 年度经常费支出预算共30 000元。经费支出分为 6 大类：俸给费22 550元，办公费 5470 元，购置费 560 元，场圃 80 元，特费 890 元，办事处经费 450 元。[①] 其中俸给费金额最高，所占比重最大，约占经常费的 75. 1% ，可见俸给费是故宫博物院开支的重要部分。用于印刷出版的只有2 600元，含刊物2 000元、传拓影印 450 元、稿件印刷 150 元。这么一点出版经费对于偌大的故宫来说是杯水车薪，因而故宫要另筹出版经费，向中华教育文化基金会申请经费补助就是一个重要的渠道。

1927 年 6 月 19 日，故宫博物院向中华教育文化基金会提出申请，希望从庚款中每年拨款50 000元补助院内经费。在申请中，故宫博物院具体介绍了未来的两项工作计划，一为保护中国的宫廷建筑及其最富之宝藏，二为流传宫中有关历史文物典章公诸于世。对于第一项计划，故宫博物院将所有建筑加以修缮，并且建立多个复合式库房将文物分类储藏。这样浩大的工程，如果没有数百万元是不能做成的，因为工程困难花费巨大，所以这一计划可以暂缓实行。相对而言，第二项计划比较容易，又对宣传中国文化大有裨益，中外学者都希望这件事能尽快做成，所以故宫博物院目前的工作重点放在整理及编辑这两件事上。比如整理档案、刊行清代掌故丛编、考订各类古物、撰写故宫物品分类目录及续编西清古鉴、点查历代名人书画影印专辑、测绘宫廷建筑、编印中国建筑图说、刊印善本书籍、拓古器铭款、影印古磁图考等。这些工作计划

① “本院一九三四年度经常费预算分配表”，故宫博物院档案室藏财务档案，编号：jfqggc-wl00220。

在三年内完成，其他工作比如整顿陈列室，将文物按类陈列等，与中外学者有莫大的关系，也是故宫博物院亟待完成的工作。然而非常遗憾的是各项工作都因为款项问题而未能完成，所以希望中华教育文化基金会能够在经费上予以支持。在申请书中，故宫博物院附上自己的计划书，“一、各种出版物印刷费年约36 000元，拟请补助18 000元。二、照相制版费年约18 000元，拟请补助9 000元。三、传拓费年约6 000元，拟请补助3 000元。四、专门陈列馆改换门窗装修费年约24 000元，拟请补助12 000元。五、专门陈列馆添置橱柜费年约16 000元，拟请补助8 000元。共计需用10 万元，拟请补助50 000元”。[①] 中华教育文化基金会批准拨款30 000元，故宫博物院除了垫充经常费10 000元、陈列室装置费5 500元外，有近一半用于印刷出版，包括出版物印刷费6 750元（点查报告2 400、故宫摄影集 500、复辟文证 300、故宫图说 300、各馆书目250、孤本图书1 000、清宫史续编 500、筹办始末记 500、清代档案编印费1 000），出版物影印费7 250元（故宫书画集1 000、故宫古金图1 000、故宫陶瓷谱1 000、金薤留珍印谱1 000、故宫古物明信片 500、故宫建筑明信片 500、孤本图书1 250、图像 500、册宝 500），古物传拓费 500 元。[②] 这笔补助经费之所以有10 000元垫充经常费，是有特殊原因的。故宫博物院每年经常费支出78 000元，月支出6 500元均由政府拨款。在当年 2 月份的申请书中，还没有将补助费用于经常费的计划，只是在 2 月到 7 月间，因为一些原因政府拖欠了故宫博物院的经费，故宫不得已将补助费用的三分之一用于经常费开销。

在收到中华教育文化基金会的经费补助后，故宫博物院于同年 8 月29 日制定了故宫博物院领受中华教育文化基金会董事会补助费收支办法。[③] 此后，中华教育文化教育基金会每年向故宫博物院提供数额不等

① “致中华教育文化基金委员会请拨借补助费三分之一以资维持由”，故宫博物院档案室藏财务档案，编号：jfqggcwl00013。

② “致中华教育文化基金委员会请拨借补助费三分之一以资维持由”，故宫博物院档案室藏财务档案，编号：jfqggcwl00013。

③ “公布本院领受中教文基委会补助费收支办法由”，故宫博物院档案室藏财务档案，编号：jfqggcwl00016。

的经费补助，故宫博物院均将补助费用支出结算表递交给基金会审核。以下是从档案中找出的故宫博物院补助经费使用情况。

中华教育文化基金董事会补助费支出结算表（1929年6月底）①

科目	最近三月预算数(元)	最近三月实支数(元)	本年度迄本月底止预算数(元)	本年度迄本月底止实支数(元)
垫充经常费	2 500	2 500	10 000	10 000
建筑明信片	1 400	1 388.170	2 600	2 574
复辟文证	0	0	300	208.5
古物馆陈列费	1 500	800	3 000	924.16
图书馆陈列费	1 700	1 648.22	2 500	2 020.22
文献馆陈列费	1 000	200	1 000	200
点查报告	500	413.575	1 000	656.075
掌故丛编	300	251	600	519.8
善本书影	800	786.4	800	786.4
故宫月刊	1 000	300	1 000	300
夷务始末样本	100	45	100	45
影印宝谱	500	200	500	200
其他科目	6 600	0	6 600	0
合计	17 900	8 482.365	30 000	18 434.155

中华教育文化基金董事会补助费十七年度收支报告表(1929年6月底)②

收入之部		支出之部	
科目	金额(元)	科目	金额(元)
十六年度(1927年)结存	3 991.555	垫充经常费	10 000
十六年度(1927年)预付金	176.6	建筑明信片	2 574
本年度补助费	30 000	复辟文证	208.5
银行存款利息	154.71	古物馆陈列费	924.16
建筑明信片售价	1 839	图书馆陈列费	2 020.22
故宫图说售价	65.4	文献馆陈列费	200

① “造送一九二八年度收支报告表及支出结算表案由”，故宫博物院档案室藏财务档案，编号：jfqggcw100038。

② “造送一九二八年度收支报告表及支出结算表案由”，故宫博物院档案室藏财务档案，编号：jfqggcw100038。

续表

收入之部		支出之部	
科目	金额(元)	科目	金额(元)
文渊阁碑帖售价	3	文献馆陈列费	656.075
复辟文证售价	9.250	点查报告	519.8
掌故丛编售价	368.430	掌故丛编	786.4
		善本影印	300
		故宫月刊	45
		夷务始末样本	200
		影印宝谱	10 000
合计	36 625.945	合计	18 434.155

中华教育文化基金董事会补助费支出结算表(1933 年 12 月)①

科目	最近三月实支数(元)	本年度迄本月底止实支数(元)
文献刊物流转费	1 068.6	1 068.6
古物影印流转费	0	71.5
图书影印流转费	1 396.2	1 796.2
普通印刷费	1 738.4	8 363.95
还本院垫款	14 729	14 729
合计	18 932.2	26 029.25

中华教育文化基金董事会每年向故宫博物院提供金额不等的补助费用，帮助故宫维持自身发展，以及发展教育文化事业。每年上万元的出版经费补助，对故宫博物院出版事业的发展具有重要的意义。利用故宫博物院资源出版的《四库珍本》231 种，《宛委别藏》40 种，由商务印书馆印刷出版的②，而不是由故宫博物院自己出版，其中一个最关键的因素，就是需要大量资金，而故宫自己不可能解决。

（2）出版售书收入。到 1926 年 9 月底，故宫博物院（包括清室善后委员会）的售书收入共有3 806.802元，计照片摄影集售价1 339.672

① “中华教育文化基金董事会补助费收入结算表”故宫博物院档案室藏财务档案，编号：jfqggc-wl02060。

② 故宫博物院：《国立北平故宫博物院工作报告》（1932－1934），故宫博物院，1934 年，第 47 页。

元、故宫图说售价1 274.550元、复辟文证售价 326.300 元、点查物品报告售价 318.780 元、古物拓片售价 547.500 元。① 只占同期总收入的4.88%。而1935 年7 月销售2 309.65元、8 月2 546.62元、9 月1 296.27元、10 月6 563.7元、11 月1 450.7元、12 月1 301.33元、1936 年 1 月1 258.36元、2 月1 145.77元、3 月1 230.89元,② 1935 年 7 月到 1936 年3 月，出版物售价共计19 103.29元。1935、1936 年可以说是故宫博物院可售出版物品种最多的时候，一个自然年度的销售收入也只有 2 万多元。

1937 年北平沦陷，在沦陷区的北平故宫博物院本院，1941 年 1 月出版物收入 43.02 元，2 月 15.55 元，3 月 134.39 元，4 月 62.22 元，5 月 183.14 元，6 月 436.17 元，共计 874.49 元。③ 这是特殊时期的情形，销售金额少毫不奇怪。

（二）从出版数量来考察

有三个概念：出版品种数、印数、销售数。

（1）品种数。

（2）印数。故宫出版物比较重视版权保护，各种刊物、影片出售前均钤盖版权章“故宫博物院版权之印”。故宫博物院有很强的版权意识，版权页的内容完整，包括“编辑处”“发行所”“印刷所”“代售处”“售价”“印行日期”等，开始曾在上端印有“版权所有”四个字，且钤有“故宫博物院版权之印”的篆体红印章，后来则改为“翻印必究”四个字。版权章钤盖由总务处负责。在出版高峰期，故宫版权章钤盖数量非常大。1935 年度，总务处在工作报告中统计，“本院刊物影片，为防翻印偷印起见，均各盖用章识。计本年共盖用版权章十万零四千二百二十四个”④，平均每月达8 685个。这个盖章数应该可以代表出版物的印数，虽然数字出自档案，但不能不让人心生怀疑，故宫印了多少品种的图书，每种书能有那么多印数吗？如印了那么多，需要多少

① “函审计院送本院支出计算书及对照表”，故宫博物院档案室藏财务档案，编号：jfqggc-wl00001。

② “本院二十四年度财政收支概况”，故宫博物院档案室藏财务档案，编号：jfqggcwl00444。

③ 编号：jfqggcwl02209 的档案中记载。

④ 故宫博物院：《国立北平故宫博物院工作报告》，故宫博物院，1935 年，第 15 页。

印制成本？怎么在档案中没有反映？书印了那么多，却只卖了不到1/10，余书哪里去了？

沦陷期间的北平故宫本院，版权章钤盖数大大减少，1941 年 1 月份，总务处“盖用版权章七百三十五颗”①，只相当于 1935 年月平均数的 8%。

（3）销售数。现在论者都依档案资料说，1930 年，故宫共售出计62 413册，照片，信片，周刊，拓片，不在此数。1931 年出版物总销册数计92 381件。利利公司新代承销，售件未计在内。故宫悬挂日历共销6 000份，案头日历2 000份。只是笔者对这销售总册数存疑，民国年间书价偏高，故宫出版物即便是小薄册，也很少定价在 1 元以下的，按批发价七折八折收入，这么多数量，会有多少收入啊。虽然现在民国时期故宫博物院的财务档案还没有厘清，但像 1935 年、1936 年应该是可售出版物最多的年份，一年的出版物销售收入也只有 2 万多元。显然与销售数量对不上。

张小李《民国时期故宫博物院出版事业的变迁》中提到 1932 年，“由于本院出版事业蒸蒸日上，出版物发售室的流水金额大，在秘书吴瀛的操办下，为了减轻院款负担，决定‘该室一切应用销耗开支即在营业项下支付，不入院款’，即发售室从刊物销售款中提成作为开支，而不再由院拨经费”。这不是为了减轻院款负担，而是为了奖励多销。提成本来就是故宫收入，数额肯定高于原拨经费。提成是 20%，后修改大额的改为 3%，可知提成数额之大。我们只要看看当时一般销售人员的薪资收入，就可知其数额的巨大了。

1932 年 5 月 4 日，由秘书、出版处呈送的《改组发售室试行办法》得到院长易培基的批准。其基本方案是：发售室改名发行所，如有必要者暂留借用外，原有人员一律调回本院，服务人员完全改用店伙，每月在售货项下提 20% 作为开支，服务人员薪额按商业机关习惯开支②。

① 故宫博物院总务处：《一九四一年一月份本院总务处工作报告》（1941 年），故宫博物院档案室藏：《故宫博物院·计划总结报表类》第 92 卷，第 2 页。

② 故宫博物院：《通知改组发售室试行办法由》（1932 年 5 月 4 日），故宫博物院档案室藏：《故宫博物院·领导指导类》第 37 卷，第 1－2 页。

1932 年 8 月 26 日，《本院出版物发行所服务规则》公布。

（三）从出版物内容来考察

（1）主要是资料披露，缺乏学术创新。

故宫文物收藏的资源优势使得它的出版物，无不以文物或文献资料为主，占全部出版物的 99% 以上。档案整理刊布影响最大，出版了《掌故丛编》（后改为《文献丛编》）58 辑，编印《史料旬刊》40 期，汇编了《筹办夷务始末》《清代文字狱档》《清三藩史料》《故宫俄文史料——清康熙间俄国来文原档》等史料，这是当时“整理国故”的重要组成部分，对推动清史研究起了重要作用。但故宫博物院自身的学术力量相对薄弱，研究队伍尚未形成，研究论著不过寥寥数种，论文发表为数也不多。

（2）编纂不足。由于缺乏完整的编纂出版计划，有一定的随意性。主要表现在，一件史事的档案分多次发布，令人有零碎、拼凑的感觉；有些档案搜集未齐，文字时有错漏，各案著录的顺序以发现的先后为次，资料汇编绝大部分没有编制索引，《筹办夷务始末》所有文件均无标题等问题在影印时未作任何加工，甚至连书前目录都没有加。

六、关于出版经费：政府拨款只是保证了博物院的基本支出，出版经费主要还是依靠院筹经费

张小李《民国时期故宫博物院出版事业的变迁》中提到易培基院长时处分无关历史文化的物品，“所得资金用于全院的事业，其中就有出版事业”。三次处分物品，所得未及使用，易培基就被弹劾。吴瀛说法有很大问题。院筹经费的大宗是处理各种物品所得款项。易培基莅任后，故宫博物院向国民政府请求处分金砂、银锭及无关文化物品案，得到了国民政府的批准，于是故宫将金砂、银锭、绸缎、皮货、食物（药材、火腿、茶叶等），通过标卖、拍卖、发售所零卖、在发行印品的发售室寄卖的方式出售，所得资金用于全院的事业，其中就有出版事业①。此款

① 吴瀛：《故宫尘梦录》，紫禁城出版社，2005 年，第 170 页。

是否用了？还需仔细探讨。很快易培基被弹劾，或许这笔钱并未动用，并未纳入经费使用。吴瀛的说法有问题，为了自清，里面有不少谎言，如说处分东西是为了古物南迁，真是神了，能够未卜先知。

张小李《民国时期故宫博物院出版事业运作机制浅探——以故宫博物院藏民国档案为论述中心》中提到“故宫的编印计划非常宏大，出版经费紧张是常态”。《故宫周刊》准备印行时，主编吴瀛后来回忆，“本周刊开始的期间，本院本身的经费，还没有可靠的来源”①，在各种出版物的前言中屡屡见到“经费所限，未克全部印行”② “印刷经费，亦须筹措，一时尚未能集事”等语③。类似文字是否表示经费充裕，我们还能做得更好？但故宫同仁经过各种努力，还是筹措了部分经费，印行大量出版物。其经费来源略述如下：印刷经费中，中华教育文化基金董事会管理的美国“庚子赔偿”占据半壁江山。1924 年用美国退还的“庚子赔偿”成立的中华教育文化基金董事会，专门资助中国的文化事业，该基金对故宫出版事业的投入不菲，在故宫档案文献中，将其称为“美款”。秘书处和总务处都先后管理过美款。由于出版物既有院款，又有美款，出版物发行所在统计账目时，是将院款、美款分别统计的④。

故宫财务基本处于平衡状态，经费来源有渠道，并未见经费紧张，院里的年度结算收益也会充作出版费用，出版物发行自身也有收入，款项单列，可以用于后续书籍的出版。

故宫出版的意义。从皇宫到博物馆，故宫各个方面都发生了翻天覆地的变化，秘不示人的瑰宝被收归国有，此后故宫人开始全力将其向全社会开放：一方面通过各部门所辖区域展室的专题或原状展览对外展示，另一方面则通过出版发行向社会公布，以便各界最大限度地共享珍秘资源。翻开故宫早期出版各书，前言（序言、叙录等）中时有“阐

① 吴瀛：《故宫尘梦录》，紫禁城出版社，2005 年，第 170 页。

② 张国瑞：《故宫博物院文献馆现存清代实录总目》，故宫博物院文献馆，1934 年，第 1－2 页。

③ 故宫博物院：《〈升平署月令承应戏〉序言》，故宫博物院，1936 年。

④ 故宫博物院：《出版物发行所共售进货款除已逐日交由会计科收账外检同各报告表》（1933 年），故宫博物院档案室藏：《故宫博物院・编辑出版类》第 66 卷，第 9 页。

扬文化”“为荟萃普及起见”“亟应流传广播藉供众览”“凡具有艺术及历史价值者均在网罗之列”“总以最合适之方法间杂错综，不取厌于阅览者为目的”①“兹为学者谋更进一步之便利”②“以副读者之望”③“俾尽量介绍吾国书画艺术于世界，使一洗珍秘之习焉”④等语，反映出强烈的以读者为本的公众意识和尽快将珍贵的文化资源向社会公布的责任感和紧迫感。纵观早期各刊的编辑主旨，皆表现出强烈的公众意识和社会责任感，以及将传统文化尽快向社会公布的紧迫感。而各刊在一定时段内密集兴办，每期除固定编发外，还另于纪念日或某种特别机会编发各种专刊等实际作为，无一不是在履行其对社会的承诺。这正是一个成立不久的大博物馆贯彻其职责和理念的一个具体体现。

朱赛虹总结故宫早期刊物的特点：资料性刊物是早期刊物的主流，刊发作品数量巨大，刊发内容门类齐全，各类资料系统连贯，名品荟萃弥足珍贵。⑤《故宫周刊》《故宫月刊》《文献丛编》《史料旬刊》《故宫书画集》等刊物，具有常年出版、封面或刊头设计相对稳定、版面或栏目固定、内容连贯等典型的期刊特点，而且都以刊发各类资料为己任，每期汇集数篇文献，内容具有原始性和新颖性，对博物馆界、学界及整个社会影响很大，居于早期刊物的主流地位。博物馆界还未形成，印数本身就不多，怎么居主流地位?

故宫印刷所，其原则为专承印本院交印之物品。所有印刷等费，应收成本，不得图利。但有余力，则亦得经本院之许可，承揽其他主顾交印物品，兼作营业。所有红利，由双方股本比例平均分派。该工厂即设在北上门之东雁翅房。计大小房屋 80 余间，后因添安机器，厂址不敷应用，又拨西边房屋之一部分以补充之。该厂有石印、玻璃版、凹版、铅印等部，应有尽有。虽草创经营，为时不久，然规模已粗具，后又继续发展，在故宫的出版流传中发挥了重要作用。故宫的印刷设备系从德

① 《故宫》（月刊）凡例。
② 《内阁大库现存清代汉文黄册目录》文献馆识语。
③ 《故宫旬刊》启示。
④ 《故宫书画集》前言。
⑤ 朱赛虹：《故宫早期刊物的特色及其历史意义》，《故宫博物院院刊》2009 年第 5 期。

国进口，1933 年亦随文物南迁到上海、南京，1937 年文物疏散，机器不及运走。抗战胜利后收复南京朝天宫库房，但“南迁印刷所之印刷机器，为强有力者分割据有”，未能收回①。故宫印刷所建立，以神武门外东朝房（今已拆除）为厂址，内设珂罗版、凹版、铜版、石印、铅印、彩印、照相等部。技术条件的成熟，加上故宫出版事业不断发展，“北平故宫印刷所”应运而生，仿印故宫文物、古玩等藏品，并印刷故宫月刊、书画集等，最盛时职工曾达 150 余人。这一专门机构的组织和技术保障，更直接促进了故宫博物院出版事业走向“辉煌”。故宫印刷所运作时期大致在 1931 年至 1936 年。1936 年《本院印刷所帐目报告表》所载之“故宫印刷所之沿革”称，故宫博物院在 1929 年春邀请杨心德来院从事摄影等技术工作；1931 年春杨心德打算辞职专办私人印刷工厂；故宫主事者“为流传文化起见，需要精良印品”，于是提议与杨心德合作；1932 年订立官（故宫博物院）商（杨心德）合办契约，故宫印刷所因即成立；后因印品减少，营业成绩不好，1936 年 6 月间清算账目②。1937 年 1 月 14 日，院长马衡向院理事会提议拨付一万元收买故宫印刷所商股，并获准③。若这项收购最终完成，则故宫印刷所就从官商合办的企业转变为故宫博物院的直属单位。但因为资金困难，直到抗日战争爆发，还没有完成对印刷所商股的收购④。为了躲避战乱，故宫印刷所的主要设备在抗日战争前也南迁了；留在北平的印刷所物品，则被故宫接收⑤。1931 年故宫印刷所成立并运作后，目前所见较早的由其印刷的出版物有 1931 年 7 月出版的《故宫书画集》（第十册）等⑥。此后直到抗日战争前一段时间，故宫出版物主要由故宫印刷所印

① 欧阳道达：《故宫文物避寇记》，紫禁城出版社，2010 年，第 12 页。

② 故宫博物院：《本院印刷所账目报告表》（1936 年），故宫博物院档案室藏：《故宫博物院·财务类》第 58 卷，第 53 页。

③ 故宫博物院：《收买印刷所商股动支基金特缮具请款单》（1937 年 1 月 14 日），故宫博物院档案室藏：《故宫博物院·财务类》第 82 卷，第 1－3 页。

④ 故宫博物院：《退还前印刷所商股及清偿债务各款》（1937 年 6 月 26 日），故宫博物院档案室藏：《故宫博物院·财务类》第 82 卷，第 51 页。

⑤ 故宫博物院：《故宫印刷所原存平残旧物品》（1949 年），故宫博物院档案室藏：《故宫博物院·行政事务类》第 94 卷，第 22－23 页。

⑥ 故宫博物院古物馆：《故宫书画集》（第十册），故宫印刷所，1931 年。

行，但也有例外情况，如1932年2月出版《王原祁山水册》，是由院外天一玻璃版印刷所印刷的①。张小李《弘扬文化之先行——民国故宫出版事业先贤》②："1932年故宫与杨心德等订立官商合办契约，故宫印刷所正式成立，官方（故宫博物院）与商方（杨心德等合伙人）各占一半股份，杨心德兼任技师、经理，用人行政，故宫都不干涉。1933年，故宫投入增量资金，股份增加了一倍。"故宫博物院本占一半股份，现增加了一倍，怎么增法？说法有误。在印刷环节，引进人才、技术和资金，建立了官商合办的故宫印刷所。故宫印刷所成立后，并未包揽故宫的印刷业务，仍然与其他出版机构合作。

① 故宫博物院：《王原祁山水册》，天一玻璃版印刷所，1932年。
② 张小李：《弘扬文化之先行——民国故宫出版事业先贤》，《紫禁城》2016年第5期。

后记：
于宫阙之间寻绎中华文化的栖居之地

迎来600岁生日的故宫，作为我国古代宫城发展史上现存的唯一完整实例和最高典范，以及世界上现存规模最大、保存最完整的古代宫殿建筑群，是中国首批被联合国教科文组织认定的“世界文化遗产”。回望故宫600年，故宫最耐人寻味之处，不仅在于古建筑群本身，更在于它早已成为中国传统文化精神的物质载体。故宫的古建筑、文物藏品、历史遗存以及在此出现过的人和事，共同构成了一个不可分割的文化整体。在故宫，人们能够感受世界上唯一没有中断过的文明。

一

至今依然矗立的紫禁城，带给人们最为直观的震撼，来自雄伟壮丽的建筑、精巧至极的营造技艺

◇以严谨的布局、严格的建筑等级，合乎着儒家的礼教

◇故宫包括了中国明清官式木结构建筑的所有特点，太和殿是整个皇宫中的巅峰

◇单体建筑因为用途和使用者不同，在间架、屋盖、构造、装饰、彩画等方面处处体现着严格的等级差别

除了难以计数的珍贵藏品之外，故宫的建筑本身堪称一件体量最大的藏品。当人们走进故宫，该如何看懂这件特殊的藏品呢？

历经六个世纪风雨的北京故宫，依然保持着原有的风貌，雄伟壮丽，气势恢宏，格局严整。故宫占地72万平方米，有房屋8000余间，

历史上曾作为明清皇家宫城的核心区域，是中国明清官式木结构建筑的最高典范，也是现存最悠久、最博大、最完整的古代皇宫建筑群。1987年，它以“中国古代皇宫的唯一完整实例以及它的世界遗产价值”，被列入世界文化遗产名录。

自明成祖朱棣肇建以来，这座城池多次经受了雷击、火灾等灾难的侵害，也见证了沧桑巨变。而至今岿然不动的紫禁城，不仅震撼了人们的内心，也促使着人们对紫禁城的营建进行深入的思考。

这座伟大城池的建设，是当时作出决策的皇帝，明确礼制、管理工程的大臣，从事设计、测绘、画样、烫样的建筑师，以及五行八作中负责营建的众多工匠合力而成的杰作。在明清时期，这座宫殿是皇帝处理国家政务的场所，也是其家庭居住、休息、娱乐以及进行其他活动的场所。故宫的建筑群规模庞大，按照朝政礼仪、生活起居、宗教祭祀、园林休憩、内务管理等皇家的各种功能需求与礼仪制度，形成不同的功能片区与围合的院落单元。紫禁城于明清两朝皇家使用期间，空间、功能、格局基本保持不变，建筑物历经修葺、改建和增建，真实、完整保存至今的宫殿建筑群及其空间场所，是明清宫廷制度的形象见证。面对故宫，人们会发思古之幽情，那么还原历史的场景，就有着满足人们探知历史诉求的意义。

尽管故宫规模庞大的建筑群几乎包含了宫、殿、楼、阁、堂、亭、台、轩、斋、馆、门、廊等全部中国古代官式建筑类型与相关营造技艺，人们从中却能看到这样一种一以贯之的建筑设计理念：以严谨的布局、严格的建筑等级，合乎着儒家的礼数。总体布局以尊礼为尚，单体建筑也同样受到“礼”的制约与影响。

紫禁城是北京的中心，太和殿就是紫禁城的中心。这是紫禁城最雄伟的建筑，从地面到屋脊高 35. 05 米，是整个皇宫中的最高值。现在的太和殿是 17 世纪康熙朝所重建的，共 55 间，由 72 根柱子支撑。屋顶是宫殿中等级最高的四大坡庑殿顶，两重房檐。斗栱的数量也最多。上檐用九踩斗栱，下檐用七踩斗栱，屋面为二样黄色琉璃瓦，体制最尊，琉璃构件也最大。

紫禁城里的单体建筑因为用途和使用者不同，在间架、屋盖、构造、装饰、彩画等方面也处处体现着严格的等级差别。

例如，从面阔间数（单体建筑中每四根柱子围成一间），能够看出建筑的等级地位。面阔九间、进深五间的建制是最尊贵的，叫“九五之尊”，通常只有皇帝才能用。极个别皇帝赐建的建筑也会采用“九五之尊”的形制，如曲阜孔庙大成殿。

修建于宫门与宫殿之间的丹陛桥也可以反映建筑等级。丹陛桥是一种建于地面之上的高台式建筑，大致呈南北向，以砖石砌成，因留有拱券而被称为“桥”。台面的中间为御道，以青条石铺设，两侧则以青砖墁地。

建筑的屋顶形式同样与等级相关。紫禁城里那么多单体建筑，它们的房屋屋顶是属于不同等级的。明清时期官式建筑的房顶分九级，由高到低依次是：重檐庑殿顶、重檐歇山顶、单檐庑殿顶、单檐歇山顶、卷棚歇山顶、尖山式悬山顶、卷棚悬山顶、尖山式硬山顶、卷棚硬山顶。房屋屋顶形式的选用与房屋的用途和使用房屋的人的地位必须相称，不能违制。重檐庑殿顶是最高规格的，太和殿、乾清宫、坤宁宫、皇极殿采用此种房顶形式。重檐歇山顶与重檐庑殿顶相比档次是降了一格的，太和门、天安门采用此种房顶形式。单檐庑殿顶的档次是又降了一格的，体仁阁、弘义阁、景阳宫、咸福宫采用此种屋顶形式。东西六宫基本采用单檐歇山顶。

就连走兽这一安装在垂脊檐角上的装饰，其数量的多少都和等级绝对相关，数量越多级别越高。太和殿有十一个走兽，规格最高，脊端为骑鹤仙人，然后依次是龙、凤、狮、天马、海马、狻猊、押鱼、獬豸、斗牛、行什。皇帝寝宫乾清宫有九个，较次一级。皇后寝宫坤宁宫有七个，东西六宫有五个。根据走兽的数量，我们就可以判断建筑的等级。

和等级密切相关的，还有建筑彩画，包括纹样、颜色、用金子的数量等。一般以和玺彩画最为尊贵，旋子彩画为其次，苏式彩画再次。慈禧太后居住使用的宫殿较多地使用苏式彩画。彩画类型和等级与建筑使用功能有关系，不能简单地说是慈禧太后喜欢苏式彩画的原因。

明清两代的皇宫旧称紫禁城早已为众所知，现在通常的解释是：我国古代认为三垣星座中的紫微垣是天帝所居，“王者立宫，象而为之”，紫微、紫垣、紫宫等便成了帝王宫殿的代称。出于维护皇帝权威和安全的考虑，富丽堂皇的皇宫同时也修筑得壁垒森严，使常人不能进入。皇宫既喻为紫宫，又是禁地，紫禁城因此得名。而这显然是望文生义的解读。“紫禁城”一词出现得很晚，万历《明会典》是目前所见明代唯一正式使用“紫禁城”名称的官修书，明末太监所写的《酌中志》中也作这一使用，除此之外，整个明代没有几个人使用过“紫禁城”这个词。清室入主明故宫，从原来大明统治下偏于一隅的地方割据政权，一变而为全国的统治者，且自顺治元年开始，清廷所有文献都使用“紫禁城”来专指这座城池，其用意值得深究。

二

从皇室私有到对公众开放，开辟中国博物馆事业新纪元的故宫，是世界上最重要的中华文化艺术宝库

◇珍藏着1863404件（套）可移动文物，其中超过九成为国家珍贵文物

◇1000多万件清宫档案，在上世纪初与殷墟甲骨、敦煌经卷一起被誉为中国近代文化史上的三大发现

◇故宫及其皇家收藏是中国传统文化精神的物质载体，也成为了中国传统文化最有代表性的象征物

从物质层面看，故宫只是一座古建筑群，但它不是一般的古建筑，而是皇宫。中国历来讲究器以载道，故宫及其皇家收藏凝聚了传统的特别是辉煌时期的中国文化，是几千年来中国器用典章、国家制度、科学技术以及学术、艺术等积累而来的结晶，既是中国传统文化精神的物质载体，也成为了中国传统文化最有代表性的象征物，就像金字塔之于古埃及、雅典卫城神庙之于希腊一样。

如今，故宫不只是中国最大的文化艺术博物馆，而且是世界上极少数同时具备艺术博物馆、建筑博物馆、历史博物馆、宫廷博物馆等的功用及特色，符合国际公认的“原址保护”“原状陈列”基本原则的博物馆和文化遗产，是一座博大精深的中国历史文化宝库。

1863404件（套）可移动文物由故宫博物院珍藏着。其难得之处，不仅在于数量庞大，更在于品质之高，其中属于国家珍贵文物的数量超过九成，占全国珍贵文物总量的四成以上。这些文物藏品绝大部分是清宫遗存，它们历史序列整齐，特别是其中的许多艺术珍品，都是流传有序的传世文物，见证着中华文明的历史进程，蕴藏着中华民族历史文化与艺术生活的多种内涵及其丰富史料，可谓我国五千年文明的物质载体，不仅是历朝历代工匠精神的集中体现，也象征着各个时期工艺水准的最高规格。而清宫造办处汇聚海内外能工巧匠，以“内庭恭造”高标准严要求，专门为皇家制造的御用品，是宫廷生活的直接见证，既有典章文物、宗教文物，更多的是生活文物。当时的匠役们有意识地发扬和提高传统美术工艺技术，并尽量吸收西方的科技工艺知识，从而将宫廷艺术品的办造推向历史巅峰，代表了当时工艺美术的最高水平，引领了时代的工艺风尚潮流，也成就了今天故宫博物院珍藏的主体。

今天海峡两岸故宫博物院收藏的艺术珍品的历史来源，以书画作品为例来说，它的底子主要是由乾隆年间的书画收藏打下的。这一时期的书画收藏主要有三个来源，一是前代宫廷旧藏的延续，二是清宫书画作品的新创，三是宫外书画藏品的流入。经过李自成率领的明末农民起义军的破坏，明代宫廷的书画收藏留到清代直接为皇室继承的，为数寥寥。乾隆皇帝继承的旧藏，主要是延续了他父祖辈的旧藏。清宫内部的创作，留下的数量相当多。宫廷里经常组织高水平的职业画家专门绘制作品，这些画画人主要集中在“如意馆”，这里甚至出现了“中西合璧”的绘画现象——郎世宁、王致诚、艾启蒙、贺清泰、安德义、潘廷章等很多有着西洋传教士身份的画家，将西方的绘画方法带到宫里。内廷的绘画，往往会在落款时将“臣”字添写在自己的名字前面，作“臣某某恭画”的字样。不过在帝王后妃的肖像画上，画家不署自己名款。至于来自宫廷之外的书画收藏，由官员们进贡的占了不小的比重，一种被称为“宫中进单”的档案对此有过记录，而我们现在看到的“宫中进单”，大约一半是乾隆年间的。而且抄没罪臣家产进宫书画的数量可能超过臣子的进贡。皇帝也会购买书画，比如《富春山居图》无用师卷就是乾隆买下的，虽然当时皇帝和他的词臣们认定它是赝品。

可以说，三是通过各种手段并举，乾隆朝宫中书画收藏达到了清朝历史上的最高峰。

明清宫廷还纂修了内容宏富的书籍。例如乾隆帝纂修的《四库全书》，耗费十年的时间，成为规模空前、集中国古代典籍之大成的丛书。《四库全书》所依凭的底本，有很多是珍贵的善本书，尤其是宋、元时代的刻本和旧抄本，有的甚至是从古书内辑录而出，如从《永乐大典》中辑录出而收入《四库全书》的就有385种，很多已经失传的书籍因此得以保存下来。《四库全书》的编纂在整理古籍的方法上创新迭出，在辑佚、校勘、目录学等方面都泽被后来的学术界。其典籍的装帧，包括书夹、书匣等，构思精巧，工艺绝伦，也体现了清代在书籍装帧方面的出色技能。这部卷帙浩大将近10亿字的巨型丛书，当时就抄写了7部，分藏在南北七阁。紫禁城里的文渊阁就是专为收藏这部巨著构筑的藏书楼。由于历史的原因，1933年，文渊阁所藏的《四库全书》随故宫文物南迁，后来又到了宝岛台湾，珍藏在台北故宫博物院。今天，当我们走进文渊阁瞻仰藏书古楼的风采时，便会情不自禁地产生四库回楼的企盼。

故宫还收藏着大量的档案文书。以现在位于故宫西华门内的中国第一历史档案馆为例，就藏有1000多万件清宫档案。这是上世纪初与殷墟甲骨、敦煌经卷一起，被誉为中国近代文化史上的三大发现之一。故宫博物院与其他单位还共同藏有“样式雷”建筑图档10000余幅。其中包含有宫殿、皇城、行宫苑囿、陵寝、衙署、王府、庙宇、营房、桥梁、河道、内外檐装修以及在庆典中临时支搭的楼阁戏台等的工程项目图样，有展现为平面图的地盘样，有相当于立面、轴侧图或透视图的立样，有展示结构的大木立样等。按设计阶段可分为糙样、糙底样、底样、细底样、进呈图样等。这部分建筑图档，集中反映了清代国家建筑工程设计的标准程序及雷式画样的图学成就，真实记录了清代皇宫的建筑设计及其营建活动。故宫所藏升平署档案与剧本则是研究清宫演戏的宝库，此外还有演员的扮相脸谱、穿戴提纲，演剧的道具行头，戏台，晚清演剧名角的唱片等等，这些都是清朝宫廷戏曲活动的实物证明。根据这些档案和实物，能够尽可能地复原当时是怎么演戏的，这对于恢复清宫演戏旧貌、发扬中国戏曲传统，有着极其重要的意义。

三

辛亥革命导致清朝覆灭。1912 年 2 月 12 日，清室颁布《逊位诏书》。根据《优待清室条件》，逊帝溥仪暂居紫禁城的内廷，并允许其在居留地保留皇帝尊号，沿用宣统年号。溥仪小朝廷由此在紫禁城维持了 13 年。1924 年冯玉祥发动北京政变，驱逐溥仪出宫。1925 年 10 月 10 日，故宫博物院成立，对公众的完全开放，使得汇中国古代建筑艺术精华于其中的明清宫殿建筑群，皇宫内廷禁地原状和珍藏在深宫各处的大量珍贵文物，一一展现在广大人民面前。这也是中国博物馆事业走上正轨的开端。故宫博物院在中国近现代的历史文化舞台上扮演着无可比拟的重要角色，不仅构建了中国现代博物馆的雏形，也描绘了中国博物馆未来的发展图景，开辟了中国博物馆事业的新纪元。

如今，故宫博物院走过了 95 年的历程，故宫博物院因为特殊的地位，备受社会的关注与热爱。作为故宫人，我们可能更深切地感受到保护这座承载中华文明的故宫的不易，更激发了探求故宫承载的中华文明的欲望。因缘际会，领导安排我专职研究故宫学，使我对故宫有了更进一层的学习，本书就是笔者继《故宫问学》《故宫学的视野》之后的又一论文结集，期待批评指正。